북한, NORTH KOREA
비정상의 정상국가
THROUGH THE LOOKING GLASS

국립중앙도서관 출판예정도서목록(CIP)

북한, 비정상의 정상국가 / 지은이: Kongdan Oh, Ralph C. Hassig ; 옮긴이: 강석진, 최경준. -- 서울 : 이조, 2018
456 p. ; 22.5 cm

원표제: NORTH KOREA THROUGH THE LOOKING GLASS
영어 원작을 한국어로 번역

ISBN 979-11-87607-08-3 93340 : ₩25000

북한 체제[北韓體制]
북한 정치[北韓政治]

340.9111-KDC6
320.95193-DDC23   CIP2018016576

NORTH KOREA THROUGH THE LOOKING GLASS ⓒ 2000, The Brookings Institution
All rights reserved
Korean translation copyright ⓒ 2018 by L&J Books
Licensed by The Brookings Institution Press, Washington, DC, U.S.A.
through EYA (Eric Yang Agency).
이 책의 한국어판 저작권은 EYA (Eric Yang Agency)를 통한
THE BROOKINGS INSTITUTION PRESS 사와의 독점계약으로
'도서출판 이조' 가 소유합니다.
저작권법에 의하여 한국 내에서 보호를 받는 저작물이므로
무단전재 및 복제를 금합니다.

북한체제가 지닌 변화와 연속성

북한, 비정상의 정상국가
NORTH KOREA
THROUGH THE LOOKING GLASS

오공단, 랄프 해식

강석진, 최경준 옮김

도서출판 이조

역자 서문

자신이 살아본 적 없는 다른 나라를 이해하는 것은 결코 쉬운 일이 아니다. 특히 북한처럼 수많은 이중성과 양면성을 지니고 있는 나라라면 더욱더 그러하다. 외부인의 시각에서 북한은 마치 "거울 속의 나라"로 여행을 떠난 앨리스가 느꼈을 것과 같은 수많은 혼돈과 모순으로 가득차 있는 것처럼 보인다. 남북분단 이전까지 오랜 시기 동안 하나의 민족으로 살아왔던 한국인에게도 북한은 친밀감과 적대감, 이성과 비이성, 공격성과 취약성을 동시에 보여주는 매우 이상한 나라이다. 오공단과 랄프 해식의 『북한, 비정상의 정상국가(North Korea through the Looking Glass)』는 북한이라는 거울 속 이상한 나라로 여행을 떠나는 독자에게 가이드가 되어 주기를 자처한다. 그리고 이 여행을 통해 앨리스는 거울 속 왕국이 지닌 수많은 혼돈과 모순이 어디에서 기인하였고, 외부에서 바라본 비정상적인 것들이 그 속에 사는 사람들에게는 어떻게 정상적인 것으로 인식되고 있는지, 그리고 이 이상한 왕국의 운명이 어디를 향해 가고 있는지를 깨닫게 될 것이다.

비정상의 정상국가로서 북한이 지니고 있는 수많은 이중성과 모순에 대한 설명과 함께 이 책이 다루고 있는 또 하나의 중요한 주제는 북한체제가 지닌 변화와 연속성이다. 해방 이후 공산주의 이념에 기반하여 만들어진 신생 국가이면서 북한은 오랫동안 강대국들 사이에서 스스로의 생존을 모색해야 했던 민족국가들의 인식과 경험을 자신의 체제 속에 담고 있다. 그러나 그와 동시에 북한은 한국(남한)은 물론 다른 공산주의 진영의 국가들과도 다른 자신만의 독특한 체제와 이념을 구축해 왔다. 북한의 이념, 경제, 정치체제, 군대, 사회통제, 그리고 대외관계 등을 검토하며 이 책은 북한의 체제와 대내외 정책이 북한정권의 수립 이후 그동안 어떠한 변화와 연속성을 보여 왔는가를 독자에게 소개한다. 그리고 북한이 국제사회에 대해 행사해온 외교정책의 행태와 전략을 개관하며 한반도 및 국제사회의 평화와 안정을 위해 북한을 어떻게 대해야 할 것인지에 대한 정책적 조언을 제시한다. 이 책은 북한이 지닌 보편성과 특수성, 변화와 연속성을 통찰력 있게 제시하기에 김일성과 김정일 시대를 주로 다루고 있음에도 오늘날 김정은 시대의 북한을 이해하는 데에도 여전히 크나큰 적실성과 함의를 지니고 있다.

최근 남북회담을 계기로 국제사회의 북핵문제 대응에 있어 변화의 기운이 감돌고 있다. 하지만 여전히 북한에 대해서는 핵개발 외에 몇 가지 사안을 제외하고는 관심이 없고 '수령'을 섬기는 로봇 같은 사람들이 사는 이상한 나라라는 이미지가 각인되어 있다. 아무쪼록 북한사회 전반을 바라보며 이 책이 오랫동안 누적돼 온 북한의 '비정상'에 대한 고정관념을 깨는 데 도움이 되었으면 한다.

2018년 5월 7일
역자 강석진, 최경준

서문

앨리스는 홀연히 유리를 통과해 거울로 둘러싸인 방으로 가볍게 뛰어내렸다. 그녀가 제일 먼저 한 것은 벽난로에 불이 붙어 있는지 확인하는 것이었다. 자신이 두고 온 것만큼이나 밝게 빛나고 있는 진짜 불이 있다는 걸 발견한 그녀는 크게 기뻐하였다. 이제 그녀는 주변을 둘러보기 시작했다. 그 오래된 방에서 볼 수 있는 것들이 아주 평범하고 그다지 흥미롭지도 않다는 것을 알아차렸지만 나머지 모든 것들은 그보다 더할 수 없을 만큼 매우 색달랐다.[1]

---

1   Lewis Carroll, "Through the Looking Glass," in Martin Gardner, ed., *The Annotated Alice* (Bramhall House, 1960), pp. 184-85.

3년 전 우리가 처음 이 책을 쓰겠다고 제안하였을 때, 우리의 동료들 중 하나는 이 책이 출간되기도 전에 북한이 무너져 버릴지도 모른다며 우리를 만류했다. 1994년 김일성의 사망 직후였던 당시에 이는 흔히 접할 수 있는 사람들의 예상이었다. 그 이전에 우리는 김일성의 아들이자 후계자인 김정일이 오랫동안 권력을 유지하지 못할 것이라고 예측한 바 있다. 그러나 북한은 매우 약화되고 혼란스런 상황 속에서도 여전히 생존해 나가고 있다. 우리는 설령 가까운 미래에 북한이 무너진다 하더라도 북한과 북한 주민들에 대해 보다 심층적인 이해를 한다면 세계가 통일을 위해 노력하고 있는 한국을 보다 잘 대할 수 있을 것이라 믿고 있다. 우리가 고른 이 책의 제목—우리는 1996년의 글에서 이 제목을 한 번 사용하였고, 우연히도 1999년 에드워드 카(Edward Carr)에 의해 남한과 북한을 개관하는 『이코노미스트紙(The Economist)』의 북한 부분의 제목으로 사용된 바 있다—은 북한이 다른 국가들과 놀라울 정도로 다르고, 이는 대체로 북한의 지도자와 북한만의 "분리된 현실" 속에 살고 있는 북한 주민들로부터 기인한 것이라는, 이 책이 다루는 주요 주제들 중 하나를 표현해 주고 있다.[2]

베를린 장벽이 무너진 후 (한반도 북쪽에 사는 대부분의 사람들은 여전히 독일 통일 상황에 대해 제대로 이해하지 못하고 있는 반면) 한반도 남쪽 사람들 대부분은 통일을 열망하는 시간을 가져 왔다. 그러나 서

---

2 Kongdan Oh, "Security Strategies of South and North Korea: Through the Looking Glass," in Tae-Hwan Kwak, ed., *The Search for Peace and Security in Northeast Asia toward the Twenty-First Century*, a collection of papers presented at the eleventh conference on Korea-U.S. Security Studies, October 1996 (Seoul: Kyungnam University, 1997), pp. 45-59; and Edward Carr, "Survey: The Koreas: Through the Looking Glass," *Economist*, July 10, 1999, pp. 11-14.

로 떨어져 있는 남과 북의 수백만의 이산가족들이 재결합할 수 있을 것이라는 희망은 결국 좌절되어왔다. 북한은 심각한 쇠퇴의 상황에 있으며, 수천 어쩌면 수백만의 사람들이 굶주림으로 죽어가고 있다. 그러나 비록 불완전한 형태임에도 동유럽의 공산주의 정부들, 구소련, 동남아시아, 그리고 중국이 실행을 했던 것과 같은 개혁을 추진하는 대신, 북한 지도자들은 그들의 계획경제 체제와 군사 우선주의 정책을 여전히 고수하고 있다. 오늘날의 현실로부터 도피하고자 하는 이러한 열망이 지닌 완고함의 역설이 바로 우리가 이 책에서 다루고자 하는 것이다.

사실 우리는 십 년 이상 진행된 우리의 북한에 대한 연구를 요약하기로 했다. 우리는 북한이라는 특이하고 동떨어진 국가에 친숙하지 않은 독자들을 위해 개괄적인 서술을 책에 포함시켰으며, 또한 북한에 특별한 관심을 가진 사람들에게는 북한에 대한 우리의 심층적인 의견과 해석을 제공하고자 하였다. 우리의 연구는 영어, 한국어, 일본어 자료들을 기반으로 하였다. 또한 우리는 미국을 방문한 북한 정부 대표단과의 만남을 비롯하여, 북한과 접촉하는 관료들이나 북한 전문가들을 만나 인터뷰를 하면서 자료를 보충하였다. 덧붙여 1990년대 남한으로 이주한 20여 명 이상의 북한 이탈주민들과 인터뷰를 통해 많은 것을 배울 수 있었다. 1997년 12월 서울에서 진행된 일련의 인터뷰는 북한의 비극이 지닌 인간적인 면을 상기시키는 감동적이면서도 지적인 자극을 주는 경험이었다. 고향을 버린다는 것은 그들에게 있어 매우 힘든 선택이었으며, 이들 중 일부는 아직도 그 결정에 대해 끊임없이 회상한다. 만일 더 많은 북한 주민들이 북한의 전체주의 정권 앞에서 스스로의 탈출구(exit)를 찾거나 항의의 목소리(voice)를 내는 용기를 가질 수 있다면, 한국의 통일은 일찌감치 찾아올 것이다.

우리의 연구는 외국방송 청취기관(FBIS: The Foreign Broadcast Information Service)이 제공하는 영어 번역과 해설에 큰 도움을 받았다. FBIS는 미국 정부가 기금을 대는 기관으로, 미국 관료들이 사용할 가능성이 있는 정보들을 보관하기 위해 전 세계의 해외 방송과 출판물들을 수집한다. 1996년 9월까지 북한 기사들은 FBIS의 Daily Report: East Asia에 포함되었으며, 대부분의 연구목적 도서관에서 하드카피 상태로 구할 수 있다. 이후 Daily Report가 더 이상 출간되지 않으면서 이용할 수 있는 북한 출판물 자료의 범위가 큰 폭으로 감소하였는데, 북한 자료의 샘플들은 월드 뉴스 커넥션 웹사이트(http://wcnet.fedworld.gov/)에서 구독을 통해 제공받을 수 있었다.

북한의 미디어는 오랫동안 선전에 크게 기반하고 있으며 현실에 대한 정보를 제공하는 뉴스는 불충분하다. 일부 뉴스는 해외 커뮤니티에는 공개되었지만, 북한 내의 청취자들에게는 제공되지 않았다. 다른 뉴스들은 북한 내에서는 공개되었지만, FBIS와 같은 채널을 통해 엿들을 수 있는 것들을 제외하고는 외국인들에게 공개되지 않았다. 이 책에서 조선중앙통신사(KCNA: The Korean Central News Agency)로부터 인용되는 자료들은 영어로 방송된 것들이며, 이는 KCNA가 북한 매체(예컨대 조선로동당 기관지인 『로동신문』이나 공식 국가 신문인 『민주조선』 등)에서 선별한 뉴스 자료들을 제외하고는 오직 해외 청취자들만을 대상으로 한 것이었다. 그러나 조선중앙방송(KCBN: The Korean Central Broadcast Network)은 북한 사람들이 어떤 이야기를 듣는지 들여다 볼 수 있는 창을 제공해준다. 우리는 북한이 공식적으로 말하고 사고하는 것이 무엇인지에 대한 언어적 순간사진(snapshots)들을 보여주기 위해 이러한 매체를 자주 인용하였다. 조선민주주의인민공화국 정부는 자국에 대한 대부분의 정보들을 국가기밀로 처리하며, 이는 국가 안보를 지키려는 목적으로 행해지는 하나의 예방적 조치이다. 이러한 기밀성으로 인해 북한에 대한 우리의 서술 중 일부는 세부 사항에서 부정확한 점이 있을 수 있다. 그러나 우리는 북한에 대한 우리의 묘사가 전체적으로는 실제 현실을 잘 보여주고 있다고 믿는다.

우리는 북한이 개혁되고 남한과 통일되면서 현실이 우리의 책이 담고 있는 내용을 앞지르게 된다면 이를 감사하게 받아들일 것이다. 그러나 북한 지도자들의 사고와 인식에 대한 우리의 비관적인 분석은 현재 세기말의 시대착오적인 북한의 상태가 상당 기간 지속될 것으로 예측하게 만든다. 만약 정말로 그렇다면, 미국과 한국 등의 정부 당국자들은 북한 지도자들이 탈냉전 시대의 안정성을 위협하는 것을 막고, 자신의 정부로부터 기만당하고 있는 북한 주민들의 고통을 경감시키기 위한 정책을 개발할 시급한 필요성에 지속적으로 직면하게 될 것이다.

마지막으로 언급할 것은 한국어 단어들과 이름의 철자에 관한 것이다. 우리는 한국어를 영문 알파벳으로 기술하는 맥퀸-라이샤워(McCune-Reischauer) 방식을 엄격히 적용하지 않았는데, 이러한 방법이 (예를 들어, 더 상식적인 Juche 대신 Chuch'e를 한국어 '주체'에 대한 영어 서술로서 사용하는 등) 종종 잘못된 발음표기로 이어졌기 때문이다. 우리는 또한 발음 구별 부호를 생략하였다. FBIS를 출처로 제시할 때, 우리는 이를 더 찾아보고자 하는 독자들이 제목을 통해 기사를 편히 찾을 수 있도록 FBIS의 제목 철자를 그대로 가져왔다. 책 전체에서 한국 이름들은 성을 먼저 서술하고 이름과 중간 이름은 하이픈(-)으로 그 뒤에 연결되었다. 그러나 흔히 사용되는 표기가 있거나 다른 특별한 이유가 있을 때에는 이름을 먼저 서술하고 성을 표기하였다.

CONTENTS

역자 서문 —————————————— 4

서문 ———————————————— 6

CHAPTER ONE
되돌아보기 ————————————— 15

CHAPTER TWO
이념의 힘과 빈곤성 ————————— 37

CHAPTER THREE
전환기의 경제 ——————————— 95

CHAPTER FOUR
지도자, 당, 그리고 인민 ——————— 173

CHAPTER FIVE
군대: 사회의 기둥 ——————————— 223

CHAPTER SIX
사회통제 ——————————————— 281

CHAPTER SEVEN
은둔왕국의 대외관계 ————————— 323

CHAPTER EIGHT
북한 상대하기 ———————————— 395

INDEX ——————————————————— 452

CHAPTER ONE

되돌아보기

> 평양이 없는 조선이 없고
> 조선이 없는 지구도 없다.

CHAPTER ONE

평양이 없는 조선이 없고
조선이 없는 지구도 없다.[1]

공식적으로 조선민주주의인민공화국으로 알려진 북한은 크기와 위도가 미국의 뉴욕주와 비슷한데, 대부분 산악 지역으로 이루어진 이곳에 사는 2,300만 명의 사람들은 지극히 자신들의 나라를 자랑스러워한다. 북한은 북쪽에서 중국과 국경을 공유하고, 북동쪽에서 몇 마일을 러시아와 공유한다. 북한은 비무장 지대라고 불리는 무인지역에 의해 공식적으로 대한민국으로 알려진 남한과 분리되어 있는데, 그 곳은 한국 전쟁을 끝낸 1953년의 휴전 협정에 의해 관점에 따라 적대 행위를 재개하거나 또는 이를 예방하고자 하는 양측의 군대를 분리시키고 있다. 근대화되고 민주화된 부유한 남쪽 이웃과 비교하여 북한은 여러 중요한 측면에서 뒤처져 있으며, 과거는 있지만 미래가 없는 국가이다.

일반적으로 국가의 발전은 전통에서 근대, 농경사회에서 산업사회, 군주제에서 민주적 의회제, 폐쇄형 국경에서 개방형 국경, 식민주의에서 독립 등과 같은 (일부는 '진보'라고도 표현하는) 움직임의 맥락에서

---

1 "평양을 수호하는 성새로," 『로동신문』, 1999년 1월 29일, 1면.

묘사된다. 북한은 이러한 전환적 움직임들을 따라 발전하는데 실패해 왔다. 오히려, 21세기에 접어들면서 이 나라는 과거 속에 갇혀있는 것처럼 보이거나, 더 정확히 말하자면 두 개의 과거 사이에 머물러 있는 것 같다. 북한은 한편으로는 스탈린의 시대를 연상하게 만드는 전체주의적 공산주의의 사례 연구 대상이기도 하고, 다른 한편으로는 전통적, 전근대적, 공동체적, 그리고 폐쇄적 사회의 많은 특징들을 보여주기도 한다. 이 두 가지 측면에서 모두 북한은 새로운 밀레니엄 세계의 단계에서 벗어나 있다.

북한은 엄격하지만 자애로운 현대판 황제의 통치 아래 전체주의적 사회주의의 이상사회를 건설하는 꿈을 국내외의 권력정치에 대한 계산과 함께 추구해야만 하는 정신분열증적 존재로 살아가고 있다. 북한이 동아시아의 근대화 과정 속에서 어떻게 이러한 기묘하고 퇴행적인 국가로 발전하게 되었는지는 20세기 후반의 낯설고도 슬픈 이야기 중 하나이다.

북한의 "우리식 사회주의"의 이상이 비록 그 목적이 가혹한 전체주의에 의해 실행되는 것이지만, 전혀 장점이 없는 것은 아니다. 조선민주주의인민공화국을 "불량국가"로 일축하는 것은 북한이 어떤 국가이며, 무엇을 하는 것을 원하는지 이해하는데 있어 도움이 되지 않는다. 유토피아적 이상은 비록 그 이상의 일부가 나중에 주류적 사고로 받아들여질지라도, 그 당시에는 거의 받아들여지지 않는다. 1887년 에드워드 벨라미(Edward Bellamy)가 미국에서 출판한 사회주의적 유토피아의 작품을 이 시점에서 떠올려 보는 것은 적절한 예가 될 것이다. 2000년도부터 회고적 관점으로 쓰여진 벨라미의 『돌이켜 보면(Looking Backward)』은 그 당시 널리 읽혀진 책이다. 오늘날 대부분 기억에서

잊혀 졌지만, 그 작품에서 제시된 정부의 경제 개입과 같은 사회주의적 사상의 많은 부분이 서구 자본주의 문화의 일부가 되었다. 비록 북한 사람들이 그들 스스로 민주주의를 선택하지 않음으로써 과거에서 미래에 대한 지침을 찾아야만 하는 것은 유감이지만, 현재의 맥락에서 볼 때 『돌이켜 보면』은 완전히 평등한 국제관계를 실행하는 국가들의 평화로운 공동체 내에 존재하는 독립적 사회주의 경제라는 그들 지도자들이 제시하는 이상이 오늘날의 관점에서 매력이 아예 없는 것이 아닐 수도 있다는 점을 시사한다. 북한 지도자들이 정말로 "우리식 사회주의"를 믿는지의 여부는 이 책에서 다루어지는 주제들 중의 하나이다. 그들이 자신들의 이상을 추구하는 어떠한 타당한 이유를 갖고 있을지도 모른다는 것이 반박되어서는 안 된다.

간략한 역사

오늘날 북한에 존재하는 공상적 이상주의(utopianism)와 현실주의 정치(realpolitik)의 조합을 이해하는 첫 번째 과정은 이 나라의 과거, 특히 19세기의 경험을 고찰하는 것이다. 오늘날과 달리 그 당시 한반도는 빠르게 변화하고 갈수록 적대적인 국제관계 속에서 악전고투 중이었고, 역사적인 환경은 한반도가 국제사회에 동등한 행위자로 참여하

는 것을 가로막고 있었다.[2]

제2차 세계대전이 끝나고 일본으로부터 한반도가 해방될 때 북쪽의 절반 지역에서 김일성에 의해 수립되고, 그 후 그의 아들인 김정일이 물려받은 오늘날의 김씨 왕조는 이전에 존재하던 한국의 왕조들과 중요한 특성들을 공유하고 있다. 1997년 북한은 국가의 설립자인 김일성이 태어난 해(1912년)부터 연도를 계산하는 "왕조적 기년법(紀年法)"을 도입하여 주체사상에서 이름을 따 연호를 채택하였다. (예컨대 2000년은 주체 89년이다.) 북한은 기원전 3-4세기에 존재하던 고조선의 이름으로부터 (조선은 "아침의 신선함" 또는 "아침의 고요"를 의미) 오늘날 자신들의 국민(조선사람)을 부르고 자신들의 국가(조선민주주의인민공화국)를 부르는 명칭을 가져왔다. 토착 한국인들의 국가로서 고조선은 북한의 근대 시기 민족주의의 모델로 책정되었다. 그러나 남한(즉, 한국)은 중국어에서 유래된 표현인 '대한민국'이라는 국가명을 사용하고, 스스로를 한국 사람이라 부르는데 이는 한국인을 의미하는 한자인 "韓"으로부터 유래한 것이다. 남한사람들보다 더 오래되고 더 독립적이었던 한민족의 왕조로부터 자신들의 국가와 국민들의 이름을 차용함으로써 북한은 자신들이 남한보다 더 큰 정치적 정당성을 지니고 있다고 주장하고 있다.

---

2   영어로 되어 있는 다수의 좋은 한국 역사서들 중에 다음의 셋이 함께 활용된다면 한국사에 대한 사실과 해석에 있어서 단단한 기초를 제공할 것이다. Carter J. Eckert and others, *Korea Old and New: A History* (Seoul: Ilchokak Publishers for the Korea Institute, Harvard University, 1990); Han Woo-keun, *The History of Korea*, translated by Lee Kyungshik (Honolulu: East-West Center Press, 1970); and James B. Palais, *Politics and Policy in Traditional Korea* (Harvard University Press 1973).

북한의 역사기록은 조선민주주의인민공화국의 계보를 (어쩌면 신화적인) 한국의 건국 시조 단군에서부터 고조선을 거쳐 (기원후 1세기부터 7세기 동안) 삼국시대 최북단에 위치했던 고구려까지 거슬러 올라가고 있다.[3] 고구려는 중국으로부터 독립을 유지하기 위해 치열하게 싸웠던 반면, 한반도 동남쪽에 위치한 백제는 일본과 우호적인 관계를 유지하였다. 남서쪽에 위치했던 신라는 중국 당나라와 연합군을 형성하여 백제와 고구려를 멸망시켰다. 2백년 후 신라가 쇠약해지자 지방호족들이 영향력을 확대하며 국가를 장악했고, 고구려 왕조의 이름에서 고려라는 국명을 가져옴으로써 고구려를 재건한다고 주장하는 호족들 자신들에게 즉각적인 정당성을 부여하였다. 북한은 자신들이 주장하는 고려왕조의 유산에 대한 이러한 인식 하에 고려연방공화국이라 불리는 연방 국가의 형성을 남북한 통일의 방식으로 주장하고 있다.

거의 500년 이후 고려왕조가 끝나갈 무렵 이성계 장군은 당시 친원 정책을 펴던 고려 조정의 명을 받고 신생국인 명나라를 공격하러 가던 도중 오히려 명나라 편이 되어 고려왕조를 겨냥하였다. 비록 그 결과 이성계는 새로운 왕조의 첫 번째 왕이 되었지만, 이러한 반역적 위업은 훗날 북한의 역사가들에게 적개심을 유발하게 되었다. 이성계는 새로운 왕조의 국명을 조선으로 하고 이후 조선왕조는 조선이 일본의 식민지가 될 때까지 500년 (1392-1910) 이상 한반도를 통치했다.

---

3 북한의 역사교육에 대한 실증적 분석은 다음을 참조. Chung Doo-hee, "The Heritage of Chosun Dynasty Appearing in the North Korean Description of History," *East Asian Review*, vol. 10 (Spring 1998), pp. 25-40.

조선이 존재하던 대부분의 기간 동안 강력한 이웃 국가인 중국과 종속적인 관계를 유지하였고, 이것이 조선이 오랜 기간 독자적인 국가로 생존할 수 있었던 주된 이유였기에, 북한은 아시아 역사상 가장 오래 살아남은 조선왕조로부터 자신들의 기원을 찾지는 않는다. 게다가 조선왕조 건국과 함께 수도가 개성에서 지금의 서울로 옮겨지면서 (비록 그 당시 남과 북이 각각 독자적인 정부로 존재하지는 않았지만) 정통성이 북쪽에서 남쪽으로 옮겨지게 되었다는 측면에서 더욱 그러하다.

그러나 북한의 통치 스타일은 조선 시대 통치 스타일로부터 유래되었다. 조선은 소수의 양반 집단의 지지를 받는 유교적 세습 군왕들에 의해 지배되었다. 이러한 조선의 계급구조는 오늘날 조선로동당 간부와 최고 지도자 김정일이 지배하고 있는 북한의 계급구조와 다르지 않다. 다만, 제임스 팔레(James B. Palais)에 따르면 조선 시대와 북한이 지닌 중요한 차이점은 조선 시대 군주는 궁정정치(court politics)와 지방 세력가(local lords)들의 힘에 의해 제약을 받았다는 점이다.[4] 오늘날 가능한 모든 증거를 통해 북한에서는 김일성과 그의 아들 김정일은 전권을 휘두르고 있다는 점을 확인할 수 있다. 의심할 여지 없이 유교 사상은 김일성 부자의 통치 스타일에 영향을 주었고, 그들은 유교와 공산주의를 결합할 수 있었다. 김일성은 일반 백성들로부터 떨어져 있는 유교적 황제에게 어울리는 어버이 수령(최고이며 자애로운 지도자, 스승, 아버지)이란 호칭을 채택하였다. '어버이' 또한 유교적 통치자가 자신의 왕국에서 갖고 있는 지위와 마찬가지의 지위를 자신의 가족에서 지

---

4   Palais, *Politics and Policy*.

니고 있기에 유교적 가구의 수장에 대한 존경을 나타낸다. 제한적인 정규교육만을 받았음에도 불구하고, 김일성은 그 유명한 '현지지도(現地指導)'를 위해 농촌을 방문할 때에는 위대한 스승으로서의 유교적 역할을 담당하여 모든 주제에 대해 자신의 가르침을 설파하였다. 북한의 선전원들에 의해 통치자에 대한 우상숭배가 증대됨에 따라 김일성은 중국군과 소련군에 대항했던 용감한 게릴라 용사에서 이제 날씨를 바꾸고 시공간을 초월할 수 있는 초자연적인 존재로 탈바꿈하게 되었다. 모든 면에서 북한 사람들은 김일성에게 있다고 주장되는 이러한 준신격성을 받아들이는데, 군중의식으로 드러나는 이것은 서양 사람들에게는 마치 1930년대와 1940년대 일본인들에 의한 히로히토 천황 숭배와 놀라울 정도로 유사하여 20세기보다는 중세에나 어울리는 모습으로 여겨진다.5

조선왕조 시기 동안 보다 고립되어 있던 남쪽 지역에 살던 사람들보다 북쪽 지역에 살던 사람들이 더 현실적이었기에 오늘날 북한을 이념화하고 고립화시키는 김일성의 능력은 더욱 놀랄만한 것이다. 북쪽 지역은 중국과 연결된 한반도의 주요 무역 루트였기 때문에 조선 시대 북쪽 지역에 사는 사람들은 여행객이나 무역상들이었다. (현재 신의주로 불리는) 북쪽 국경도시 의주는 중국으로 가는 관문 역할을 했었고, 오늘날 북한의 남쪽 지역에 위치한 개성은 상인들로 생동감이 넘치던 유명한 도시였다. 오히려 조선 시대 유교의 중심지는 오늘날 한반도 남쪽

---

5 이 책의 한 익명의 심사자는 김일성 숭배와 일본 제국주의 숭배 사이에 여러 흥미로운 대칭이 발견될 수 있으며 더욱이 일제 식민지 조선에서 성장한 김일성이 일본의 천황 숭배로부터 아이디어를 빌려 왔을 가능성에 대해 제안하였다.

구석에 위치한 경상도 지역이었다. 김일성은 북한에서 전통적 실용주의를 약화시키며 북한을 한반도에서 더 고립되고 이념적인 지역으로 바꾸는데 성공했다. 여기서도 하나의 역설을 발견하게 되는데, 국제 공산주의로부터 거리를 두도록 만들기 위해 김일성은 주체사상이라 부르는 자신의 이념을 옹호하였는데, 이 사상의 주요 주제는 공산주의를 한국적 상황에 맞게 적용시키는 것이었다.

조선왕조가 김씨 왕조에게 하나의 통치모델을 제공했다면, 조선왕조의 몰락 뒤의 일본 식민지 시대는 김일성에게 그의 통치를 정당화하는 또 하나의 부정적 사례를 제공하였다. 35년간의 일제 강점기 동안 일본은 한국 상품과 노동력을 착취하기 위해 사회간접자본을 건설하며 정치적 통제를 했을 뿐만 아니라, 한국 문화 말살 정책도 추진하였다.[6] 한국인들은 일본의 신도(神道) 사원인 신사(神社)에서의 참배가 강요되었는데, 이는 특히 비기독교적 우상에 대한 숭배를 금지하도록 가르치는 45만 기독교인들을 포함하여 모든 한국인들에게 하나의 부담이었다.[7] 한국어를 대신하여 일본어가 교육과 비즈니스의 표준어가 되었고, 당시 일본어 학습을 강요받았던 많은 한국인들이 오늘날까지도 일본어 사용에 대해 거부감을 가지고 있다. 한국인들에게는 일본 이름이 만들

---

6 한국에 자본주의를 가져오는데 있어서 일본의 역할에 대한 분석은 다음을 참조. Carter J. Eckert, *Offspring of Empire: The Koch'ang Kims and the Colonial Origins of Korean Capitalism, 1876-1945* (University of Washington Press, 1999). 조선을 관리하기 위해 식민지 행정 당국에 의해 도입된 법적-사회적 통제, 교육적-미디어적 통제 정책들은 Edward I-te Chen, Ching-chih Chen, E. Patricia Tsurumi, Michael E. Robinson에 의해 다음의 편집서의 개별 챕터들에서 각각 논의되고 있다. Ramon H. Myers and Mark R. Peattie, eds., *The Japanese Colonial Empire, 1895-1945* (Princeton University Press, 1984).

7 종교의 강요에 대한 논의는 다음을 참조. Chong-Sik Lee, *Japan and Korea: The Political Dimension* (Stanford: Hoover Institution Press, 1985), pp. 10-13.

어졌다.[8] 일본은 당시 한국의 산업과 관료제도는 근대화시켰지만, 정치는 그러하지 못했다. 정치로부터 강제적으로 배제되면서 한국의 엘리트와 국민들은 독립을 열망하나 정치참여 과정에 있어서는 아무런 경험이 없는 정치적 진공 상태에 처하게 되었다. 일본 식민지 경험은 한국인들에게 다시는 다른 나라에 의한 지배를 받지 않겠다는 강한 민족주의적 감정을 고취시켰다. 식민지 시기 동안 한국의 사회주의자, 공산주의자, 민족주의자들은 국경을 넘어 중국이나 러시아 등의 해외로 나가 저항운동을 하였다. 일본이 중국을 침략했을 때 많은 한국인들은 일본군과 싸우기 위해 중국군에 가담하였다. 1930년대와 1940년대에 일본군은 중국에서 시베리아에 걸쳐 이러한 한국독립군들을 추적했다. 당시 중국에서 일본에 대항하여 싸웠던 20만 명이 넘는 한국 독립군 중에는 훗날 전설적인 영웅 김일성으로 불리게 되는 유명한 김성주도 있었다.

일본인들은 조선왕조의 사회를 파괴했지만 새로운 한국 사회를 건설하지는 않았다. 1945년 일본이 항복하자마자, 한국의 모든 종류의 정치 파벌들이 권력을 쟁취하기 위해 경쟁하기 시작했다. 중국, 러시아, 미국 등지에서 활동하던 한국인들이 역시 한국 정치로 복귀했다. 38도 선의 남쪽과 북쪽에서 일본군의 항복을 받아낸 미군과 소련군은 최소한 처음에는 한국인들이 스스로를 통치하는 것을 준비시키겠다는 전망을 갖고, 각자 자신의 관할권 내에서 사회, 정치적인 질서를 강제적으로 수립하고자 시도했다. 한반도 남쪽에서 미국인들은 프린스턴과 하버드에

---

8 Michael Edson Robinson, *Cultural Nationalism in Colonial Korea, 1920-1925* (University of Washington Press, 1988).

서 교육받은 70세의 이승만을 마지못해 지원하였다. 북쪽에서는 소련이 자신들의 이해관계에 맞춰 한국에서 공산주의 국가를 건설하기 위해 33세의 소련군 장교 출신인 김일성을 지원하였다.[9]

새롭게 분단된 남과 북에서 통합된 한국의 기반을 구축하기 위한 온건파들의 여러 차례에 걸친 시도가 실패하자, 남과 북에서 각각 독자적인 선거가 열리게 되었다. 김일성은 소련 행정가들과 그들의 군대 그리고 그와 함께 러시아에서 돌아온 비록 소규모이지만 충성스러운 군사들의 지원에 힘입어, 그의 기민한 정치적 수완을 통해 북한에서 권력을 장악해 나갔다. 남한에서는 권력의지가 강했던 이승만이 마지못해 미국에 의해 대통령으로 선택되었지만, 북한의 김일성과 달리 집권 초기 제주와 남서부 지역의 민족주의자와 공산주의자들의 무장폭동과 군사적 저항에 시달리며 권력을 장악하는데 어려움을 겪었다.[10] 이승만이 미국 조언자들의 권고와 도움 덕택에 위기를 극복하고 우위를 점하게 되었을 때, 김일성은 이미 북한 내에서 권력의 공고화를 끝내고, 이제 한반도 전체에 대한 자신의 장악력을 확장시킬 계획을 진행하고 있었다.

---

9   김일성의 국외 추방 상태에서의 전시 활동과 한국으로 돌아온 이후 그의 초창기에 대해서는 다음을 참조. Dae-Sook Suh, *KIm Il Sung, The North Korean Leader* (Columbia University Press, 1988). 김일성의 생애에서 이 시기에 대한 추가적인 정보는 1991년 남한의 일간지 중앙일보에 실린 전직 북한 관료의 인터뷰에 기반한 다음의 논문에서 얻을 수 있다. Sydney A. Seiler, *Kim Il-song, 1941-1948: The Creation of a Legend, The Building of a Regime* (University Press of America, 1994).

10 Bruce Cumings, *The Origins of the Korean War, Volume II: The Roaring of the Cataract, 1947-1950* (Princeton University Press, 1990), chap. 3.

김일성과 그의 전쟁 입안가들은 김일성의 부대가 남쪽으로 진군하면 남한 사람들이 이승만 정부에 저항하여 들고 일어설 것이라는 가능성에 대해 과대평가하였다. 또한 김일성은, 물론 워싱턴으로부터 온 정반대의 신호가 오인을 불러일으킨 측면이 존재하지만, 남한의 반공주의 정부를 수호하겠다는 미국 정부의 결연한 의지를 과소평가하는 실수를 저질렀다.[11] 1950년 6월 25일 북한 김일성 군대의 남침은 결과적으로 실패했고, 북한군은 중국국경까지 쫓겨 가게 되었다. 김일성은 한국 전쟁을 남한 주민들을 억압적인 외국지배로부터 해방시키기 위한 명예로운 '조국해방전쟁'으로 보았다.[12] 제2차 세계대전 이후 전 세계적으로 공산주의가 확산되면서, 남한 공산화라는 이 목표는 쉽게 그의 손에 들어올 것처럼 보였다. 미국이 전쟁에 개입한 것은 북한이 아직까지도 이에 대해 보복하지 못한 큰 배신행위로 간주되었다.

김일성 정권은 UN군에 대항한 전쟁 수행의 선두에 선 백만 명의 중국 군대의 지원을 받아 기사회생했다. 남한을 무력으로 통일시키려던

---

[11] 한국전쟁까지 이르는 시기에 대한 연구는 다음을 참조. Bruce Cumings, *The Origins of the Korean War*, vols. 1, 2 (Princeton University Press, 1981, 1990).

[12] 1998년 김정일의 선군정치 맥락 속에서 북한인들은 자신들의 전쟁에 대한 관점을 반복적으로 다음과 같이 말하고 있다. "주체적인 전쟁관점은 전쟁에 대한 과학적인 리해에 기초하고 있다. 전쟁은 특별한 폭력수단에 의한 정치의 연장이다. 근로인민대중의 자주성을 유린하며 사회발전을 가로막는 착취계급의 반혁명적 전쟁은 부정의의 전쟁으로, 인민대중의 자주성을 옹호하고 사회발전을 촉진하는 로동계급의 혁명전쟁은 정의의 전쟁으로 된다. 제국주의자들의 침략전쟁에 혁명전쟁으로 대답하며 불은 불로써 다스리는 바로 이것이 혁명적전쟁관점의 핵이다…우리 나라에서 전쟁이 일어나는 경우 그것은 나라의 자주권을 수호하고 조국을 통일하기 위한 정의의 전쟁으로 된다. 정의의 전쟁은 반드시 승리한다. 진리와 정의가 이긴다는 것은 력사의 법칙이다…우리는 언제든지 한번은 꼭 미제와 맞서 주체조선, 영웅적인민의 본때를 보여주어야 한다는 각오를 가져야 한다." 김명희, "혁명적 전쟁 관점," 『로동신문』, 1998년 12월 7일, 3면.

김일성의 시도는 실패했고, 그는 북한, 중국, 그리고 UN군을 대표하는 미국에 의해 서명된 휴전 협정에 만족해야 했다. 장제스(蔣介石)가 중국본토를 탈환하고자 계획했던 것처럼 남한의 이승만은 한반도의 통일을 위해 북한에 대한 보복공격의 가능성을 열어 두며 휴전 협정에 서명하기를 거부했다. 한국 전쟁은 남한과 북한에 존재하던 대부분의 사회간접시설을 파괴했다. 더 비극적인 것은 29만 4천명의 북한군 병사, 22만 5천명의 남한군 병사, 18만 4천명의 중공군 병사, 그리고 대부분 미국인이었던 5만 7천명의 UN군 병사를 포함해 백만 명 이상이 전쟁에서 사망했다는 점이다.[13] 이 통계수치는 전쟁과 연관되어 사망한 수십만 민간인들은 포함되지 않은 수치이다. 많은 북한 사람들(특히 남성)은 나중에 가족들이 합류할 수 있을 것으로 오인해 남한으로 탈출함에 따라 한국 전쟁으로 천백만의 이산가족이 생겨났다. 훨씬 적은 수치지만 남한사람 중 일부도 반공주의 한국정부의 박해를 피해 북으로 도피했다.

한국 전쟁은 냉전기 북한이 지속적으로 공산주의에 대해 집착했던 것만큼이나 오늘날의 북한의 모습을 형성시켰다. 남한과 북한은 (본질적으로 그렇게 되어버렸는데) 서로에 대한 깊은 불신을 품고 있다. 양쪽 정권 모두 국가 안보의 이름 하에 내부의 반대세력을 억누르기 위한 가혹한 수단들을 도입하였다. 남북한 정부 모두 국민소득의 상당 부분(북한의 경우 GNP의 약 25%, GNP의 규모가 훨씬 큰 남한의 경우 약 5%)

---

13 한국전쟁 사상자 수의 출처는 남한정부에 소속되어 있는 통신사의 다음 문헌. Yonhap News Agency, *Korea Annual, 1999* (Seoul: Yonhap News Agency, 1998), p. 299.

을 군사력의 유지를 위해 쓰고 있다.[14] 남한의 방어에 대한 미국의 의지가 확고한 반면, 북한은 중국과 소련으로부터의 지원을 그만큼 바랄 수 없었기에 정치와 국방에 있어서의 자립정책을 펼칠 수밖에 없었다. 마지막으로, 북한이 한국 전쟁을 내전으로 보고 있었다고 하더라도, 다른 나라의 시각으로 볼 때 북한은 한국 전쟁을 통해 이제 확실한 공산주의 진영으로 인식되었다. 비록 남한과 북한의 한국인들이 남과 북의 통일을 희망함에도 불구하고, 남한과 북한은 이제 민주주의 진영과 공산주의 진영으로 양분된 전 세계적 투쟁을 벌이는 두 세력의 각기 다른 편에 놓이게 되었다. 40년이 지나 냉전이 종식되고 나서야 북한은 공산주의 진영의 최전선에 있는 국가가 아닌, 김일성과 그의 아들이 지배하는 왕조 국가로 변모되어 온 나라로 바라보는 것이 가능해졌다.

한국 전쟁 이후 김일성이 해야 할 최우선 순위의 일은 한국 전쟁을 일으킨 데 대해 책임지는 것을 거부하며 자신의 권력을 유지하는 것이었다. 휴전 협정 3일 후, 김일성은 고위급 당 간부 12명을 기소하기 위한 공개 재판을 열었다. 그들의 혐의는 이른바 적을 돕고 사주하여 김일성을 남쪽 공산주의자들의 리더였던 박헌영으로 교체하려는 음모를 꾸몄다는 것이었다. 12명 모두 유죄 확정을 받고 (짐작컨대) 사형에 처해졌고, 박헌영은 2년 후 별도의 재판에 넘겨졌다.[15] 역주: 1955년 12월 15일

---

14 북한경제의 가파른 감소가 있기 전인 1990년대 중반에 북한의 GNP는 200억 달러 정도로 추정되었고 이 중 국방비는 대략 60억 달러로 추정되었다. 북한보다 GNP가 20배 더 큰 남한의 국방예산은 비율적으로 보통인 140억 달러에서 증가하고 있다. 국방예산에 대한 예는 다음을 참조. *Defense White Paper, 1999* (Seoul: Ministry of National Defense, 1999), pp. 222, 225, 302.

15 Dae-Sook Suh, *Kim Il Sung, The North Korean Leader*, pp. 130-36.

박헌영은 북한 최고재판소에서 재판을 받았다. 재판명은 '피소자 박헌영의 북한 정권 전복음모, 반국가적 간첩테러 및 선전, 선동행위에 대한 사건'이었다. 이때 북한 최고재판소는 박헌영을 일방적으로 '미제의 간첩'으로 몰아 부친다. 이후 박헌영은 12월 20일 처형되었다. 1950년대 내내 1948년 북한에서 철수한 러시아와 1958년 북한에서 철수한 중국과 연계된 국내정치파벌에 대한 숙청이 계속되었다. 심지어 일제 강점기 김일성과 함께 중국에서 항일무장투쟁을 했던 게릴라부대도 숙청되며 김일성 유일독재체제를 완성해 갔다. 냉전 시대를 통해 북한은 기꺼이 평양에 경제 군사원조를 제공하는 국가를 선호하면서 다른 공산주의 국가들과 느슨한 동맹을 유지했다.

　김일성은 국내정치 상황을 정리하는 한편, 인력을 동원하고 중공업을 건설하는 소련식의 전략을 따라 북한 경제 재건에 힘을 기울였다. 1970년대까지 북한의 경제성장이 남한을 앞지르는 상황이 지속되면서 김일성의 공산주의적 전체주의에 기반한 산업화방식에 대한 신념은 지속되었다. 김일성의 정치적 성공과 경제 정책적 성공이 동시에 이루어지면서, 김일성은 선전기관을 동원해 더욱 정교한 개인 우상화 작업을 독려했다.

　보통 공산주의 정권에서는 당에서 후계자를 지명하는 방식을 채택하지만, 김일성은 큰아들에게 후계를 물려주는 왕조적 통치자들의 경로를 따랐다. 김일성이 왜 그의 아들 김정일을 후계자로 선정했는지 해외 관측통에 의한 광범위한 추측이 이어졌다. 북한의 공식적인 설명은 김정일이 누구보다도 그의 아버지의 주체사상을 잘 이해하고 있기에 후계자로 지명되었다는 것이다. 확실히 김정일은 영민하고, 활동적인 성격을 지닌 데다, 이해가 빠르며, 예술에 대한 조예가 깊고, 철학애호가였다. 하지만 김정일은 전체주의 국가에서 중요한 리더십의 속성 중 하나인 카리스마가 부족했다. 그는 카리스마와는 정반대였다. 김정일은 국가의 가장 중요한 행사인 경우에도 공적인 자리에 나타나는 것을 항상 피했다. 그의 추종자 집단 내에서조차 김정일은 두려운 존재였고, 따라서 그다지 호감을 얻지는 못했다. 김일성의 두 번째 부인에서 태어난 둘째 아들(김평일)이 김정일 보다 잘생겼고 인기도 많았다. 하지만 유교적 전통은 큰아들이 아버지를 이어받는 것이었다. 공식적인 선전은 김일성이 무엇보다도 자신의 과업을 계속 수행해 나가고 자신의 명성을 확보해 줄 수 있는 후계자를 희망했다는 추정을 지지하고 있다. 유교적 본분은 큰아들이 아버지의 뜻에 순종하는 것이다. 이런 점에서 김일성이 김정일을 선택하는 것은 안전한 수순이었을 지도 모른다. 결과적으로 북한의 운명은 김일성의 결함 있는 정책에 전적으로 충성하는 사람들의 손에 맡겨졌고, 김일성의 영향력이 사라진 수십 년 후에도 (존경심 또는 두려움 때문에) 그러한 정책들이 계속 이어질 수 있었다. 아버지에게 경의를 표하며, 김정일은 1998년에 북한이 대중동원, 중공업집중, 사상적 교화의 강화라는 1950년대의 경제정책으로 되돌아 갈 것이라 공표하였다. 결국 북한은 무시무시한 정치적 수완을 지녔음에도 지나가 버린 시대에 살고 있는 지도자의 명령을 추종하면서 시대에 뒤처진 국가가 되어 버렸다.

김일성의 나라

김일성이 그렸던 자신의 나라—북한 언론 매체들은 종종 "김일성 국가"라고 부른다—는 유교적 왕국과 20세기의 전체주의적 사회주의 국가의 조합으로 이루어진 나라였다. 진정한 사회주의나 공산주의를 도입하는 것에 대한 문제 제기가 이루어진 적은 결코 없었다. 1997년에 대한민국으로 탈북한 북한의 주체사상 이론가 황장엽은 북한을 봉건 사회로 묘사한다.[16] 김정일은 인민들이 (대중, 당 간부, 그리고 김정일 순서로 자신이 가장 꼭대기에 있는) 엄격한 위계적 사회 질서를 받아들이게 유도하고, 지배자에 대한 완전한 충성과 존경을 바치도록 요청하기 위해 한국의 유교적 전통에 기댈 수 있었다. 또한, 유교 사상은 지배자만이 외부인과 접촉하고 대중을 대신해서 말할 수 있는 특권을 준다. 유교의 자비로운 가치에 의하면, 지배자는 사람들에게 관심을 가져야 하는데, 김일성은 현지지도를 통해 이러한 관심들을 보여주었다. 현대적인 왕족처럼 완벽하게 수선 및 배색된 서양풍의 비즈니스 정장으로 (1980년대에 들어서는 마오쩌둥 자켓을 버렸다) 치장한 김일성의 비대한 모습은 가난한 농부와 공장 노동자들로 하여금 자신들의 왕국이 지닌 영광을 어렴풋하게나마 느낄 수 있게 해 주었다.

---

16 황장엽 비서는 북한에 대한 이러한 묘사를 몇몇 출판된 인터뷰에서 제공해 왔다. 이에 대한 예는 다음을 참조. "Table Talk: Hwang Jang Yop and Shin Sang-ok Talk about Two Homelands They Have Experienced," *Wolgan Choson*, March 1999, pp. 609-41. 북한을 떠나온 이후 황장엽은 또한 (영어로는 구할 수 없는) 두 권의 책을 출판하였다. 그의 자서전과 북한에 대한 그의 생각들은 각각 다음을 참조. 황장엽, 『나는 역사의 진리를 보았다』 (서울: 한울, 1999); 『북한의 진실과 허위』 (서울: 통일정책연구소, 1998).

북한 사람들에게는 사회적으로 그리고 정치적으로 신분 상승을 할 수 있는 기회가 극도로 결핍되어 있다. 조선 왕조가 무너지면서, 일본이 곧바로 한국을 점령했고 독재체제를 제도화하였다. 일본이 떠나면서 김일성은 스탈린주의를 들여왔다. 북한 사람들은 한 번도 자신들에 대해 생각해 볼 틈이 없었다. 다른 사회와 접촉을 해본 많은 사람은, 그것이 자신에서 주어진 임무 또는 직무였음에도 불구하고, 이후에 숙청되거나 시골로 보내졌다. 평양에 남아 외교 직무를 하도록 허락된 당 간부들은 엄격한 감시 아래 놓여있었다. 1990년대조차도 외국과의 접촉이 가능한 직무를 갖는 것은 위험한 일이었다. 외국 무역과 외교는 부를 쌓을 수 있는 기회를 제공하지만, 숙청당할 수 있는 위험에 지속적으로 놓이게 된다.

초반에 김일성은 스탈린의 방법과 공자의 가르침을 접목해 독립적이고 강한 나라를 세울 수 있다고 진심으로 믿었을 수도 있다. 자신의 카리스마 넘치는 리더십에 영감을 받은 사람들이 그 어떤 어려움이나 자신이 정해준 목표까지도 넘어설 수 있다고 믿었을 수도 있다. 김일성이 젊고 활동적이었던 초반에 북한은 큰 성과를 얻기도 했다. 하지만 1970년대 초부터 많은 관측자들은 김일성의 꿈에 북한이 다다르지 못할 것을 확실히 알 수 있었다. 이상과 현실의 괴리가 더욱 커질수록, 김일성은 국가의 일일 업무에서는 손을 놓기 시작하였고, 그 대신 은퇴한 신사처럼 자신의 호화로운 사유지에서 시간을 보내고, 가끔 제2세계와 제3세계에서 방문하는 고위 관리와 만났으며, 자신의 아들이 국가를 운영하도록 내버려 두었다. 독재자의 아들로서 그 어느 것도 하지 못하거나 갖지 못한 것이 없었던 젊은 김정일은 북한의 국가목표를 달성하는데 있어서 사상적 교화를 자신의 아버지보다 더욱 중요하게 생각하였다. 그리고 국가의 일을 자기 개인 일을 처리하던 방법과 똑같이 처리하였다. 모든 사람들을 휘두르면서 말이다. 하지만 사람들은 그의 사상적 훈계에 전적으로 반응하지 못했고, 북한은 남한보다 더욱 멀리 뒤처졌다.

북한은 환상의 땅이다. 그들의 이념은 지도자를 사람과 국가보다 높이 올려놓는다. 또한, 경제는 인간이 이기심 없는 공동체적인 삶을 이끌어갈 수 있다는 가정에 기반을 두고 있을 뿐이다. 지도자와 고위 정책 입안자는 나라 밖을 나가거나 외부인을 만나지 않는다. 군대는 세계에서 자신들이 제일이라는 자만에 빠져있다. 사회통제 시스템은 2천3백만 명의 사람들을 외부와 단절시키기 위해 존재한다. 또한, 외교 정책은 다른 국가들을 협박하고 위협하면 북한이 국제사회에서 존경받는 일원이 될 것이라는 전제하에 만들어진다. 이러한 환상의 이면에는 왕권신수설을 믿었던 사람들을 다스렸던 왕이 지배한 독립적이며 자급자족하는 사회가 주를 이루던 시대로 시간을 되돌리고자 하는 갈망이 있다.

분명 북한의 상황은 이러한 모습보다 훨씬 복잡하다. 현실을 완전히 부정하고 무시하면서 살아남을 수 있는 개인 또는 국가는 없다. 평양의 정치적 고위 간부들은 변화에 저항하고 있지만, 자신의 나라 안팎의 문제를 잘 인지하고 있다. 다만, 공포와 좌절로 뒤덮여있을 뿐이다. 그들의 최고지도자 김정일은 자신을 궁지에서 탈출시킬 방법을 찾을 수가 없다. 그는 만일 지도자의 실패를 지적하게 되면 자신의 특권적 위치를 잃거나, 추방당하거나, 혹은 숙청당할 것이라는 공포를 심어주었다. 그로 인한 결과는 정책 마비이다.

이 와중에 2천만 명의 북한 사람들은 동일한 희망과 두려움, 기쁨과 고통을 지닌 도처의 다른 사람들과 함께 생존을 도모하고 있다. 이 책의 작성을 위해 인터뷰한 탈북자 중 한 사람은 북한이 생기 없는 획일성 아래에 살아갈 것으로 생각하는 많은 외국인의 생각과는 달리, 북한도 다른 사회와 같이 술 마시고, 춤추고, 노래하고, 싸우고, 사랑을 나누며, 이혼하며 살아간다고 말했다.[17] 북한의 문제가 사람들보다는 국가의 문제인 것처럼 다루어지고 있지만, 최종분석에서 북한은 대부분 자신의 잘못이 아닌 이유로 극도로 어려운 시기를 겪게 된 몇 백만 명의 사람들이었다.

지배층, 특히 최고지도자 김정일에게 가장 중요한 목표는 정치적 권력의 보존과 강화이다. 세계의 어느 곳에 있는 지도자라도 이 동기는 이해할 수 있을 것이다. 다만, 김정일이 다른 지도자들과 다른 점은 그의 권력에 대한 어떠한 견제와 균형에 의해 속박되어 있지 않다는 것이다. 이러한 모든 권력에도 불구하고 그는 자신의 사람들이 만족하지 못하고 있다는 것을 알기 때문에 불안정한 지도자인 것이다. 김정일 체제를 어떻게 바꿀 것인가는 외국 정부와 단체들이 수년간 씨름하고 있는 문제이다. 북한을 향한 외교 정책의 중심부에 있는 이 문제는 이 책의 마지막 챕터에서 다루도록 하겠다.

그 전에 북한의 경제, 리더십의 본질, 그리고 국내적 평온과 국가 안보를 위해 북한 정부가 채택한 정책들이 연구되어야 한다. 이 책의 두 가지 주제는 지속성(persistence)과 환상(illusion)이다. 왜 북한 정권은

---

17 1996년 1월 탈북한 중국과의 무역에 종사하던 29살 트럭 운전사와의 인터뷰

복지에 실패한 정책들과 그로 인해 체제의 미래가 위협을 받고 있는데도 불구하고 지속해서 같은 정책들을 밀고 나가는가? 이 질문에 대한 답은 오랜 기간 쌓여왔으면서 북한 사회에 널리 퍼지고 있는 관성을 극복하는데 엄청난 난관이 있다는 점에서 일부 찾을 수 있을 것이다. 또 다른 답의 일부는 북한의 엘리트층과 대중이 마치 국제사회로부터 끊어져 있는 것처럼 '외부와 단절된 현실'에 살고 있다는 것이다. 이는 궁극적으로 자급자족하면서 고립되어 살아가는 것이 가능해 보이는 공상적인 세계인 것이다.[18] 북한에 대한 이러한 관점이 사실에 가깝다면, 심지어 김정일 정권의 피할 수 없는 몰락이 이루어지고, 대한민국의 통치가 북쪽으로 뻗은 후에도, 북한 사람들이 자유롭고 민주적인 사회에 적응하기 위해서는 여러 해가 지나야 할 것이다.

---

18 북한 국민들 특히 군대가 "외부세계로부터 봉인된 현실"에서 살고 있다는 관찰의 출처는, Kim Chong-min, "Conscription System and Soldiers' Lives in North Korea," *Pukhan*, August 1999, 134-45.

CHAPTER TWO

이념의 힘과 빈곤성

> 세상에는 경제적으로 부흥하는 나라도 있고 강한 군사력을 가진 나라들도 있으며 풍부한 문화적 재부를 가진 나라도 있다. 그러나 우리 나라처럼 사상의 강국은 그 어디에도 없다.

CHAPTER TWO

세상에는 경제적으로 부흥하는 나라도 있고 강한 군사력을 가진 나라들도 있으며 풍부한 문화적 재부를 가진 나라도 있다. 그러나 우리 나라처럼 사상의 강국은 그 어디에도 없다.[1]

평양의 심장부에 있는 150미터 높이의 주체사상탑 꼭대기에서 빛나는 적색의 전기 햇불은 북한에서 이념의 중요성과 그것이 도처에 편재되어 있음을 보여주는 확실한 증거이다. 칼 프리드리히(Carl J. Friedrich)와 즈비그뉴 브레진스키(Zbigniew Brzezinski)는 "이념적 문제에 대해 지속적인 관심을 기울이지 않으면서 의미 있는 소련의 역사를 쓰는 것은 불가능하다"라고 말한 바 있다.[2] 이것은 다른 공산주의 이념들과 공통점이 많은 이념을 지니고 있는 북한에게 더욱더 사실에 가깝다. 이들 사이의 차이점은 김일성과 김정일이 수행하는 보호자로서의 역할 하에서 존재하는 북한의 이념적 유형이 스탈린이나 마오쩌둥의 전성기 시절 세워진 것들보다 훨씬 더 부풀려졌다는 것이다. 확실히 다른 그 어떤 나라도 오늘날 북한만큼 이념의 생산, 정교화 및 보급에 있어 그처럼 많은 노력을 기울이지 않는다.

---

1 승정표, "우리 조국은 사상의 강국이다," 『로동신문』, 1996년 9월 10일, 3면.

2 Carl J. Friedrich and Zbigniew K. Brzezinski, *Totalitarian Dictatorship and Autocracy* (Frederick A Praeger, 1966), p. 107.

이념이 "그 자체에서가 아니라 집단적 또는 개인적 무의식에서의 통일성을 가지는 일련의 사상"으로 정의되는 만큼 이념은 그것을 지지하는 사람들에 대한 중요한 통찰력을 제공할 수 있다.[3] 이념은 행동 지침으로서의 역할을 수행한다. 북한 언론매체에 따르면 이념은 "국가와 그 인민이 따라야 할 경로를 보여주는 나침반이자, 전체 민족을 완전한 통합으로 결속시키는 토대이며, 민족을 무한한 번영과 발전으로 이끄는 승리의 기치이다."[4] 이념은 왜 북한이 실용적인 국내 및 대외 정책을 추구하는데 실패했는지에 대한 단서를 제공한다. 로버트 스칼라피노 (Robert A. Scalapino)와 이정식(Chong-Sik Lee)은 북한에 대한 포괄적인 연구에서 다음과 같이 언급한다. "이념은 경계를 설정한다. 그것은 관심을 돌리고 생각을 차단할 뿐만 아니라 자극하기도 하는데, 따라서 이념은 변화하는 현실에 신속히 적응하는 것을 저해한다."[5] 북한의 일원화된 이념은 정말로 진보에 대한 심각한 장애물이다. 프랑스 철학자 알랭(Alain)이 말했듯이, "단 하나의 아이디어만 가지고 있을 때, 하나의 아이디어 보다 더 위험한 것은 없다."[6] 북한 주민들에게 그 하나의 아이디어는 바로 주체사상이다. 사회주의 헌법 제3조는 다음과 같이 선언한다. "조선민주주의인민공화국은 사람중심의 세계관이며 인민대중의 자주성을 실현하기 위한 혁명사상인 주체사상을 자기 활동의

---

3   Franz Schurmann, *Ideology and Organization in Communist China*, 2d ed. (University of California Press, 1968), p. 18.

4   Chung, "Our Fatherland," p. 3.

5   Robert A. Scalapino and Chong-Sik Lee, *Communism in Korea, Part II: The Society* (University of California Press, 1972), p. 869.

6   Alain (Emile-Auguste Chartier), *Propos sur la religion*, 1938, np. 74.

지도적 지침으로 삼는다."[7]

북한인들은 주체 사회주의를 철저한 과학 이론이라고 자랑스럽게 말하지만, 주체는 어떤 식으로든 상상력을 늘려보아도 검증될 수 있는 경험과 관련 있는 명제들의 집합이 아니며, 따라서 현실에 대한 관측에 따라 수정되거나 버려질 수 있는 것이 아니다. 비록 맑스의 예견은 빗나간 것으로 드러났지만, 맑스-레닌주의는 여전히 북한 이념의 초석이다. 북한의 이념은 이론도 과학도 아니고, 그보다는 그것이 기원하는 권위 때문에 참이라고 추정되는 교리(doctrine)이자 신조(dogma)이다. 북한에서는 모든 이념이 창립자와 그의 아들의 맹목적인 권위로부터 흘러나온다. 따라서 이념을 논박하거나 개정하는 것은 그들의 권위에 대한 공격에 해당하며, 어떤 식으로든 처벌을 초래한다. 이념과 이와 관련된 신화는 정치 지도자들의 무기이며, 이들이 갇혀 있는 감옥이다. 이 진실은 김일성과 그의 아들이 북한의 이념을 창안했지만 왜 그들이 변화하는 상황에 맞게 그 이념을 조정할 수 없는지 그 이유를 설명해 준다.

정치 이념의 실용적인 정의는 "사회를 위한 선호되는 정치 질서를 설명하고 이를 정당화하며… 이러한 목적을 달성하기 위한… 전략을 제시하는 신념 체계"이다.[8] 북한과 같은 전체주의 국가의 이념은 시(詩)에서 감자 경작에 이르기까지 인간 활동의 모든 방면에서 지침을 제공한

---

7   "DPRK's Socialist Constitution (Full Text)," Unofficial translation published by *The People's Korea*, no. 1825 (September 19, 1998), p. 4.

8   Reo M. Christenson and others, *Ideologies and Modern Politics* (Dodd, Mead & Company, 1971), p. 5.

다. 이념은 특히 인간의 본성과 이들의 사회를 유토피아적 공동체로 전환시키는 아이디어를 포함한다.[9] 바로 이러한 중요한 측면에서 이념은 현상 유지를 맹렬하게 공격하는 혁명적인 본질을 지니고 있다. 경제적인 "속도전"이 또 다른 것에 의해 이어지고, "고난의 행군"이 이룬 "승리의 결과"가 "최종적 승리를 향한 강제적 행군"으로 인도하며, 이는 다시 "낙원으로의 행진"으로 전환되기에, 비록 낙원은 북한 주민들에게 여전히 멀리 떨어져 있음에도 불구하고, 북한의 이념은 지친 사람들에게 안식을 제공하지 못한다. 북한 주민들이 김정일의 충직한 추종자로 변하고, 한국이 공산화되고, 국제 체제가 민주화될 때, 북한 주민들은 드디어 안식을 취할 수 있게 될 것이다. 김일성이 북한에서 권력을 장악하고 국제 공산주의 운동이 활기를 띤 이후 처음 10년 동안 김일성이 예상했던 것보다 앞으로의 행군은 훨씬 더 길고 훨씬 더 힘들 것이다.

북한 이념은 대부분의 외국인에게 이상하게 들린다. 북한의 이념에 배태되어 있는 신화는 현재에 특수한 의미와 중요성을 부여하는 과거의 사건들과 관련있는 이야기들을 담고 있는 과거 회고적인 것이다.[10] 이들 신화들은 역사적 사실에 대한 일부의 날조, 일부의 재구성, 그리고 일부의 재해석으로 되어 있다. 예를 들어, 핵심적인 공산주의 신화는 역사에 대한 맑스주의적 모델인데, 이는 창고들이 "각자의 능력에 따라 생산되고 각자의 필요에 따라 분배되는" 물품들로 가득한 전 세계적인 계급 없는 사회로 귀결되는 돌이킬 수 없는 역사의 행진에 대한 이야기이다. 맑시즘에 덧씌어진 독특한 북한의 신화는 북한의 역사를

---

9 Friedrich and Brzezinski, *Totalitarian Dictatorship*, pp. 88-89.

10 Ibid., p. 91.

신과 곰의 자손인 단군에 의한 설립으로부터 반신반인(半神半人)의 김일성과 그의 혁명적 가족의 출현에 이르기까지를 추적한 것이다.[11] 이러한 신화의 역할은 현실을 묘사하는 것이 아니라, 전통을 영광스럽게 만들고 대중들을 고취시키는 것이다.

대중에게 효과가 있는 것과 지배 엘리트의 이익을 위한 것 사이를 구별한다면, 실패하고 공상적인 이념에 북한이 집착하는 것이 처음 보이는 것처럼 그렇게 비합리적인 것은 아니다. 이념은 경제를 파괴하고 국가를 고립시켰을지 모르지만, 이 장의 시작 부분에 인용된 바와 같이, 김일성 일가의 리더십을 미화하고 경제적 성공에 대한 영적 대체물 역할을 함으로써 김씨 일가의 권력을 강화시켰다.

이념에 지속적으로 관심을 기울이라는 프리드리히와 브레진스키의 조언에 주의를 기울일 때, 과연 이념과 삶의 연계 측면에서 무엇을 살펴보아야 할 것인가? 북한의 이념은 반세기에 걸쳐서 외부인들이 진지하게 받아들이기 어려운, 혹은 북한 주민들이나 지도자들이 그 이념을 진지하게 받아들이는 것을 상상하기 어려운 일련의 기상천외한 주장이 되었다. 진지하게 받아들여지는가의 여부와 관계없이, 사람들은 평생 동안 김일성과 그의 아들의 가르침을 읽고, 암기하고, 토론하기 위해

---

11 1994년에 북한의 고고학자들이 한국인들의 조상이라 말해지는 단군의 묘를 발굴했다고 주장하였다. 전설에 따르면 신들 중 하나인 환웅이 지상으로 내려와 곰-여인과 결혼하였는데 이 여인이 기원전 2333년에 한국인의 나라를 세운 단군을 낳는다. 이 전설의 어떤 버전들은 단군이 평양 인근의 태백산에 묻혔다고 말하고 다른 버전들은 그가 아사달 산의 신이 되었다고 말한다. 명확히 이러한 사람이 존재했었다는 확신은 없고 외국 전문가들은 북한인들이 단군의 것으로 확인했다고 주장하는 뼈와 유물의 발견에 활용된 방법론에 대해 의문을 제기한다. 북한은 한국이 오늘날 평양 인근에서 세워졌다는 주장의 근거를 제공하기 위해 단군의 묘를 다시 지었다. Choi Myong-lyong, "Questions on Excavation of 'Tangun Tomb,'" *Korea Focus*, vol. 2 (Novermber-December, 1994), pp. 39-43.

일주일에 많은 시간을 할애해야 한다. 이념은 어느 정도로 매일의 관심사와 동떨어진 부수적인 현상인가? 이 책의 주요 가설은 이념이 북한을 현대 사회로 발전시키는 것을 방해한다는 것이다.

이념은 지도자들이 어떻게 생각하는지에 대해 그리고 그들의 추종자들이 지닌 지적 세련도에 대해 그들이 어떻게 추정하는지에 대해 무언가를 말해야만 한다. 주체사상은 수년에 걸쳐 발전해 왔기에 지도자들이 지닌 관심사의 변화와 이들이 전체주의적 사회주의 국가의 이상을 건설해 가는 과정에서 해결하고자 하는 문제들이 무엇인지를 반영하고 있다. 가난한 근로자의 동기 부여와 같은 일부 문제는 항상 존재한다. 김일성의 상실에 대한 슬픔과 그의 아들에 대한 충성도 약화와 같은 다른 것들은 특정한 사건에 의해 야기된다.

주체사상이 발전함에 따라, 그것은 몇 가지 주요 쟁점들을 다루어 왔다. 첫째는 국제 사회에서 북한의 독립을 유지하는 문제이다. 둘째는 사람들을 지도자의 영원한 충성스러운 제자로 개조하지만, 동시에 "사회의 주인"으로서 개인적인 목적의식을 사람들에게 부여하는 것이다. 셋째는 당과 그 지도자를 중심으로 뭉친 오늘날의 유교적 가족 국가 속에서 이루어지는 사람들의 결속을 미화하는 것이다. 넷째는 생활 조건의 악화와 국제 공산권 진영의 붕괴를 직면한 상황에서 북한의 사회주의 양식을 지켜내는 것이다. 김일성 사망 이후 점점 더 비참한 여건 속에서, 살기 위해서가 아니라면 정권을 위해서 죽어야 할 이유를 사람들에게 부여하는 것이다.

초창기의 주체

북한 사회주의가 꿈꾸는 세상은 돈에 대한 필요성 없이 생산되고 교환되는 재화의 풍요로움으로 축복받은 공동 사회이다. 이 행복한 사람들은 국가가 경제적으로 자급자족한다는 사실로 인해 국제 사회의 경제적, 정치적 투쟁으로부터 격리되어서 거대한 국가적 부족과도 같이 서로 결속되어 있다. 생산적이고 자급자족하기 때문에 사람들은 크거나 작은 지구상의 어떤 국가와도 동등하다. 지상 낙원에 살고 있기 때문에 그들은 아무도 부러워하지 않는다.

북한의 유토피아 이념의 기초를 이루는 다음의 두 가지 생각들은 비현실적인 만큼 끌리는 바가 있다. (공산주의의 전조로서의) 사회주의는 이 낙원이 달성되는 방법이며, 주체는 그것의 지도 원리이다. 주체는 북한 주민의 생명을 기꺼이 내어놓을 수 있는 절대적인 것이며, 국가와 "좋은" 북한인을 규정하는 특징이다. 주체가 없는 사람은 무가치하며, 주체가 없는 국가는 식민지이다. 주체는 세계에 대해 북한이 주는 선물이다. (북한 사람들에 따르면) 미국이 주도하는 제국주의자들이 주체를 물리치고 근로자들을 자본가의 노예로 만들려고 적극적으로 계획하고 있기 때문에 세계가 주체를 받아들이기를 꺼려한다.

주체의 본질은 너무나 단순해서 믿기 어렵거나 또는 너무나 복잡하고 특정한 문화에게만 해당되는 것이어서 번역이 불가능하기에 그것이 무엇인지 파악하는 것이 쉽지 않다. 주체의 핵심적인 의미를 국가적 자립과 한국 민족주의의 결합으로 정의하는 것이 주체를 이해하는 출발점이다. 대부분의 서양인보다 한국인을 더 깊이 이해하는 학자인 브루스 커밍스(Bruce Cumings)는 "주체는 아이디어라기 보다는 마음의 상태이다. 이 주체라는 용어는 문자 그대로 한국이 관련된 데에서 주관적인 것이 되고 모든 면에서 한국을 우선시한다는 것을 의미한다."라고 주체에 대해 말한다.[12] 그는 "이 단어는 외국인의 입장에서는 그 의미가 한국인들을 한국인으로 만드는 모든 것들이 담겨져 있고, 따라서 비한국인에게는 궁극적으로 접근이 불가능한 곳으로 끊임없이 멀어져 가기에 진정 번역이 불가능하다"고 덧붙인다.[13] 실제로 주체는 심지어 많은 한국인들에게도 이해하기 어려울지도 모른다. 주체 연구를 전문으로 하는 한국계 미국인 학자인 박한식(Han Shik Park)은 1981년에 김일성 대학의 주체 이론가와 가진 인터뷰를 다음과 같이 회상한다.

> 3시간에 걸친 마라톤 회의에서 나는 그가 이미 잘 알려진 선전 노선을 장황하게 반복하는 것으로 인하여 완전히 좌절했을 뿐만 아니라, 이 이념의 논리적이고 철학적인 측면을 파악하는데 상당한 어려움을 겪었다. 주체사상에 관한 그의 설명에 다소 내가 얼떨떨해한다고 느끼자, 그는 주체는 온전히 이해할 수 없는 심오한 "영생불멸의 진리"라고 말함으로써 나를 위로하고자 했다.[14]

---

12 Bruce Cumings, "The Corporate State in North Korea," in Hagen Koo, ed., *State and Society in Contemporary Korea* (Cornell University Press, 1993), pp. 197-230, quotation on p. 213.

13 Ibid., p. 214.

14 Han Shik Park, "Chuch'e: The North Korean Ideology," in C. I. Eugene Kim and B. C. Koh, eds., *Journey to North Korea: Personal Perceptions*, Research Papers and Policies Studies, no. 8 (Berkeley: Institute of East Asian Studies, 1983), pp. 84-98, quotation on p. 85.

북한 사람들이 사용하는 "영생불멸의 진리"라는 표현은 (남한의) 한국 기독교인들이 자신들의 종교적 믿음을 언급할 때 사용하는 표현과 동일하다. 북한의 설립자이자 주체의 창시자인 김일성이 기독교 가정 태생이었고, 따라서 기독교 믿음이 지닌 설득력을 인식하고 있었다는 것은 단순한 우연의 일치가 아닐 것이다.

주체를 인터넷에 접속하는 사람들에게 설명하기 위해 조선중앙통신사는 (주체 논리와는 반대로 북한에서 부족한 컴퓨터의 인프라 부족으로 인하여 일본에서 도입한) 웹사이트를 통하여 주체 문제를 다음과 같이 명확히 설명하고자 했다.

주체는 한국어 단어이며 영어로는 "subject(주어, 주체)"를 의미한다. 각국의 혁명은 각 나라의 국민, 주인에 의해서 독립적인 방법으로 그리고 각 나라의 특정 상황에 맞는 창의적인 방식으로 책임감 있게 수행되어야 한다. 그것은 인간을 주된 요소로 삼음으로써 철학에 대한 근본적인 의문을 제기하고, 인간이 모든 것의 주인이며 모든 것을 결정한다는 철학적 원리를 밝히고 있다.[15]

북한 사람들은 또한 해외 관찰자들이 주체 개념에 대한 많은 글을 쓰도록 독려하기 위해 그동안 주체에 대한 책들을 발간해 왔다. 주체에 대한 만족스러운 정의에 도달하는 것은 적어도 두 가지 이유로 인해 어렵다. 첫째, 주체사상은 지배 엘리트의 변화하는 요구에 맞추기 위해

---

15 "On the Juche Idea," KCNA (Internet Version), December 10, 1997.

그 개념 주변에 다층적인 의미들을 모아 놓았다. 둘째, 주체는 특별히 심오하고 일관된 사상이 아니다. 주체사상의 핵심은 민족적 자부심인데, 이것은 사람들 사이의 기릴만한 감정이며, 특히 강대국들에 둘러싸인 영토에 살고 있는 한국인들에게 특히 적합한 것이다. 그러나 민족적 자부심은 독창적인 이념으로 거의 취급받지 못한다. 주체사상은 1998년에 사회주의 헌법에서 (그리고 다른 곳에서도) "천재적인 이념 이론가"로 특징화된 김일성이 만든 것으로 알려져 있다. 첫 번째 음절인 "주(主)"는 "주된 또는 기본적인" 원리를 의미한다. 두 번째 음절인 "체(體)"는 몸이나 자아 또는 무언가의 기초를 의미하는데 "중국의 학문을 본질로 삼고 서양의 학문을 실제적 응용의 용도로 삼는다는 중체서용(中體西用)"이라는 유명한 구절에 나오는 중국어 단어 "체(體)"와 같은 글자이다.[16] 김일성이 잠재적 정치적 경쟁자들을 제거하기 위하여 힘쓰고 있던 초창기 시절, 그는 1955년 12월 28일에 있었던 조선로동당의 선전선동가들을 대상으로 이루어진 한 연설에서 주체를 (이 단어는 이미 전에 있었지만 새로운 정치적 의미를 부여하여) 소개하였다. 이 연설은 이후 회고적으로 점점 더 중요성을 얻었으며, 이후 몇 년간에 걸쳐서 주체에 대한 해석을 뒷받침할 수 있도록 개작되어 온 듯하다. 북한에서는 (구소련과 다른 전체주의 국가에서와 마찬가지로) 좀 더 최근의 이념적 사상과 일관성을 갖도록 하기 위하여 나중의 출판물에서 원본을 수정하거나, 심지어 원문을 날조하고 그것을 여러 해 후에 "발견"하는

---

16 Cumings, "The Corporate State in North Korea," p. 214.

것은 드문 일이 아니다.[17] 서대숙이 쓴 김일성 전기에 따르면, 북한 언론이 김일성이 행했다고 1930년대까지 거슬러 올라가는 주체에 관한 15개의 연설들은 순전히 날조된 것이며, 1970년대 이전의 출판물에는 결코 이것들이 나타난 적이 없다. "독단주의와 형식주의를 제거하고 이념적 작업에서 주체를 확립하는 것에 대하여"라는 제목의 1955년 연설을 돌이켜 살펴보면, 김일성이 비판했던 외국 방식들에 대한 모방이 결국 지금까지 실패한 자신의 주체 정책에 대한 더욱 노예적인 집착으로 대체되어 버린 것은 순전한 아이러니다. 스탈린이 이미 죽었고, 한국과의 전쟁에 참여한 중국군이 아직 북한에 있었으며, 1958년까지 완전히 철수하지는 않을 것이었기 때문에, 이 연설에서의 비판은 주로 소련 파벌에 대한 것이었지만, 이 연설은 자신의 당에서 정적들 특히 소련과 중국의 파벌을 숙청하기 위한 김일성의 캠페인이라는 정치적 맥락 속에서 이루어졌다.

김일성의 연설은 국가적 자립과 자부심에 대한 주체사상의 핵심을 제시한다. 북한은 맑스-레닌주의 원칙을 있는 그대로 받아들이는 대신에 북한의 상황에 맞게 적응시켜야 한다. "우리는 다른 어느 나라의

---

17 Dae-Sook Suh, *Kim Il Sung, The North Korean Leader* (Columbia University Press, 1988). 김일성의 1955년의 연설에 대한 서대숙의 논의는 이 책의 306~307쪽에서 찾아볼 수 있다. 17장의 몇몇 곳에서 서대숙은 어떻게 북한사람들이 역사적 기록들을 조작하고 다시 썼는지에 대한 예들을 제공하고 있다. 그는 김일성의 1955년 연설이 1964년까지 영어로 출판되지 않았다고 말한다. 다른 출처들은 1968년에서야 최초의 영어 출판이 이루어졌다고 말한다. 이에 대해 다음을 참조. Song-u So, "Kim Chong-il as New Leader," *Pukhan*, February 1994, pp. 60-67, translated by Foreign Broadcast Information Service, *Daily Report: East Asia*, 94-095, May 17, 1994, pp. 34-41; (앞으로 FBIS, *East Asia*로 표기).

혁명에도 종사하지 않고 우리 혁명에만 종사하고 있다."[18] 김일성의 민족주의에 대한 호소는 1945년에 북한을 통치하려는 그의 노력을 러시아가 뒷받침했고, 한국전쟁에서 유엔군이 전진해 오는 것을 중국이 구해줬다는 사실에 비추어 보면 부자연스러운 일이다. 실천하는 공산주의자로서 김일성은 민족주의를 공산주의자의 국제주의와 조화시키려고 시도했다. "국제주의와 애국심은 서로 불가분하게 연결되어 있다… 조선을 사랑하는 것은 소련을 사랑하는 것과 마찬가지이다."[19] 이 주장에 대한 그의 이론적 근거는 북한의 혁명을 강화함으로써 국제 공산 혁명이 강화된다는 것이다.[20] 김일성의 연설은 공산주의적 유토피아의 두 가지 전형적인 주제로 마무리된다. 첫째는 혁명에서 국민들이 믿음과 낙관주의를 가지라는 호소이고, 둘째는 나중에 주체의 중심이자 최대의 아이러니가 될 것을 예상케 하는 것으로서 권력이 국민의 손에 있고 국민이 "모든 것의 주인"이라는 것을 믿으라는 국민에 대한 호소이다.[21]

---

18 Kim Il Sung, "On Eliminating Dogmatism and Formalism and Establishing Juche in Ideological Work," Speech to Party Propaganda and Agitation Workers, December 28, 1955, in *Kim Il Sung Works*, vol. 9, *July 1954-December 1955* (Pyongyang: Foreign Languages Publishing House, 1982), pp. 395-417, quotation on pp. 395-96. 표면적으로 이념적 작업이라는 주제에 관한 이 담화는 한국의 문학과 예술을 공부하고 소중히 여길 것을 강하게 호소하고 있다.

19 Kim Il Sung, "On Eliminating Dogmatism," pp. 404-05.

20 주체이론과 관련된 민족주의-국제주의 이슈에 대한 흥미로운 논쟁은 다음을 참조. Jae-Jean Suh, "Theoretical Revision of Juche Thought and Nationalism in North Korea," *Korean Journal of National Unification*, vol. 2 (1993), pp. 7-30.

21 Kim Il Sung, "On Eliminating Dogmatism," p. 416.

초기의 주체는 두 가지 면에서 실용적이었다. 그것은 김일성이 권력을 유지하는 정치적 도구였으며, 외국으로부터 들여온 것을 북한의 상황에 맞게 적응시키겠다는 북한의 의도에 대한 선언이었다. 또 다른 실용주의자인 중국의 덩 샤오핑(Deng Xiaoping)이 수년 후에 사용했었던 명령만큼이나 간결하고 함축적인 문구에서 김일성은 "테이블에서 오른손을 사용하든 왼손을 사용하든 숟가락을 사용하든 젓가락을 사용하든 상관없다. 어떻게 먹든 상관없이 음식을 입안에 넣을 수 있다면 모두 마찬가지이다. 그렇지 않은가?"라고 말하고 있다.[22] 이러한 정서는 주기적으로 울려 펴져 왔는데, 1986년에 김정일이 "주체사상은 사상분야에서 편협한 배타주의를 결정적으로 배격합니다."라는 것을 과시했을 때 드러난 것처럼 그 진실성은 점점 더 결핍되어 왔다. "주체사상은 세계에서 차지하는 사람의 지위와 역할을 높이는 데 조금이라도 이바지할수 있는 사상이라면 어느 민족, 어느 인민이 창조하였는가에 관계없이 그 가치를 공명정대하게 평가하고 그것을 자체의 사상체계 안에 포섭해나가고 있습니다."[23] 그러나 여러 해에 걸쳐서 주체를 김씨 왕조를 합법화하는 수단으로 사용하면서 주체의 실용적인 면은 완전히 밀려 나게 되었다. 사실 김일성 또는 김정일로부터 기인하지 않는 생각들은 어떤 것이든 이단으로 비난 받는다. 사실상 북한 언론의 모든 기사들은 그것이 돼지 농장을 다룰 때이든 혹은 외교 정책을 다룰 때이든

---

22 Ibid., p. 403. 덩샤오핑의 지시는 "고양이가 쥐를 잡는 이상 검은 색이든 흰 색이든 상관없다"였다.

23 김정일, "주체사상교양에서 제기되는 몇가지 문제에 대하여," 조선로동당 중앙위원회 책임일군들과 한 담화, 『로동신문』, 1987년 7월 15일; translated by The People's Korea, July 25, 1987, pp. 2-3, quotation on p. 3.

"김일성(혹은 김정일)님께서 지시하신 바와 같이"라는 문구로 시작한다.

주체사상의 넓이 그리고 그것의 끊임없는 정교화와 적용 가능성은 1972년 일본 언론과의 한 인터뷰에서 김일성이 행한 다음과 같은 진술에서 드러난다. "여러분이 주체에 대한 자세한 설명을 할 것을 나에게 요청하였습니다. 그러나 그것에는 끝이 없습니다. 우리 당의 모든 정책과 노선은 주체사상에서 나온 것이며, 그것들은 이 사상을 구현하고 있습니다."[24] 이러한 진술은 아마도 자신도 모르게 주체사상을 애국심의 기준으로 해석함으로써 정치적 투쟁과 사회통제를 위한 도구로 주체사상을 어떻게 활용할 수 있는지를 보여주고 있다.[25] 북한의 수용소는 순간적인 좌절 또는 부주의로 인해 지배적인 주체 노선을 비판한 사람들로 가득 차 있다.

주체사상이 남한에 대한 암시적인 비판을 가하고 있다는 것을 기억한다면 주체에 대한 북한 사람들의 헌신을 이해하기가 더 쉽다. 자주의 반대 개념은 "노예상태(servility)", "타자에 대한 의존(reliance on others)", "하인근성(flunkeyism)"으로 번역되는 "사대주의(事大主義)"이다. 미군이 남한에 남아있는 한, 북한은 자신이 한반도에서 유일한 독립국이라고 주장함으로써 도덕적으로 높은 지위를 유지할 수 있다. 물

---

24 Kim Il Sung, "On Some Problems of Our Party's Juche Idea and the Government of the Republic's Internal and External Policies (Excerpts), Answers to the Questions Raised by Journalists of the Japanese Newspaper *Mainichi Shimbun*, September 17, 1972," in the author's *On Juche in Our Revolution*, vol. 2 (Pyongyang: Foreign Languages Publishing House, 1975), pp. 425-36, quotation on p. 436.

25 이 책의 원고에 대한 한 심사자가 언급한 바와 같이 제국주의 일본의 국체(國體, kokutai)와 남한의 반공 개념들은 각각의 정부에 의해 권력 유지를 위한 수단으로 활용되었다.

론 경제 원조와 군사 지원을 위해 외국의 힘에 의존하는 것과 같이 종속의 다른 정책들이 있다. 이러한 정책들에 있어서 북한은 주체사상이 요구하는 바에 크게 못 미쳐 왔다. 그러나 "실제적으로" 북한은 주체를 가지고 있고 남한은 그렇지 않다.

북한 사람들에게 주체는 대중이 자신들의 독립을 얻을 수 있는 유일한 수단으로 여겨지는 사회주의와 불가분의 관계에 있다. 지난 수년간 주체의 개념에서 어떤 변화가 있었는지와 상관없이 조직화의 원리로서의 사회주의에 대한 북한의 헌신은 변한 적이 없다. 1950년대 후반까지 모든 산업 시설은 국영이었고, 대부분의 농장은 당 지도 하의 협동조합으로 전환되었지만, 협동조합을 ("농촌 문제 해결책"으로 알려진) 국영 형태로 전환하려는 목표는 아직 달성되지 않았다.

주체의 인간철학화

김일성은 맑스-레닌주의가 한국의 상황에 적응할 수 있는 실질적인 지침을 제시하는 것에 만족하지 않고 주체사상을 인간 철학으로 확대하였는데, 이는 주체사상과 맑스-레닌주의 사이의 기본적인 모순을 초래하였다. 맑스의 역사적 통찰은 사회적, 경제적 조건들(봉건주의, 자본주의, 사회주의)이 인간을 형성한다는 것이었다. 경제 발전의 한 단계에서 나타나는 구조적인 "모순들"은 필연적으로 다음 단계에서 성취되는 변증법적 해결책이 생기도록 한다. 경합하는 계급들이 존재하지 않고 노동 계층이 생산 수단을 통제하는 공산주의가 수립되어야만 이러한 모순들은 사라질 것이다. 김일성이 그리고 보다 중요하게는 김정일이 인간의 자유의지에 기여했으며, 그로 인해 인간을 경제적, 정치적 힘의 제약으로부터 자유롭게 했다. 1972년 일본 주요 일간지인 『마이니치 신문』이 제기한 질문들에 대한 공개적인 답변에서 김일성은 "주체사상은 혁명과 건설의 주인이 대중이며, 대중은 또한 혁명과 건설의 원동력이라는 것을 의미합니다. 다시 말해서, 사람은 자신의 운명을 책임지고 자신의 운명을 개척할 능력을 가지고 있습니다."라고 설명했다.[26]

평생 동안 김일성은 간부들과 대중들에게 주체 사회주의의 사심 없는 정신을 심어주기 위해 애썼지만, 사람들을 이타적으로 만드는 법을 결코 알지 못했다. 동기 부여의 문제에 대한 김일성의 비현실적인 해결책은 사람이 우주의 중심이며, 최대로 일하고 사회에 공헌하려는 자신의 타고난 욕망 이외의 어떠한 동기도 필요로 하지 않는다는 것을 상정하는 것이었다.

1970년대에 이르러 주체 어휘집에 '독립성'과 '창의성'이라는 두 가지 선전 문구가 등장했다. "독립성이란 사람을 살아있게 만든다. 만일 그가 사회에서 독립성을 상실하면 그는 사람이라 불릴 수 없다. 그는 동물과 별로 다르지 않다."[27] 독립은 개인 창의력을 통해 이루어진다. 사람들은 스스로 문제를 해결한다. 이러한 두 가지 주제는 김일성의 1955년 연설로 거슬러 올라갈 수 있다. 독립이라는 주제는 처음 주체 개념의 핵심이다. 창의력 즉 해결책을 발견하기 위해 각 개인의 적응 작업

---

26 Kim Il Sung, "On Some Problems of Our Party's Juche Idea and the Government of the Republic's Internal and External Policies (Excerpts)," pp. 425-26.

27 Ibid., p. 430.

에 대한 원칙들은 독립을 위한 수단이다. 창의성에 대한 이러한 요구는 기껏해야 가식적이고 최악의 경우에는 망상적인 것이었다. 사회주의의 "민주집중제(民主集中制, democratic centralism)" 하에서 당은 삶의 모든 측면에 대한 지침을 제공하고, 따라서 이러한 지침을 어떠한 특정한 상황에 맞게 적응시키려 하는 것은 당에 의한 불신임이라는 위험을 초래한다. 김일성의 창의성과 독립성 주제는 공산주의 사상에서 새롭거나 독특하지 않다. 구소련에서는 대중이 지도자와 당의 엄격한 지도 하에서 대중이 운명의 주인으로서 "창조적인 에너지와 추진력"을 사용하는 것이 촉구되었다.[28] 북한에서는 가장 비천한 농민에서 훈장을 받은 장군에 이르기까지 모든 사람들은 자신의 행동이 김일성의 주체 해석에 부합하는지의 기준을 적용하여 다른 사람이나 자신을 비판하는 거의 매일매일의 의식에 따라야만 한다. 당은 그 해석 적용이 올바른지 아닌지에 대한 규칙을 정하고 결정을 내린다. 그 행동에 의해 원하는 결과가 얻어지는가의 여부는 부차적인 관심사이다. 모든 것은 미래에 있을지도 모를 필요를 위해 인사 기록에 기입된다. 주체의 유일한 권위 있는 해석자로서 김일성과 김정일만이 이러한 비판에서 면제된다.

대부분의 사람들은 자기 스스로보다는 집단을 위해 일한다는 생각으로 인해 열의가 매우 취약하기 때문에, 이들에게 집단주의의 가치에 대해 끊임없이 설득해야 한다. 김일성이 단순히 국가를 건설하는데 그치는 것이 아니라 사람들을 "개조하는" 것을 목표로 하였기에 북한 혁명이 직면한 큰 문제는 이들에게 어떻게 주체사상을 심어줄 것인가였

---

28 예컨대 다음을 참조. Carol Barner-Berry and Cynthia Hody, "Soviet Marxism-Leninism as Mythology," *Political Psychology*, vol. 15 (December 1994), pp. 609-30.

다.²⁹ 소련 지도자들이 수년 동안 새로운 소련 사람을 만들고자 했던 것처럼, 그리고 마오쩌둥이 새로운 중국을 구상했던 것처럼, 새로운 형태의 한국인이 등장해야만 했다. 김일성은 소수의 게릴라 전사들에게는 동기를 부여할 수 있었다. 문제는 평화로운 시기에도 과연 그가 전체 민족에게 동기를 부여할 수 있는가이다.

김일성은 "사회 정치적 삶"이라는 생각을 도입하면서 주체를 종교에 더 가깝게 만들었다. "사회-정치 생활은 육체적 삶보다 인간에게 더 가치 있다고 말할 수 있다… 만약 그가 사회에 의해 버려지고 정치적 독립성을 박탈당한다면, 그는 살아있는 것처럼 보이지만 사실상 사회적인 인간으로서는 죽은 것이다. 이것이 (예를 들어, 김일성 게릴라 부대와 같은) 혁명가들이 노예 생활을 유지하는 것보다 자유를 위한 싸움에서 죽는 것을 훨씬 더 명예롭게 여기는 이유이다."³⁰ 이러한 집단주의적 정신에 대한 호소는 북한에서 독립이 의미하는 바가 무엇인지를 명확히 하는데 도움이 된다. 독립은 개인적 자유가 아니라 당의 지도 하에 함께 일하는 사람들만이 달성할 수 있는 민족적 독립인 것이다.

---

29 Kim Il Sung, "On Some Problems of Our Party's Juche Idea," p. 434.

30 Ibid., p. 430.

김정일에 의한 주체의 해석

주체는 김정일의 노력으로 인해서 민족주의적 지배 이념에서 정치적 신조와 종교 사이의 빈 공간을 파고들며 하나의 숭배 이념으로 변모했다. 조선로동당의 선전선동부에서 일했던 김정일은 1972년 혹은 1973년에 김일성의 후계자로 비밀리에 그리고 비공식적으로 지명되었으며, 1980년에 후계자로 북한에 공식적으로 소개되었다.[31] 김정일이 스스로에게 부여한 역할은 군인도, 정치가도, 그렇다고 경제학자가 아닌, 주체사상을 해석하고 선전하고 문화 업무를 감독하는 것이었다. 일단 김정일이 주체 개념에 손을 대자, 주체는 현실 세계에서 점점 더 멀어져서 "구현하는 이데올로기"라기 보다는 "순수한 이데올로기"가 되었다.[32] 김정일은 400여 쪽이 넘는 논문의 저자이며, 상당수의 논문이 주체를 명시적으로 다루고 있고, 논문의 대부분의 주제는 주체를 다루고 있다고 주장한다. 경제 건설에서 어떠한 성취를 이루어야 할 필요성의 제약에서 벗어나 있었다는 점에서 김정일은 그의 아버지 외에는 아무에게도

---

31 1973년 9월 김정일은 조선로동당 당비서로 선출되었다. 아마도 이보다 먼저 그가 다음의 지도자가 될 것이라는 결정이 이루어졌을 것이다. 1974년의 어느 날 있었던 비공개 조선로동당 회의에서 그가 (당 내에서) 공식적으로 차기 지도자로 선택되었을지도 모른다. 이것에 대한 어떤 것도 공개된 바는 없다. 김정일은 1980년 10월 제6차 당대회 때까지 그의 아버지의 후계자로 대중들에게 소개된 적이 없다. 다음을 참조. Kong Dan Oh, *Leadership Change in North Korean Politics: The Succession to Kim Il Sung* (Santa Monica, Calif.: Rand, 1988), pp. 7-16; and Dae-Sook Suh, "Kim Jong Il and New Leadership in North Korea," in Dae-Sook Suh and Chae Jin Lee, eds., *North Korea after Kim Il Sung* (Lynne Rienner, 1998), pp. 13-31. 특히 pp. 21-24를 참조할 것.

32 "순수(Pure)" 이념에 대한 논의를 다음을 참조. Seung-ji Kwak, "The Evolution of North Korea's Ideology," *Vantage Point*, vol. 21 (March 1998), pp. 30-39. Kwak은 이 용어를 Franz Schurmann으로부터 차용하였다.

책임을 질 필요가 없었기 때문에, 김정일은 주체를 행위의 지침보다는 신념의 조항으로 만들었다.

김정일에 따르면 맑시즘은 자본주의에 대한 공산주의의 필연적인 승리를 예언하는데 있어서는 정확한 반면에, 맑스주의적 물질주의의 관점은 "(그러나 유물사관에 기초한 선행한 사회주의학설은) 력사적 제한성을 면할 수 없었다."[33] 맑스-레닌주의는 김일성이 주체의 인간철학을 만들어서야 비로소 완벽해졌다. "사람은 순수 정신적 존재도 단순한 생물학적 존재도 아니다. 사람은 사회적 관계를 맺고 살며 활동하는 사회적 존재이다."라고 김정일은 말했다.[34] 이 발표는 주체가 "완벽하게 과학적인" 이론이라는 주장의 기초로 인용된다. "주체사상은 력사상 처음으로 사람은 육체적 생명과 함께 사회정치적 생명을 가지고 사는 존재라는 것을 밝히었다… 참다운 인간생활은 집단주의에 기초한 사회주의사회에서만 훌륭히 실현될 수 있다. 사회주의사회에서는 사람들이 온갖 착취와 압박, 지배와 예속에서 해방되며 사회정치생활을 비롯한 모든 분야에서 자주적이며 창조적인 생활을 누릴수 있게 된다."[35]

김정일은 자신의 아버지와 마찬가지로 주체가 인간중심적이라는 주장을 객관적인 경제적 조건이 사회적 의식의 본질을 결정한다는 맑스주의 사상과 어떻게 조화를 시킬 것인가의 문제를 놓고 씨름을 했다. 1986년 "주체사상의 교육 문제"라는 제목의 연설에서 김정일은 다음과

---

33 김정일, "사회주의는 과학이다," 『로동신문』, 1994년 11월 4일; in the translated version broadcast by KCNA, November 7, 1994; transcribed by FBIS, *East Asia*, 94-215, November 7, 1994, pp. 38-49, quotation on p. 40.

34 김정일, "사회주의는 과학이다," p. 42.

35 Ibid., p. 43.

같은 불만족스러운 설명을 만들어 낸다.

> 일부 관리들은 주체 철학이 인간 중심의 철학이기 때문에 변증법적 유물론의 일반 원칙과 아무런 관련이 없다는 오해를 가지고 있다… 주체가 가장 발달된 물질적 존재인 인간이 덜 발달된 물질적 존재에 대한 지배자의 위치를 차지한다는 유물론과 변증법의 기본 원리를 따르는 것은 분명하다.[36]

따라서 주체사상의 인간중심적 본성의 통찰은 "우리 당은 주체사상 체계 이외의 다른 어떠한 이념적 체계를 필요로 하지 않는다."와 같이 주체사상을 완전하고 자급자족적인 것으로 만들었다.[37] 그리고 통일성이 북한의 핵심 강점 중의 하나로 자리 잡았기에 국가 전체는 "같은 이념적 색깔이어야만 한다." 맑스-레닌주의에 대한 언급은 1980년 조선로동당 헌장에서 그리고 1992년 헌법에서 삭제되었는데, 이 헌법은 "조선민주주의인민공화국은 대중의 독립성 실현을 지향하는 인간중심적 관점을 지닌 혁명적 이념인 주체사상을 행동의 지도적 원칙으로 삼는다."고 명시하고 있다. 더욱이, 사람들이 주체를 올바르게 이해하고 실행하기를 바라는 유일한 희망은 당과 지도자를 따라야 한다는 것으로 드러났다. "혁명의 독립적 주체가 되기 위해서 일반 대중들은 당과 지도자의 지도력 하에 하나의 이념을 가진 하나의 조직으로 통합되어야 한다. 조지저이고 이념적으로 통일된 대중들만이 독자적이고 창조적으로 자

---

36 김정일, "주체사상교양에서 제기되는 몇가지 문제에 대하여," p. 2.

37 Ibid., p. 3.

신의 운명을 형성할 수 있다."³⁸

브루스 커밍스는 유교적 색채를 지닌 북한의 사회주의가 국가조합주의(state corporatism)의 한 형태라는 입장을 견지해 왔다. 유교 전통에서 사회는 무조건적인 존경과 감사를 받는 현명하고 엄격하며 자애로운 아버지가 이끄는 하나의 거대한 가족으로 여겨진다. 주체의 용어로 "우리 당의 인덕정치는 수령, 당, 대중의 일심단결의 원천으로 되고 있다."³⁹ 지도자를 국가의 "신경 중추" 및 "최고 두뇌"라고 말한다. "아이들은 부모를 사랑하고 존경한다. 그들의 부모가 다른 사람들의 부모보다 항상 우월하기 때문이거나, 아이들이 자신의 부모로부터 혜택을 받고 있기 때문이 아니라, 부모가 그들을 낳았고 그들을 양육한 그들의 삶의 은인이기 때문이다… 조선의 모든 공산주의 혁명가들은 아버지와 같은 지도자에 의해 불멸의 정치적 진실성을 부여 받았다… 따라서 우리 당원들과 노동자들의 위대한 지도자에 대한 충성은… 무조건적인 것이다."⁴⁰ 지도자가 인민의 아버지라면 그들의 어머니는 당이 된다. "만약 사회주의 사회에서 '사랑과 신뢰'의 정치가 행해지고자 한다면 권력을 쥔 사회주의 정당은 어머니와 같은 정당이 되어야 한다."⁴¹

1980년대와 1990년대에 북한 주민들의 생활이 더욱 어려워짐에 따라 "인정의 정치"라는 주제가 강조되었다. 주체에 따르면 인민은 "하늘"이다. 따라서 당과 지도자는 그들의 필요와 바램을 알기 위해 그들에

---

38 Ibid, p. 4.
39 김정일, "사회주의는 과학이다," p. 48.
40 김정일, "주체사상교양에서 제기되는 몇가지 문제에 대하여," p. 5.
41 김정일, "사회주의는 과학이다," p. 47.

게 귀를 기울여야 한다. 공산주의 전문 용어로 이것은 공산주의 체제 속에서 민주주의의 하나의 숨결인 "대중노선"으로 알려져 있다. "노동계급 정당은 항상 대중들 사이를 돌아다니며 그들의 소망에 귀를 기울여야 한다." 자본주의 사회에서는 돈에 의해서 개인의 동기가 부여되는 반면에, 사람들은 상품으로 취급된다. 사회주의 하에서 사람들은 주인으로, 당과 지도자는 하인으로 대우를 받아야 한다. "인민을 섬기라"는 것은 김정일의 모토 중 하나였다. 지도자에 관해서는, "사회주의 사회에서 진실로 자애로운 정치를 실현하기 위해서는 인민을 절대적으로 사랑하는 정치 지도자가 나와야 한다. 사회주의의 정치 지도자는 리더십의 주인이 되어야 하지만, 무엇보다도 그는 인민을 무한히 사랑하는 덕이 있는 사람이어야 한다."[42]

지도자의 주체에 대한 올바른 견해는 "지도자의 혁명적 견해"로 알려져 있다. 북한 텔레비전 방송의 대본에 기초한 질의응답 프로그램에서 이러한 견해가 다음과 같이 설명되고 있다. "무엇보다도 수령(절대 지도자, 김일성에게만 주어지는 표현)은 혁명 투쟁에서 다른 누구와도 비교할 수 없는 절대적 지위를 가지고 있다. 소위 비범한 개인은 역사를 통해 존재해 왔지만, 그러나 그들은 여전히 개인일 뿐이며, 지도자와는 비교될 수 없다."[43] 사회주의 의식이 사회적 조건에서 자동적으로 발생하지 않는 것처럼, 진정한 사회주의 지도자는 다음과 같이 사회적

---

42 Ibid., pp. 45, 47.

43 "The Nature and Originality of a Revolutionary View of the Leader," a dialogue broadcast by Pyongyang's Korean Central Broadcasting Network (KCBN), November 23, 1994; translated by FBIS, *East Asia*, 94-227, November 25, 1994, and entitled "Dialogue on 'Revolutionary View' of Leader, pp. 37-38; quotation on p. 37.

조건에서 생기는 것이 아니다.

 이전의 이론들(예를 들어, 맑스-레닌주의)은 객관적인 조건에 기초하여 역사적 필연성이 만들어지면 지도자가 반드시 나타날 것이라고 말했다… 이런 종류의 견해는 이론적으로 틀렸고, 실제적으로 아주 극단적으로 해롭다… 지도자의 혁명적 견해의 본질에 대한 이념은 지도자가 어떤 개인이 아니라 어떤 개인도 가질 수 없는 탁월한 특성과 자질을 구비한 사람이다. 그리고 이로 인해서 지도자는 절대적 지위를 가지며 혁명 투쟁에서 결정적인 역할을 한다… 오늘날 전 세계 사람들은 우리 인민을 끊임없이 부러워하여 우리 인민을 지도자를 가진 축복받은 인민이라고 부른다.[44]

 지도자는 서구 전통에서 왕이 신성한 권리를 지니는 것과 유교 사회에서 신의 위임을 받고 도덕성을 지닌 왕이 통치한다는 믿음과 같이 사실상 국민들에게 하나의 신성한 선물이다. 지도자와 추종자 사이에는 계약이 없으며 충성은 지도자가 하는 것이 무엇이냐에 따라 조건부로 이루어지는 것이 아니다. 지도자에게 무조건적으로 절대적인 충성과 사랑과 순종을 바쳐야 한다. 이것이 인민을 기쁘게 하고 만족시키는 존재가 아니라 추종자들을 변화시키는 존재라는 지도자에 대한 관점이다.[45]

---

44 "The Nature and Originality of a Revolutionary View of the Leader," p. 38.
45 리더십에 관한 문헌은 예컨대 변혁적(transformational) 리더십과 거래적(transactional) 리더십에 대한 논쟁은 다음을 참조. Bernard M. Bass, *Leadership and Performance beyond Expectation* (Free Press, 1985).

지도력에 관한 주체적 관점과 일관되게 김정일은 자신을 추대하는 결의안을 "만장일치"로 승인하는 전국 단위의 일련의 회의를 거쳐서 조선로동당의 규약에 규정된 대로 선거에 의해서가 아니라 조선로동당 중앙위원회와 중앙군사위원회의 선언에 의해서 1997년 로동당의 총비서직에 올랐다.[46]

선전을 통해 은둔의 김정일은 자애로운 지도자의 역할을 맡았다. 그의 아버지 "위대한 지도자"가 살아있는 동안 김정일은 좀 더 친밀하고 정겨운 직함인 "친애하는 지도자"라고 불렸다. 자신이 "친애하는 지도자"임을 증명하기 위해, 예를 들어 소비재가 현지에서 생산되게 하는 8·3 운동을 조직화함으로써 김정일은 자신이 인민들의 생활수준의 진흥자임을 알렸다. 1993년 북한의 선전기구는 농민군이었던 김일성을 자애와 미덕의 유교적 특성을 전형적으로 보여준 인물로 묘사했던 이전의 캠페인을 연상케 하는 "자애", "과감함" 그리고 "통 큰 스타일"이 김정일의 통치 스타일인 것으로 특성화하기 시작했다.[47] 젊은 김정일의 담대함을 보여주는 한 가지 확실한 징후는 그가 군사 훈련을 받지 않았으며 인민들에 의해 존경과 사랑을 받지도 못했다는 강력한 증거가 존

---

46 조선로동당 헌장의 제2장에 따르면 "당의 모든 지도체는 가장 낮은 수준에서 가장 높은 수준까지 민주적으로 선출되어야 한다"고 명시되어 있다. 제3장은 당대회가 매 3년마다 1번씩 열려야 하며 (이 글을 쓰는 시점에서 가장 최근의 회의는 1980년에 있었음) 당대회가 개최되는 사이의 기간 동안에는 당중앙위원회가 매 6개월마다 1번씩 열려야 함을 규정하고 있다. 제3장 제24조는 당중앙위원회가 총비서를 선출한다고 명시하고 있다. 공식적인 발표와 관련해서는 다음을 참조. "Secretary Kim Jong Il Elected WPK General Secretary," KCNA, October 8, 1997.

47 예컨대 남한 측의 다음을 참조. *Naewoe Tongsin*, no. 910 (July 21, 1994), pp. A1-A4; translated by FBIS, *East Asia*, 95-004, January 6, 1995, and entitled "Kim Chong-il's Ruling Style Analyzed," pp. 30-31.

재함에도 불구하고, 그의 아버지가 사망한 후에 "경애하는 장군님"이라는 호칭을 받은 것이다. 김정일의 사랑과 관심은 모든 것을 포용한다고 한다. 그는 "나이든 전사를 존중"하고, "젊은 관리들을… 혁명의 귀중한 보물로 여긴다." 또한 "그는 노동자, 농민, 지식인 등 다양한 계층의 사람들을 잘 돌보고" 있는데, 특히 "친애하는 지도자 동지는 수치스러운 과거를 가진 사람들을 보살피고 있다."[48] 이 문제에 대해 단도직입적으로 말하자면, 김정일은 "인민을 세상에서 가장 아름답고 뛰어난 존재로 여기며 그들을 열렬히 사랑한다."[49]

1994년 김일성이 사망한 이래로 김정일의 개인숭배는 급속도로 늘어났다. 김일성 초창기에 그의 가족은 19세기경에 영웅적인 혁명가였음을 자랑했으며, 그의 목적은 자신의 위치를 난공불락으로 만들고, 그의 아들의 승계를 보장하는 왕조를 확립하는 것이었다. 1997년 10월 조선로동당 총비서 취임 수개월 이내에 김정일 선전단은 그의 병든 어머니 김정숙을 혁명적인 불멸의 인물 가운데 첫째 자리에 두는 캠페인을 시작해서 백두산 "3대 장군"의 명단—아버지, 아들, 그리고 어머니(살아있으며, 비정치적인 인물인 김일성의 두 번째 부인)—을 완성시켰다. 김정일은 왕가의 가문에서 태어났다. 1930년대와 1940년대에 김일성의 혁명적 전사들이 나무껍질에 구호를 새긴 것으로 알려진 "구호 나무"는 아직도 "발견되고" (즉, 새겨지고) 있다. 이 구호들은 "당시 조선

---

48 "The Dear Leader Comrade Kim Chong-il Is the People's Great Leader," Unattributed talk on KCBN, September 28, 1994; translated by FBIS, *East Asia*, 94-189, September 29, 1994, and entitled "Kim Chong-il's Love, Trust in People Lauded," pp. 37-38.

49 "Wealth Serves People in Korea," KCNA, February 15, 1994; transcribed by FBIS, *East Asia*, 94-031-A, February 15, 1994, p. 40.

혁명의 대의명분에 대한 계승이 확립되었음을 증명한다."⁵⁰ "태양"인 그의 아버지를 계승할 운명인 "광명성" 김정일을 찬양하는 내용이 새겨진 글들의 예로는 "백두산에 김일성 장군의 계승인 백두광명성 탄생" 그리고 "밝은 빛을 비추이는 백두광명성 만세"가 있다. 북한의 화강암 산들 역시 마찬가지로 김일성과 김정일을 찬양하는 선전 구호로 외관이 훼손되어 있다.

방어적 주체사상

사회주의의 필연적 승리에 대한 맑스주의적 신화는 1980년대 후반과 1990년대 초에 동유럽과 소련의 공산주의 정부가 붕괴되었을 때 심각한 타격을 받았다. 먼저 북한 엘리트들에게, 그리고 그 다음으로는 대중들에게, 이에 대한 설명이 필요했다. 1991년 5월 5일 김정일은 고위 당원들에게 "인민대중중심의 우리식 사회주의는 필승불패"라는 연설을 했으며, 그 연설에서 그는 자본주의 민주주의가 사회주의에 제기한 비판에 대해 반박했다.⁵¹ 자본주의의 우월성이라 주장되는 것에 대해 그는 "제국주의자들과 반동들이 사적소유제도의 《우월성》에 대하여 떠들면서 사회주의 나라들에서 사회적 소유를 포기하고 사적소유를 되살릴 것을

---

50 슬로건에 대한 예들의 출처는 다음의 방송기사. KCNA, February 6, 1998.

51 Kim Jong Il, "Our Socialism for the People Will Not Perish," a talk given to senior officials of the Central Committee on May 5, 1991, published in *Nodong Sinmum*, May 27, 1991, and republished in *The People's Korea*, no. 1517 (June 8, 1991), pp. 2-7; quotations on pp. 4, 5.

강요하고 있지만… 우리 인민은 사회적 소유만이 자기에게 유족하고 문명한 생활을 보장하여 준다는 것을 실생활을 통하여 체험한다."라고 말했다. 인권 침해라 주장되는 것에 대하여 그는 "사람을 가장 귀중한 존재로 여기는 우리의 사회주의사회에서는 인권을 법적으로 철저히 보장하고 있으며 그것을 침해하는 자그마한 현상도 허용하지 않습니다. 우리 나라에서와 같이 로동에 대한 권리로부터 먹고 입고 쓰고 살 권리, 배우며 치료받을 권리에 이르기까지 사람의 모든 권리가 철저하게 보장되고 있는 나라는 세상에서 찾아보기 힘들 것입니다."라고 주장하였다. 정치적 자유에 대한 제한이라 주장되는 것에 대해서는 "제국주의자들과 반동들이 로동계급의 당조직과 당이 령도하는 정치조직에서의 정치조직생활을 마치 자유에 대한 《구속》인 것처럼 헐뜯으면서 반대하는 것은 바로 정치조직생활에 사회주의사회의 정치사상적 위력의 중요한 원천이 있기 때문입니다. 사회주의사회에서 사람들이 로동계급의 당조직과 당이 령도하는 정치조직에서 올바른 정치조직생활을 하지 않으면 자기의 사회정치적 생명을 빛내여 나갈수 없을뿐 아니라"고 항변한다. 이념적 자유가 없다는 주장에 대해 그는 "미제국주의자들과 그 앞잡이들은 남조선인민들 속에 주체사상이 보급되는 것을 총칼로 탄압하면서도 오히려 우리에게 사상의 《자유》가 없다고 떠벌이고 있습니다… 우리 인민은 사람중심의 우월한 사상인 주체사상을 자기의 사활적인 요구로부터 스스로 자신의 신념으로 받아들이고 있습니다."라고 말했다.

만일 사회주의가 이러한 이득을 준다면 왜 다른 나라들에서는 자본주의에 굴복했는가? (김정일은 다음과 같이 말한다.) "물론 사회주의 사회에서 아직 낡은 사상잔재가 남아있고 제국주의의 사상문화적 침투가 감행되는 조건에서 로동계급의 혁명사상의 유일적 지배가 쉽게 이루어 질 수는 없습니다. 사람의 사상의식은 사회경제적 조건의 영향을 받지만 새로운 사회경제제도가 선다고 하여 사람의 사상의식이 저절로 개변되는 것은 아닙니다."

이듬해에 "자본주의의 황색바람"이 계속해서 북한의 방향으로 타격을 가하자 김정일은 사회주의를 방어하기 위해 또 하나의 중요한 연설을 했다.[52] "인류가 사회주의에로 나아가는 것은 막을 수 없는 력사발전의 법칙입니다."라고 청중에게 상기시킨 후에 김정일은 "그러면 사회주의 길을 따라 나아가던 일부나라들에서 오늘에 와서 사회주의가 좌절되고 자본주의가 복귀되는 현상이 나타난 데 대하여 어떻게 보아야 하겠습니까"에 관한 질문을 다루었다. 사회주의로 향하는 길은 개척해야 할 전인미답의 길이며, "그러므로 사회주의의 전진도상에는 난관과 시련이 없을 수 없으며 예상치 않았던 사태가 벌어질 수도 있습니다." "일부 나라들에서 사회주의가 좌절되고 자본주의가 복귀되는 것은 역사발전의 기본흐름에서 볼 때에는 부분적이며 일시적인 현상에 지나지 않습니다. 그러나 우리는 이것을 결코 우연한 현상이라고 볼 수 없으며 또한 이것이 단순히 외적요인에 의하여 초래된 것이라고만 볼 수도 없습니다."

김정일은 다음과 같이 계속 말한다. "위대한 지도자가 항상 말했듯이, 우리에게 무언가 문제가 있을 때, 우리는 다른 곳이 아닌 우리 자

---

52 김정일, "사회주의 건설의 력사적 교훈과 우리당의 총로선", 조선로동당 중앙위원회 책임일군들과 한 담화, 1992년 1월 3일, published in *Nodong Sinmun*, February 4, 1992, and broadcast on the same day of KCNA, transcribed by FBIS, *East Asia*, 92-024, February 5, 1992, pp. 11-24, quotations from various pages.

신 안에서 그 이유를 찾아야 한다… 사회주의를 건설한 일부 나라들에서 사회주의의 좌절을 겪은 근본적인 이유는 그들이 대중에 중심을 둠으로써 사회주의의 본질을 이해하지(즉, 유지하지) 못했기 때문에 사회주의를 건설할 동기를 강화하고, 그 역할을 강화하는 데 주안점을 두지 않았다는 점이다. 맑스주의는 사회주의를 수립하기 위한 좋은 기초였지만 혁명을 지속시키기에는 좋은 기초가 아닌 것 같다. 다른 나라의 사회주의 지도자들은 자신의 인민의 정신 상태를 변화시키지 못했고, 단지 물질적인 것에만 관심을 가졌다." "사회 제도와 물질적 조건의 변화에 이어서 필연적으로 사람들의 사상 의식의 변화가 뒤따를 것이라고 생각하는 것은 잘못이다." "이념 혁명에서 주로 강조해야 하는 것은 모든 사람이 끝없이 당과 지도자에게 충실하도록 그리고 대중을 헌신적으로 섬기도록 교육시켜야 하는 것이다."

자본주의와 비교해 사회주의의 내재적 약점을 감안할 때, 정치적 다원주의는 용인될 수 없다. "만일 반사회주의 사상이 자유화 이념에 의해 전파되고 반사회주의 정당의 활동이 다당제 민주주의의 관용을 통해 보장된다면, 계급의 적들과 반동주의자들은 그들의 머리를 들고, 반사회주의적인 행동을 취하고 로동자계급 정당을 권력에서 몰아낼 것임을 역사적 경험은 보여준다." "사회주의의 경제적 힘과 군사력이 아무리 강하다 하더라도 제국주의자들과의 대결에서 단 한발의 탄환도 교환하지 않고도 한 국가의 사회주의는 붕괴될 것이다."[53] 즉, 이념적 변화는

---

53 Chon, "Reactionary Nature and Harmfulness of Bourgeois Life Style."

정치적 변화를 일으키고 결과적으로 정권을 위협한다.[54]

사회주의가 자본주의에 의해 오염되는 것을 막으려면 "사회주의 사회에서 계층이 부딪치는 과도기적 사회는 계속되며 국가는 또한 반사회주의 요소에 대한 독재를 행사해야 한다." "만일 우리가 정부의 독재 기능을 약화시킨다면… 우리는 인민들에게 민주적인 자유와 권리를 제공할 수 없고, 우리의 혁명적 과업들을 방어할 수 없으며, 우리는 사회주의 체제 자체를 위험에 빠뜨릴 수 있다."[55]

1980년대 후반 북한이 다른 사회주의 국가들 및 구사회주의 국가들—사실은 모든 국가들—과 거리를 두려고 시도함에 따라 (수년 전에 소련이 채택했던 유사한 생각을 상기시키는) "우리식 사회주의"라는 새로운 슬로건이 되었다. 「혁명과 건설에서 주체성과 민족성을 고수할데 대하여」라는 1997년 논문에서 김정일은 "주체사상은 국가와 민족이 대중의 운명을 형성하는 기본 단위라는 것을 분명히 하였다."라며 북한 주변에 이념적 벽을 세우는 강력한 민족주의적 내용을 언급하였다. 이 사상은 "로동 계급에는 조국이 없다"는 맑스주의 원칙을 대체한다. (자급자족 및 전체주의를 떠나서) "우리식 사회주의"가 의미하는 것이 그렇게 중요한 것은 아니다. 북한의 사회주의 브랜드가 이미 붕괴되거나 붕괴되는 사회주의와 함께 동일하게 취급되어서는 안 된다는 것이 핵심이다.

---

54 예건대 다음을 참조. 김주경, "사상분야에서 자유화바람을 허용하면 사회주의를 말아먹는다," 『로동신문』, 1995년 10월 20일, 6면; translated by FBIS, *East Asia*, 96-016, January 24, 1996, pp. 43-45. 특히 "사상분야의 투쟁은 정치투쟁의 서곡이며 그것은 정권투쟁으로 넘어가기 마련이다." (p. 45).

55 Kim Jong Il, "Historical Lesson in Building Socialism," p. 23.

제국주의 오염에 대한 저항

다른 사회주의 국가에서 일어난 변화에 관한 이야기는 불가피하게 북한의 국경에 퍼지기 시작했으며, 마침내 농촌 지역의 농민들조차도 이 사실에 주목하게 된다. 이 뉴스는 어떻게 다루어져야 할 것인가? 사회주의의 모순들 중 하나는 비록 사회주의의 지지자들이 그것이 개인주의적 자본주의에 비해 우월하다고 주장함에도 불구하고, 사회주의자를 실천하는 것이 그들의 신념 속에서 차츰 약화되는 경향이 있다는 것이다. 북한의 강제적 집단주의가 사회와 경제에 질서를 부여하고 괄목할만한 경제적 이득을 얻었던 때인 1950년대 처음의 열정이 솟구친 이후 시간이 경과함에 따라 사회주의 경제의 균열이 나타나기 시작했다. 인간의 이기적 본성이 그렇게 쉽게 변하지 않았음이 밝혀졌다. 북한의 지도자들은 세 가지 상황 때문에 사회주의 이념이 불안정하다고 생각했다. 이 세 가지 상황은 다음과 같다. 첫째, 개인주의 사상은 아직 개조되지 않은 대중들 마음속에 도사려 있다. 둘째, 제국주의자들은 교묘하게 새로운 사회주의 질서를 전복하려고 노력하고 있다. 셋째, 제국주의자 앞잡이들(즉, 김씨 정권에 비판적인 국내 요소들)은 사회주의를 내부에서 훼손하려고 노력한다.

1980년대 후반 유럽에서 사회주의가 무너지기 전까지는 대중으로부터 사회주의에 대한 적대적인 요소를 제거하고 사회주의 덕목에 대한 지지를 얻기 위해서 개인주의와 싸우고 개인주의를 제거하려는 캠페인이 승산 없는 싸움의 형태로 수행되었다. 그러나 해외 사회주의의 몰락은 사회주의의 뿌리가 얼마나 얕은지를 보여주었다. 김정일은 사회주의에 대한 믿음을 강화하는데 더 많은 관심을 기울이기 시작했다. 사회주의의 우월성을 보여주기 위한 캠페인은 자본주의의 단점, 자본주의의 마약과도 같은 유혹, 그리고 구사회주의 국가에서 상습적인 범행이 초래한 결과라는 세 가지 주제를 사용했다.

첫째, 자본주의의 결점의 총합과 실체는 "부르주아적 사고방식" 즉, 돈을 위해 애쓰는 개인주의적이고 이기주의적인 사고방식이다. 자본주의 사회는 무정부 상태에서 인간 "늑대들"이 서로가 서로를 사냥하는 정글의 법칙을 따라 돈에 대한 사악한 추구 속에서 강자는 살아남고 약자는 멸망하는 곳으로 자주 묘사된다. 인간관계와 문화는 죽었다. 노동자들은 수명이 짧고, 짐승 같은 무의미한 삶을 살고 있다. 실업은 고질적이다. 운 좋게 직업을 가진 사람들은 쥐꼬리만한 월급을 위해 일한다. 가장 약한 사회 구성원인 어린이들이 가장 고통을 받는다. 인간의 법이나 질서가 사회에 의무를 지우지 않기 때문에 악이 급증한다. 살인, 강도, 사기, 사취하려는 욕망, 부패, 그리고 탕진이 바로 그러한 해악들이다. 무엇보다도 자본주의 사회의 사람들은 자신의 삶을 통제하지 못한다. 그들은 자본주의적 생산 소유자에게 종속된 현대판 노예들이다.[56]

심지어 북한의 통제된 정보 환경에서도 사람들, 특히 엘리트들은 외부 세계의 보다 화려한 측면들에 대한 소문을 접해왔다. 이 정보의 영

---

56 자본주의의 사악함은 다음 문헌에 기술되어 있다. 전종호, "부르죠아사상문화의 침습이 가져온 엄중한 후과," 『민주조선』, 1997년 8월 31일, 2면. 같은 추세에 대해 다음의 문헌은 구(舊) 사회주의 국가들에서의 부르주아적 생각들의 유산이라 여기는 것들, 즉 러시아의 삼백만 명의 알콜중독자, 폴란드의 마약중독자와 마약밀매업자, 독일에서 영업하는 십대의 체코, 슬로바키아, 폴란드 창녀들, 그리고 알바니아의 2,000 명의 살해 등에 대해 개관하고 있다. 『로동신문』, 1998년 11월 7일, 6면.

향을 줄이기 위해 당은 자본주의 사회가 적어도 경제적 성공과 정치적 자유라는 겉모습을 가지고 있다는 것을 시인하면서도, 외양은 기만적이라는 경고를 하는 태도면역(態度免疫, attitude inoculation) 기법에 의존해 왔다.⁵⁷ 예를 들어, 자본주의자는 북한 사람들보다 더 호화로운 생활 방식을 누릴 수 있지만, 그들은 영적으로 가난하다고 주장한다. 자본주의 국가의 명백한 부에 관해서는, 대부분의 재산을 소유한 핵심적인 소수의 자본가만이 그러한 부를 누리고 있다고 말한다. 따라서 만약에 어떤 북한 사람이 빛나는 건물과 차들로 가득한 거리가 있는 북적거리는 자본주의 도시에 관해 듣는다면, 그는 이러한 도시에 운 좋은 소수만 살고 있을 것으로 추측할 것이다. 많은 건물과 차는 많은 소유주나 임차인을 전제로 하기 때문에 이러한 주장 속에 분명히 모순이 도사리고 있다. 1972년 북한 대표단이 적십자 회담을 위해 서울을 방문했을 때, 북한 대표단은 자신들에게 깊은 인상을 주기 위해 남한의 모든 차량을 서울에 갖다 놓았다고 남한을 비난했다. 남한 측 회담 대표자 이범석(Lee Bum Suk)은 이에 대해 자신들이 또한 건물에 바퀴를 달아 서울에 건물을 갖다 놓았다고 익살스럽게 대답하였다.⁵⁸

자본주의로부터 기인하는 또 다른 단점은 자본주의의 자유가 허울뿐이라는 것이다. 언론의 자유에 관해서 북한 사람들은 이번에도 다소 모순되는 방식의 설명을 듣게 된다. 즉, 지배적 자본가 계급이 "(한편

---

57 다음을 참조. William J. McGuire, "Inducing Resistance to Persuasion: Some Contemporary Approaches," in Leonard Berkowitz, ed., *Advances in Experimental Social Psychology*, vol. 1 (Academic Press, 1964), pp. 191-229.

58 리차드 워커 (저), 이종수·황유석 (역), 『한국의 추억』(서울: 한국문원, 1998), pp. 241-42. 이 사건에 대한 문헌을 제공해준 익명의 심사자에게 감사를 표한다.

반동적 통치배들은) 저들의 계급적 리해관계를 반영한 부르죠아사상을 옹호하고 전파하는 사상활동에 대해서는 무제한한 자유를 담보"하지만, "(반동적 통치배들이) 저들에게 위험하다고 인정되는 사상에 대해서는 가차없이 탄압한다."는 것이다.[59]

자본주의는 북한 인민들의 정치의식을 마비시키는 마약에 비유되었다.[60] 당 기관지인 『로동신문』은 "제국주의자들의 교활한 와해 전략"이라는 기사에서 "제국주의자들의 반동적 와해전략의 주되는 대상은 사람들의 정신이다. 다시 말하여 제국주의자들은 혁명적이며 진보적인 나라 인민들의 건전한 정신을 변질시키는 것을 반동적 와해전략의 기본 목표로 하고 있다."라고 설명한다.[61] (보통 빈곤한 노예로 여겨지는) 평균적인 남한 시민의 부를 처음으로 대하는 북한 사람은 아마도 깜짝 놀라거나 혼란스러워질 것이다. 그러나 면역은 이 사람에게 자신이 겪을 혼란에 대해 이미 준비된 "마약론적" 설명을 제공함으로써 그를 혼란에 빠지지 않도록 준비시킨다. 자본주의 사상은 사회주의 사상을 밀어내는 장기적인 영향력을 지니고 있다고 한다. 김정일은 "자본주의 사상은 북한 문화를 파괴하고 국가 자주성과 혁명 정신의 의식을 마비시킨다."라고 설명했다.[62] "자본주의의 유혹에 조금이라도 굴복하는 것은 위험하다. 왜냐하면 제국주의자들 앞에서 한걸음 물러서면 두걸음 물

---

59 김종손, "제국주의자들이 떠벌이는 사상의 《자유》의 기만성," KCNA report on 6면, 『로동신문』, 1995년 6월 29일; translated by FBIS, *East Asia*, 95-125, June 29, 1995, p. 33.

60 Chong Chong-hwa, "The Mental Narcotic That Depraves and Corrupts Society and Mankind," *Minju Choson*, September 22, 1999, p. 6.

61 최성국, "제국주의자들의 교활한 와해전략," 『로동신문』, 1998년 5월 3일, 6면.

62 Kim Jong Il, "Historical Lesson," p. 19.

러서고 나중에는 백걸음 물러서게 되며 오늘 한치 양보하면 래일에는 모든 것을 양보하게 된다."[63]

그러나 자본주의의 마약에 그런 역량을 부여하는 것은 골치 아픈 문제를 야기한다. 만일 마약이 너무 강력하다면, 그리고 이미 그 마약이 대부분의 사회주의 국가들을 중독시켰다면, 북한 주민들은 어떻게 그것에 저항해야 하는가? 1990년대 북한의 국제 상황이 악화됨에 따라 김정일은 자본주의를 두려워할 필요가 없다는 점을 가르침으로써 위협을 줄이고자 했다. 그는 "제국주의는 절대로 공포의 대상이 아니다. 그것은 역사에 대한 부정이 될 운명에 처해 있다. 만일 여러분이 제국주의와의 대립을 두려워하고 반제국주의 투쟁을 포기한다면 결코 제국주의의 지배와 통제에서 벗어날 수 없을 것이다. 혁명적인 당과 인민은 제국주의의 취약성을 간파하여야 한다."고 언급했다.[64]

사회주의의 우월성을 입증하는 세 번째 수단은 그것을 포기한 사람들이 처한 곤경을 지적하는 것이다. 북한의 선전에 따르면 소련과 동유럽은 사회주의를 포기한 결과 큰 대가를 치렀다. "사회주의가 붕괴된 나라들은 자본주의경제제도에 환상을 가지고 자본주의경제제도와 관리방법을 끌어들임으로써 경제를 파국상태에 몰아넣었다… 국가의 통일적인 계획에 따라 경제를 운영하고 생산을 진행하는 것이 아니라 저마다 리익이 나는 제품을 생산하고 제나름대로 생산을 변경시킴으로써

---

63 "사회주의는 우리 인민의 신념이며 생활이다," 『로동신문』, 1993년 3월 15일, as broadcast on KCBN, March 15, 1993; translated by FBIS, *East Asia*, 93-052, March 19, 1993, pp. 16-19, quotation on p. 18.

64 Kim Jong Il, "On Preserving the Juche Character and National Character of the Revolution and Construction."

나라의 경제는 혼란상태에 빠지고 있다."[65] 물론 지금까지 북한 경제는 북한 사람들도 분명히 볼 수 있을 정도로 죽어가는 상태였다. 과연 다른 곳에서 일이 이보다 더 악화될 수 있겠는가? 그렇다, 더 악화될 수 있다. "노동자들은 자본가들의 이윤추구를 위해 자신들의 모든 노동력을 자본가들에게 제공하도록 강요되었다… 그리고 이들 중 상당수가 현대판 노예로 자본주의 국가에 팔려 갔다."[66] 거리에서 핫도그를 파는 전직 고위 공무원을 묘사하고 있는 탈공산주의 경제의 삶의 장면들을 담아 특별히 제작한 비디오가 북한에서 널리 상영되었다고 한다.[67]

외국 자본주의가 독약이라는 주장을 이해하려면 북한의 역사를 상기할 필요가 있다. 해방되기 전에 북한의 대부분의 사람들은 오늘날과 마찬가지로 적절한 식량, 의복 및 주거가 부족한 비교적 비참한 삶을 살았다. 차이점은 과거에는 한국인이나 일본인 지주를 위해 일했으나 오늘날은 스스로를 위해, 즉 정부를 위해 일한다는 것이다. 삶은 같을지도 모르지만 그 해석은 다르다. 이는 "한 범주에 속하는 사실을 다른 범주에 적합한 관용구들로 제시하기"라는 철학자 길버트 라일(Gilbert Ryle)의 신화에 대한 정의의 예증이 되고 있다.[68]

다른 곳의 괜찮은 선전들이 그러하듯이 북한 선전 역시 대부분은 진실의 알맹이 주변으로 과장이 뒤덮혀져 있다. 자본주의에는 결함이 있으며, 자본가들은 실제로 자본주의 시장 체제를 사회주의 국가로 가

---

65 백문규, "《시병식》을 끝이들이면 혁명과 건설을 망친다," 『로동신문』, 1997년 9월 14일, 6면.
66 Ibid.
67 1990년대 중반에 탈북한 중년의 외환관료와의 인터뷰
68 Gilbert Ryle, The *Concept of Mind* (Barnes and Noble, 1949), p. 8.

져가고자 하며, 새로이 개혁된 구공산주의 국가의 경제는 분명히 힘겹게 나아가고 있다고 선전된다. 때때로 북한의 선전은 진실을 왜곡하고 자본주의자들이 거짓말을 한 것으로 비난함으로써 보다 대담한 방침을 취한다. 대부분의 탈북자들이 진실을 알았을 때 그들을 망연자실하게 만든 가장 큰 거짓은 한국전쟁이 미국과 남한의 북한 침공에 의해 촉발된 것이라는 거짓말이다. 인민들이 미국인을 다시는 신뢰하지 못하도록 하기 위해 북한의 선전은 "그들이 말하는 《평화》란 침략과 전쟁의 구호이며 《군축》이란 군비증강을 의미하며 《완화》란 긴장격화를 의미한다."라고 경고한다.[69] 이 논리에 따르면, 자본주의자들이 더 협조적이며, 더 도움이 되고, 더 평화를 사랑하는 것처럼 보일수록 그들은 더 기만적이고 더 공격적이다.

외국의 이념과 문화가 북한으로 유입될 수 있는 입구는 너무 다양하여 모든 외국 사상이 들어오지 못하게 하는 유일한 수단은 사람들을 외부 세계로부터 완전히 차단시키는 것이다. 북한 정부는 다른 어떤 근대 정부보다 이 목표를 달성하는 데 더욱 근접하였다. 그럼에도 불구하고 약간의 정보가 스며들어간다. 북한 당국은 라디오(북한의 라디오 다이얼은 고정되어 있지만, 일부 사람들은 그들의 라디오를 고쳐서 외국 방송을 청취한다), 영화, 음악(비록 남한의 노래는 북한에서 아주 인기가 있지만), 춤, 문학, 관광객, 경제 및 문화 교류 대표단, 외국 원조 팀, 해외 기업인들로부터 오는 오염에 대해 경고해 왔다.

정권이 자신의 국민들을 고립시키기를 바라는 만큼, 외국으로부터의

---

69 김종손, "제국주의자들의 기만술책에 경각성을 높여야한다," 『로동신문』, 1996년 12월 7일, 6면.

원조, 기업 투자 및 관광 수입의 필요성 역시 북한으로 정보가 유입될 수 있는 어느 정도의 틈새를 제공했다. 외국의 원조를 받아들이는 것이 주체의 실패에 대한 명백한 인정이라는 것을 깨닫고, 외국의 자본주의 기부자들이 그동안 그럴 거라고 여겨져 왔던 것만큼 실제로 악한 것인지 인민들이 의아해하기 시작할 것을 두려워하면서, 북한 정부는 자본주의가 제공하는 외국 원조의 성격에 대해 설명하기 위한 격렬한 캠페인을 전개해 왔다. 주요 연설에서 김정일은 다음과 같이 말했다.

> 침략과 약탈은 제국주의의 본성이다. 국제 상황이 어떻게 바뀔지라도 제국주의자들의 지배주의적 야망은 변하지 않을 것이다. 제국주의의 '원조'에 대한 희망에 갇혀서 제국주의의 공격적이고 약탈적인 성격을 간파할 수 없는 것보다 더 어리석고 위험한 것은 없다. 약탈과 정복이라는 제국주의자의 원조 올가미는 하나를 주고 10개 심지어 100개를 강탈하고자 하는 것이었다.[70]

이 주제는 북한 사람들에게 끊임없이 제시되는데, 메시지를 보다 생생하게 하기 위하여 다음과 같이 윤색된다. "제국주의라는 커다란 괴물이 홀림낚시로 자주적으로 나가는 나라들을 꾀어보려고 갖은 요술을 다 부리고 있다. 그 홀림낚시의 하나가 시장경제이다. 낚시에는《경제협력》과《원조》라는 그럴듯한 가짜 미끼가 달려있다."[71]

---

70 Kim Jong Il, "On Preserving the Chuche Character and National Character of the Revolution and Construction."

71 김남혁, "시장경제도입은 파국의 길,"『로동신문』, 1998년 3월 1일, 6면.

만약 북한의 농업 부문이 중국의 원조에 의해 보충되는 국내 수확량으로 최저 생활수준으로 생존할 수 있을 정도로 개선된다면, 자본주의의 외국 원조를 수용하는 모순은 사라질 수 있다. 그러나 북한의 이론가들은 자본주의 무역과 투자에 대한 자신들의 태도에서 스스로 더 깊은 구덩이를 파고 있다. 적극적으로 해외 비즈니스 거래를 간청하는 (그러면서 주류경제로부터 해외 비즈니스를 격리시키려고 시도하는) 동시에 북한 당국은 자신의 인민들에게 모든 외국인에게 의구심을 가지고 대할 것을 경고하고 있다.

기술 협조, 합영, 합작 등은 나라들 사이의 경제관계를 발전시키는 데서 많이 리용되고 있는 방법이다. 이러한 경제교류는 각종 대표단, 조사단, 방문단의 래왕을 동반하게 된다. 이런 경우 과학자, 기술자들을 비롯하여 일정한 인원들이 다른 나라들에 단기 또는 장기적으로 체류하게 된다. 제국주의자들은 이틈을 노리고 다른나라들에 들어가는 대표단, 방문단, 조사단, 관광단 등 성원들 속에 불순분자들을 끼워넣거나 일부성원들을 매수하여 사상문화적 침투에 리용하고 있다. 이런 자들은 해당 나라의 사람들과 접촉하여 자본주의에 대한 환상을 조성하려보려고 교활하게 책동하고 있다.[72]

---

72 윤백현, "제국주의자들의 교활한 사상문화적 침투행동," 『로동신문』, 1997년 5월 24일, 6면.

과격주의로서의 주체사상

1990년대에 경제가 중단되고 수십만 명의 북한 사람들이 기아, 질병, 사망에 직면했기 때문에, 북한 언론은 경제의 전환과 사기 진작을 위해 이념에 대한 의존이 갖는 중요성을 강조하는 일을 배가(倍加) 시켰다. 경제 관리자들은 그것이 무엇인지 명확히 식별된 적 없는 자원인 "내부 역량"을 동원할 것을 종용받았다. "생산 증가를 위한 역량은 사람들의 머리 속에 있다. 관리들과 노동자들이 새로운 아이디어를 창안하도록 동기 부여를 받을 때, 당연히 역량이 여기저기서 생겨나게 될 것이며, 역량을 탐구하고 이를 목록에 올리는 일은 인민 자신의 일로 견고하게 뿌리를 내릴 수 있다."[73] 이러한 현세의 이득을 추구하는 접근법은 정부가 할 수 있는 최선의 경제 계획이었다. 민주집중제에 의해 인민들은 의심의 여지없이 당의 명령을 따르고 그로 인해 그것의 혜택을 받을 것으로 기대되었지만, 불행하게도 이 사적 이익추구 접근법은 오랫동안 유지되어 왔던 민주집중제와 모순되는 결과를 낳았다. 김정일이 당 관료들에게 내린 "대중이 기업 경영을 다루도록 고쳐시킬 것"에 대한 지시는 수년 동안의 집단화 이후에 어떠한 성과들을 낼 것 같지는 않았다.

낙담한 대중들에게 새로운 활기를 불어 넣으려고 "적기(赤旗)"와 "고난의 행군"이라는 전투적 주제가 강조되었다. 공산주의의 적색 현수막이나 붉은 깃발에 대한 언급은 다른 공산권 국가들에서와 마찬가지로

---

[73] Chon Kyong-no, "An Important Question in Tapping Inner Reserves," *Minju Choson*, June 17, 1997, p. 3.

북한에서도 일반적이었지만, 1996년에 "새해에 붉은 깃발을 휘날리면서 힘차게 나아가자"라는 신년 공동 사설에서 명백히 붉은 깃발의 이름을 지닌 이념은 처음으로 나타났다.[74]

승리에 이르는 길은 쉽지 않을 것이다. "[혁명가들은] 깨끗한 혁명적 양심을 가지고 영광스러운 혁명의 길에서 자신을 희생한다. 왜냐하면 그들은 자신들의 지도자에 의해 인도되는 혁명의 대의가 가장 정당하다고 또한 굳게 믿기 때문이다."[75] '고난의 행군'의 경우 1997년 10월 말까지는 "올해에 《고난의 행군》을 기어이 승리적으로 결속하려는 것은 우리 당의 드팀없는 결심이다"였지만,[76] 북한이 또 다른 배고픈 겨울에 들어서자 결국 남게 된 결과는 다음 신년에 '고난의 행군'이 "최종 승리로의 강행군"으로 대치되는 것이었고, 이는 나중에 "낙원의 행군"이라는 낙관적인 용어로 언급되었다.

사람들의 낙심에 대해 인식하게 되면서 당의 조직들은 다음을 행할 것을 재촉받았다. "주민들의 마을과 마을의 거리, 집, 일터를 더 많이 단장하고 더 많은 문화와 미적 삶을 누리도록 인도한다. 그렇게 함으로써 우리는 우리가 살고 있는 주체 중심의 새로운 혁명 시대의 현실이 요구하는 바에 부응하기 위해 즐겁고 활기찬 분위기가 전체 사회를 지배하도록 만들 것이다."[77] 아마도 1990년대의 흉년의 시기 동안 가장 불

---

74 붉은기 사상에 대한 개관은 다음을 참조. "Red Banner Philosophy as Kim Jong-il's Ruling Tool," *Vantage Point*, vol. 20 (March 1997), pp. 16-18.

75 황창만, "우리 인민의 혁명적락관주의의 원천," 『로동신문』, 1997년 6월 1일.

76 《고난의 행군》 최후돌격전의 요구에 맞게 당사상사업을 더욱 강화하자," 『로동신문』, 1997년 8월 6일, 1면.

77 Ibid.

쌍한 이념적 캠페인은 사람들의 관심을 그들의 비참한 육체적인 존재로부터 앞으로는 북한 주민들이 살기 위한 것보다 죽기 위한 것을 더 많이 갖게 될 것을 인정하는 방향으로 돌리는 시도였을 것이다. 전형적인 슬로건은 다음과 같이 "내일을 위해 오늘을 사는 것"을 포함했다. "다음 세대를 위해 더 위대하고 더 멋진 자산을 넘겨주기 위해 모든 것을 바친다." 그리고 "우리의 세대가 더 고통을 겪고 더 많은 땀을 흘릴수록 우리의 미래 세대는 더 행복해질 것이다."[78]

통치의 정당성과 외국 세력들이 북한이 약해져 가는 것을 이용하게 될 가능성에 대해 김정일이 갖는 우려가 커지고, 삶의 조건이 다가오는 20세기에도 나아지는데 실패함에 따라, 제2차 세계대전 말에 일본이 채택한 카미카제(神風) 윤리를 상기시키는 총과 폭탄으로 지도자를 보호하자는 캠페인이 강화되었다. 한 장면을 생생하게 묘사하면 다음과 같다. "자폭은 비장한 결심을 요구한다. 자폭정신은 바로 당과 수령을 위함이라면 스스로 죽음의 길을 택하는 투철한 각오를 가진 사람들만이 지닐 수 있다."[79]

---

[78] Hwang, "The Source of Our People's Revolutionary Optimism,"
[79] 김명희, "혁명적자폭정신," 『로동신문』, 1998년 12월 29일, 3면.

주체사상에 대한 신봉

주체가 타당성, 내부 논리, 그리고 삶에 대한 실용적인 지침으로서의 가치가 없다는 이유로 외부인들이 주체사상을 비판하기는 쉽다. 그러나 북한 사람들은 주체를 어떻게 바라보는가? 주민들을 끊임없이 학습과 자기비판에 참여하게 강요함으로써 김일성과 김정일은 지도자와 당에 무한히 충성하는 새로운 사회주의 인간을 만들려고 노력했지만, 그들은 과연 얼마나 성공했는가?

이것은 적어도 북한 사회의 여러 부분들에 대한 주체사상이 지닌 다양한 구성요소에 있어서의 신념들을 구별해 내야 하기 때문에 복잡한 질문이다. 동유럽과 구소련의 구공산주의 정권 시민들도 이념에 대한 헌신에 관해 비슷한 질문이 제기되었는데, 그 질문에 대한 답은 문화와 상황의 명백한 차이에도 불구하고 주체에 대한 북한인들의 믿음의 깊이를 어느 정도 밝혀 줄 수도 있다. 1950년대 소련에서 사회주의에 대한 헌신이 강했지만, 1960년대가 되자 먼저 소련 지식인들로부터 강력한 비판적 논조가 식별할 수 있을 정도로 생겨났다.[80] 1980년대 동독에서는 소련에 의해 강요된 공산주의 이념에 대한 믿음이 붕괴되었음이 명백해져 갔다. 레인하트 쇤시(Reinhart Schönsee)와 거다 레더러(Gerda Lederer)는 동독에서 다섯 가지 정치 계급의 공식 이념에 대한

---

80 예컨대 다음을 참조. Gail Warshofsky Lapidus, "Society under Strain," in Erik P. Hoffmann and Robbin F. Laird, eds., *The Soviet Polity in the Modern Era* (Aldine Publishing Company, 1984), pp. 691-715.

헌신을 설명하고 있다.[81] 지도부 엘리트(노멘클라투라(nomenklatura) 즉, 특권적 계급)들은 냉소적이었다. 이념을 만들어 내고 퍼뜨리는데 직접적인 책임이 있었던 일부 관료와 지식인들은 그들의 특권을 보장하는 이념을 표면상으로 지지하기 위해 이중적인 사고를 취하였다. 중산층의 전문가들은 현상 유지를 지지함으로써 얻을 수 있는 이점에 대해서도 알고 있었지만, 그들은 이념을 덜 믿었다. 대중은 이념을 겉으로는 받아들였지만 "좋은" 공산주의자처럼 살기를 거부함으로써 그 가르침에 수동적으로 저항했다. 소외된 계층은 은밀히 모여 체제에 관해 불평했다. 따라서 전체 정치-사회 구조는 사람들이 공산주의를 믿고 있다는 거짓된 전제에 근거하고 있었다. 소외된 사람들만이 후일에 변화를 위한 광범위한 사회적 압력으로 자라게 될 어떠한 형태의 저항을 보여주었다. 북한은 동유럽 및 구소련과 적어도 한 가지 중요한 점에서 다르다. 즉, 북한에서는 정부가 국민에 대해 행사하는 사회통제가 커짐에 따라 조직화된 저항 집단들이 형성되는 것을 예방할 수 있었다.

이 책을 위해 실시된 탈북자 인터뷰들의 주된 목표는 주체에 대한 믿음과 김정일 체제에 대한 만족을 평가하는 것이었다. 단지 20명의 탈북자 집단 가운데서도 일반 집단의 신념에 대한 견해 차이가 존재했기 때문에, 이 장에서 내려진 결론은 가설로 취급되어야 한다. 문제를 단순화하기 위해, 대중과 엘리트 두 사회 집단이 사회주의, 주체 국가의 자립과 독립, 사회의 주인으로서의 인민, 사회 정치 생활의 중요성, 지도자의 혁명적 견해, 김일성과 김정일 개인숭배에 대한 믿음, 그리고 사

---

81 Reinhart Schönsee and Gerda Lederer, "The Gentle Revolution," *Political Psychology*, vol. 12 (June 1991), pp. 309-30.

회주의의 미래에 대한 확신이라는 주체의 여러 차원들에 대해 갖는 믿음이 고려 될 것이다.

인민 대중

북한 인민 전체가 김정일과 당을 지지하는데 심혈을 기울인다는 북한 언론의 자랑에도 불구하고, 이념 교육에 더 많은 노력을 기울일 것을 언론에서 끊임없이 요청하는 것을 보면 이는 전적인 헌신이 부재하다는 것을 보여준다. 이러한 결론은 탈북자들의 증언에 의해 뒷받침된다. 평균적인 북한 시민들은 경제 모델로서 사회주의가 (경험해 보지 못한) 자본주의에 비해 더 우월하며, 자본주의자들은 사회주의가 남아있는 몇몇 나라에서 이를 전복하기 위해 맹렬히 노력하고 있다고 믿는 것 같다. 어떤 탈북자들은 심지어 탈북한 지 수년 후에도 남한 사회의 자본주의 체제와 물질주의에 대하여 강한 불만을 표명한다. 한 탈북자는 남한 국민이 거짓말을 하고, 공격적으로 행동하며, 흥청망청 돈을 쓴다고 불평했다. 비록 남한에 있는 그의 친척이 그의 탈북 사실을 알고 있었지만, 그가 자립하도록 돕는 데 있어서 한 푼이라도 도와준 사람이 아무도 없었다고 그는 말했다(한국정부는 탈북자들에게 많지 않은 수당을 준다).[82] 구소련에서 실시된 설문 조사는 사회주의에 대한 동일한 헌신을 추상적으로 보여준다.[83] 북한에서는 사회주의 정신이 지방

---

82 1990년대 중반에 탈북한 전직 북한정부관료와의 인터뷰

83 다음을 참조. Warshofsky Lapidus, "Society under Strain."

차원에서 어느 정도 실현되고 있는 것처럼 보인다. 탈북자들은 전반적으로 북한 사람들이 자본주의 남한사람들보다 서로를 도울 가능성이 더 크다고 단언함으로써 북한의 공식 매체가 하는 말을 되풀이한다. 그러나 공동체적 원칙에 대한 이러한 헌신은 공동체적 작업이 지닌 덕목을 수용하는 것을 주저하는 것도 동시에 수반한다. 심지어 정부가 정기적으로 식량을 배급하고 있었을 때조차도 공동 작업에 노력을 기울이도록 사람들을 설득할 필요가 있었다.

대부분의 사람들은 국가 주권, 자부심, 자급자족의 원칙으로서 주체사상을 지지하는 것으로 보인다. 자국에 대한 자부심과 자국의 독립을 지키고자 하는 열망은 모든 국가의 특징이다. 국가 자급의 목표는 모든 사람들에게 호소력이 있지만, 경제에 관한 충분한 지식을 가진 사람들은 근대 세계에서 국가 경제가 상호 의존적으로 운영되어야 한다는 것을 인식하고 있다. 농업과 산업 생산에 대한 주체의 적용은 아마도 덜 인정받을 것이다. 상표(라벨)로서의 "주체"는 김정일이 생각해낸 모든 아이디어에 붙어 있다. 예를 들어, 주체 농업은 작물을 재배할 시기와 방법을 규정한다. 주체 제강은 제강 과정을 지시한다. 모든 경우에 있어서 주체 방식의 목표는 지역 생산 단위를 자급자족하게 만들거나 국가 전체를 자급자족하게 만드는 것이다. 이 방법은 당에 의해 하향식으로 전달되기 때문에 (종종 당 간부가 현지 노동자와 상의해야 한다고 하지만) 종종 작업의 기술적 측면을 철저히 이해하지 못해 생산 방법이 결국 실패를 야기하는 경우가 있으며, 산허리를 훼손시킨 계단식 경작이 그 한 예이다. 그러나 김일성이나 김정일의 가르침에 기인한 당 정책이기에 사람들은 이러한 생산 지침을 따라야만 한다.

후일 김정일에 의해 주체의 철학적 측면이 더 많이 추가된 점에 대해 평균적인 북한 사람들은 잘 이해하지 못할 것 같다. 발언권이 없는 사회의 주인으로서의 인민들에게 그것은 별로 실용적이지 못하다. 사회정치적 가족에 대한 생각은 원칙적으로 위로가 될지 모르지만, 김정일의 부성(父性) 하의 "국가가족"을 위해 사는 것이 자기 자신과 자신의 직계 가족을 위해 사는 것보다 더 바람직하다고 진정으로 믿는 사람들이 과연 얼마나 될지 의문이다.

탈북자들은 대다수의 북한 주민들이 일본으로부터 나라를 해방시키고, 한국전쟁에서 미국인들을 물리치고, 국가 경제의 기초를 세운 사람으로서의 김일성에게 커다란 사랑과 존경심을 품고 있었다는 점에 대해 만장일치로 동의한다. 위대한 지도자가 죽었을 때 그를 위해 흘린 눈물은 진실한 것이었다. 사람들은 김일성 신화를 구성하는 많은 이야기들을 믿는다. 김일성은 조지 워싱턴(George Washington), 아브라함 링컨(Abraham Lincoln), 프랭클린 루즈벨트(Franklin D. Roosevelt), 드와이트 아이젠하워(Dwight D. Eisenhower)를 모두 하나로 합쳐 놓은 인물로 북한 인민들에게 받아들여진다. 김일성은 그들이 알고 있는 유일한 한반도의 지도자였다. 가장 무식하고 미신적인 사람들을 제외하고는 대중의 대부분은 김일성이 날씨를 조절하거나 기적을 행할 수 있다고 아마도 믿지는 않았을 것이다. 하지만 북한 인민들은 그러한 이야기들이 김일성에게 어울릴 만한 것이라고 받아들일 수 있었다. 그들은 또한 김일성이 당대의 탁월한 인물로 전 세계적으로 인정받았다고 믿었다.

그러나 김정일에 대해 좋은 말을 하는 탈북자를 찾는 것은 어렵다.

평양에서 그는 "그 사람"이라고 언급되었다.[84] 아마도 또 다른 20년 동안 사람들에게 계속 김정일 신화를 주입시켜서 경제가 개선되면 사람들은 김정일을 믿기 시작할 것이다. 그러나 1980년대 초 김정일이 장래의 지도자로 인민들에게 소개된 무렵, 그 때문이든 우연의 일치이든, 북한 경제가 쇠퇴하기 시작했다. 김일성 이후 시기를 영웅적 업적의 시대로 선언하는 선전의 물결에도 불구하고, 사람들은 김정일 통치하에서의 삶이 점점 더 감당하기 힘들어 지는 것을 발견했다. 김일성 사망 다음 해인 1995년부터 북한을 강타한 홍수, 가뭄, 해일 등 일련의 파괴적인 자연재해로부터 별로 교육을 받지 못한 인구 집단이 어떤 결론을 도출하였는지 의문이다. "호랑이 아버지에 강아지 새끼"라는 한국어 표현이 모든 사람의 마음속에 있음에 틀림없다.

　북한이 사회주의의 마지막 보루라고 듣는 것을 감안할 때 북한 대중은 "우리식 사회주의"의 미래를 과연 믿는가? 북한 대중은 또한 강제적인 행진이 승리의 결말로 이를 것이라는 어떠한 희망을 과연 보는가? 그들은 반복해서 북한 경제의 "전환"을 예고하는 신년의 예측을 과연 믿는가? 그러한 신념에 대한 증거는 거의 발견할 수 없다. 그들이 결국 사회주의가 승리할 것이라고 믿을지도 모르지만, 깊은 좌절 가운데서 그들의 생각은 대부분 생존의 문제에 고정되어 있다.

　그러나 어려운 시기에도 그들은 사회주의와 주체 그리고 그들에게 최소한의 것밖에 가져다주지 못한 위대한 지도자를 받아들이거나 적어도 용납한다. 이 끈기를 어떻게 설명할 것인가? 첫째, 북한 대중은 결코 정

---

84 1990년대 초에 탈북한 전직 고위급 북한정부관료와의 인터뷰.

치적 또는 사회적 자유를 경험하지 못했다. 조선 왕조 시대에 북한 사람들 중 많은 사람들이 지주를 위해 일했다. 20세기로 전환된 지 얼마 후에 나라 전체의 경제는 일본에 대한 공급기지로 재편되었다. 전쟁 후 공산주의자들은 중앙 집중화된 형태의 비참여적 정부를 강요했다. 북한 사람들에게 독재 사회에서의 삶은 일상적인 업무이다. 그리고 이러한 삶은 평범한 사람들에게는 각자 자기 위치에서 살아야 하며, 원칙상 자애로운 아버지와 같이 통치하는 상급자들의 의지에 복종해야 한다는 수 세기에 걸친 유교 교육에 의해 뒷받침된다. 정치적 생각들이 전능한 김일성과 김정일에 의해 위로부터 인민들에게 전달되어 내려오기에 토론과 논쟁을 위한 공간은 없고 오직 끊임없는 설명과 정교화만 있을 뿐이다.

북한의 대중은 구소련과 동유럽의 대중과 한 가지 중요한 점에서 다르다. 즉, 그들은 외부 정보와 단절되어 있다. 사람들은 불특정 국가들이 사회주의를 포기하고 그 결과로 고통받고 있다고 들었지만, 외국의 상황을 판단하기 위해 필요한 직접적인 정보에 접근할 수 없다. 그리고 확실히 그들은 한국, 일본, 미국과 같은 비 공산국가에서의 삶이나 생각에 관한 정보가 거의 없다. 만일 사람들이 이렇게 비교를 위한 제한적인 기준들만을 가지고 있을 때, 어떻게 선악을 평가할 수 있는지, 어떻게 유용한 것과 쓸모없는 것을 평가할 수 있는지, 외부인들은 이에 대해 상상하기 어렵다. 북한 사람들이 들은 것을 믿지 않으면 그들은 믿을 것이 하나도 없다.

마지막으로 탈북자들은 비록 몇몇 이념적 부분들에 대해 확신을 갖지 않고 (김정일 숭배와 같은) 다른 것들을 적극적으로 믿지 않았음에도 불구하고, 그들은 자신의 생각을 추구할 에너지가 없었고, 분명히 자신의 생각을 논의할 기회도 없었다고 말한다. 따라서 그들의 삶을 복잡하게 하는 것을 피하기 위해서 그들은 정치적 사고를 포기하고 그들이 배운 정치적 가르침을 반복하는 것으로 물러났다. 이것은 의심의 목소리를 내는 것을 두려워하거나, 공개적으로 질문하는 것을 두려워하는 경우는 아니다. 이것은 자신의 마음속에서 아예 질문 자체를 제기하지 않는 경우이다. 평균적인 북한 사람은 정치적으로 마음이 멀어지게 되었다. 구공산주의 국가인 동유럽과 소련에서도 전체주의 공산 정권에 대한 비슷한 반응이 보고되었다. 에릭 샤이예(Eric Scheye)는 공산주의 하에서의 심리적 기분에 대해 다음과 같은 체코 시민들의 말을 인용했다. "사람들은 바깥의 것을 듣지 않거나 경청하지 않으려고 했다. 모든 사람들은 자신만의 조그만 세계에 있었다."[85] 한 탈북자는 "진리를 배우려는 정상적인 열망이 자신들의 마음속에 살아있었더라면 역사의 왜곡은 이렇게 오래 지속될 수 없었다."라고 말했다.[86] 그러나 이러한 믿음—심지어 관심—의 부재와 함께, 정치적 사상은 북한이 지닌 것들에 대한 강한 감정적 애착이다. 이 탈북자는 북한 거주자로서 선전으로 가득한 북한영화를 보고 감동되어 눈물을 흘렸다. 그러나 그가 남한으로 도주한 후 다시 그 영화를 보았을 때, 눈물을 흘렸던 자신이 아주 바보처럼 여겨졌다(한국정부는 북한 문화 작품 수입에 대한 제한을 완화했다).[87]

---

85 Eric Scheye, "Psychological Notes on Central Europe: 1989 and Beyond," *Political Psychology*, vol. 12 (June 1991), pp. 331-44, quotation on p. 338.

86 1990년대 초 해외에서의 학업 중 30대의 나이에 탈북한 전 북한대학생과의 인터뷰. 이 학생이 북한동포들의 신념체계를 묘사하기 위해 사용한 다음과 같은 말은 특별히 의미심장하다: "진리 규명에 대한 보편적인 욕구가 있었다면 역사의 왜곡이 이렇게 계속될리가 없다."

87 Ibid.

엘리트

이념적 믿음에 관한 토론의 맥락에서, 엘리트 인구는 평양에 거주하는 수천 명의 상위 당 간부, 정부 및 군 관리들로서, 예컨대 일반인들은 접할 수 없는 국제 및 국내 뉴스를 다루는 정부 발간물인 『참고 통신』의 배포 명단에 포함되어 있어서 외국의 정보에 접근할 수 있는 사람들로 정의된다. 또한 일부 엘리트들은 교육이나 공적 업무를 위해 해외로 여행할 기회를 가졌다. 이 사람들에게 주체는 주로 대중을 통제하기 위해 사용되는 도구인가, 아니면 그들은 진정으로 주체의 원칙을 믿는 것인가? 만일 그들이 믿는다 하더라도 북한의 사상과 실천에 있어 단지 그들이 원하는 것을 얻기 위한 수단으로 이념을 사용한다면 별다른 변화를 기대할 수 없다. 레오 크리스텐슨(Reo M. Christenson)과 다른 사람들의 말을 인용하여 잠정적인 결론을 내리자면, 이념은 "지도자들을 포획하고 지도자에 의해서 포획된다."고 말할 수 있다.[88]

엘리트 구성원들은 사회주의를 유토피아적인 생각으로 믿지만, 가까운 장래의 실현 가능성에 대한 희망은 거의 볼 수 없을 것이다. 그들은 진정한 협력적 생활 방식의 아름다움을 인정하지만, 그것이 실현될 것이라는 기대를 갖지 않는다는 점에서 자본주의 국가의 많은 사람들과 유사하다. 외부 세계에 대한 지식이 부족하기 때문에 북한은 사실상 사회주의를 이루려고 노력하는 최후의 나라라는 사실을 그들은 깨닫는다. 그리고 그들이 자신의 삶을 살펴본다면, 그들은 암시장(black

---

88 Christenson and others, *Ideologies and Modern Politics*, p. 16.

market)에서 얻을 수 있는 물품이라면 무엇이든 얻기 위해 자신들의 지위를 활용해 왔음을 즉, 매우 자본주의적인 노력을 경주해 왔음을 깨닫게 될 것이다.

엘리트 집단은 또한 민족적 자부심, 자주, 그리고 경제적 자립의 중요성을 강하게 믿고 있을 것이다. 이것은 다른 모든 인민들과 마찬가지로 이들이 애국적인 구석을 강하게 가지고 있고 일반적으로 국가 경제의 상호 의존성에 대한 인식이 결핍되어 있기 때문이다.

이념이 지닌 대부분의 다른 측면에서 엘리트 시민은 믿음을 갖고 있지 않은 사람일 가능성이 높다. 사회정치적 삶은 아마도 김일성, 김정일에 대한 맹목적 충성을 위한 사이비 철학적 정당화처럼 들린다. 당과 지도자의 의지에 스스로를 완전히 종속시키는 사회의 주인으로서의 인민이라는 생각은 이율배반적인 것으로 여겨진다. 김일성의 인격 숭배의 많은 부분이 조작되었다는 것을 아는 사람들조차도 위대한 지도자로 김일성을 존경했다. 그러나 김정일을 두려워하지만 그를 존경하지는 않는다.

불가능을 가능케 하기

정보의 부재, 교육의 부재, 그리고 기회의 부재로 인해 "생각할 필요가 없는 이상한 사치를 즐기는"(스탈린 통치 하에서의 소련 시민의 특성에 대한 블레어 루블스(Blair Rubles)의 말을 인용) 대중들과는 달리 엘리트 집단은 인지적 모순(cognitive dilemma)에 직면한다.[89] 이 사람들은 주체사상의 모순을 인식하고 있으며, 그들은 사무적인 이유로 그리고 상대적으로 풍요로운 생활 방식 때문에 모순에 대해 생각할 시간이 있다. 그럼에도 불구하고 그들은 서로 간에 그리고 보안 요원에 의해 더 면밀히 감시받기 때문에 대중보다 문제를 논의할 자유가 훨씬 적다. 세뇌는 특히 이들이 경험하는 자기비판—이는 최소한 진실된 것으로 들려야만 한다—의 형태로 이들에게 어느 정도 이루어져 왔을 것으로 보인다. 그들은 또한 이념을 가르치고 다듬는 일에 더욱 관여한다.

어느 정도 엘리트 시민들은 이중의 정신적 삶, 즉 한편으로는 공적인 삶을, 다른 한편으로는 사적인 삶을 살 수 있다. 이는 데이비드 렘닉(David Remnick)에 의해 다음과 같이 기술된 구소련의 지식인들의 삶과 같은 것이다. "저 고르바초프, 그리고 우리 모두는 이중 인격자였습니다. 우리는 항상 우리의 마음속에서 진실과 선전 사이에 균형을 유지시켜야 했습니다."[90] 쇤시와 레더러도 같은 방식으로 동독의 엘리트들을 오웰적인 이중 사고에 빠진 사적으로 냉소적이고 부패한 사람들로 묘사한다.[91] 대부분의 경우 대중뿐만 아니라 엘리트들 역시 정치사상에 거의 빠져들지 않음으로써, 인지적 모순의 불편함을 피할 수 있다. 모순이 생기면 사람들은 다른 사람들처럼 정당화하고 합리화하기 위해 최선을 다한다. 게다가 사회의 엘리트 성원들조차 비록 자본주의와

---

89 Blair A. Ruble, "Muddling Through," in Erik Hoffmann and Robbin F. Laird, *Soviet Polity in the Modern Era*, pp. 903-14, quotation on p. 912.

90 Georgi Shalchnazarov, an aide to Gorbachev, quoted by David Remnick in *Lenin's Tomb, The Days of the Soviet Empire* (Random House, 1993), p. 168.

91 Schönsee and Lederer, "The Gentle Revolution."

자유 민주주의의 작동방식에 대한 지식을 더 많이 가지고 있지만, 여전히 단편적인 지식만을 가지고 있기 때문에 그들의 이념이 가지고 있는 모순에 불만족하고 당혹스러울지 모르지만, 대안적 이념을 고려할만한 위치에 있지 않다. 반국가 사상의 목소리를 내는 것에 대한 두려움 이면에는 만일 자본주의가 사회주의를 쓸어버리면 자신의 특권적인 지위를 잃을 가능성이 커진다는 더 큰 두려움이 있다.

대중에게는 주체사상의 기초가 그럴듯하다. 주체사상은 그들이 그 속에서 사는 것에 익숙해진 하나의 신화이다. 이런 의미에서 대중은 혁명적인 힘이 아니라 북한을 변화시키는 데 있어 거대한 보수적 장애물이다. 엘리트 계층은 더 잘 알고 있지만, 그들의 관심사는 현 상태를 유지하는 데 있다. 이것은 특히 주체사상을 개정할 권한을 가진 유일한 사람인 김정일의 경우 더욱더 그러하다. 그러나 그가 그러한 개정을 시도하더라도, 그는 대중에 의해 자기 아버지의 소망에 불충실하다는 비난을 받을 위험을 감수해야 한다. 따라서 엘리트와 대중은 50년의 이념과 신화에 묶여있다

주체사상은 북한이 시대의 변화를 따라서 움직이는 것을 막는 하나의 닻으로 기능한다. 이 장에서 개괄한 바와 같이 주체를 강조하는 것이 여러 해에 걸쳐 변화되었거나, 더 정확하게는 새로운 개념이 주체에 통합되었지만, 사회주의에 대한 헌신, 경제적 자립의 달성에 대한 주장, 지도자에 대한 개인숭배와 같이 북한인들을 제약하는 기본 개념들은 여전히 남아있다. 더 큰 의미에서 주체의 내용은 그것의 가장 제약적인 특징이 아니라, 바로 이념이다.

만약 주체가 (미국에서의 민주주의와 같이) 긍지로 지칭되고 종종

그것이 위반될 때에도 영예롭게 여겨지는 하나의 교리이자 이와 연관된 신화로서 북한의 삶의 배경에서 작동할 수 있다면, 이것은 북한 사회에 정체성과 응집력을 제공하는 유용한 기능을 제공할 것이다. 그러나 수많은 시간의 연구 및 토론의 대상으로서 그리고 정치적 도구로서 북한 사회에서 주체사상이 가지고 있는 중심적 위치가 국제 사회에서는 북한을 희화화된 존재로 만드는 결과를 초래했다.

CHAPTER THREE

전환기의 경제

우리 경제의 힘은 기본적으로
이념과 통합성의 힘이다.

CHAPTER THREE

우리 경제의 힘은 기본적으로
이념과 통합성의 힘이다.[1]

김일성과 김정일 하의 북한 정권이 작동하지 않는 이념을 고수하며, 변화하는 국제 환경에 적응하기를 거부한 것은 북한 경제와 수백만 명의 삶을 파괴시켰다. 경제적 조건이 이 나라가 주권 국가로서 생존할 것인지, 혹은 남한에 흡수될 것인지의 운명을 결정할 것이다.

북한의 경제 계획은 김정일에 의한 정권 안보의 추구, 이념과 희망사항에 기반을 둔 경제 계획을 적용시키고자 하는 지속적인 시도에 의해 좌지우지 되고 있다. 북한의 경제가 어려움을 겪어 온 것은 예상된 바 그대로이다. 수년간의 잘못된 통치와 사회주의 국제 무역체제의 소멸로 인해 북한의 경제 상황은 매우 약화되었으며, 이렇게 취약해진 경제는 극복하기 어려운 걸림돌이 되었다. 이로 인해 대중들은 비사회주의적 경제활동에 참여하게 되었고, 또한 김정일 정권의 장기 집권이 위협받게 되었다.

---

1   "자립적 민족경제 건설로선을 끝까지 견지하자,"『로동신문』,『근로자』공동론설, 1998년 9월 17일.

1990년대 말의 경제

(북한 정부가 1960년대 중반 이후로 경제 통계에 대한 공표를 중지하였기에) 외부인이 추정할 수 있는 한도 내에서 볼 때, 경제 통계들은 북한 경제의 위험성에 대해 알리고 있다. <표 3-1>에서 보듯 1990년부터 1998년까지의 기간 동안 이미 낮은 상태였던 230억 달러의 GNP는 그로부터 55퍼센트 감소한 것으로 추산된다. <표 3-2>와 <표3-3>이 보여주는 바와 같이 동일한 기간 동안 국제무역은 70퍼센트 감소하였는데, 이는 이전에 사회주의 경제체제를 취하던 국가들과의 계약과 무역 관계가 상당한 규모로 축소되었기 때문이다. <표 3-4>가 보여주는 바와 같이 1980년부터 북한의 국제 채무는 적자 상황이었으며, 1998년에 이르러 이는 약 120억 달러에 달하게 되었다. 이는 대부분의 국가들에 있어서는 큰 액수가 아니나, 북한에 있어서는 GNP의 96퍼센트에 해당하는 액수이다. 군수품 공장을 제외한 북한의 공장들은 생산력의 25퍼센트 이하로 작동하고 있는 것으로 보인다. 공중 보건 시스템은 사실상 작동이 멈춘 것으로 보이며, 식량 배급은 산발적으로 이루어지고 있어서 사람들은 스스로 살길을 찾아야 하는 상황에 놓여 있다.

<표 3-1> 북한의 GNP (1985-98)

연도	GNP(10억 달러)	실질 GNP 성장(%)	1인당 GNP(달러)
1985	15.1	2.7	757
1986	17.4	2.1	853
1987	19.4	3.3	936

1988	20.6	3.0	980
1989	21.1	2.4	987
1990	23.1	-3.7	1,064
1991	22.9	-5.2	1,038
1992	21.1	-7.6	943
1993	20.5	-4.3	904
1994	21.2	-1.7	923
1995	22.3	-1.8	957
1996	21.4	-3.7	910
1997	17.7	-6.8	741
1998	12.6	-1.1	573

출처: 대한민국 통일부

〈표 3-2〉 북한의 대외무역 수지(1985-98) (단위: 10억 달러)

연도	무역규모	수출	수입	무역수지
1985	3.095	1.314	1.781	-0.467
1986	3.572	1.507	2.065	-0.558
1987	4.147	1.647	2.500	-0.853
1988	5.240	2.030	3.210	-1.180
1989	4.800	1.910	2.890	-0.980
1990	4.720	1.960	2.760	-0.800
1991	2.583	0.944	1.639	-0.695
1992	2.470	0.916	1.554	-0.638
1993	2.640	1.020	1.620	-0.600

1994	2.108	0.838	1.270	-0.432
1995	2.052	0.736	1.316	-0.580
1996	1.976	0.727	1.249	-0.522
1997	2.177	0.905	1.272	-0.367
1998	1.444	0.559	0/883	-0.324

출처: 대한민국 통일부

<표 3-3> 북한의 교역 상대국(1985-1998) (단위: 10억 달러)

	항목	러시아[a]	중국	일본	기타
1985	총액	1.315	0.506	0.429	0.845
	수출	0.504	0.268	0.181	0.361
	수입	0.811	0.238	0.248	0.484
	수지	-0.307	0.030	-.0.067	-0.123
1986	총액	1.689	0.548	0.356	0.979
	수출	0.630	0.288	0.173	0.416
	수입	1.059	0.260	0.183	0.563
	수지	-0.429	0.028	-0.010	-0.147
1987	총액	1.947	0.518	0.454	1.228
	수출	0.682	0.239	0.241	0.485
	수입	1.265	0.279	0.213	0.743
	수지	-0.583	-0.040	0.028	-0.258
1988	총액	2.632	0.579	0.564	1.465
	수출	0.886	0.234	0.325	0.585
	수입	1.746	0.345	0.239	0.880
	수지	-0.860	-0.120	0.086	-0.295

1989	총액	2.393	0.562	0.496	1.349
	수출	0.895	0.185	0.299	0.581
	수입	1.498	0.377	0.197	0.818
	수지	-0.603	-0.192	0.102	-0.237
1990	총액	2.564	0.483	0.476	1.197
	수출	1.047	0.125	0.300	0.488
	수입	1.517	0.358	0.176	0.709
	수지	-0.470	-0.233	0.124	-0.221
1991	총액	0.365	0.610	0.508	1.100
	수출	0.171	0.085	0.284	0.364
	수입	0.194	0.525	0.224	0.572
	수지	-0.023	-0.440	0.060	-0.208
1992	총액	0.292	0.697	0.480	1.001
	수출	0.065	0.156	0.257	0.389
	수입	0.227	0.541	0.223	0.456
	수지	-0.162	-0.385	0.034	-0.067
1993	총액	0.227	0.899	0.472	1.042
	수출	0.039	0.297	0.252	0.402
	수입	0.188	0.602	0.220	0.531
	수지	-0.149	-0.305	0.032	-0.129
1994	총액	0.140	0.624	0.493	0.851
	수출	0.040	0.199	0.322	0.244
	수입	0.100	0.425	0.171	0.513
	수지	-0.060	-0.226	0.151	-0.269

1995	총액	0.083	0.550	0.595	0.824
	수출	0.015	0.064	0.340	0.294
	수입	0.068	0.486	0.255	0.447
	수지	-0.053	-0.422	0.085	-0.153
1996	총액	0.065	0.566	0.518	0.827
	수출	0.029	0.069	0.291	0.322
	수입	0.036	0.497	0.227	0.443
	수지	-0.007	-0.428	0.064	-0.121
1997	총액	0.084	0.656	0.489	0.948
	수출	0.017	0.121	0.311	0.275
	수입	0.067	0.535	0.178	0.460
	수지	-0.050	-0.414	0.133	-0.185
1998	총액	0.065	0.413	0.395	0.570
	수출	0.008	0.057	0.220	0.274
	수입	0.057	0.356	0.175	0.296
	수지	-0.049	-0.299	0.045	-0.022

출처: 대한민국 통일부
a : 소련을 계승

〈표 3-4〉 북한의 대외부채 총액(1985-98) (단위: 10억 달러)

연도	부채	GNP 대비 비율(%)
1985	2.90	19.2
1986	4.06	23.4
1987	5.21	26.9
1988	5.20	25.2

1989	6.78	32.1
1990	7.86	34.0
1991	9.28	40.5
1992	9.72	46.1
1993	10.32	50.3
1994	10.66	50.3
1995	11.83	53.0
1996	12.00	56.1
1997	11.90	67.2
1998	12.10	96.0

출처: 대한민국 통일부

북한에서 단기간 체류할 수 있도록 허가받은 소수의 사람들을 포함해서 외국인들이 북한의 경제 전반에 대한 정확한 그림을 그리는 것은 어려운 일이다. 이는 북한 경제 대부분이 보안을 이유로 감추어져 있고, 임기응변적인 방식을 기반으로 작동하기 때문이다. 심지어 상대적으로 북한보다 더 건전한 (사회주의) 국가에서도 사회주의 경제 체제는 시장 경제 체제를 위해 개발된 경제 지표로는 쉽게 설명되지 않는다. 또한 국내 경제에 있어서는 여러 개의 경제 시스템들이 함께 병렬하여 존재하기 때문에 문제는 더더욱 복잡해진다. 해외 무역 통계에 기반한 북한의 해외 무역 상의 쇠퇴는 추산하기가 어렵다. 중국과의 상당한 수준의 무역(공식 무역 그리고 국경에서 이루어지는 비공식적인 무역 모두)은 보고되지 않으며, 일부 무기 판매 내역(군수 경제의 일부)은 외부로 드러나지 않는다.

모든 관찰자들에게 명백한 점은 북한의 기반시설이 무너져 내리고 있다는 점이다. 노동자들은 태만하며, 공장들은 문을 닫았고, 전기 공급은 산발적이며, 기차와 선로들은 망가진 상태이다. 또한 도로에 있는 적은 수의 교통수단들도 그 중 외곽에 있는 교통수단 중 일부는 휘발유 부족으로 인해 석탄을 사용하여 작동하는 방식으로 변환되었다. 북한의 경제 문제들을 보여주는 가장 비극적인 지표는 북한 주민에게 널리 퍼져 있는 굶주림과 기아이다. 이는 수년간의 잘못된 경제관리, 그리고 북한의 사회주의(혹은 구사회주의) 무역 파트너들의 경제 원조 감축으로 인해 발생한 직접적인 결과이다. 이러한 상황은 1995년부터 이어진 좋지 않은 날씨 여건으로 인해 더욱 심화되었다. 이에 대한 정부의 대응은 완전히 부적절했다. 북한 정부는 해당 상황을 부정하였으며, 인민들에게 허리띠를 졸라매도록 명령하였다. 평양은 또한 해외 원조 기관들이 식량 배급을 감시할 수 있도록 허가하는 것을 주저했으며, 이는 기부자들의 열의를 약화시켰다. 1990년대 초반에는 "하루 두 끼 먹기" 캠페인이 출범하였다. 1990년대 말에 이르러서는, 하루에 두 끼를 먹는 것조차 많은 북한 주민들에게 있어 불가능한 꿈이 되었다.

주체 경제

북한의 경제는 주체사상 원칙의 교시를 따라야 할 대상인데, 이는 이 원칙들이 지켜지지 않는 것이 더 나을 때조차도 그러하다. 조선민주주의인민공화국 헌법에서 말하는 바에 따르면, 이러한 원칙들은 김일성에 의해 만들어졌으며, 의심할 여지가 없는 교리로서의 지위를 유지하고 있다. 1998년의 개정헌법 제20조에는 "조선민주주의인민공화국에서 생산수단은 오직 국가와 사회협동단체가 소유한다."라는 근본 원칙이 규정되어 있다. 모든 생산 설비들과 상업적 기업들은 국가의 소유이다. 대부분의 농장들은 아직도 당의 엄격한 지시 하에 협동농장(collectives) 체계로 운영되고 있다. 그러나 만약 김일성의 소망에 따라 "농촌의 문제"가 마침내 해소된다면, 이러한 협동농장들은 노동자-농민들이 집단 노동의 결과인 수확물 일부를 배분받는 대신 국가의 급료를 받는 체제인 국영농장(state farms) 체제로 전환될 것이다. 이러한 전환은 헌법 제23조에 의해 뒷받침된다. "국가는… 사회주의적 협동경리제도를 공고 발전시키며 협동단체에 들어있는 전체 성원들의 자원적 의사에 따라 협동단체소유를 점차 전 인민적 소유로 전환시킨다." 여기서 어떠한 변화가 자원적(자발적)일 것이라는 규정에 과도한 의미가 부여되어서는 안 된다. 협동단체들이 현재 국가에 의해 통제되고 있기 때문에, 국가 소유로의 전환은 농업의 생산성이나 농장 근로자들의 삶에 있어 실질적인 영향을 거의 끼치지 않을 것이다. 그러나 이러한 변화가 농민과 그들의 토지 사이의 결합을 끊어 놓을 것이기 때문에 원칙상으로 보았을 때는 중요할 것이다. 국가 또는 협동단체가 생산수단을 소유하는 것에 대한 법적이고 정치적으로 받아들여질 수 있는 유일한 대안은 개인적인 소비와 지역 시장에서의 판매를 위한 작은 텃밭뿐이다. 1998년 개정헌법의 제22조는 집단 농장들을 국유화한다는 궁극적인 목표를 다시 한번 강조하면서, 텃밭 구역의 생산물 외에도 "다른 합법적인 경제활동으로 인한 수익 또한 사적 소유물에 속한다."는 조항을 추가하였다. 역주: 제22조의 내용은 다음과 같다. "사회협동단체소유는 해당 단체에 들어있는 근로자들의 집단적 소유이다. 토지, 농기계, 배, 중소공장, 기업소 같은 것은 사회협동단체가 소유할 수 있다. 국가는 사회협동단체소유를 보호한다." 그럼에도 불구하고, 사적 소유물에 대한 이러한 법적 권리가 언론, 집회, 시위, 결사의 자유와 같이 북한의 헌법이 보장하는 다른 인권들보다 더 잘 지켜질 거라 믿기는 어려운 일이다. 역주: 북한헌법 제67조 "공민은 언론, 출판, 집회, 시위와 결사의 자유를 가진다." 등과 같이 북한헌법에서도 명시적으로 인권을 보장하고 있다.

두 번째 북한경제의 기초적 경제 원칙은 중앙계획경제이다. "국가는 계획의 일원화, 세부화를 실현하여 생산장성의 높은 속도와 인민경제의 균형적 발전을 보장한다."(34조) 역주: 북한헌법 제34조의 내용은 다음과 같다. "조선민주주의인민공화국의 인민경제는 계획경제이다. 국가는 사회주의경제발전법칙에 따라 축적과 소비의 균형을 옳게 잡으며 경제건설을 다그치고 인민생활을 끊임없이 높이며 국방력을 강화할 수 있도록 인민경제발전계획을 세우고 실행한다. 국가는 계획의 일원화, 세부화를 실현하여 생산장성의 높은 속도와 인민경제의 균형적 발전을 보장한다." 실제로는 군대가 가용한 자원들에 대한 우선권을 지니고 있으며, 반면 소비재의 생산은 가장 마지막 순위에 놓여 있다. 1990년대에 국가 경제가 위축되면서 심지어 군대에도 그 영향이 미치게 되었다. 하지만 이러한 암울한 경제 결과 조차도 북한 정부가 주창하는 계획경제의 실효성에 대한 공적 신념을 흔들 수는 없었다.

세 번째 경제 원칙은 주체사상으로부터 유래된 자립경제 원칙이다. 1992년 헌법 개정에서부터 주체사상은 경제부문 첫 번째 조항(19조)에 "조선민주주의인민공화국은 사회주의적 생산관계와 자립민족경제의 토대에 의거한다."라고 위치하게 되었다. 주체사상과 궤를 맞추어, 북한의 대외무역은 오직 GNP의 약 10퍼센트 가량을 차지하는 데에 그치며, 이는 대부분의 다른 경제 체제에 비해 매우 낮은 수치이다. 남한은 GNP의 50퍼센트 이상을 무역을 통해 얻는다. 평양이 경제에서의 주체사상을 강조하는 이유 중 하나는 해외 무역에 매우 의존적인 남한과 비교하였을 때 북한이야말로 진정한 독립 국가임을 과시하기 위한 것이다. 그러나 실제로는 주체 원칙을 위반하면서 북한 경제는 항상 다른 사회주의 국가의 원조, 그리고 그들과의 무역에 의존해 왔다. 1993년 북한이 (오해의 소지가 있는 명칭인) "무역 우선(trade first)" 경제 정책으로 돌아섰을 때에도, 주체사상은 여전히 떠받들어졌다. 당시 김정일은 해외 무역에 참여하는 것은 주체사상을 무력화하는 것이 아니라 주체 정책을 오히려 강화한다라며 특유의 모호한 말로 이를 주장했다.

국가가 생산수단을 소유하고, 생산량에 관계없이 노동자들에게 고정된 임금을 지불한다면, 노동자의 동기부여 수준은 사회주의 정신의 "전체를 위한 하나, 하나를 위한 전체"에 머물러 있을 수밖에 없다. 이러한 사회주의 정신은 노동자들에게 동기 부여가 약하기로 악명 높다. 북한 엘리트들은 물질적인 인센티브(엘리트들 바로 자신이 추구하는 것) 없이 대중에게 동기를 부여하기 위해 노력해 왔다. 몇몇 업무 책임성과 집단 이익에 대한 계획들이 지역 단위로 시행되었으며, 집단 농장에서 근무하는 노동 집단의 크기가 감소되었다. 그러나 해당되는 일부 지역들을 제외한 대부분의 구역에서, 김정일 정권은 대중적 동기부여 캠페인을 통해 노동자들의 의욕을 증진시키려 노력해 왔다. 1958년의 천리마 운동이 이에 해당하는 첫 번째 캠페인으로, 이는 소련의 스타하노프 운동 그리고 중국의 대약진 운동으로부터 영향을 받은 것이다.[2] 김정일의 "속도전"은 몇 주의 짧은 기간부터 "90년대의 속도"를 비롯한 10년 단위까지 이어졌다. 1998년 북한 정부는 물질적 자원의 부족으로 "신 천리마 운동"을 시행하였다. 이는 "불가능을 가능으로 만들고, 현재의 어려운 상황에서 기적을 이루자"는 정신을 기조로 한다.[3] 노동 현장을 방문한 정치 관료들은 북을 치며 노동자들을 선동했다.[4]

연간 계획들

조선민주주의인민공화국의 경제 발달의 역사는 초기의 성공, 실패로 가는 점진적인 쇠퇴, 그리고 1990년대 초 사회주의 무역 관계라는 생명 유지장치의 단절로 인한 급속한 몰락의 패턴으로 기술된다. 북한이 초기에 급속한 성장을 경험했다는 사실은 북한 지도자들에게 주체 사회주의에 대한 잘못된 자신감을 불러일으켰다.

제2차 세계대전 후 미국과 소련 군대에 의해 한국이 해방되었을 때,

---

2 천리마는 하루에 1,000리(400킬로미터)를 달릴 수 있는 한국의 전설적인 말이다. 1930년대로 거슬러 올라가는 소련의 스타하노프 운동은 영웅적인 위업을 이루었다는 러시아의 광부인 알렉세이 스타하노프(Aleksei Stakhanov)의 이름을 딴 것이다.

3 다음과 같은 제목의 KCNA 보고서. "Korea Is Creating a 'New Chollima Speed, the Speed of Forced March," June 2, 1998

4 Yong-song Kim, "An Account of My Personal Experience as a Battalion Commander of a Building Workers' Shock Regiment for the Construction of Kwangbok Boulevard," *Wolgan Choson*, November 1994, pp. 37-44, translated by Foreign Broadcast Information Service, *Daily Report: East Asia*, 95-009, January 13, 1993 and entitled "Defector Describes North Construction Industry." (이하 FBIS, *East Asia*로 표기)

북한은 한반도 채굴 생산량 중 76퍼센트, 전력 생산량의 92퍼센트, 그리고 중공업 시설의 80퍼센트를 소유하고 있었다.[5] 그러나 한반도 남쪽은 쌀 생산량 대부분을 차지하고 있었다. 이러한 차이점은 기후적-지형적 차이점(남쪽에 비해 북쪽은 더 추운 기후를 갖고 있고 산세가 험준하다), 그리고 35년간 시행되었던 일본의 식민지 개발 정책(한국을 독립적인 경제적 개체로 보지 않고, 다만 일본 본토를 위한 자원 착취 대상으로 보았던)에서 기인한 것이다. 한반도 북쪽은 대중 동원과 강력한 조직과 교시를 사용하는 스탈린식 방식들을 적용하기에 더 적합하였다. 1946년, 아직 북한이 자신들을 국가로 선언하기도 이전에, 당국은 땅이 없는 소작농들에게 백만 헥타르의 농토를 배분하였고, 산업 국유화의 과정을 시작하였다.

〈도표 3-1〉에서 보듯 1947년에는 소련식의 일련의 경제 계획들 중 첫 번째가 시행되었다.[6] 1946-47년 계획의 목적은 주요 산업을 국영화하는 것이었으며, 이 과정은 1948-49년 계획으로 이어졌다. 산업 생산량은 전쟁 직후 낮은 상태에서 시작하여 이 두 시기를 거치면서 각각 54퍼센트, 38퍼센트 증가하였다고 보고되었다. 1949-50년의 2개년 계획을 통해 산업 기관들을 합병하였고 생산성을 급증시켰다. 이를 통해 조선민주주의인민공화국(DPRK)은 산업 발전 분야에 있어 대한민국

---

[5] 북한경제사에 대한 잘 구성된 개관으로는 다음을 참조. Doowon Lee, "North Korean Economic Reform: Past Efforts and Future Prospects," in John McMillan and Barry Naughton, eds., *Reforming Asian Socialism: The Growth of Market Institutions* (University of Michigan Press, 1996), pp. 317-36.

[6] 그림 3-1에 실린 조직 및 정보와 그 다음에 이어지는 논의들은 다음 문헌에 기반하고 있다. Lee, "North Korean Economic Reform."

(ROK)을 훨씬 앞지를 수 있었다. 김일성은 조직화되고 근면한 북한 주민들이 내전에서 남한을 이길 수 있는 수단들을 갖추고 있다고 믿었으며, 결국 그는 1950년 6월 25일 내전을 일으켰다.

<도표 3-1> 북한의 경제발전계획

계획	목표와 사건	결과(DPRK 통계)
1개년 계획 (1947, 1948)	주요산업의 국유화 기초 필요품의 생산량 증가	산업생산: 1946-47: 54% 증가 1947-48: 38& 증가
2개년 계획 (1949-1950)	경제기반의 공고화	산업생산: 1946년 수준보다 3.4배 증가
3개년 계획 (1954-1956)	기초 필요품의 생산 주체의 도입 국유화와 집체농장	산업생산: 연간 성장률: 41.5%
5개년 계획 (1957-1961)	국유화 완수 기초 필요품의 생산 천리마 운동 청산리, 태안 체제	산업생산: 연간 성장률: 36.6% 산업과 농장의 국유화
1차 7개년 계획 (1961-1967) (1970년까지 연장)	중공업에 대한 강조의 지속 군사력 개발강화 주체에 대한 보다 많은 강조	산업생산: 연간 성장률: 13% 병목현상 출현 통계수치 발표 중지
6개년 계획 (1971-1976) (1978년까지 연장)	기술 개선 경공업 개선 외국공장 구매 3대혁명소조운동 속도전	산업생산: 연간 성장률: 16.3% 부채에 대한 채무불이행
2차 7개년 계획 (1978-1984) (1986년까지 연장)	절약/보존 계획 8.3인민소비품창조운동 독립채산제 합영법 1980년대 10대 주요 목표	산업생산: 연간 성장률: 12.1%

3차 7개년 계획 (1987-1993) (1995년까지 연장)	1980년대 10대 주요 목표 경제특구 개방 더 많은 합영법의 통과 사회주의 무역관계의 종결	산업생산: 연간 성장률: 12.2% 1993년 계획실패 인정 많은 부문에서 부족발생 1990년부터 GNP감소 시작

출처: Doowon Lee, "North Korean Economic Reform: Past Efforts and Future Prospects," in John McMillan and Barry Naughton, eds., *Reforming Asian Socialism: The Growth of Market Institutions* (University of Michigan Press, 1996), pp. 317-36.

김일성의 전쟁 계획은 실패로 종지부를 찍었다. 전쟁 발발 후 석 달을 넘지 않아, 더글라스 맥아더(Douglas MacArthur) 장군이 이끄는 (UN의 기치를 내걸었던) 미국 함대는 북한에서 내려온 침략자들을 격퇴하였으며, 중국의 역공격이 있기 전까지 북한군은 점점 중국 국경으로 밀려가고 있었다. 한국전쟁 중 미국의 폭탄 투하는 북한의 기반 시설들에 큰 피해를 입혔으며, 30만 명의 북한 인구가 전투 중 사망하였다. 이러한 인구 감소는 북한의 노동 공급을 어렵게 만들었다. 1953년 7월에 휴전협정이 체결된 후, 소련과 동유럽 우방국들은 북한에 자본과 기술 원조를 제공하였고, 또한 중국에서 온 "지원병"들이 인력을 제공하였다. 덕분에 북한의 경제는 1954-56년의 3개년 계획 이후 경제적 손실을 회복할 수 있었다. 3개년 계획이 끝날 즈음, 북한의 산업 생산량은 전쟁 이전의 수준을 상회하고 있었다.

김일성이 북한의 정책과 문화를 이끄는 지도원칙으로서 주체사상을 제시힌 때로부터 일 년이 지난 1956년, 경제 분야에도 주체사상이 적용되기 시작했으며, 이에 따라 경제적 자력갱생이 장기적 목표로서 설정되었다. 독립적인 경제체제의 기반을 구축하기 위해 중공업의 최대한 빠른 발전이 중시되었다. 국가적 자립이라는 주체사상의 원칙과 궤를 맞추어, 김일성은 또한 소련에 의해 통제되는 상호경제원조협의회(CMEA)에 가입하지 않기로 결정하였는데, 이는 심지어 소련과 그 우방이 조선민주주의인민공화국의 주요 무역 파트너였음에도 그러했다.

한때 일본인과 한국인 지주들의 농지를 재분배하는 1946년의 정책을 반겼던 북한 소작농들은 1954년 시작된 협동화 과정의 일환으로 다시 그들의 농지를 빼앗겼다. 협동농장은 본래 약 130헥타르의 토지에서 80가구가 일하는 형태로 구성되었으나, 이후 그 크기는 인접한 마을에 거주하는 주민들을 포함한 평균 300가구의 사람들이 약 500헥타르의 토지에서 일하는 형태로 확장되었다.[7] "인민"의 이름 하에 새로운 협동농장들을 운영했던 당 간부들이 새로운 지주가 되었다. 각 가구들은 작은 텃밭 구획(초기에는 최대 160제곱미터였으나 이후 100제곱미터로 축소됨)을 경작하는 것을 허가받았다. 그러나 그 작은 구획을 제외하고는 농민들은 토지에 전혀 얽매여 있지 못했는데, 이는 이들이 협동농장 내에서 어느 곳이든 인력이 필요한 곳에서 일해야 했기 때문이다.

이후의 경제 계획(1957-1961)이 시행되던 초기 무렵, 남아있는 산업들의 국유화와 토지의 협동화가 완료되었다. 조선민주주의인민공화국의 우방으로부터 오는 해외 원조가 감소하기 시작했고, 중국의 마지막 군인-노동자들이 1959년 본국으로 돌아갔다. 당시 상황에서 더 많은 생산을 짜내기 위해 '천리마'의 기치 아래 1957년 전국적인 인력 동원이

---

7 Joseph S. Chung, "The Economy," in Andrea Matles Savada, ed., *North Korea: A Country Study* (Washington: Federal Research Division, Library of Congress, 1994), pp. 103-64, see pp. 139-40.

시행되었다. 노동자의 동기를 보다 끌어올리기 위해 속도전이 계획되었으며 이는 지금까지도 행해지고 있다. 그 결과는 예측 가능하다. 즉, 단기간의 양적 증가를 얻으나, 그 대가로 품질이 낮아지고, 자원이 속도전의 목적이 되는 분야로 집중되면서 경제가 왜곡되며, 결국에는 사람들의 기력 소진으로 이어진다. 처음에 이러한 경제적 이익은 수단을 정당화하는 것처럼 보였다. 북한의 경제가 매우 강력하게 앞으로 나아가면서 5개년 계획의 목표가 4년 만에 달성된 것으로 보고되었고, 연간 산업 성장률은 36.6퍼센트에 달했다.[8] 한국전쟁 후 6년간 이루어낸 성과들을 돌아보며, 김일성은 그의 경제적 리더십을 자랑스러워하고, 미래에는 그보다도 더 큰 발전을 이룩할 수 있을 것이라 생각했을 수 있다. 그러나 그가 인식하지 못한 것은 경제 발전의 초기 단계에서는 매우 잘 작동했던 국유화와 집단화, 중앙계획, 대중 동원의 경제 정책들이 그 효용성에 있어서 빠르게 한계에 도달했다는 점이다. 식민지적 봉건제의 거대한 나무가 쓰러졌고 통나무가 잘렸지만, 아직 남아 있는 목공일은 초급적인 교육만을 수료한 병사가 수행할 수 있는 것보다 더 능숙한 방식의 경제 관리를 필요로 했다.

첫 7개년 계획(1961-1967) 동안 김일성은 중공업과 인력 동원을 강조하는 정책을 지속하였다. 그러나 동원할 수 있는 노동력은 거의 소진되었으며, 또한 자원이 한계에 다다름에 따라 개간 가능한 토지, 숙련된 인력, 에너지, 운송수단, 광물의 부족으로 병목현상(bottlenecks)이 나타나기 시작했다. 이러한 장애물은 계획경제 체제에 있어 매우 전형적

---

8   Lee, "North Korean Economic Reform," p.8.

인 양상이다. 이는 생산을 다양화하고, 수요와 공급을 맞추기 위해 단일 경제 계획에 의존하기보다는 이를 시장에 맡기며, 생산성을 증대하기 위한 수단으로서 기술에 집중해야 하는 시기가 도래했음을 경고하는 것이다. 그러나 김일성은 경제 계획에 변화를 주어야 한다고 말할 의지가 있거나 혹은 말할 수 있는 경제학자가 곁에 없었다. 더욱이 북한 경제는 또한 퇴역 군인이었던 박정희의 통치 아래 강화되고 있는 남한의 군사적 힘, 그리고 월남전 참전을 위해 아시아에 투입된 미국 군대들로 인한 이중 위협을 상쇄하기 위해 이전에 비해 더 많은 자원을 군사 분야에 투입함에 따라 더욱 어려움을 겪었다. 1960년대 초반 이후 조선민주주의인민공화국은 전년도와 대비하여 증가한 퍼센트를 제외하고는 경제 통계를 발표하지 않기 시작했다. 덧붙여, 7개년 계획이 성공적인 결과를 얻었다는 공식적인 발표에도 불구하고, 북한 정부는 7개년 계획을 1970년까지 연장시켰으며, 이는 일부 경제 목표가 계획 기간 동안 성취되지 않았음을 의미한 것으로 볼 수 있다. 산업 생산량은 연평균 13퍼센트가 증가하였다고 공식적으로 보고되었으며, 이 수치는 계획 기간 후반부로 갈수록 점차 감소하였다.[9]

    1971년 시작된 6개년 계획(경제 계획들의 기간은 각각 달랐으며, 북한의 주요 경제 후원국인 소련의 경제 계획과 차이를 보였다)은 경공업, 기술의 현대화, 원재료들의 자립, 상품 품질 향상, 그리고 1960년대의 경제적 병목현상 극복에 보다 많은 관심을 집중했다. 북한 대표단

---

9   Sang-In Jun, "A Maker of vs. a Victim of History: A Comparative-Historical Study of Economic Reforms and Developments in Vietnam and North Korea," *Korean Journal of National Unification*, special ed., 1993, pp. 59-96, see p. 73.

(김일성을 제외한)이 1972년 서울을 방문했을 때, 그들은 자본주의 체제 하에서 나타난 남한의 경제 발전을 목격하였다. 국내기술에 내재되어 있는 한계를 인식하며 조선민주주의인민공화국은 5천만 달러의 가치를 지닌 산업 공장들을 구매하였으며, 이는 대부분 일본에서 수입한 것이었다.

이 시점에서 북한의 경제 정책 입안자들에게 불운이 닥쳤다. 1973년 첫 오일 쇼크는 국제 유가를 급등시켰다. 그럼에도 불구하고 북한의 오일 대부분이 소련과 중국으로부터 "우호(friendship)"적 맥락에서 수입되었음을 고려하면, 오일 쇼크에 대한 완충 작용이 존재하였음을 알 수 있다. 그러나 국제 오일 쇼크는 조선민주주의인민공화국이 수출하는 광물의 가격을 낮추었다. 북한은 1974년도부터 채무 불이행 상태에 처해 있었고, 이에 따라 서구 기술의 수입을 중지하였다. 1970년대 말에 이르러 북한 주민들은 채무 상환을 위해 강화된 노동을 강요받았다. 1985년 북한의 채무 상환 대부분이 중단되었으며, 당시의 해외 부채는 52억 달러에 달했다. 1986년에는 여러 서구 금융기관들이 북한의 채무 불이행을 선언했다. 1990년에 이르러 17개국으로부터의 100개 채권 은행이 북한에 대한 소송을 제기하였다. 1997년에는 추산된 바에 따르면 부채는 약 119억 달러까지 증가하였으며, 그 중 45억 5000만 달러는 일본, 독일, 프랑스, 그리고 다른 서구 국가들에게 빚진 것이었고, 73억 5000만 달러는 러시아에게 빚진 것이었다.[10] 1970년대 내내 북한의 자원은 지속적으로 중공업에 투자되었으며, 소련의 원조 그리고 자

---

10 Yonhap News Agency, April 26, 1999.

본주의 경제로부터의 기술 구매를 제외하고는 여전히 경제 전 분야에서 자력갱생이 추진되었다. 군비 지출 또한 여전히 높은 수준으로 유지되고 있었다.

침체되어 있는 사회주의 경제에 새로운 활기를 불어넣기 위해, 김정일은 삼대혁명소조운동(三大革命小組運動)을 개진하였다. 이는 그의 첫 번째 주요 사업이었다. 젊은 당원으로 이루어진 삼대혁명소조운동팀이 전국의 농장과 공장들을 방문하였으며, 관료주의와 싸우고, 혁신을 장려하며, 공산주의적 열정을 주입시킬 수 있는 기술적, 사상적, 그리고 문화적 아이디어들을 전파했다. 이는 경제적인 홍위병 운동이라 할 수 있다. 삼대혁명소조운동팀은 또한 김정일의 영향력을 나라 구석구석 전파하여, 차후의 승계를 위한 발판을 마련했다. 김정일의 "대담한 생각"은 또한 새로운 속도전으로 이어졌다. 그의 첫 번째 속도전은 70일간 지속되었는데, 이러한 속도전들은 노동자들의 기력을 소진시켰을 뿐 장기적 경제 성장에는 큰 영향을 미치지 못했다. 김정일은 이를 통해 경제적으로 기여하였다기 보다는 사상적인 기여를 하였다고 볼 수 있다. 결과적으로, 6개년 계획의 비교적 높지 않은 목표들조차 성취되지 못했다. 당국은 본래 계획되었던 기간보다 1년 이상 이른 시기에 해당 계획의 성취를 선언하였으나(연 성장률 16.3%), 그 이후의 경제 계획은 1978년까지 시작되지 않았다. 이는 경제 정책의 목표달성을 위해 북한의 경제 정책에서 이제 익숙하게 보이는 소위 '적응 기간'이 요구되었음을 보여준다.

1978년-1984년 동안의 두 번째 7개년 계획은 북한의 흥망을 좌우하는 계획이었다. 이전 두 차례 연속된 계획 기간 동안 자원은 정체되었고, 기술은 시대에 뒤처지게 되었으며, 노동 의욕 또한 낮은 상태로 지속되었다. 김일성 그리고 김정일의 선택은 절박했다. 즉, 경제 정책들을 급진적으로 바꾸거나, 아니면 자립적 사회주의에 내재된 모순들을 안고 살 방법을 찾아야 했다. 두 지도자들(아마 당시 김정일이 대부분의 결정을 내렸을 것이다)은 경제적 주체사상을 유지하기로 결정했다. 이에 따라, 새로운 7개년 계획의 주제 중 하나는 절약이 되었다. 이는 더 적은 자원으로 더 많은 일을 하는 것을 의미했다. 김정일의 8·3 인민소비품창조운동(人民消費品生產運動)역주: 8·3 인민소비품창조운동은 북한이 생활필수품 부족을 타개하기 위해 진행시킨 소비품 생산증대운동이다. 즉, 각 기업, 가정에 조직된 '생활필수품 직장·작업반', '가내작업반'에서 기업의 부산물, 폐기물, 지방 차원에서 모은 유휴원료·자재를 이용해 소비품을 생산하는 것이다. 에서 구현된 이 목표는 북한의 삶에 있어 영구적으로 행해지는 고정물이 되었다. 1990년대 초의 홍보 슬로건인 "하루에 두 끼 먹기"에서 이러한 성향은 가장 비참한 방식으로 드러난다. 1990년대가 끝나갈 즈음에 이르러서는 아주 적은 자원만이 남았고, 김정일은 사람들에게 그들의 "내부 예비역량"에 의지하도록 하소연하였다.[11]

1980년 김일성은 "1980년대의 사회주의 건설을 위한 열 가지 주요 목표"를 달성하기 위한 웅대한 계획을 제안했다. 이는 특히 두 번째 7개년 계획의 목표를 갱신하는 데에 집중된 것으로, 전력 생산, 석탄·철·시멘트·광물 생산, 곡물 수확, 직물 생산, 그리고 개펄 개간이 주요 목표였다. 조선민주주의인민공화국의 정치적 동기와 국가적 자부심을 경

---

11 Chon Kyong-no, "An Important Question in Tapping Inner Reserves," *Minju Choson*, June 17, 1997, p. 3.

제 지표로 간주하여, 정치적으로는 의미 있을 수 있으나 경제적 가치는 미미한 여러 대단위 프로젝트들에 투자하였다. 여러 "자연 개조" 프로젝트들이 시행되었다. 그 중 가장 규모가 컸던 프로젝트는 서해 댐을 건설하여 개펄을 간척하는 프로젝트에 40억 달러를 투자한 것이었다. 반면, 1989년 8월 평양에서 개최된 사회주의 체육 행사인 제13차 세계 청년학생축전사업은 비록 훨씬 작은 경제적 중요도를 가졌음에도, 이를 위해 45억 달러가 투자된 것으로 추정된다.[12] 김일성의 생일 때마다 호화스러운 축하 행사들이 매년 개최되었고, 그의 업적을 기리는 거대한 기념비가 나라 방방곡곡에 세워졌는데, 특히 그의 60세(1972), 70세(1982) 생일 때 더욱 그러했다.

1978-1984 계획의 마지막 시기에 두 가지 경제 조정이 이루어졌다. 독립채산제(獨立採算制)는 지방 국영 기업들에 더 많은 책임을 부과하였다. 1983년 『로동신문』의 "사람들의 삶의 기준을 향상시킬 획기적 전환점을 만들자"는 제목의 논설은, 사람들의 삶의 질을 향상시켜 더 많은 지지를 얻고자 했던 김정일의 캠페인이 시작되었음을 보여준다. 당은 1978-84년 계획의 목표가 기간 내에 성취되었다고 발표하였으나(연성장률 12.1%), 이 계획의 완료에 대한 축하는 거의 없었고 다음 계획의 시작은 1987년까지 미루어졌다.[13]

그 이후의 7개년 계획(1987-93)은 김일성의 1980년대 주요 열 가지 목표를 완수하는 데에 중점을 두었다. 새로운 기술의 발달, 해외 무역

---

12 20,000 명의 방문자가 참석한 이 축제의 비용에 대한 추정은 다음 문헌에서 나왔음. "Analysis: Summing Up— 1989," *Vantage Point*, vol. 12, (December 1989), p. 12

13 Lee, "North Korean Economic Reform," p. 8.

과 투자에 더 많은 방점이 찍혔다(1991년 자유경제무역지대(自由經濟貿易地帶)가 열렸고, 1984년에 만들어진 본래의 합영법(合營法)을 보완하기 위한 새로운 합영법이 1992년에 통과되었다). 그러나 소련과 동유럽에서의 사회주의 경제의 급격한 변화, 그리고 중국의 "사회주의 시장경제"로의 점진적인 변화로 인해 사회주의 국가와의 무역 그리고 원조가 감소하였고, 이로 인해 북한은 경제 계획의 '10대 전망 목표'를 달성할 가능성을 상실하였다. 1990년 이후 북한의 경제는 위축되기 시작했다. 이에 1993년 12월의 조선로동당 중앙 위원회 총회에서 공식 성명이 발표되었다. 총회는 당시 상황을 최대한 직시하려 하면서, 다음과 같이 전례 없이 실패를 인정하였다. "3차 7개년 계획에서의 전력, 철, 그리고 화학섬유를 비롯한 일부 주요 분야 목표들과 산업 생산량 목표가 달성되지 못하였다. 이는 국제적인 사건들과 국내에서의 극심한 상황으로 인한 것이다. 그럼에도 불구하고, 사회주의 건설의 모든 분야에서 새로운 위대한 발전이 이루어졌다."[14]

목표달성에 실패했다고 발표되지 않은 분야였지만 농업, 경공업, 국제무역에 집중하기 위해 "2-3년 간"의 조정 기간이 설정되었다. 당국의 공식 성명은 경제 전략에 있어 어떠한 변화가 있는지에 대한 어떠한 암시도 제공하지 않는다. 성명에 따르면 "[3차 7개년 계획의] 이러한 눈부신 업적들은, 제국주의자들의 경제적 봉쇄 그리고 국제 상황의 변동이 우리의 강력하고 우월한 사회주의 시스템에 영향을 끼칠 수 없다는 것

---

14 "Communiqué of Plenary Meeting of C.C., WPK on Fulfillment of Third Seven-Year Plan," KCNA broadcast of December 9, 1993; transcribed by FBIS, *East Asia*, 93-235, December 9, 1993, and entitled "KCNA Summarizes Communiqué," pp. 19-22, quotation on p. 19.

을 보여준다. 또한 이는 독립적인 근간 위에 계획된 형태로 발전하는 우리의 사회주의 경제가 강인한 생명력을 갖고 있음을 보여주는 분명한 증거이다."[15]

1994년 김일성의 사망과 함께, 3차 7개년 계획 그리고 1980년대의 10대 주요 목표들은 북한 경제의 붕괴를 막기 위한 투쟁의 과정 속에서 망각되어 갔다. 1998년 11월, "자립적인 국가 경제를 이룩해 낸다는 노선을 끝까지 고수하자"라는 『로동신문』과 『근로자』의 연합 논평이 발표되기 이전까지는 중요한 경제 성명은 발표되지 않았다.[16] 해당 논설은 다음과 같이 국제 상황에 대한 통상적인 북한의 시각으로 글의 시작을 알린다. "오늘날 아시아와 세계 여러 지역의 경제 위기는 더욱 악화되고 있다. 경제적 혼돈이 심해지면서 사람들은 제국주의자들이 강요하는 규칙과 예속을 점차 거부하기 시작하고 있으며 동시에 경제적인 자립을 요구하고 있다. 이는 자립적 국가 경제를 수립한다는 우리 당의 노선이 옳음을 보여주는 명백한 증거이다."

그런 다음 해당 논평은 조선민주주의인민공화국의 1960년대 경제 정책들로의 복귀, 즉 중공업과 군수산업 우선주의로 돌아갈 것을 요구한다. 북한 경제 문제들의 원인은 다음과 같이 외부책임으로 돌려진다. "사회주의적 자립경제의 우월함은 항상 완벽하다. 경제적 어려움은 우리 경제의 자립성의 문제에서 결코 기인하지 않는다." 이 논평은 8월 22일자—10차 최고인민회의 소집으로부터 2주 전—『로동신문』 논설에 소개된 사상을 뒷받침한다. 이 사상은 북한을 군사적으로 강하고 경제적

---

15 "Communiqué of Plenary Meeting of C.C.," p. 21.

16 "Let Us Adhere to the Line on Building a Self-Reliant National Economy to the End."

으로 융성한 국가(강성대국)로 만들자는 것이었다. 최고인민회의는 새로운 헌법을 비준하였는데, 거기에는 경제에 대한 국가 통제를 완화하는 것에 대한 아주 작은 암시만을 담고 있었다.

1999년 4월 10기 최고인민회의의 두 번째 회기가 진행되었을 때, 재무상은 1998년의 예산 집행 결과와 1999년 예산안을 발표하였다. 이는 1994년 이후 처음으로 공식 석상에 언급된 예산 분야 발언이었다.[17] 1999년 예산안은 1994년 예산의 50퍼센트 이하로 책정되었다. 최고인민회의 두 번째 회기에서 "인민경제계획법(人民經濟計劃法)"이 또한 공포되었다. 해당 법에 따르면, 모든 조직과 개인은 국가에 의해 지시받은 경제 계획을 성사시키기 위해 노력할 의무가 있다. 반면 국가의 계획자들은 계획을 수립할 때 "실제 조건"을 고려하도록 권장되었다.[18] 인민경제계획법과 발표된 예산안 모두 이전의 다년 계획에서 특정했던 것과 같은 눈에 띄는 경제 목표를 제시하지는 않았다.

요약하자면, 경제 실패에 대한 북한의 반응은 본질적으로는 주로 정치적인 속성을 띠고 있다. 해외 정부들(특히 미국)을 경제 제재조치를 통해 북한 경제를 벼랑 끝으로 내몬 주범으로서 지목하고 있다. 또한

17　"SPA Approves New State Budget, Focuses on National Defense, Economic Construction," *The People's Korea*, no. 1840 (April 14, 1999), pp. 1, 3.

18　법조문은 다음을 참조. *The People's Korea*, no. 1840 (April 21, 1999), pp. 2-3. 일부 발췌 부분은 다음과 같다. 제3조: "국가의 중앙집권적 통일적 지도 밑에 인민경제를 관리 운용하는 것은 조선민주주의인민공화국의 일관된 정책이다." 제25조: "기관, 기업소, 단체는 인민경제계획을 제 때에 해당기관에 등록하여야 한다. 인민경제계획을 능복하지 않고는 로력과 설비, 자재, 대금을 받을 수 없다." 제27조: "인민경제계획은 법적과제이며 그것을 정확히 실행하는 것은 기관, 기업소, 단체에 있어서 의무적이다." 제48조: "이 법을 어겨 인민경제계획사업에 엄중한 결과를 일으킨 기관, 기업소, 단체의 책임있는 일군과 개별적 공민에게는 정상에 따라 행정적 또는 형사적 책임을 지운다."

나쁜 기후가 농경 실패의 원인으로 지목된다. 가중된 경제적 궁핍을 인내하도록 돕고, 대안 경제체제를 생각하는 것을 막기 위해 주민들에 대한 사상 교화는 점점 더 강화되고 있다.

생활 수준

비록 북한이 다른 대부분의 자본주의 사회들보다 더 평등주의적인 사회임에도 불구하고, 정치 계급 간의 삶의 질에 있어서의 격차는 존재하며, 보고된 바에 따르면 이러한 격차는 1970년대 이후로 계속 증가하고 있다.[19] 사회주의 복지 국가에서 대부분의 개인의 물질적 필요는 원칙상 국가에 의해 충족된다.[20]

북한의 임금은 북한 화폐인 원으로 지급되며, 이는 공식적으로 달러당 2.1원의 환율을 갖고 있다. 그러나 1990년대 말 암시장에서 환율은 달러당 200원까지 치솟았다. 부유층과 극빈층 간의 수입 격차는 다섯 배로 상대적으로 평등한 편이었다. 1990년대 주요 경제가 붕괴하면서, 원으로 지급되는 공식적 임금은 가치를 잃었고, 국영 상점들은 어떤 가

---

19 1996년 탈북한 북한 언론인 D-16으로부터의 정보

20 북한에서의 일상생활에 대한 정보는 구하기가 쉽지 않다. 북한에 대한 방문자들은 "꾸며지지 않은" 삶을 보는 것이 거의 허락되지 않는다. 유일한 최상의 정보 출처는 그것으로부터의 증언이다. 북한의 삶의 기준에 대한 정보는 대부분 남한 정부에 의해 수집된 다음의 출처들에서 주로 나왔다. 황의각, 『북한경제론: 남북한 경제의 현황과 비교』(서울: 나남, 1992); 『북한 개요 '95』(서울: 통일부, 1995), pp. 285-301; 『도표로 본 북한의 오늘』(서울: 공보처, 1993). 1970년대 미국 CIA에 의해 수집된 탈북자들로부터 얻은 정보를 바탕으로 한 북한의 삶에 대한 영어 자료는 다음을 참조. Helen-Louise Hunter, *Kim Il-song's North Korea* (Westport, Conn.: Praeger, 1999).

격에도 상품을 제공할 수 없었고, 농민시장(農民市場)에서 매겨진 상품 가격은 평균 북한 사람들의 구매가격과는 동떨어진 가격이었다. 사람들은 물물교환을 통해 생존했다. 예를 들면, 생활용품을 농민들과 거래하여 음식을 얻는 등이다. 당과 정부 관리들은 그들의 직무를 수행하는데 있어 빈번히 뇌물을 요구했다. 특정 배급품에 대한 접근권을 갖고 있는 관료들은 암시장에서 상당한 가격으로 이를 판매했다. 역주: 장마당으로 불리는 북한 농민시장의 존재가 본격적으로 외부 세계에 알려지기 시작한 것은 1990년대 들어 북한의 경제가 급격히 악화되면서부터이다. 그러나 실제로는 광복 직후부터 북한 내에 장마당이 존재해 왔다. 농민시장은 대체로 인민시장(1950년 이전)→농촌시장(1950년)→농민시장(1958)→농민시장 상설화(1982)→종합시장(2003)의 순서로 변천되어 왔다.

1990년대 중반 심각한 식량난이 북한을 덮치기 전에(일부 외곽 지역에서는 이보다 빠르게 식량난이 일어났다), 격주 단위로 각 가정에 식량이 배급되었으며, 여기엔 곡물, 그리고 간장, 된장, 소금 등의 보조적 식품들도 포함되어 있었다. 각 가정은 배급받을 곡물의 양과 혼합률이 표시되어 있는 배급 카드를 갖고 있다. 공인된 여행자들은 다른 지역의 배급소에서 식량을 얻기 위해 특별한 배급표인 양권(糧券)을 갖고 다닌다. 식량 배급제가 붕괴되기 이전에도 식량 배급은 매우 엄격했다. 원칙적으로 이는 개인의 나이와 지위에 기반을 두었다. 실제로, 정치적 지위와 인맥은 중요한 역할을 했다. 학교에 들어가기 전 나이의 아이들은 일일 200-300그램의 곡물, 초·중학생은 400그램, 경공업 지위의 노동자들(사무직과 지석 직입인)은 700그램, 파일럿, 서워, 그리고 특수 직책을 가진 군수 직원은 800그램, 중공업 노동자들의 경우 900그램의 곡물을 받았다.[21] 600그램은 세 그릇의 조리된 쌀 또는 잡곡(보리 혹은 옥수수)을 의미한다. 곡물은 약간의 채소들로 보충된다. 배급품 중 일부(1970년대의 경우 10-20%, 1990년대의 경우에는 50%까지 치솟음)는 긴급 상황을 위한 비축분의 형태로 국가에 비축되어 있으며, "한 마리의 닭으로 우리의 총구에 넣을 하나의 총알을 만들자"는 슬로건이 이를 대표적으로 보여준다.[22] 말할 필요도 없이, 부패한 관리들은 항상 배급 체계를 조작해오곤 했다.

최고 직위 관리들을 제외하고, 고기, 심지어 어류는 항상 사치품에 속해왔으며, 1980년대에 들어서는 사실상 접할 수 없게 되었다. 상황이 더 나았을 때, 평균적인 북한 사람들은 연간 평균 2-3회 고기를 섭취하였다. 이는 김일성 혹은 김정일의 탄신일(혹은 종종 다른 국가적 경축일)을 축하하기 위해 고기가 배급된 경우였다. 그러나 1995년의 기근 이후로 육류와 어류는 더더욱 귀한 것이 되었다. 심지어 일반 주민들은 주식인 쌀을 얻는 데에도 어려움을 느꼈고, 옥수수나 다른 덜 귀한 곡물들로 쌀을 대체하였으며, 이마저도 할당된 배급량을 제대로 받지 못했다. 1995년부터 추산된 일일 배급량은 일일 100-200그램 사이였고 (곡물 한 그릇에서 한 그릇 반. 쌀의 비율은 매우 낮았다), 중국에 있는

---

21 Hunter, *Kim Il-song's North Korea*, p. 160.

22 1990년대 중반에 탈북한 의료계 종사자인 D-18에 따르면 이것은 북한 정부가 심지어 북한 인민들이 굶주릴지라도 이들에게 식량을 주지 않는 것을 정당화하기 위한 많은 유사한 문구들 중의 하나에 불과하다.

일부 북한 탈북자들은 그보다 훨씬 더 적은 양을 받았다고 주장한다.[23] 많은 사람들은 야생 식물, 풀, 그리고 나무껍질과 같은 식용 가능한 것들을 찾기 위해 들판과 숲 속을 자주 헤매고 다녔다. "대안 식품"은 식용 가능한 식품들을 식용 불가능한 것들과 섞어 양을 늘린 혼합물인데, 예를 들어 옥수수 소량을 빻은 옥수수대와 함께 섞어 만든 빵 같은 것이 있다. 대도시의 사람들은, 특히 수도 평양의 사람들은, 소도시 그리고 마을 사람들이 받는 것 보다는 더 규칙적으로 배급을 받는다. 또한 농부들은 직접 농작물을 재배할 기회가 더 적은 도시 주민들보다 사정이 나았다. 1995년 이후 식량난이 악화되면서, 북한당국은 식량을 찾기 위해 여행허가 없이 국내를 돌아다니는 사람들에게 관대해졌다.

영양실조의 징후가 나라 전체의 곳곳에서 분명하게 드러났다. 거의 모든 사람들이 야위었다. 영양실조에 걸린 아이들은 발육이 더디었다. 그리고 결핵과 같은 질병들이 만연하였다. 소화할 수 없는 음식을 섭취하여 소화계 문제가 발생하였다. 노동자들의 체력 수준 또한 낮은 수준이었다. 그리고 가장 비극적인 것은, 1995년 이후 기아와 질병으로 인한 사망률이 엄청난 수준으로 증가하였고, 영양실조와 관련된 사망은

---

23 북한의 식량위기와 이것이 북한인민들의 육체적, 정신적 조건에 미치는 영향에 대해 다루는 많은 연구들이 있다. 예컨대 다음을 참조. Chang Namsoo, "Status of Food Shortage and Malnutrition in North Korea," *Korea Focus*, vol. 7 (January-February 1999), pp. 47-55; Philo Kim, "The Sociopolitical Impact of Food Crisis in North Korea," *Korea and World Affairs*, vol. 23 (Summer 1999), pp. 207-24. Johns Hopkins 팀이 1998년 7월부터 9월 사이에 중국 동북지방의 북한 이민자들을 대상으로 15개 지역에서 무작위로 440명을 추출하여 인터뷰하였다. 식량 섭취에 대한 서베이와 사망률에 대한 추정 결과는 다음 문헌에 실려 있다. W. Courtland Robinson and others, "Mortality in North Korean Migrant Households: A Retrospective Study," *Lancet*, vol. 354 (July 24, 1999), pp. 291-95.

수십만 명에서 삼백만 명까지 추산된다.[24]

북한의 주택 부족 문제는 반복적인 문제이지만 위기 상황은 아니다. 거의 모든 집은 국가 소유이며, 사람들은 일터, 직업, 직업적 지위, 그리고 정치적 고려에 따라 거주 구역을 배정받는다. 같은 직장에 근무하는 사람들은 보통 동일한 구역에서 거주하며 이는 서로를 더 잘 감시하는데 적합하다. 거주 유형은 특호, 4호, 3호, 2호, 1호의 다섯 등급으로 구분되는데, 뒤로 갈수록 점점 그 수준이 낮아진다.[25] 특호주택은 단독주택으로 된 한 가구용 집으로, 작은 정원, 수세식 화장실, 냉·온수, 그리고 중앙 난방 시스템을 가진 1-2층 주거지이다. 이는 조선로동당 또는 정무원(政務院)의 부부장급 간부들과 인민군의 소장 이상의 장군들을 위한 거주지이다.

과장급 노동당 간부들, 국장급 정무원 관리들, 주요 대학 교수들, 군대의 대좌, 기업소 책임자, 공훈 예술인 등은 평양의 고층 아파트에 있는 4호주택에 살 수 있다. 각각의 아파트는 최소 두 개의 방, 베란다, 샤워, 수세식 화장실, 냉·온수 시설이 있다(전력가용 시).

중앙당의 지도원들, 시의 직원들, 기업소부장, 그리고 유사한 관리들은 3호주택에 산다. 이는 중간 크기의 독채이거나 혹은 두 개의 방과 주방으로 이루어진 오래된 아파트이다. 정부·당 사무원과 같은 특별한

---

24 앞에서 인용한 출처들 외에 다음을 참조. Andrew Natsios, "The Politics of Famine in North Korea," special report (Washington: U.S. Institute of Peace, August 2, 1999). Natsios는 The Agency of International Development의 식량 및 인도주의 지원국(Bureau of Food and Humanitarian Assistance)에서 관리자보로 일했으며 국제구호단체인 World Vision의 부총장을 역임했다.

25 『북한 개요 '95』, pp. 285-301. 또한 다음을 참조. *White Paper on Human Rights in North Korea, 1996* (Seoul: Research Institute for National Unification, 1996), p. 63.

기술이나 지위를 갖고 있지 않은 지식 노동자들은 2호주택에 살며, 이는 부엌이 딸렸으며 방 한두 칸을 가진 아파트이다.

1호주택에는 세 유형의 거주지가 존재한다. 낮은 지위의 관료들과 일반 노동자들은 개별적인 주방을 가진 다가구 형태의 주택 혹은 한두 개의 방을 가진 아파트식 주거지에서 거주한다. 협동농장의 노동자들은 공동주택의 방 두 개와 부엌을 얻는다. 일부 농민들은 두세 개의 방을 가진 전통적인 한국 농가에서 거주한다. 거주지 부족은 신혼부부에게 있어 특히 문제가 된다. 이들은 그들 자신의 집을 얻기 위해 2-3년을 기다려야 하며 그동안은 친척들이나 심지어는 모르는 사람들과 함께 거주한다.

1960년대 이후 북한 사람들의 꿈—그리고 당의 약속—은 "기와를 올린 지붕을 가진 집에서 살며 쌀과 고기 국을 먹고, 비단 옷을 입는" 것이 되었다.[26] 비단 옷은 행사 때에 입는 전통적 의상인 한복을 의미한다. 원칙적으로는 매년 각 두 세트의 노동복과 평상복이 제공된다. 그러나 실제로 대부분의 북한 사람들이 당면한 걱정은 신발과 양말과 같은 생필품을 어떻게 얻을지에 쏠려 있다. 1996년 3월 자신의 비행기를 몰고 남한에 귀순한 북한 조종사는 양말 대신 발싸개를 감고 있었다. 그는 군인들에게 싸개는 얻기 힘든 것이지만, 자신과 같은 조종사들에게 있어서는 매년 두 쌍의 싸개와 두 쌍의 양말이 주어진다고 말했다(그는 인터뷰에서 왜 양말 대신 싸개를 신고 있었는지는 대답하지 않

---

[26] 예를 들면 다음을 참조. Kim Il Sung, "New Year Address," *The People's Korea*, no. 1544 (January 18, 1992), p. 2.

았다).[27]

그러나 김정일의 사진을 꼼꼼히 들여다보면 그의 옷들이 수제 맞춤 옷임을 알아차릴 수 있을 것이다. 해외 회의에 참가하는 북한 대표단들을 면밀히 관찰하면 각각의 지위에 따라 입는 옷의 등급 차이가 있음을 엿볼 수 있을 것이다. 예를 들어 대표단의 수장은 최고급의 두 줄 단추식의 양복을 입고 날개 모양의 코를 지닌 윙팁 구두를 신으며 디자이너 넥타이를 매고 있을 가능성이 높다. 두 번째 지위에 있는 사람은 그보다 낮은 품질의 양복을 입고 좋은 신발을 신으며 구색만을 맞춘 넥타이를 매고 있다. 대표단의 하급관료는 낮은 품질의 양복, 저렴한 넥타이, 그리고 북한이나 중국에서 (질 낮게) 만들어진 것으로 보이는 신발을 착용했을 가능성이 높다.

경제적 문제들

북한의 경제 관리들은 모든 분야에서 문제를 발견하고 있다. 1991년 한국으로 망명한 전 북한 대사관 직원인 고용환은 1988년(1990년대 경제 상황들이 더 나빠지기 이전이었던) 정무원 자문 회의에서 발생했던 사건을 다음과 같이 상술한 바 있다.

---

27 "News conference by DPRK Air Force Pilot Yi Chol-su," KBS-1 Television Network [Seoul], May 28, 1996; translated by FBIS, *East Asia*, 96-104 (May 29, 1996) and entitled "DPRK Defector's 28 May News Conference," pp. 18-24, especially p. 20.

회의 참가자들은 경제적 어려움의 원인을 논의하고 이를 해결하기 위한 방안을 모색했다… 당시 대학생들이 쓰는 만년필의 공급이 부족했다. 참가자들은 만년필 공장 책임자에게 왜 만년필을 생산하지 않는지를 물었다. 그는 야금 재료의 공급이 이루어지지 않다고 대답했다. 사람들은 제강공장 책임자에게 왜 자원을 만년필 공장에 공급하는 데에 실패하였는지 물었다. 그는 제련소로부터 철광석을 전혀 공급받지 못했기 때문이라고 말했다. 제련소 책임자는 광산으로부터 광물을 공급받지 못했다고 말했다. 광산을 책임지는 관리는 광물 일부를 생산해 냈지만, 용광로까지의 철로 수송이 불가능했다고 말했다. 철도상이 소환되었으며 이런 질문을 받았다. 왜 광물을 수송하지 않았습니까? 그는 림업성으로부터 철도 침목을 공급받지 못했기 때문이라 대답했다. 림업성은 통나무를 만들기 위한 가스가 없다고 대답했다.[28]

북한 경제를 좀먹고 있는 수많은 문제들은 경제 모델로서 사회주의가 갖고 있는 구조적 약점에서부터, 평양을 방문한 모든 방문자들이 맞닥트리게 되는 소비재와 서비스의 확연한 부족에 이르기까지 다양한 수준에서 발견된다.[29] 여러 해 동안 김일성은 인민들에게 "음식, 의복, 그리고 거주의 문제"가 해결될 시기를 보게 될 것이라 약속하였으나, 이러한 약속의 이행은 김일성 말년에 이르면서 점점 흐려져 갔다.

---

28 News conference by Yong-hwan Ko, KBS-1 Television Network, September 13, 1991; translated by FBIS, *East Asia*, 91-179, September 16, 1991, and entitled "North Defector Gives News Conference," pp. 18-23, quotation on p. 20.

29 예를 들면 다음을 참조. Janos Kornai, *The Socialist System: The Political Economy of Communism* (Princeton University Press, 1992).

북한 경제는 스스로를 약화시키는 적어도 네 가지의 약점들을 갖고 있다. 첫 번째는 중앙의 계획 설계자들이 시장 가격 메카니즘이 없는 상황에서 경제 활동을 조율할 수 없다는 것이다. 생산에 참여하는 국영 기업들은 이윤이나 손실을 고려하지 않는다. 개인의 직업적 경력에 있어서 국가가 부여한 할당량을 달성하는 것이 질 좋은 생산품을 만드는 것보다 더 중요하다. 1998년 김정일의 현지지도 도중 그는 "얼굴에 근엄한 표정을 띠고, [공장 관리자]를 꾸짖으며, 국내에서 소비되는 상품들이 수출되는 상품들보다 더 좋은 품질을 가져야 한다."고 말했다.[30] 해당 기사의 출간 이후로 상품의 품질을 중시하는 수많은 후속 기사들이 나왔는데, 이는 경쟁 혹은 시장경제적인 이유에서가 아니라, 품질 개선이 "애국심의 숭고한 발현"이며 "(또한) 후대들을 위한 만년대계의 사업"이기 때문이었다.[31] 두 가지 동기 모두 노동자들이 품질에 더 많은 주의를 기울이도록 환기시키기에는 역부족이었다.

생산 단위와 그 책임자의 평판을 향상시키기 위해 경제 통계지표들은 일상적으로 조작되거나 날조되었다. 희소 자원을 위한 기업소 간의 경쟁은 경제적인 고려보다는 정치적인 이유에 기반을 두었다. 경제는 계획되지 않았다. 그보다는 많은 부분에 있어 비이성적이고 무정부적이었는데, 이는 북한이 자본주의 경제의 특성이라 주장하는 바로 그 특성이다. 김정일은 그가 특히 좋아하는 사업들을 옹호함으로써 상황을 더욱 악화시켰다. 그 때문에 공업 생산 계획들은 그의 요구에 맞춰 수정되었으며, 이는 쉽게 예상할 수 있는 것처럼 경제 전반에 연쇄적인

---

30 "Episodes That Bloomed on That Day," *Nodong Sinmun*, November 26, 1998, p. 3.

31 정광복, "제품의 질 제고," 『로동신문』, 1999년 7월 31일.

파급효과를 발생시켰다.³²

노동의 동기로서 사회주의 이념은 개인의 물질적 동기부여에 대한 대체물로는 부족하다. 이것이 북한 경제의 두 번째 취약점이다. 동기부여 문제들은 많은 방식으로 여러 차례 다루어져 왔다. 예를 들자면, (삼대혁명소조운동의 목표 중 하나였던) 관료주의 근절 노력, 그리고 개별 기업소나, 혹은 종종 국가 전체 규모로 이루어졌던 노동력 동원 운동들이 있다. 북한 관료들은 물질적 동기부여를 사용하는 것에 대한 이중적 시각을 갖고 있다. 정부와 당의 관료들이 자신들의 직무수행 과정에서 뇌물을 요구하기로 악명 높기 때문에, 자기성찰을 통해 보면 그들은 분명 물질적 인센티브의 중요성을 알아차릴 수 있을 것이다. 그러나 김정일은 주요 정책선언에서 "돈이라는 수단을 통해 사람을 움직이려는 것은 사회주의 사회의 내재적 본성과 상충된다."라고 언급한 바 있다.³³ 여러 해 동안 경제부처 내각 관료들은 이러한 문제를 해결하기 위한 방법을 찾아 왔다. 북한의 주요 경제 계간지에 실린 다음과 같은 무용한 조언을 살펴보라. "사회주의의 변화하는 특성에 걸맞도록 경제 방법론을 정확히 조절하는 것은, 기술과 과학 발전을 능동적으로 보장하며 경제 효율성을 향상시킨다… 위대한 김정일 수령님은 '물질적 동기부여는 정치적 수단에 우선순위를 두는 바탕 위에서 집단주의 원칙을 보다 잘 실현하기 위한 하나의 경제적 수단으로 정확하게 적용되어

---

32 1996년 탈북한 한 북한 언론인의 관찰

33 다음 제목의 1994년 11월 4일 김정일의 논문을 참조. "Socialism Is a Science," broadcast by KNCA on November 7, 1994, transcribed by FBIS, *East Asia*, 94-215, November 7, 1994, and entitled "'Full' Text of Kim's 'Socialism Is a Science,'" pp. 38-49, quotation on p. 46.

야 한다.'고 지적하였다."[34]

경제 원칙으로서 주체사상이 갖는 자급자족적 성격이 조선민주주의인민공화국에 만연한 세 번째 문제점이다. 다른 경제로부터 구매하거나 차용하지 않고 현대 기술을 개발하는 행위는 비실용적이라는 것을 조선민주주의인민공화국의 낙후된 기술은 증명하고 있다. 북한의 초기 시절 기술은 소련으로부터 수입되어 왔으며 어떠한 경우이든 최신 기술은 아니었다. 오늘날 최첨단 기술들은 그 당시보다 더 복잡할 뿐만 아니라 더 짧은 수명을 갖고 있다. 가장 발전한 경제들조차도 다른 나라의 기술 혁신을 무시할 수 없게 되었다. 북한은 주체 원칙 때문에 그리고 외국환의 부족으로 인해 해외기술 없이 기술 확보를 이루고자 시도하고 있다. 국제무역을 수입대체 관점으로 접근하면서, 북한은 국제 시장에서 판매될 만한 상품을 생산하는 비교우위를 발전시키지 못했고, 해외기술 구입에 필요한 외화를 얻을 수 없었다.

네 번째 약점은 백만 명의 강군을 유지하는 비용이 북한 GNP의 25 퍼센트 이상을 차지하면서 경제에 지속적으로 큰 부담을 준다는 것이다. 여기서 북한의 국가 안보를 보장할 목적인 군사력이 국가의 장기적 안보에 있어 오히려 주요 위협으로 작용하는 아이러니가 발생한다.[35]

가장 긴급한 경제적 문제는 식량 부족이다. 주체사상의 노선에 따른

---

34 Ho-ik Chang, "The Rational Utilization of Economic Levers for Promoting the Development of Science and Technology," *Kyongje Yongu*, August 20, 1998, pp. 21-23.

35 WheeGook Kim, *The Impact of Regional and Global Developments on the Korean Peninsula*, paper presented to the Joint Conference on Change and Challenge on the Korean Peninsula, Washington, Center for Strategic and International Studies and the Korea Institute for National Unification (Washington: East-West Institute, 1995).

명백한 (그러나 잘못된) 해결책은 농업의 자급자족을 성취하는 것이다. 더 장기적인 관점에서의 해답은 북한이 비교우위가 있을 수 있는 수출 산업을 강화하여, 북한보다 작물 재배에 더 유리한 환경을 가진 나라의 식량과 이를 거래하는 것이다.

식량 문제의 해결은 항상 북한 정부의 주요 안건으로 올라 있었다.[36] 북한의 추운 기후와 산악 지형은 아시아의 주식 작물인 쌀의 재배에 있어 적합하지 않다. 전쟁 직후 토지 개혁이 시행되었고 이는 1950년대 집단농장화로 이어졌다. 1964년 김일성의 "농촌테제" 역주: 1964년 김일성이 채택한 사회주의 농촌건설 강령는 농촌 지역의 기술, 문화, 사상 혁명을 요구하였으며, 이를 통해 협동농장을 국영농장으로 변화시키는 것을 목표로 하였다. 이러한 테제를 시행하기 위해, 관개, 농장 기계화, 농촌 전기 공급, 그리고 비료의 개발이라는 "농촌 4대 운동"이 시행되었다. 1976년 "5대 환경 변화 정책"이 더 많은 땅을 농지로 사용하기 위해 시행되었다. 1981년에는 "4대 환경 변화 계획"이 세워져 경작에 알맞은 토지를 생산하기 위한 새로운 목표들을 설립하였다. 가장 잘 알려진 것은 서해 댐의 건축이다. 이러한 계획들은 일부 토지를 곡물 경작에 적합하도록 변용하기는 하였으나, 종종 언덕을 과도하게 잘라내고 지나치게 단구화시켜 폭우가 내릴 때 쉽게 침식되게 하였고, 이에 따라 자연재해의 위험이 높아졌다.

농업 시스템은 적어도 네 가지 기본적 문제로 인해 고통받고 있다.[37]

---

36 북한의 농업정책과 농업관리체계에 대한 훌륭한 분석으로는 다음을 참조. Hong Sun-chik, "North Korea's Agricultural Management," *Tongil Kyongje*, May 15, 1998, pp. 99-107.

37 Kwon T'ae-chin, "Agricultural Policy," *Tongil Kyongje*, September 1999, pp. 10-15.

먼저, 전반적인 경제의 악화는 농업 분야에 에너지와 원자재 지원 부족을 야기하였다. 심각한 전력난은 양수장에서 논밭에 물을 대는 것을 어렵게 만들었다. 기름과 부품의 부족으로 인해 농기구의 사용이 어려워졌다. 비료 공장들은 에너지와 원료 부족으로 문을 닫았다. 두 번째로, 집단 생산 체제는 노동자들에게 충분한 동기를 부여하지 않는다. 노동자들은 보통 그들이 얼마나 많은 일을 하였는가보다는 얼마나 많은 날을 일하였는가에 따라 보수를 지급받는다. 많은 양의 작물들이 보관창고에 도달하기 전에 노동자들에 의해 도난당했고, 정확한 피해 규모는 확인되지 않았다.[38] 세 번째로, 농업 기술의 부족이다. 당의 "올바른 작물을 올바른 시기에 올바른 땅에 심는" "과학적" 정책은 사실 당이 재배 작물의 종류를 결정한다는 것을 의미할 뿐이다. 김일성은 쌀의 생산을 보완하기 위해 옥수수를 재배하는 것을 강력하게 옹호했으며, 이에 따라 많은 토지에 소위 "올바른 작물"이라 간주된 옥수수가 심어졌다. 김정일은 감자를 올바른 작물이라 여겼다. 농민들은 이를 결정할 권한이 없었다.

농업 분야는 국내 시장을 충족시킬 만한 충분한 양의 식량을 생산하는데 성공해 본 적이 없다. 1970년대와 1980년대 김일성은 연간 1,000만 톤의 작물을 생산하는 목표를 내걸었으나, 사실 80만 톤 이상의 작물을 생산하는 것은 불가능했다. 곡물 생산은 1990년대 들어

---

38 자산의 가족들을 굶게 하기보다는 농장 노동자들은 특히 1995년 이후로 정부의 곡물 배급이 줄어들 경우 곡물을 "선수확(preharvest)"하였다. The World Food Program은 1996년 옥수수 수확의 절반 가량이 사라져 버렸다고 추정한다. 탈북자들은 서까래에 숨겨 놓은 곡물의 무게로 인해 농가 지붕이 무너져 내리는 사례들을 보고하고 있다. 다음을 참조. Natsios, "Politics of Famine."

4-50만 톤으로 감소하였으며, 1995년의 심각한 홍수로 인해 대부분의 토지와 작물이 파괴되면서 이후 몇 년간 생산량은 2-30만 톤으로 감소하였다. 이로 인해 연간 2-30만 톤 가량의 곡물 생산량이 부족하게 되었다.[39] 국제적 식량 원조—특히 중국, 미국, 남한, 유럽연합, 그리고 초기에는 일본으로부터—는 총 합계가 1996년 대략 90만 톤, 1997년 120만 톤, 1998년 130만 톤에 이르렀다.[40] 그러나 1999년에 이르러서는 기증자 피로 현상이 발생했다. 이는 식량 부족의 지속과 더불어, 북한 정부가 원조받은 식량의 배급과 모니터링을 방해하며, 유의미한 북한 경제 개혁이 착수조차 되지 않았기 때문이다.

북한의 대응은 사회주의 경제 정책의 반경 내로 국한되었다. 1999년 5월과 6월 간행되었던 『로동신문』의 여러 기사들을 보면, 열 가지 정책 목표가 개관되어 있는데, 다음과 같이 일부는 보다 실용적인 반면, 다른 것들은 그렇지 않아 보인다. 즉, 주체적 농업 방법의 유지(농장 그리고 소규모 농업 기구들을 통한 자급자족), '감자혁명'의 시행(더 많은 감자 경작), "씨앗 혁명"의 시행(더 나은 식물 품종의 개발), 특히 토지가 기계화에 적합하도록 더 많은 토지의 개간, 이모작의 확장, "올바른 작물을 올바른 때에 올바른 토지에" 심는 정책의 더욱 충실한 시행, 농업 기계화의 확대, 특히 토끼와 염소를 포함하여 더 많은 가축들의 사육, 미생물 그리고 분뇨를 이용한 비료 사용의 확장, 벼 경작지를 늘리기가

---

39 Larry Niksch, "North Korean Food Shortages: U.S. and Allied Responses," *CRS Report to Congress* (Washington: Congressional Research Service, 1997); and Kim Woon-keun, "Recent Changes in North Korean Agricultural Policies and Projected Impacts on the Food Shortage," *East Asian Review*, vol. 11 (Fall 1999), pp. 93-110.

40 Natsios, "Politics of Famine."

그것이다.[41] 이러한 정책들 대부분에서 일반경제에 덜 의존하면서 농업을 관리하겠다는 경향성이 보인다. 말하자면 더 열심히 일하고, 비록 한국인의 입맛에는 맞지 않더라도 토지 그리고 기후에 더 적합한 벼 대체 작물들을 기르며, 돼지나 소보다 사료 작물이 덜 들어가는 작은 동물들을 기르라는 것이다.

북한의 경제적 토대는 심각하게 침식되었다. 동일한 중요도를 가지지만 더 측정하기 어렵고, 인도주의적 관점에서 더 비극적인 것은 북한의 인적 자본의 붕괴다. 조선민주주의인민공화국을 방문했던 사람들은 하루 노동을 완수하는 데에 있어 필요한 충분한 양의 칼로리를 섭취하지 못하는 수많은 노동자들을 목격한 것에 대해 보고하고 있다. 한 탈북자는 부모들이 자식에게 열심히 일하지 않는 법을 가르친다고 말한 바 있다. 북한의 옥수수 농장은 외부에서 보았을 때는 잘 경작되는 것처럼 보일 수 있으나 (농장책임자가 들어가 볼 것 같지 않은) 안쪽 중앙으로 들어가 보면 잡초들이 너무나 빨리 자라, "호랑이가 방해받지 않고 새끼를 옮길 수 있을" 정도이다.[42] 1990년 후반부 북한을 강타한 식량난은 북한 주민들의 한 세대 전체를 허약하게 만들었고, 그로 인해 그들의 남은 생애 동안 신체적으로 그리고 일부 경우에는 정신적으로 성장발달이 저해되었다.

북한 경제의 문제는 그 근원이 정치 시스템에 존재하기 때문에 경제학자들을 통해서 해결될 수 있는 것이 아니다. 김일성은 주체 사회주의가 제대로 작동할 수 없음을 알아차리지 못했을 수도 있으나, 김정일은

---

41 Kwon, "Agricultural Policy."
42 1996년에 탈북한 한 청년의 (과장된) 표현

사회주의의 한계를 알았고, 이 문제에 대한 그의 이해는 비밀리에 녹음되어 나라 밖으로 밀반출된 그의 발언에서 드러나고 있다.[43] 김정일은 이렇게 말한 바 있다. "사회주의에는 문제가 없다. 그러나 풀어야 할 내부적인 문제가 산재해 있다. 그래, 나는 사람들이 일할 동기가 없음을 알고 있다." 불행히도, 김정일의 지위는 그의 혈통에 대한 충성 그리고 김일성 사상에 대한 헌신에 근간을 두고 있다. 아들 김정일은 이 체제에 큰 변화를 일으킬 수 있는 위치가 아니다. 세계에서 가장 우월하다고 선전하며, 이념적 기반에 근거한 정치 경제를 만들어 냈지만, 오늘날 북한은 이러한 자신들의 신화라는 덫에 사로잡혀 버렸다. 만일 중앙의 경제 계획자들의 권한을 축소하고 개인들에게 더 많은 기회를 허용한다면, 김정일의 권력을 유지시키고 자본주의 남한과의 분단 상태를 합리화시켜주는 정치적 통제력을 약화시킬 수도 있을 것이다. 북한이 개방을 통해 무역과 투자를 허용하는 것은 외부의 정보가 북한 사회로 침투하여, 김정일 일가 우상화의 수많은 거짓들이 탄로 날 것이며, 따라서 정권의 정당성을 파괴할 지도 모른다.

---

43 Kap-che Cho, "Recorded Tape of Kim Chong-il's Love Voice—60 Minutes of Astonishing Confessions Similar to That of a Reactionary," *Wolgan Choson*, October 1995, pp. 104-28; translated by FBIS, *East Asia*, 95-213, November 3, 1995, and entitled "Transcript of Kim Chong-il 'Secret' Tape Viewed," pp. 40-52, quotation on p. 45.

경제적 조정

김씨 정권은 경제 정책의 변화가 필요함을 알고 있었다. 일부 해외 분석가들은 1984년부터 이루어진 경제 조정을 북한 경제 개혁의 지표라고 주장하였으나, 이들 대부분은 이러한 조정들이 북한 경제를 다시 제 발로 서도록 만들기에는 역부족이라 생각했다.[44] 그러나 실제 위험 상황은 북한 지도자들이 약간의 경제 정책 수정을 통해 그들 스스로가 변화하는 환경에 적절하게 대응하고 있다고 생각하는 바로 그것이다. 즉, 이러한 변화를 통해 실질적 결과를 이끌어 내지 못한 것이 본질적인 개혁의 미진함 때문이 아니라 운이 나빴거나, 적대적인 외압 때문이라 믿으면서 자신들이 처한 상황을 기만할 수 있다는 것이다.

니콜라스 에버슈타트(Nicholas Eberstadt)는 북한의 "난관 타계적" 정책들에 대한 널리 인용되는 논문을 통해, 북한의 경제 개혁이 갖는 몇몇 한계들에 대해 다음과 같이 강조한 바 있다. 첫째, 군사 동원을 줄이거나, 혹은 군수산업을 국내적 용도로 전용하지 않았다. 둘째, 국가 경제의 더 큰 몫을 사적 소비를 위해 제공하려는 시도가 없었다. 셋째, 사적 소유의 원칙이 사실상 전혀 수용되지 못한다. 넷째, 시장 경제 시스템을 공식적으로 수용하지 않았다. 다섯째, 환전이 불가능한 북한 통화를 더 강화하려 하지 않았다. 여섯째, 해외 전문가들과 정보나 과학 교류를 허용하지 않는다. 그리고 마지막으로 국가 부채를 청산하거나

---

44 북한의 전망에 대한 40편의 연구에 대한 리뷰는 다음을 참조. Kongdan Oh and Ralph Hassig, "North Korea between Collapse and Reform," *Asian Survey*, vol. 39 (March-April 1999), pp. 287-309.

완화하려 시도하지 않았다.[45]

사회주의적 계획경제 구조에 대한 두 가지 변경이 이루어졌다. 첫째는 국내 경제에서의 작은 변화(조선 후기 지도자들의 지나치게 신중한 접근 방식과 다르지 않다)이고, 둘째는 해외 투자에 대한 제한적 개방이다. 초기의 국내 개혁은 청산리방법(靑山里方法)의 시행이었다. 이는 1960년 김일성이 그의 유명한 현지지도 중 들렀던 청산리협동농장에서 따온 이름이다. 해당 방법의 표면적인 목표는 책임자가 노동자와 함께 그들의 문제를 잘 알게 하는 것이었다. 이러한 칭찬할 만한 목적을 성취하기 위해 김정일이 제시한 방법은 당의 위원회에게 생산에 대한 책임을 부여하는 것이었다(당의 "인민노선"에 따라 사람들은 당을 통해 목소리를 낼 수 있다). 불행히도, 당의 업무는 사상 교육과 정치적 동기부여에 있었기 때문에, 새로운 체계에 대한 노동자들의 반응은 예상대로 냉담하였다. 이듬해 김정일은 대안전기공장(大安電氣工場)을 방문하였으며, '대안의 사업체계'라 불리는 유사한 산업관리 시스템을 고안해 냈다.[46]

다른 사회주의 경제들과의 무역 관계가 약화되면서, 북한은 자본과 기술을 위해 자신이 그렇게도 증오하는 자본주의 국가로 눈을 돌렸

---

45 Nicholas Eberstadt, "North Korea: Reform, Muddling Through, or Collapse?" *NBR Analysis* (National Bureau of Asian Research), vol. 4 (September 1993). 북한인들의 경제사안에 대한 접근법의 몇 가지 추가적인 문제점들에 대해서는 다음을 참조. Eberstadt, "South Korea's Economic Crisis and the Prospects for North-South Relations," *Korea and World Affairs*, vol. 22 (Winter 1998), pp. 539-49.

46 Hong Soon-jick, "North Korea's Industrial Management System," *East Asian Review*, vol. 10 (Summer 1998), pp. 94-105. 다음 문헌도 참고할 것. Hy-Sang Lee, *North Korea: A Strange Socialist Fortress* (Forthcoming).

다. 합영법(合營法)이 1984년 공표되었으며, 1985년 이를 시행하기 위한 3개 세법이 발표되었다. 김일성은 1982년 중국을 방문하였고, 1983년에는 김정일도 그와 함께 중국을 방문하였는데, 중국 방문을 통해 그들 스스로의 눈으로 중국의 중외합자경영기업법(中外合資經營企業法)으로부터 기인한 해외 투자의 유망한 결과를 보았다. 이 법에 대한 북한식 버전은 해외투자유치에 별로 성공적이지 못했다. 법의 내용은 신중한 해외 투자자들에게는 충분히 상세하지 않았고, 북한의 부채는 악화되고 있었으며, 북한의 기반 시설들은 취약했다. 대부분의 합작 투자는 일본과 중국에 살고 있는 과거 북한 주민들에 의해 이루어졌다. 1998년 남한의 김대중 대통령이 대북 투자 규제를 완화하고, 정주영 현대 그룹의 창립자가 수억 달러를 북한에 투자하여 평화로운 양국 관계를 도모하기 전까지, 초기 북한에 투자된 돈은 단지 1.5억 달러에 불과했다.

1991년 12월 조선민주주의인민공화국은 북한 내 첫 번째 해외경제무역지구(FETZ)를 설립하였다. 이는 두만강을 따라 중국 그리고 러시아와 국경을 마주하고 있는 북동쪽 나진-선봉 지역에 위치하였으며 621 ㎢의 규모였다. 나진-선봉 지구는 북한의 주요 도시에서 가능한 한 멀리 위치하였는데, 이는 외국의 영향력을 최소화하기 위함이었다. 이 지역은 1990년 유엔 개발계획기구(UNDP)에 의해 국제 발전 구역으로 지정된 범위 안에 속해 있었다. 1992년 북한은 해당 지구의 3단계 기반시설 개발 계획을 제안했다. 1993-95년의 첫 번째 단계에서는 13억 달러가 투자되었으며, 1996-2000년의 두 번째 단계에는 10억 달러가 투자되었고, 2001-2010년까지의 세 번째 단계에는 10억 달러가 또다시 투자되었다. 1990년에 말에 이를 때까지 오직 고속도로, 호텔, 그리고 전화선 분야에서 소규모 (해외) 투자만이 이루어졌고, 개발의 1단계 완료일은 무기한으로 연장되었다. 대체로 호의적인 남한의 정기 간행물인 『한겨레 21』의 한 기사에서는, 북한의 지도부가 최소한 일시적으로라도 나진-선봉을 지원하는 일로부터 손을 뗀 것으로 보인다고 언급하였다.[47] 해당 지구에서 작동하였던 "자유" 시장은 그 크기가 줄었으며, 이는 명백히 판매자들에 대한 정부 통제가 더욱 강화되었기 때문이다. 광고판이 사라졌다. 나진-선봉 지구 투자에 관심을 보이는 해외 기업들은 점점 줄어들었다. 심지어 하락세 이전에도 해당 지구는 방문을 환대해 주는 장소는 아니었다. 미국 저널리스트 앤드류 폴락(Andrew Pollack)은 1996년 9월 나진-선봉 지구 비즈니스 컨퍼런스에 참가하였으며, 다음과 같이 서술하였다. "이 마을 그리고 인근의 선봉은 이상한 혼수상태에 빠져 있다. 다른 아시아 국가들에서 보이는 활기찬 모습이 전혀 존재하지 않는다… 여기에 있는 사람들은 자유롭게 말할 수 없다. 컨퍼런스 장소를 벗어난 모든 외국인들은 보안 요원들에게 감시를 받는다."[48]

해당 지구에서 북한사람들에게 상점의 사적 소유권이 허용되었으며, 1달러 대비 200원의 환전 비율은 다른 모든 북한 지역에서 통용되는 공식 환율인 1달러 대비 2.1원에 비해 훨씬 현실적이었다. 북한은 해

---

47 Yim Ul-ch'ul, "End of Experiment for Opening Najin-Sonbong?" *Hangyore 21* (Chollian database version), February 4, 1999.

48 Andrew Pollack, "Rajin Journal; The Real North Korea: The Bustle of a Mausoleum," *New York Times*, September 23, 1996 (electronic version).

당 지구에 대한 해외 투자를 지속적으로 요청하였으나, 북한과 주요 자본주의 국가들과의 관계가 여전히 나쁜 상태였기 때문에 많은 투자가 이루어지기에는 정치적 환경이 우호적이지 못했다. 두만강을 경계로 맞닿은 세 국가—북한, 중국, 러시아—는 두만강 지역의 개발을 서로 조율하는 데에 큰 노력을 기울이지 않았다.

1984년, 합영법이 공표된 같은 해에, 국내 경제 차원에서 두 가지 소규모 개혁이 시행되었다. 1973년 처음 제안된 독립채산제(獨立採算制)가 더욱 완전하게 시행되었다. 이 제도 하에서 지역 생산 단위들은 할당량을 맞추기 위한 과정들을 개발하는 데에 더 많은 책임을 부여받았으며, 할당량을 초과한 상품은 판매를 통해 수익창출도 가능해졌다. 또 다른 개혁은 김정일의 지시 하에 진행된 8·3 인민소비품창조운동이다. 1984년 8월 3일 평양의 경공업 제품 전시회 현지지도를 나선 이후, 김정일은 노동자들에게 지역적으로 사용 가능한 자원(부산물을 포함한)을 이용하여 지역 주민을 위한 소비재를 만들어 국가가 운영하는 배급소를 거치지 않고 직접 상점에서 판매할 것을 권고하였다. 사실상 8·3 운동은 1958년 시행된 캠페인과 유사한 바가 있다. 1958년 캠페인의 목적은 소규모의 사업체들이 지역의 자원을 이용해 해당 지역에 필요한 상품 생산을 권장하는 것이었다. 최초 프로그램의 일부는 성공을 거두었으나, 점차 중앙 계획 하로 흡수됨에 따라 그 존재가 희미해졌다.

규모는 작지만 전망이 있는 농업 개혁을 통해 1990년 후반에는 협동농장에서 일하는 작업반들의 규모가 줄어들었다. 협동농장은 각 50-100명의 사람들로 이루어진 열 개의 작업반을 갖고 있었고, 이는 또다시 8-10명의 노동자로 이루어진 분조로 세분화되었다. 작업반들은 각각 현장 노동, 가축 기르기, 기계 수리 등에 특화되어 있었다.[49] 새로운 분조들은 작은 구획의 땅을 부여받아 농장의 관리 하에 명시된 할당량을 채워야 하는 단일 가족들을 종종 포함하기도 하였다. 이들 가족들은 잉여생산물이 발생할 경우 이를 소유할 수 있었다. 원칙적으로 업무 단위가 작아질수록 무임승차자의 문제는 줄어들고 특히 가족 단위일 경우에는 노동 동기가 증가하게 된다. 다른 모든 상품들처럼 모든 잉여생산물은 국가 보안 요원의 감시 하에 사적 기업이 지배하는 농민 시장에서 판매될 수 있었다. 시장 가격은 국영 상점의 가격보다 훨씬 높았으나 훨씬 다양한 종류의 상품들을 구매할 수 있었다. 합영법은 주체사상의 자립 경제 철학에 대한 직접적인 도전으로 여겨질 수 있으며, 8·3 인민소비품창조운동과 협동농장분조관리제는 중앙 통제 원칙에 반하는 것으로 보일 수 있다. 이 세 가지 개혁 모두는 북한 주민들에게 자본주의적 실행에 대한 경험을 일부 제공하였으며, 이러한 경험은 평양 지도부의 의도와 관계없이 더 중요한 경제적 개혁을 향한 길을 열게 될지도 모르는 것이었다.

---

49 Hong, "North Korea's Agricultural Management."

이중 경제

사회주의 경제 시스템의 모순을 보여주는 하나의 징표는 북한 내에서 여러 경제 체제들이 공존하고 있다는 것이다. 어려움을 겪고 있는 1차 경제는 국영 공장의 생산과 국영 협동조합을 망라하고 있는데 노동자들에게 명목임금 형태로 보수가 지급되고 공식적인 배급 제도를 통한 분배가 이루어지고 있다. 이러한 1차 경제는 여러 가지 형태의 2차 경제에 의해 보완되고 있는데, 엘리트들을 위한 "궁정 경제(court economy)", 대중들을 위한 암시장(black market), 그리고 독립적인 군사 경제(military economy)가 그것이다. 1차 경제의 주변부와 2차 경제의 뒷면에서는 도둑질, 좀도둑, 그리고 문서화되지 않는 생산물들을 비롯하여 불법적 행위가 광범위하게 벌어진다.

김정일과 최고 간부들은 그들 자신만의 상점, 해외무역기구, 그리고 은행 계좌를 갖고 있다. 1980년대 평양에 주재하던 소련 대사관의 제1서기였던 바실리 미헤예프(Vasily Mikheev)는 북한의 최고 간부들이 어떻게 국제 시장 상황에 적응해 그들 자신의 필요들을 충족시키는지에 대해 서술한 바 있다.[50] 궁정 경제는 지배계급 엘리트(널리 정의하자면 거의 백만 명 정도)들을 위한 상품을 해외 시장과의 거래를 통해 얻는다. 구조적으로 이 궁정 경제는 국가자원을 확보할 수는 있지만 경제 관료들에게 책임을 지우지 않는 금융, 산업, 무역 회사들로 구성되

---

50 Vasily Mikheev, "Reforms of the North Korean Economy: Requirements, Plans and Hopes," *Korean Journal of Defense Analysis*, vol. 5 (Summer 1993); reprinted in the ROK National Unification Board's *Information Service*, 1993, no. 3 (June 30, 1993), pp. 52-66.

어 있다. 산업공장은 수출을 위한 상품들을 생산하고, 무역 회사들은 이를 판매하며, 금융 기관들은 이윤을 비축한다. 미헤예프는 이러한 기관들은 해외무역 기업인 태성, 봉화-금강과 이들과 제휴된 은행들과 관련되어 1970년대에 처음 설립되었다고 보고한다.[51] 김정일은 1994년 김일성의 뒤를 잇기 상당히 오래 전부터 이러한 궁정 경제 활동 대부분에 대한 통제권을 쥐고 있었던 것으로 보이며, 두 개 혹은 그 이상의 조선로동당 부서가 이를 관리하였다.[52] 북한 정부와 당 관료들은 또한 화폐 위조, 불법적인 마약 생산, 그리고 (특히 북한의 해외 외교단에서 이루어지는) 밀수 등의 여러 불법 활동에 연루되어 있다.[53] 이러한 활동들의 대부분은 당이나 정부에 의해 허용되거나 혹은 용납되었다. 그 밖의 활동들은 자신들을 부유하게 할 의도로 개인적으로 자유롭게 이루어지는 활동들이다.

김정일은 엘리트 구성원들이 스스로를 위한 부를 축적하도록 허용하는 것이 이들을 자신으로부터 독립적으로 만들게 할 위험이 있다고 인식했다. 아마 해외무역에 대한 더욱 강력한 통제력을 목적으로, 1998년의 열 번째 최고인민회의에서 무역성이 설립되었으며 해외무역 기관들의 숫자는 300개에서 100개로 줄어들었다.[54] 북한의 해외무역 최고

---

51 Mikheev, "Reforms of the North Korean Economy," p. 56.

52 Ch'oe Son-yong, "Truth about the Accounting Department of the DPRK Kumsusan Assembly Hall: Caretaker of the Kim Jong Il Family Assets," Yonhap News Agency, December 2, 1999, pp. E1-E2.

53 David E. Kaplan, "The Wiseguy Regime," U.S. News & World Report, February 15, 1999, pp. 36-39.

54 Kwon Kyong-pok, "Reorganization of DPRK Trade Offices and Its Implication," Tongil Kyongje, July 1999, pp. 79=87.

전문가들 중 일부가 몇 달 사이에 사라졌다. 그들이 숙청당했는지, 혹은 무역 기관의 재구성 과정에서 제거되었는지는 알려지지 않았다.[55] 그들의 설명할 수 없는 실종은 해외 비즈니스 상대들을 당황스럽게 만들었다.

엘리트 집단이 공식적 경제 규제를 우회하는 자신들만의 수단을 갖고 있던 것처럼, 대중들 또한 마찬가지였다. 엘리트 구성원들은 자신들의 궁정 경제를 활용하여 스스로를 위한 부를 축적하였고, 정부가 국가안보와 체제안보를 충분히 유지하기 위해 필요로 하는 자원을 조달해 줌으로써 자신들의 지배적 지위를 유지하였다. 반면 대중들은 생존을 위해 암시장을 이용하였다.

모든 도시와 마을들은 자체적인 농민시장을 갖고 있었으며, 이 시장에서 상품들은 국가의 배급 체제 바깥에서 구매되고 판매될 수 있었다. 본래 이러한 농민시장은 농업협동조합들에서 발생한 잉여 생산물을 거래하고, 협동농장의 노동자들이 그들의 텃밭에서 기른 상품을 판매하기 위한 목적을 갖고 있었다. 1984년부터 농민시장은 지역 관료들의 관리감독 하에 식음료 가판대까지 완비된 상업을 위한 상설적인 공간으로 확장되었다. 시장은 본래 농민들의 휴일인 매달 11일 그리고 21일에 열렸지만, 1990년대 후반에 이르러서는 많은 도시와 마을에서 매일 시장이 열렸다. 농민의 사적 구획에서 생산된 생산물들 외에도(그리고 농장에서 도난된 상품들을 제외하고도), 중고 가구, 옷, 생활용품과 같은 경작하지 않은 상품을 판매하거나 혹은 이를 식량과 물물교환한

---

55 Yim Ul-ch'ul, "End of Experiment for Opening Najin-Sonbong?" 또한 다음을 참조. Im Kangt'aek, "Foreign Trade Policy," *Tongil Kyongje*, September 9, 1999, pp. 16-23.

다. 당국은 종종 시장 내에서 형성된 암거래 활동을 묵인하는데, 사람들은 담배나 술 등 법적으로 판매가 불가능한 상품들을 암시장에서 판매한다.[56] 시장 가격은 수요와 공급에 의해 결정된다. 1998년, 사회 경제적 무질서의 물결을 저지하고 경제에 대한 통제력을 강화하기 위한 일환으로 김정일은 농민시장들을 억제하였다. (북한의) 조선중앙통신(KCNA)은 북한 정부가 "자유 시장"을 폐쇄하였다는 일본의 뉴스에 대해 그러한 시장의 존재 자체를 부정함으로써 이를 다음과 같이 반박하였다. "이는 전혀 근거 없는 모략이며 악의에 찬 반-북한선전선동에 불과하다. 이는 남한의 '국가정보원'의 잘못된 정보를 근간으로, 돈을 받는 매스 미디어에 의해 만들어진 것에 불과하다[이는 북한이 부인을 할 때 쓰는 표준화된 문항이다]… 북한에는 오직 농민시장만이 있을 뿐이다… 농민들은 시장에서 일부 농업적 잉여생산물과 가축 생산물을 판매할 뿐이다."[57]

궁정 경제와 점차 나타나고 있는 민간의 국가계획 외부의 경제는 명백히 자본주의 경제에 속하며, 이러한 맥락으로 보았을 때 북한은 이미 경제 개혁의 길에 접어들었다고 할 수 있다. 이러한 2차 경제는 군사 경

---

56 DPRK Report No. 8, a product of a joint project between the Center for Nonproliferation Studies (Monterey Institute of International Studies) and the Institute for Contemporary International Problems at the Diplomatic Academy, Moscow. Reported in NAPSNet e-mail.

57 "KCNA on Japan's False Propaganda," KCNA, September 8, 1999.

제를 포함하여 아마 1차 경제의 규모를 상회할 것이다.[58] 이러한 2차 경제가 북한 주민들—낮은 기대치를 가진—의 최소한의 필요를 충족시킨다면 평양의 지도부는 민심 불안을 걱정하지 않아도 될 것이다.

개혁의 모델들

북한의 합영법과 나진-선봉의 해외무역지구는 중국의 유사한 경제 계획들을 모델로 하여 만들어졌다. 그러나 심지어 중국이 동반자인 북한에 대해 경제 개혁을 강력히 권고해 왔음에도 불구하고, 대부분의 북한 사람들은 중국에서 일어나고 있는 극적인 경제 변화를 무시해 왔다.

중국에서 경제 개혁은 덩샤오핑의 관리 하에 1979년 소개되었다. 덩샤오핑은 마오쩌둥에 의해 강요된 이념적 경제 제약으로부터 중국을

---

58 북한의 제2경제에 대한 풍부한 정보들이 존재하는데 이들 대부분은 탈북자들을 통해서 얻은 것들이다. 이에 대한 훌륭한 개관으로 다음을 참조. Chun Hong-taek, "The Characteristics and Function of the Second Economy in North Korea," *Vantage Point*, vol. 20 (April 1997), pp. 28-37; and Chun, "The Second Economy in North Korea," *Seoul Journal of Economics*, vol. 12 (1999), pp. 173-67. 이 논문은 또한 다음에도 게재되어 있다. *Tongil Kyongje*, February 1997, pp. 48-67. 제2경제에 대한 고려를 포함한 북한 경제에 대한 폭넓은 관점은 다음을 참조. Kwon O-hong, "A Study of North Korean Commercial Practices: Practical Approaches and Mistakes," *Tongil Kyongje*, October 1, 1997, pp. 42-62. 책 분량의 검토는 14명의 한국인 경제학자들이 (한국어로) 분석한 다음의 편집서를 참조. 최수영 편, 『북한의 제2경제』 (서울: 민족통일연구원, 1997).

자유롭게 하는 것을 추구하였다.[59] 개혁은 사람들의 삶의 질의 심각한 결함을 치유하고, 점점 증가하는 실업 문제를 처리하기 위해 받아들여졌다. 당의 허가 하에 가장 가난한 농촌 지역의 큰 협동조합에 속해 있던 농민들 중 일부가 "집단책임제"에 따라 작은 노동집단을 만들 수 있는 권리를 얻었다. 이러한 집단들은 준-독립적인 경제 단위로 작동하였으며, 그들의 생산량 중 할당된 일부를 국가에 납부하고 남는 것은 소유가 가능했다. 사적 보유의 작은 토지 구획을 경작하고, 사적으로 소유된 소규모 소매 영업소를 설립하는 것 또한 허락되었다.

중국 농민들은 이에 대해 주저 없이 동의하였다. 중국 인구 중 80퍼센트—주로 대부분은 교외에 거주하는—는 그렇게도 과시되던 사회주의 복지 시스템의 혜택을 받지 못했으며, 따라서 그들은 잃을 것이 없었다. 2억 명 정도의 인구가 기본적으로 실직 상태에 있었으며, 지역공동체 안에서 겨우 자급자족하며 살아가고 있었고, 이러한 실직자의 수는 연간 수백만 명씩 증가하고 있었다. 이는 도시에 비해 지방에서 정치적 통제력이 약했던 베이징 정권에 있어 심각한 위협이 되었다. 독립적으로 살 수 있는 기회가 주어지자 농민들은 통솔권을 쥐게 되었으며, 인위적인 노동 그룹을 형성하는 대신 그들에게 할당된 토지 구획을 갖고 이를 사적 가족 농장으로 변모시키기에 이르렀다. 이후 4년이 지난 뒤, 97퍼센트의 중국 집단농장들이 사유화되었다.

---

59 덩샤오핑의 경제개혁은 1978년 12월에 있었던 제 11차 중국공산당 대회의 3차 총회에서 인준되었다. 중국의 경제개혁에 대한 훌륭한 자료들로는 다음을 참조. Minxin Pei, *From Reform to Revolution: The Demise of Communism in China and the Soviet Union* (Harvard University Press, 1994); Harry Harding, *China's Second Revolution, Reform after Mao* (Brookings, 1987); and Jean C. Oi, *Rural China Takes Off: Institutional Foundations of Economic Reform* (University of California Press, 1999).

사유화의 움직임은 농촌 사업들에까지 퍼졌으며, 농촌의 수백만의 실직자들은 이제 상인과 사업가가 되었다. 베이징 당국이 자본주의의 들불이 확산되고 있음을 인식했을 때, 그들은 조언을 위해 덩샤오핑에게 의지했는데, 그는 단지 "지켜보자"고 말했다. 사유화의 비용(국가의 통제력과 힘의 약화)과 이익(국가가 관리하지 못하는 수백 명의 중국인들이 일자리를 얻는 것)을 둘 다 고려하여, 덩샤오핑은 공식적으로 사유기업을 장려하지 않고, 이를 위해 선전하지도 않을 것이나, 또한 이를 단속하지도 않는다는 비공식적인 "삼불(三不, three no's)" 정책을 채택했다. 따라서 중국의 농촌 개혁(점차 도시 지역으로 퍼져간)은 사회주의에 대한 낮은 신념을 갖고 생계를 의지할 곳이 없던 농민들이 당이 제안한 기회를 활용했던 아래로부터의 상향식 운동이었다. 중국 농민들에게 사유화는 사회주의 사상에 반하는 것이 아니었다. 그것은 생존의 필요를 충족시키기 위한 실용적인 반응이었다.

많은 중국공산당(CCP) 간부들은 이러한 경제적 수정주의를 인정할 수 없었지만, 개혁을 막을 만한 별다른 자원이 없었다. 중국공산당은 불운하게 끝난 마오쩌둥의 프롤레타리아 문화 대혁명을 둘러싼 혼란을 수년 동안 겪어 왔기 때문에, 시골에 있는 대부분의 당원들은 가난했고, 베이징으로부터 수천 마일 떨어진 곳에 살고 있었으며, 교육 수준이 낮았다(심지어 1980년대 중반까지도 당원의 3분의 2는 문맹이었거나 혹은 오직 초등학교 수준의 교육만을 받았었다). 요약하자면, 공산당은 강력한 통제력을 갖고 있지 못했다.

상층부에서는 덩샤오핑이 암묵적인 지지를 표현했고, 지역적 수준에서는 행정가들이 민간 기업들에게 지방 재원을 채우도록 세금을 부과할 수 있었다. 지역 간부들 중 가장 약삭빠른 사람은 또한 자신들이 자본주의로부터 이익을 얻을 수 있는 좋은 위치에 있다는 것을 깨달았다. 관료들은 규제에 따라 변동하는 기업들이 회사를 닫을 필요가 없도록 보장해 주면서 뇌물을 받았다. 간부들의 친척과 은퇴한 간부들은 자신들이 보유한 당과 정부 인맥을 이용하여 성공적인 사업가로 변모하였다.

이러한 대규모의 경제 개혁 시나리오는 북한의 전체주의 김일성 정권이 자발적으로 용인할 만한 것은 아니다. 또한 중국의 사유화는 중국인들이 북한인들과 중요한 측면들에서 달랐기 때문에 북한에서 쉽게 복제될 수 있는 움직임이 아니었다. 역사적 관점에서 중국인들은 북한 사람들에 비해 민간 기업을 받아들이기에 더 좋은 위치에 있었다. 사회주의자들이 권력을 잡기 이전에도 중국 농민들은 대부분의 북한 농민들(일본의 효율적인 보안 체계 하에 일했던)에 비해 더 많은 독립을 누릴 수 있었다.

김일성에게 호소력을 지닐 수 있었던 중국의 한 가지 경제 변화는 해외 투자에 대한 개방정책이었다. 하지만 해외 투자는 중국에는 단지 촉진제로서 작용하였을 뿐, 중국 경제의 규모에 비해 투자는 상대적으로 적은 수준이었다(1979년부터 1992년까지 340억 달러). 대부분의 해외로부터의 투자, 기술, 경영 기술은 해외로 이주한 중국 동포들로부터 비롯된 것이었다. 그들은 이윤을 창출하는 동시에 본토와의 유대관계를 개선하기 위한 기회로 투자하였다. 북한의 경우 남한에 거주 중인 북한 출신들을 제외하곤, 상당한 투자를 할 수 있을 만큼의 기반을 잡은 해외 이주민이 아직 없었다.

중국에서 경제 개혁이 시작된 지 20년 후에도 중국공산당은 국가 정책과 주요 산업에 대한 통제력은 여전히 유지하고 있었으나, 지역 경제, 그리고 중국인들의 이념적 믿음에 대한 영향력은 상당 부분 상실하였다. 사유화되지 않은 국영 산업들은 여전히 국가 예산을 고갈시키는 근원이었다. 점점 더 많은 수의 중국인들이 당과 정부를 가능하면 잊은 채 살아가고 있다. 천안문 사태처럼, 경제·정치적 자유에 대한 탄압이 이따금씩 발생할 수는 있으나, 중국공산당은 점점 약해지고 있는 것으로 보인다. 이는 북한 엘리트들이 따르고자 하는 모델은 아니다. 그럼에도 불구하고, 만일 이를 약화된 형태로 진행한다면 이는 북한 지도층이 택할 수 있는 모델들 중 그나마 가장 체제 불안정을 야기하지 않는 모델이 될 것이다.

북한 언론은 경제 개혁의 불안요소에 대한 구체적인 실례를 찾을 때 구소련이나 동유럽 경제를 거론하며, 만일 북한이 사회주의를 포기한다면 자신들이 실업과 경제 혼란에 직면할 것이라 경고한다. 소련의 사유화 경험이 중국의 그것보다 훨씬 덜 성공적이었음은 사실이다. 중국의 개혁이 지방에서 시작하여 멀리 떨어져 있는 베이징의 공산주의 관료들에 의해 용인되었던 반면, 소련의 개혁은 1986년 중앙의 모스크바에서 고르바초프의 ... 이는 경제적 부작용이 있는 정치적 결정이었다. 러시아는 중국이나 북한 그리고 모든 다른 사회주의 국가들과 마찬가지로 항시 암시장 거래와 텃밭 농민들로 이루어진 2차 경제를 갖고 있었다. 민신 페이(Minxin Pei)에 따르면 1985년 소련의 농업 생산량 중 4분의 1은 3,500만의 사유 텃밭 부지와 가축들로부터 생산되었고, 이는 전체 농토 중 오직 3퍼센트만을 차지하는 것이다.[60] 페레스트로이카의 첫 번째 경제 규제 완화는 1986년의 개인노동활동법(Law on Individual Labor Activity)으로서 이는 부업에서 사적 고용, 그리고 학생이나 주부 등의 "주변적" 노동력의 사적 고용을 허용한 법이었다. 그러나 이는 사적인 독립적 노동 시장의 형성은 금지하였다. 그럼에도 불구하고 시작부터 많은 관료들은 자본주의에 대한 이러한 미미한 수준의 개방에 대해 반대하였다. 이들은 사적 자산을 엄격히 규제하려 하였다. 예를 들어 1986년 "불로소득"에 반대하는 정부 캠페인이 2차 경제에서 돈을 번 사람들을 타겟으로 시행되었다.

페이는 소련에서 자본주의가 왜 중국 시골에서만큼 큰 파급을 일으키지 않았는가를 두 가지 중요한 국내적 요인을 들어 설명한다. 먼저, 정부는 개혁에 대해 이중적인 태도를 지니고 있었는데, 어느 때에는 사람들이 너무 느려 새로운 방식을 받아들이지 못한다고 불만을 표시하다가도, 또 다른 때에는 돈을 벌었다는 이유로 사람들을 처벌하였다. 이는 개혁에 대한 고르바초프의 이중성을 반영한다. 그는 공산주의를 대체하기보다 공산주의를 되살리기 위한 방법으로 개혁을 추구했다. 고르바초프는 지방개혁이 "열심히 일하는 습관을 잃고… 결과에 상관없이 안정적 수입을 얻는 것에 적응해 버린 집단농장 농민과 노동자의 조심성"에 부닥치고 있음을 개탄하였다.[61] 그러나 그는 여전히 공산당 내에서 활동하는 헌신적인 공산주의자였다. 고르바초프는 당 내의 강력한 보수파 연립과 대립하였는데, 비록 실패로 끝났지만 이들이 일으

---

60 Pei, *From Reform to Revolution*, p. 119.

61 Ibid., p. 127.

킨 1991년 쿠데타는 결국 비공산주의자임을 자임하던 엘친(Yeltsin)에게 새 정권으로 가는 길을 열어주었다. 그러나 그 당시 소련(현 러시아)의 정치와 경제는 분리되어 있었다. "삼불(三不, three no's)" 정책을 채택하는 대신 소련 정부는 애매한 긍정과 부정(yes-and-no) 입장을 취했으며, 그로 인해 국가로부터 독립적으로 부를 축적한 사람들의 재산은 위협받게 되었다.

소련의 경제 개혁이 실패로 돌아간 것을 설명하는 데에 있어, 소련 사람들이 자본주의에 흥미가 없었다는 점도 마찬가지로 중요하다. 사람들은 특히 서비스산업을 포함해 중소 규모의 산업을 사유화함으로써 형성된 새로운 협동조합들(cooperatives)에 대해 의구심을 품었다. 그들은 공적 소유 바우처(public ownership vouchers)를 통해 대형 사업체를 사유화하는 것은 관리자들이 노동자들을 희생시켜 그들 자신의 부를 축적하기 위한 책략으로 보았으며, 이러한 판단은 종종 정확했다. 소련의 사람들이 왜 자본주의의 정신을 받아들이는데 실패하였는지는 매우 복잡한 질문이다. 페이가 지적한 바와 같이, 소련의 거의 모든 사람들은 사회 안전망을 통해 보호받고 있었기 때문에, 모든 사람들은 개혁 전에도 적어도 생존은 가능한 상황이었다. 소련 사람들이 자본주의 수용에 실패한 두 번째 이유는 그들이 (1917년 혁명 이후부터) 오랫동안 공산주의 체제 하에서 살아왔으며, 그 기간 동안 정신적 억압에 고통받아 왔다는 사실에서 찾을 수 있다. 1991년 제2차 세계대전에 관한 공식 역사를 서술한 드미트리 안토노비치 볼코고노프(Dmitri Antonovich Volkogonov) 장군은, 미국 작가인 데이비드 렘닉(David Remnick)에게 다음과 같이 회고한 바 있다.

전체주의 체제는 대체로 사람들을 완전히 흡수해 버린다. 내가 깨달은 바에 따르면, 오직 아주 소수의 사람들만이 이러한 체제를 초월할 수 있고, 체제로부터 자신들을 떼어내 왔다. 내 세대에 사는 사람들 대부분은 이 체제에 갇힌 채 죽을 것이다. 비록 그들이 10년 혹은 20년을 더 산다고 하더라도 말이다. 물론 2-30대 사람들은 자유로운 사람들이다. 그들은 체제로부터 스스로를 훨씬 쉽게 자유로이 할 수 있다… 나는 이제 스탈린주의가 무관심하고, 독창성과 진취성도 없이, 단지 메시아를 기다리는 인간, 누군가가 살아나 모든 삶의 문제들을 해결해 주기를 기다리는 인간이라는 새로운 인간 유형을 만들어 냈음을 확신한다.[62]

소련의 시민-개혁가들은 또한 중국인들에 비해 상대적인 불리한 점을 가지고 있었다. 중국 농민 기업가들은 기술 수준이 낮은 소규모의 농사일이라는 이미 그들에게 익숙한 일을 할 수 있었다. 러시아의 농장은 너무 오랫동안 협동농장으로 있었기 때문에 사람들은 텃밭 구획을 제외하고는 어떤 방식으로 소규모 농업을 해야 하는지 잊고 있었다. 한 나이든 할머니가 렘닉에게 말했다. "내 손주들은 땅 한 덩어리로 무엇을 해야 하는지 모릅니다. 심지어 내 자식들도 말과 소의 차이점을 말하기를 어려워해요… 거대한 국영농장이 마을들을 죽였고 그 자리에는 아무 것도 남아있지 않습니다."[63]

---

62 David Remnick, *Lenin's Tomb: The Last Days of the Soviet Empire* (Random House, 1993), pp. 409, 410.

63 Remnick, *Lenin's Tomb*, p. 212.

도시에서는 큰 기업체를 설립하거나 관리하는 일에 대해 조금이라도 아는 사람이 거의 없었다. 만일 누군가가 관료들의 괴롭힘을 피할 수 있다면 작은 사업체를 운영하는 편이 더 쉬웠다. 시작하기 가장 쉬운 사업은 폭력단을 조직하여 보호를 명목으로 돈을 갈취하는 것이었는데, 이는 완력만 있으면 가능한 일이었다. 그러므로 사업가들은 다른 사람의 노동을 갈취하여 살아가는 자본주의의 사기꾼으로 인식되었다. 효율적인 국가 경찰 시스템의 부재로 인해 러시아 범죄 조직은 극단적으로 수익을 내는 사업이 되었다.

이는 공평(equity)이 아닌 사회주의적 평등(equality) 원칙이 러시아인들에게 지나치게 뿌리 깊게 배어있는 결과일 수 있다. 많은 작가들은 러시아인들이 신흥 부자들에게 느끼는 강한 질투심에 대해 언급해 왔다. 렘닉의 또 다른 인터뷰 대상자는 나이든 사람들이 "다 함께 빈곤하게 사는 것에 너무 익숙해져서 만일 누군가가 돈을 갖고 있다면 바로 그를 사기꾼으로 추정한다."라고 불만을 표시했다.[64] 경제적 평등은 결국 공평의 원칙에 의존하는 자본주의와 양립될 수 없다. 이 공평의 원칙은 중국에서는 명맥을 이어 온 것으로 보이나, 소련에서는 장기간의 공산주의 기간 동안 또는 그 이전에 이미 사라져 버렸다.

---

64 Ibid., p. 313.

사회주의와 자본주의의 만남

북한의 지도자들에게 당혹스러운 점은 경제 개혁을 위해 정치적으로 매력적인 모델이 존재하지 않는다는 것이다. 중국은 러시아나 다른 동유럽 국가들에 비해 북한과 지정학적·문화적으로 더 가깝지만, 중국과 달리 북한은 원래 소련 경제를 모방한 산업화된 사회이다. 소련 혹은 동유럽의 경제 개혁 모델을 따르는 것은 북한 경제에 혼돈을 초래할 것으로 보이며, 북한 정권의 안정성에도 좋은 조짐이 되지 못할 것이다. 김정일은 "우리식 사회주의"라는 제3의 길을 모색했다. 국내적인 경제 개혁과 대외적인 개방은 북한 정권이 북한 주민들을 영원히 외부 세계로부터 차단시키도록 해 주는 엄격한 제한과 함께 점진적으로 채택되고 있다. 이러한 개혁의 제한된 한계 내에서 북한 주민들은 국제 경제의 변화하는 상황에 적응하기 위해 노력하고 있다.

무역대상이었던 동료 사회주의 국가들이 사라지면서, 북한은 자본주의를 공부하기 시작해야만 했다. 1995년 자본주의 강의가 김일성 대학교에서 시행되기 시작했다. 비록 소수의 북한 사람들만이 자본주의에 관한 정보에 노출되어 있었지만 (이를 비난하는 선전을 제외하고) 지배 엘리트, 특히 경제 관료들은 점차 시장원리를 접하고 있다. 북한 계간지인 『경제연구』에 실린 기사들을 보면, 시장원리에 대한 논의에서 촉발된 이념적 긴장 상태, 그리고 시장원리에 대한 북한 사람들의 이해를 가늠해 볼 수 있다.

1997년 2월의 한 기사는 "시장 경제에서 작동하는 주요 경제 법칙들"

을 다음과 같이 기술하려 노력한다.[65] 첫 번째는 모든 것은 가격을 갖고 있다는 가치의 법칙이다. 상품뿐만 아니라 "또한 명예, 직업, 의식, 그리고 심지어는 사랑까지도" 그러하다. 돈이 모든 것을 결정한다. 이러한 가치 평가의 목적은 이윤을 얻기 위해 시장에서 상품을 거래하는 것이다. 가치는 "생산을 위해… 수행된 노동의 규모"에 따라 결정된다. 비록 저자가 가격(즉, 시장가치)이 상품의 "실제" 가치보다 오르거나 혹은 내려간다는 점을 가르치기 위해 상품이 지닌 내재적 가치에 대한 믿음으로 이르게 되지만, 기사에서 거래는 수요와 공급의 법칙을 따르며, 판매자의 시장에서는 가격이 상승하고 소비자의 시장에서는 가격이 하락한다.

중앙 통제와 다년 계획이 존재하는 사회주의 경제와 비교하였을 때, 시장 경제는 "자연 발생적이며 무질서"하다. 저자에 따르면, 이러한 특성은 경제가 "적절하게" 발달하는 데에 있어 주요 결함으로 여겨진다. 시장이 "합리적으로 균형 잡혀" 있기 위해서 경제는 계획되어야 한다. 시장 경제에서는 "개별 자본가들뿐만 아니라 국가들 또한 단독으로 경제를 통제하거나 지시할 수 없다." 수요와 공급의 보이지 않는 손은 통제 기제로 간주될 수 없다. 이러한 무질서한 시장에 존재하는 "동작 법칙들(laws of motion)" 중 하나는 경쟁의 법칙이며, 이는 "시장을 장악하기 위해 강자가 약자를 먹이로 삼는" 것이다. 경쟁에서 승리하기 위한 중요한 수단은 가격을 낮추는 것으로, 이윤을 유지하기 위해서는 생산 가격이 감소해야만 한다. 생산 가격 감소는 기계화의 증대를 통한 노동 생산성 향상, 생산에 있어서 기술 혁신의 모색, 또는 임금의 삭감

---

65 Hwang Kyong-O, "Principal Economic Laws That Function in the Market Economy," *Kyongje Yongu*, February 10, 1997, pp. 20-23.

을 통해 이루어질 수 있다.

　마케팅 분야에서는 광고와 서비스 경쟁에 있어서의 개선이 시장에서 "치열하게 벌어지고" 있다. "시장점유를 목적으로 하는 약육강식의 경쟁은 명백한 착취의 경쟁이며 약탈의 경쟁"이고, 노동자 대중은 이러한 착취의 타격을 가장 많이 받고 있다. 노동자의 불리함은 상품 가치와 상품가격 간의 차이, 즉 저자의 언어를 인용해 달리 말하자면, 수요와 "지불능력(ability-to-pay) 있는" 수요 간의 차이에 있다고 주장된다. 자본주의 고용주들이 그들의 경쟁 우위를 위해 임금을 낮춤에 따라, 노동자들은 그들이 필요로 하는 자본을 구매할 방법이 없어지고, 이에 따라 상품은 만성적인 과잉공급 상태가 된다. 이렇게 판매되지 않은 상품들을 만드는 데 투입된 노동은 낭비된 것이다. 따라서 자본주의 시장은 불균형하다. 그러나 수요와 공급 법칙이 작동되는 상황에서는 이것이 순환의 끝이 아니다. "약육강식의 경쟁은 파산과 절망, 사기와 사취, 그리고 투기가 만연하도록 하며, 경제생활에 혼돈과 무질서를 초래한다." (언급되지 않은 부분은 파산이 생산 수단을 갖고 있는 자본가에게 찾아오며, 따라서 공급이 줄고 시장이 균형 상태로 나아간다는 점이다.) 시장 경제에 대한 이러한 묘사는 본질적으로 정확하지만, 그럼에도 불구하고 저자는 시장가치의 본질을 파악하지 못했고, 수요와 공급 간에 존재하는 힘의 균형을 고려하지 못했다. 이 설명은 또한 자본주의 경제가 순전히 시장에 의해 주도되는 것이 아니라 광범위한 법과 규범의 그물망에 의해 규제되고 있다는 것을 언급하지 않고 넘어간다.

　이 저널의 해당 권호 이후 발간된 이와 연관된 기사들은 간부들에게 자본주의 경제와 어떻게 거래할 것인지에 대해 김정일의 다음과 같은 지시에 바탕하여 가르치고 있다. "사회주의는 더 이상 자기 자신의 시장을 형성할 수 없고, 사회주의 시장에 기반한 과거의 무역 정책은 비록 일시적인 현상이지만 비현실적인 것이 되었다." 따라서 "우리는 우리의 무역을 발달시키기 위해서는 수단과 방법을 가리지 않고 [자본주의] 해외 시장에 잠식해 들어가야 한다."[66] 북한의 사상적 선호도에 따라, 이들은 항상 동남아시아 국가들과 우선적으로 거래하는데, 이는 해당 국가들이 지리적으로 가깝고, "제국주의" 국가들(즉, 일본과 미국)에 비해 덜 혐오스러운 국가로 간주되기 때문이다. 이차적 무역은 유럽 국가들과 이루어졌다. 무역의 주요 목표는 국제 시장에서 필요한 상품들을 구매하는 데에 있어 필요한 경화(예컨대 달러와 같은)를 취득하는 것이다.

이 『경제연구』 기사에 의하면, 국제적 마케팅을 위한 첫걸음은 시장을 가늠해 보는 것이다. 이 시장은 계획경제 시장과는 달리 소비자의 수요가 변화하고 구매자와 판매자 사이에 새로운 형태의 거래 협상이 요구되는 움직이는 대상이다. 마케팅 임무는 특히 도전적인데 이는 "세계의 자본주의 시장은 잉여 생산물 시장"이기 때문이며, 여기서 상품(비차별적 상품)은 오직 광고와 선전을 통한 "밀어부침"에 의해서만 판매될 수 있기 때문이다. "시장 연구, 평가, 환경 분석, 소비자 행동 연구, 상품 개발, 가격 결정, 분배 구조 설정, 광고와 선전, 서비스—이것들은 해외 시장 개발에 있어 필수적인 활동들이다."

"혼돈과 자발성"으로 특징되는 국제 자본주의 시장에서 성공하기 위해서, "개인은 사회적 혼돈과 장애를 넘어 생존하기 위해 타인을 부정

---

66 Ch'oe Yong-ok, "The Trade Policy Presented by Our Party Today and Its Correctness," *Kyongje Yongu*, April 10, 1997, pp. 13-18. 강조 추가.

하고 쓰러뜨려야 한다. 자본주의 경제에서 생존을 위한 투쟁은 삶의 한 방식이다." 이는 판매자가 가격에 영향을 끼치지 못하는 상품 시장에서, 동일한 상품을 다른 생산자들을 제치고 판매하기 위한 상황일 때 특히 그렇다. 따라서 이 기사는 북한에게 이러한 시장을 피하도록 조언하며, 경쟁자가 적은 시장에 집중할 것을 주문한다. 그러나 기술은 상품에 대한 독점을 장기간 유지하는 것을 어렵게 만든다. (그리고 북한은 기술 부족으로 악명 높다.) 저자가 분명하게 언급한 것은 아니지만, 북한은 생산된 물품을 시장에 내놓고 받을 수 있는 어떤 가격이라도 수용해야 할 상황에 직면한 것처럼 보인다. 이러한 딜레마로부터 어떻게 벗어나야 할지에 대해서는 어떠한 제안도 없다.

논문의 나머지 상당 부분은 모순적인 희망 사항에 대해 할애하고 있다. 북한은 미국 주도의 통상제재에 직면하고 있다. 북한은 이러한 통상금지조치를 깨기 위해 다른 국가들과의 교류를 확장해야 한다.

> 많은 국가들과의 거래를 확장하고 발달시키는 과정에서, 우리는 우리의 혁명을 지지하고 공감하는 사람들이 점점 증가하고 우리의 사회주의에 대한 방어가 더욱 견고해지는 것을 볼 수 있을 것이다… 생산의 사회주의화는 전지구적 범위에서 매일 확장될 것이다… 우리 당이 수립한 새로운 무역 정책은 실로 혁명적인 정책이며, 우리 인민들의 이익을 항상 보호할 수 있고, 변화하는 국제적 환경 속에서 마지막까지 사회주의에 대한 우리의 방식을 굳게 유지할 수 있게 한다.[67]

---

67 Ch'oe, "Trade Policy."

동일 저널의 다른 사설들에서는 어떻게 국제 수지의 균형을 맞출 것인가 혹은 어떻게 합작 투자를 설립할 것인가와 같은 국제 시장과 연계된 비즈니스 주제를 다루고 있다. 이는 대학교 입문 서적 수준으로 서술되었으며, 모든 주제에 대한 모든 사설들이 북한의 다른 출판물과 마찬가지로 김일성 혹은 김정일의 지혜를 언급하는 것으로 글을 시작한다. 예를 들자면 다음과 같다. "김정일 수령님이 말씀하셨다. 국제적 사업에서 훌륭히 임무를 수행하는 것은 다른 국가와의 경제적·문화적 관계를 촉진하고 확장시키는데 있어 중요하다." "오늘날 우리나라 안에서는… 위대한 지도자 김정일 동지의 명민한 지도력 아래, 위대한 지도자 김일성 동지의 지령을 받들어… 광범위하게 성장하고 있는 합영기업과 합작기업을 위한 유익한 환경이 만들어지고 있다."[68]

북한 대중 그리고 관료들을 위해 작성된 대부분의 사설들은, 심지어 이 경제 저널에서도, 전통적인 경제 노선을 신봉하는데, 이는 경제 현실을 전혀 고려하지 않은 것이다. 1997년까지 북한의 민간 공장들은 단지 생산능력의 25퍼센트만이 가동되었음에도 불구하고, 『경제연구』 사설의 저자는 다음과 같이 자랑한다. "경애하는 김일성 동지와 친애하는 위대한 지도자 김정일 동지의 명민한 지도력 아래 우리 당은 한 번의 오류나 실책도 없이 사회주의에 대한 우리 인민들의 투쟁을 반세기

---

68 두 개의 예를 들자면 다음을 참조. Kim Nam-sun, "The Way to Do a Good Job of International Settlements Resulting from External Trade," *Kyongje Yongu*, November 15, 1997, pp. 22-25. 또한 Song-hui Yi, "Intrinsic Features of Joint-Venture Companies and Their Role," *Kyongje Yongu*, April 10, 1007, pp. 39-41.

에 이르는 시기 동안 승리의 길로 이끌었다."[69] 북한이 직면한 "생산 정상화"의 문제들은 미국에 의한 통상금지조치, 여타 사회주의 국가들의 몰락, 그리고 척박한 기후의 탓으로 돌려졌다. 경제 문제를 극복하기 위해 해당 사설에서 제시한 유일한 조언은 "우선순위를 정확하게 규정하라."라는 것뿐이다. 김정일과 그의 아버지에 의해 설정된 이러한 우선순위들은 다음과 같이 사실상 없는 것이나 마찬가지이다. "우선순위에 따라 식량 문제에 집중하는 한편, 우리는 주요 소비재 생산 문제를 해소해야[만] 하고, 석탄, 전력, 철도 수송 그리고 금속 문제를 해결해야 한다." 여러 가지 심각한 문제들을 해결해야 한다고 언급한 후, 저자는 다음과 같이 찬양한다. "김일성 수령님은… 우리 식의 경제를 설립하였고… 이는 세계에서 가장 견고하며, 발전 전망에 있어서 가장 전도유망하며… 우리의 강력한 중공업… 은 원하는 것은 무엇이든 만들어 낼 수 있다… 우리의 현대적인 경공업 산업은 아무런 제한 없이, 국내의 소비재 수요를 모두 충족시킬 수 있다… 모든 인민들은 삶의 모든 영역에 있어서 물질적으로나 문화적으로나 가장 높은 수준의 국가적 그리고 사회적 이득을 누리고 있다."

상대적으로 교육받은 『경제연구』의 독자층이 이러한 식의 말을 믿을 것 같지는 않다. 그들은 어떻게 반응해야 할까? 아마 상황에 대해 긍정적인 면을 가능하면 최대로 보여주는 것이 당의 의무라 생각하며 이를 이해하고 있을 수도 있다. 반면에, 그럼에도 불구하고 일부 독자들은 이

---

69 Ki-song Yi, "The Direction of Economic Management for the Present Period and Correct Use of the Potential of the Self-Dependent National Economy as Elucidated by the Great Leader Comrade Kim Chong-il," *Kyongje Yongu*, November 15, 1997, pp. 2-6.

러한 새빨간 거짓말에 불쾌감을 가질 수 있으며, 스스로 당으로부터 심리적 거리를 두게 될 수 있다. 진실은 그 중간 어디 즈음에 있을 것이다. (종이를 절약하기 위해 제한적으로 배포되는) 신문의 구독자들은 일반적으로 정치 토론 집단에서 이를 공부할 것이 요구되지 않는 이상 이러한 특집 선전 기사들을 무시할 것이다.[70]

결론

김정일, 그리고 고(故) 김일성의 경제 정책들은 외부 세계로부터 고립되어 있고 심지어 어느 정도까지는 평범한 북한 주민들의 생활과도 괴리되어 있는 지도자들의 비현실적인 백일몽이다.[71] 이러한 정책들은 또한 북한 주민들에게는 끔찍한 기만이기도 하다. 스탈린주의 방법을 통해 달성한 20년간의 경제적 진척 이후, 사회주의적 방식이 한계에 도달하고, 국제 경제의 특성이 변화하면서, 1970년대에 북한 경제는 침체되고 그 이후 쇠락하기 시작했다. 그러나 김일성의 경제 정책들은 변화를 이루는데 실패하였는데, 그 이유는 첫째, 김일성이 그의 정책이 과학적으로 정확한 경제 이론에 기초하고 있다고 주장했기 때문이며, 둘째, 인민에 대한 전체주의적인 통제력을 유지하려는 그의 열망이 인

---

70 예를 들면 다음을 참조. 이영화, 『평양 비밀집회의 밤』 (서울: 동아출판사, 1994), p. 220.

71 맑스주의적 경향을 지닌 남한의 경제학자였던 오길남은 불시의 자각을 한 독일에서 북한으로 망명하였다. 그는 1년 뒤에 탈출을 하였는데 평양 엘리트들의 "백일몽적" 경제계획에 대한 내부자의 시각에 대한 글을 썼다. 「북한 정권의 경제정책: 분석과 전망」, 안정수 외 편, 『북한정권의 행동: 분석과 전망』 (서울: 문우사, 1993), pp. 157-206.

민들이 당과 국가에 의존적인 상태로 남아있는 사회주의적 계획 경제를 필요로 했기 때문이다. 1980년대 초 공식적인 설명과 실제 경제 상황 간의 격차가 점점 벌어졌으며, 미래에 대한 전망과 실제 벌어진 상황과의 격차 또한 점점 벌어져 갔다. 1990년대의 대단히 심각한 경제적 문제들은 "전환기 경제"의 신화를 불러 일으켰다. 루이스 캐롤(Lewis Carroll)의 『거울 나라의 앨리스(Through the Looking Glass)』에 등장하는 백색 여왕처럼, 김정일은 인민들에게 "1주일에 2펜스와 이틀에 한 번씩의 잼"(그러나 오늘은 아님)을 제안하였다. 역주: 여왕은 앨리스에게 1주일에 2펜스와 이틀에 한 번씩 잼을 준다고 제안한다. 그리고 어제의 잼과 내일의 잼이 있기에 오늘은 잼이 없다는 규칙을 말한다. 앨리스는 결국 잼을 주는 오늘이 올 수밖에 없음을 말하지만, 여왕은 오늘은 오늘이고, 오늘이 아닌 날은 될 수 없기에 '오늘의 잼'은 불가능하다고 반박한다. 저자들은 소설 속의 대화를 북한의 현실에 적용하여 '오늘의 잼'을 주지 않으며 '과거의 잼'과 '내일의 잼'만을 되풀이하여 말하는 북한 지도자들의 경제 정책이 지닌 기만성을 풍자하고 있다. 한 해에서 다음 해로 넘어갈 때 새해 메시지는 지나간 해는 실패로 드러났고, 다가올 해도 더 나빠지지 않는다면 비슷하게 실패한 한 해가 될 것임에도 불구하고, 지난해의 위대한 성공을 다음과 같이 찬미하였고, 심지어 그보다 더 나은 새해가 올 것이라 약속하였다.[72]

> 1990년: "작년, 우리 산업의 자립적 기반은 모든 인민의 위대한 건설 투쟁을 통해 더더욱 견고해졌으며, 사회주의 건설을 힘차게 가속화

---

[72] Lewis Carroll, *Through the Looking Glass*, in Martin Gardner, ed., *The Annotated Alice* (Bramhall House, 1960).

하기 위한 더욱 우호적인 환경이 만들어졌다."[73] 1992년: "1991년은 심각한 시험의 해였다. 가치 있는 투쟁의 해였으며 우리 인민들에게 있어 영광스러운 승리의 한해였다… 우리는 사회주의 건설에 있어 새로운 약진을 이끌어내야 한다."[74] 1994년: "작년, 우리 인민들은 위대한 혁명적 열정으로 사회주의 경제의 건설을 가속화하여 세 번째 7개년 계획의 마지막 해를 찬란하게 장식했다… 다가오는 1994년 새해는 우리 국가 내의 사회주의 건립이 새로운 발전 단계에 들어서는 혁명적인 전진의 해이다."[75] 1996년 (1995년의 재앙 수준의 흉년 이후이자 또한 대규모 기아의 시발점): "작년 우리 혁명의 대내외적 상황은 매우 가혹했다… 우리는 분명한 승리에 대한 자신감과 혁명적 낙관주의를 갖고, 높은 혁명적 정신을 통해 극적으로 성장해야 한다. 이를 통해 우리는 이번 해, 붉은기의 정신 아래 혁명적 단계에 접어들고 위대한 승리를 거둘 수 있을 것이다."[76] 1997년(수백 수천 명이 굶주림으로 사망하고 더 많은 공장들이 문을 닫았다): "지난해 1996년은 전당, 전군, 전민이 당과 수령의 두리에 굳게 뭉쳐 《고난의 행군》을 힘차게 벌려온 준엄한 시련의 한해, 보람찬 투쟁과 승리의 한해였다… 새해 1997년은 우

---

73 "New Year's Address by Comrade Kim Il Sung," Pyongyang Domestic Service, January 1, 1990; translated by FBIS, *East Asia*, 90-001, January 2, 1990, and entitled "Kim Il-song Delivers 1990 New Year's Address," pp. 11-16. Quotation on p. 12.

74 "New Year Address of President Kim Il Sung," *The People's Korea*, No. 1544 (January 18, 1992), pp. 2-4, quotation on p. 2.

75 "New Year Address of President Kim Il Sung," *The People's Korea*, No. 1633 (January 15, 1994), pp. 2-3.

76 "Let Us Advance Vigorously in the New Year, Flying the Red Flag," Joint Editorial of *Nodong Sinmun, Choson Inmingun*, and *Nodong Chongnyun, The People's Korea*, no. 1726 (January 13, 1996), pp. 5-7.

리 인민이 필승의 신심과 백절불굴의 투지를 가지고 더욱 분발하여 조선혁명의 전환적국면을 마련해나가는 새로운 부흥의 해, 희망찬 승리의 해이다."[77] 1998년(기근이 지속되었다): "고난의 행군의 힘든 순간을 성공적으로 헤쳐나감으로써 우리는 새로운 발전과 앞으로의 도약을 위한 돌파구를 열었다."[78] 그리고 1999년 새해에 간행된, "올해를 강성대국 건설의 전환점의 한해로 기록하자"는 제목의 논평은 이제 친밀하게 들리는 다음과 같은 말로 시작한다. "오늘 우리는 사회주의승리자의 긍지 드높이 희망찬 새해 주체 88(1999)년을 맞이한다."[79]

김정일은 그의 정치적 권력을 위태롭게 할까 두려워 북한의 경제 시스템을 크게 수정하거나 혹은 개방할 여유가 없었다. 이러한 판단은 김정일과 그의 경제 계획자들이 그들의 경제 시스템에 내재되어 있는 기본적인 결함들을 인식하였는지 질문을 던지게 만든다. 김정일의 진짜 믿음을 비춰주는 세 가지 정보의 출처가 존재한다. 그것은 공식적 선전 선동, 1980년도에 녹음된 몇 분간의 비밀 녹음테이프, 그리고 그의 생활 방식이다. 선전 선동은 주체 사회주의가 결국 승리할 것이라는 확고한 믿음을 보여준다. 녹음테이프는 김정일이 어느 정도 의구심을 갖고

---

77 "위대한 당의 령도 따라 내 나라, 내 조국을 더욱 부강하게 건설해나가자," 『로동신문』, 『조선인민군』, 『로동청년』 공동론설, 1997년 1월 1일.

78 "Let Us Push Ahead with the General March of the New Year, Following the Great Party's Leadership," Joint Editorial of *Nodong Sinmun and Choson Inmingun*, December 31, 1997.

79 "Let's Make This Year Mark a Turning Point in Building a Powerful Nation," Joint Editorial of *Nodong Sinmun, Choson Inmingun,* and *Chongnyun Chonwi, The People's Korea,* no. 1833 (January 16, 1999), pp. 2-3.

있음을 보여준다. 그의 생활 방식은 비록 그가 사회주의가 인민에게 있어 최고라 믿을지는 몰라도, 그것이 자신에게 최고는 아니라는 점을 보여준다. 모든 보도에서 그는 화려한 생활 방식과 수입품(특히 코냑과 비디오)에 대한 선호를 보여준다. 김정일의 사진은 죽으로 하루 두 끼를 해결하고 발싸개를 두른 사람이 아니라, 잘 만들어진 옷을 입은 포동포동한 남자의 모습으로 묘사되어 있다.

가장 수준 높은 북한 경제학자들을 제외한 대부분은 아마도 북한의 경제를 투입과 산출의 단순 선형 순서도(flowchart)로 보고 있을 것이다. 여기서 노동은 석탄이나 물과 같이 관리될 수 있는 또 다른 자원에 불과하며, 소비자들은 그들의 기본적인 요구를 충족시키는 상품이 만들어지는 것을 참을성 있게 기다린다. 물론 이러한 모델은 급격히 변화하는 상황이나, 체제의 모든 변화 하나하나가 나머지 체계 전체의 조정을 필요로 하는 매우 복잡한 경제에 대처하기에는 매우 부적절하다. 중앙 계획경제에 대한 대안—경제가 개별 사업체와 독립적인 자기 조정을 통해 상태를 유지할 수 있으며, 사람이 경제 체제의 결정적 특징이 되는—은 실행 가능한 경제 정책으로 여겨지지 않는 듯하다. 이는 김정일의 권력 유지에 관심이 없는 기술 관료들에게 조차도 마찬가지이다. 혼돈으로부터 질서가 발생한다는 가설은 자명하지 않다.

3차 7개년 경제 계획의 실망스러운 결과 이후 6년이 지나자, 경제 계획의 공표는 사상적 슬로건 발표로 대체되었으며, 이는 북한의 지도자들이 혼란을 겪고 있으며 절박하다는 것을 보여준다. 고난 타개는 위기 관리로 대체되었다. 점점 증가하는 변화는 국내 경제에서 이루어질 것이다. 이는 특히 국내 여행을 완화하고 시장 규율을 완화하여 인민들이 1차 경제 외부에서 스스로의 복지를 확보할 수 있도록 만들 것이다. 북한에 사회적 무질서(anomie) 현상이 널리 퍼지면서, 정부는 사람들에게 국가 혹은 해외 정부의 원조가 아닌 그들 자신의 노력에 의존해야 한다고 경고하였다. 1999년 모내기 시기 직전에 한 『로동신문』 사설은 농민들에게 경고한 바 있다. "우를 쳐다보고 앉아뭉개면 농사에서 백번 패한다…박막, 비료에 대한 의존심을 버리면 농사에서 성공하고 버리지 않으면 패한다."[80]

1995년의 홍수 이후, 식량 배급은 대부분 산발적이거나 혹은 일어나지 않는 일이 되었으며, 이러한 위기의 지속은 정부로 하여금 자연스럽게 "예외주의적 복지(exceptionalist welfare)"의 형태를 도입하도록 만들지도 모른다. "예외주의적 복지"에서 사람들은 지역적 수준에서 주로 그들 자신의 복지를 책임지게 되지만, 종종 평양의 자비로운 지도층으로부터 "선물"을 받을지도 모른다. (자비로운 김정일 덕분에) 평양의 특권층 거주자들에게 몇 대 트럭 분의 과일이 도달하는 것과 같은 선물은 북한의 국내 텔레비전을 통해 방영될만한 가치가 있는 뉴스였다.[81]

북한 경제에서 일어난 변화가 중국에서 일어났던 변화에 근접할 것이라 보기는 어렵다.[82] 베이징에서는 최우선적 관심사가 당의 권력을 유지하는 것이었다. 그러나 평양의 최우선 관심사는 김정일의 권력을 유지하는 것이다. 북한 주민들을 해외 영향력으로부터 격리시키기 위

---

80 김진오, "화학비료, 박막 아니더라도 농사를 지을 수 있다." 『로동신문』, 1999년 2월 21일.

81 KCBN television broadcast, July 20, 1997, translated by FBIS, *East Asia*, March 4, 1999.

82 어떠한 근본적인 개혁도 채택되지 않을 것이라는 결론을 지지하는 북한경제에 대한 훌륭한 분석으로는 다음을 참조. 전홍택, 김상기, 『북한경제의 현황과 실상』 (서울: 한국개발연구원, 1997).

해 변화들에 대한 엄격한 제한이 가해질 것이다. 김정일은 그의 정권을 유지하기 위해 심지어 수백만 명 인민들의 죽음도 받아들이며 어떤 것도 마다하지 않을 것으로 보인다. 그는 고통받고 불행한 대중들의 반란을 막기 위해 전통, 이념, 그리고 사회적 통제에 의존한다. 북한의 선전선동은 북한 인민들을 위한 "낙원"은 물질적 낙원이 아닌 사상적 낙원임을 강조한다. 이는 대중의 기대치를 낮추기 위한 전략이다. 1990년대 후반, 경기 침체를 회복하기 위해 대담한 개혁을 추진하는 대신, 김정일은 북한 사람들을 선사시대 농민, 수렵인과 채집인으로 변모시킬지도 모르는 경제 계획에 눈을 돌렸다. 감자를 기르고, 토끼와 염소를 기르자는 자력갱생 캠페인에 대한 그의 공개적인 지지는 사람들에게 쌀과 소고기국을 제공하겠다는 과거의 약속을 대체하는 것이었다.[83]

대외 경제 정책의 측면에서 김정일은 중국과의 지원 관계는 계속 유지한 채로, 구소련으로부터 받던 지원의 단절을 자본주의 해외 원조와 투자로 대체하기를 열망하였다. 이러한 정책의 성공은 심지어 그 자신마저도 놀랐을 것이 분명하다. 1994년부터 1998년까지 북한은 미국—북한이 주적으로 규정하는—으로부터 2억5천만 달러의 원조를 받아

---

83 이 기사는 다음과 같이 말하고 있다. "토끼기르기야말로 누구나 마음먹고 해볼만한 일이며 전 군중적으로 벌려야 할 사업이다. 우리 인민들은 누구나 다 토끼를 길러본 경험을 가지고 있다. 때문에 토끼기르기는 학교가 가정, 일터 그 어디에서나 능히 할 수 있다. 흔히 토끼기르기라 하면 아이들이나 할 일이라고 생각할 수 있는데 그렇게 볼 사업이 아니다. 이 문제는 당의 방침을 관철하는 중요한 정책적 문제이다." 『로동신문』, 1999년 1월 27일. 몇 달 뒤 북한 농업부 부부장이 토끼 기르기에 대해 조언하는 일에 끼어들었다. 그는 정부가 "토끼기르기를 전당적, 전국가적 운동으로 대대적으로 벌릴데 대한 조치를 취해 주시었다"하는 과정에 있고 또한 토끼협회(a Rabbit Society)를 조직화하였음을 밝혔다. 계송남, "다시 한번된 바람은: 농업성 부상이 들려준 이야기," 『로동신문』, 1999년 7월 30일, 3면. 토끼와 다른 초식동물들은 집에서 고기를 얻을 수 있는 유일한 원천은 아니다. 몇 년 동안 평양의 방문자들은 아파트 거주자들이 부족한 식량 배급을 보완하기 위해 자신들의 아파트에서 가축을 기른다는 말을 들어 왔다.

아시아 국가들 중 가장 많은 원조를 받은 나라가 되었다.[84] 워싱턴이 북한을 주요 안보위협 국가이며, 테러리스트 국가, 그리고 마약 판매국가로 지정했지만, 북한에 대한 이러한 경제적 원조를 중단하지는 않았다. 평양은 만약 이러한 원조가 이루어지지 않는다면 북한의 붕괴가 발생할 것이고, 이는 훨씬 더 심각한 인도주의적 비극을 해결하기 위해 더 큰 규모의 해외 원조를 필요로 할 것이라는 위협(지원국이 인식하기에는)을 인도주의적 가치에 대한 호소와 결합시켜 경제적 원조를 간청하였다. 그러나 권위 있는 『로동신문』·『근로자』의 1998년 9월 합동기사는 다음과 같이 경고한다. "여태껏 국가 경제의 발달에 기여한 해외 자본은 존재하지 않았으며 앞으로도 존재하지 않을 것이다. 해외 자본은 마약과 같다."[85]

1998년 8월 북한은 '강성대국'이라는 국가 목표를 발표하였다. 이는 "군사적, 경제적으로 강한 국가"를 의미한다. 평양이 워싱턴과 핵과 미사일 문제에 관해 협의하는 과정에서 전개된 것으로 보이는 이 전략은 북한이 대량살상무기의 생산과 판매를 제한하는 대가로 해외 정부로부터의 원조를 요구하는 방식이다. 1994년 미국과의 제네바협정(미-북 핵동결협약, Agreed Framework)은 북한으로 하여금 오직 군사적 위협을 통해서만 열강들을 협상 테이블로 끌어올 수 있다고 확신하게 만들었다. 이러한 전략의 필연적 결과는 북한이 다른 나라로부터 호의를 기대하지 않고, 반대로 위협을 통해서 자신이 원하는 것을 얻고자 한다

---

84 Douglas Farah and Thomas W. Lippman, "The North Korean Connection," *Washington Post*, March 22, 1999, pp. A21, A22.

85 "Let Us Adhere to the Line on Building a Self-Reliant National Economy to the End."

는 것이다. 이것이 초래하는 하나의 국내적 결과는 더 많은 돈이 무기 기술과 생산에 투여됨으로써 민간 경제의 건전성과 군사 경제의 견고성 사이의 격차가 점점 더 벌어진다는 점이다. 만일 이것이 북한의 경제 전략에 대한 적절한 서술이라면, 이는 북한 주민들에게는 좋지 않은 소식이다. 경솔하게 북한으로 이주하였다가 일 년 후 간신히 탈출한 남한 경제학자 오길남은 김정일 정권을 점점 더 약해져 가는 희생자 즉, 북한 주민들의 목에서 피를 빠는 흡혈귀(Dracula)로 묘사하였다.[86] 군사 우선 정책은 무자비하게 호전적인 북한을 억제하고자 하는 외국 정부들에게도 도전이 되고 있다. 가장 비극적으로는, 해외 원조와 대량살상무기 생산에 점점 더 의존하는 것이 김정일 정권으로 하여금 북한경제 체제의 내재적 약점들을 직시하지 않도록 만들 것이다.

---

86 오길남, 「북한정권의 경제정책」.

CHAPTER FOUR

지도자, 당, 그리고 인민

김정일은 21세기의 향도성(嚮導星)으로
떠오르고 있다.

CHAPTER FOUR ─────────────

김정일은 21세기의 향도성(嚮導星)으로 떠오르고 있다.[1]

김일성은 재임 당시 세계에서 가장 통치 기간이 길었던 지배자였으며, 새로운 세기로 넘어갈 즈음 그의 아들은 4반세기 동안 공화국의 일상적인 사안들을 관리해 오고 있었다. 처음부터 주체사상은 정책 결정의 첫 번째 원칙이자 김씨 가족 왕국의 유지를 위한 강력한 수단으로 만들어졌다. 주체사상은 점차적으로 냉전 시대의 동맹국을 포함한 보다 강한 국가들로부터 자신의 독립성을 유지시켜줄 하나의 원칙에서 전지전능한 지도자의 리더십 하에 사회정치적 통합성을 이루기 위한 이론으로 변모해 왔다.

---

1 "Kim Jong Il Emerges as the Lodestar for Sailing the 21st Century," *New York Times* [headline from a full-page advertisement], December 16, 1997, p. A21.

"위대한 지도자" 김일성

김일성은 김성주라는 이름으로 평양과 가까운 만경대에서 1912년 4월 15일에 태어났고, 아버지는 미국 선교사들이 설립한 학교에 다녔었던 한방약재사였다.[2] 김일성의 가족은 3남 중 장남이었던 김일성이 7살이 되었을 때 일제하의 한국에서 만주로 이주하였다. 김일성은 바다오거우(八道溝)역주: 중국 지린성(吉林省) 창바이현(長白縣) 소재에서 7년간 학교를 다닌 후에 13살에 다시 바다오거우의 학교로 돌아가기 전까지 2년 동안 평양으로 돌아와 중학교를 다녔다. 김일성의 아버지는 그 다음 해에 사망하였고, 어머니는 7년 후에 사망하였다. 15살에 김일성은 만주 지린성에 있는 중학교에 입학하였는데, 그 당시 지린성에는 약 400,000명의 한국인이 거주하고 있었다. 김일성은 청년동맹에 가입하여 그 당시 만주를 지배하려던 일제에 저항하는 활동에 참여하였다. 그의 이름이 일본 기록에 처음 등장하였던 것은 1929년 5월이었고, 김일성(17살)은 조선공산주의청년동맹의 조직을 도운 혐의로 체포되어 몇 달 동안 감옥에 갇혀 있었는데, 그로 인해 김일성은 8학년으로 학업을 중단하고 정치에 뛰어들게 되었다. 몇 달 후 출소하여 김일성은 지린성에서 새롭게 만들어진 연합체인 동만지구 공산주의청년동맹의 조직위 구성원이 되었다. 이때 즈음 여러 해에 걸쳐 학교에서 학생들을 가르치며 돈을 벌

---

2   김일성에 대한 영어로 된 가장 권위 있는 자료로 다음을 참조. Dae-sook Suh, *Kim Il Sung, The North Korean Leader* (Columnbia University Press, 1988). 김일성을 근대 세계의 유교적 유형의 지도자라기 보다는 스탈린주의적 형태의 지도자로 묘사하고 있는 보다 최근 자료로는 다음을 참조. Adrian Buzo, *The Guerilla Dynasty: Politics and Leadership in North Korea* (Westview Press, 1999).

었다. 김일성의 군경력은 스스로를 조선혁명군이라 부른 게릴라조직에 가입하였던 20살에서 21살 경에 시작되었다. 젊은 김일성은 그 당시 유명한 한국 출신의 저항군으로 알려져 있었는데, 정치적으로는 입지가 낮았고, 어떠한 한국의 정치세력도 지지하지 않았으며, 게릴라조직의 지도자 역할을 수행하지도 않았다. 김일성이 몸담았던 게릴라조직은 일제에 의하여 와해되고 지도자는 감옥에 갇혔으나, 그는 가까스로 감옥행을 피하였고, 1932년부터는 만주의 중국군 파견부대에 속해 있던 다양한 소규모 게릴라조직을 통해 일제에 대항하였으며, 때때로 한국을 드나들었다. 김일성은 마침내 소규모 게릴라조직의 지도자가 되었으나, 조직에 속한 인원의 수는 거의 100명을 넘지 못하였고, 대부분은 그보다 적었다.

중국군과 한국인 저항세력은 중국 북부를 장악하던 잘 훈련되고 제대로 무장한 일본군의 상대가 되지 못했으며, 김일성과 한인 동포들은 1941년 어쩔 수 없이 러시아의 해안 지방으로 도망갈 수밖에 없었다. 김일성은 하바로프스크(Khabarovsk) 가까이에 위치한 막사로 배정되었는데, 그는 그곳에서 추가적인 군사훈련을 받았다. 그 당시 그는 또한 1936년 그의 게릴라조직에 군인으로 참여했던 김정숙과 결혼하였다. 그들의 첫 아들인 김정일은 1942년 2월 16일 하바로프스크의 막사에서 태어났다. 김일성은 자신의 공훈을 통해 일본의 군인들 사이에서는 악명을, 한국의 애국자들 사이에서는 명성을 얻었지만, 그는 그와 비슷한 수많은 용감한 한국 군인들 중 하나에 불과하였다. 그가 다른 이들에 비해 가진 장점은 일제의 포위를 어떻게든 빠져나와 종국에는 "승리자"로 남게 되었다는 점이었다.

일본은 1945년 8월 15일 연합국에 항복하였고, 합의에 따라 미국은 일본의 항복을 받기 위해 남쪽으로부터 한반도에 들어왔고, 불과 1주 전에 일본에 선전포고를 한 러시아는 북쪽으로부터 한반도에 들어왔다. 일본이 항복하고 1개월 후인 9월 19일 김일성은 전쟁영웅이 아닌 소련군의 대위로서 보트를 타고 한국에 도착하였다. 그의 도착은 정치적 이목을 끌지 못하였다. 그는 일제 시기 동안 지하에서 활동하며 살아남았던 한국의 공산주의자들을 포함하여 이제 즉시 한국에서 표면적인 활동을 개시한 어떠한 정치집단에도 속하지 않았다. 그의 정치적 장점은 가혹한 전쟁의 상황에서도 살아남는 능력을 증명하였다는 점과 군사적 공적으로 인하여 존경을 받고 있다는 점(비록 다수의 사람들은 33살밖에 안 된 인물이 그렇게 유명한 게릴라전사인 김일성이라는 사실을 믿지 않았지만) 그리고 소련 당국에는 상당히 알려진 인물이라는 점이었다. 공산주의자와 비공산주의자를 모두 포함하는 임시정부를 조직화하고자 하던 러시아의 처음 시도는 성공적이지 못했다. 어떠한 경우에도 김일성은 그러한 정부에 포함되지 않았다. 러시아는 얄타 협정에 따라 한국을 5년간 신탁 통치한다는 미국의 구상을 받아들이고자 하였으나, 한국의 비공산주의 집단들은 이에 대해 강력하게 반대하였고, 임시정부는 실패로 돌아갔다.

　러시아는 그 후 1946년 2월 8일 임시인민위원회를 수립하여 김일성을 이 조직을 이끌 위원장으로 임명하였다. 알렉산드르 마쩨비치 이그나티에프(Alexandre Matcevich Ignatiev) 대령의 정치적 지도 하에 김일성은 한국 토착 공산주의자들과 민족주의자들, 중국으로부터 귀국한 한인들, 그리고 김일성 자신과 마찬가지로 러시아에서 돌아온 한인들을 비롯한 현재 활동 중인 다양한 정치집단들을 임시인민위원회에 참여시키고자 하였다. 자신의 정치조직 내에서 김일성은 그와 함께 싸워왔던 200명도 안 되는 소수의 빨치산들의 충성심에 기댈 수밖에 없었고, 토착 한인들의 정치집단들은 그를 지지하지 않았다. 그러나 대부분의 유명 정치인들이 통일한국의 정치적 중심지가 될 것이라고 생각한 서울로 가버렸기 때문에 김일성의 정치적인 운은 강화될 수 있었다. 그들이 서울로 떠나게 되어 김일성과 그의 소련 조언자들은 평양에서 상대적으로 자유로운 활동 공간을 누릴 수 있었다.

조선로동당은 1946년 8월 말에 수립되었으나 러시아의 강력한 지원에도 불구하고 김일성은 위원장으로 선출되지 못했다. 그 대신 좀 더 유명한 한국의 정치인이자 중국으로부터 귀국한 한인 단체에 소속되어 있던 김두봉이 위원장으로 선출되었으며, 김일성은 2명의 부의장 중 한 명이 되었다. 김일성은 교묘히 자신의 정치적 입지를 강화하였고, 결국 1949년 조선로동당 위원장 자리를 차지하였다. 그는 그 자리를 1994년 사망할 때까지 유지하였다.

1949년이 되자 앞으로 당분간 한국이 분단된 상태로 유지될 것이라는 우려가 나타나기 시작했다. 별개의 남한 정부가 UN에 의해 한반도의 유일한 정당성 있는 정부로 인정되었고, 미국에 의해 지원을 받는 남한의 이승만 대통령은 공산주의자들이 남한에서 활동 기반을 구축할 수 없게 만들었다. 김일성은 무력만이 한국을 재통일할 유일한 수단이라고 판단하였다.

김일성은 스탈린과 마오쩌둥의 마지못한 지지를 등에 업고 1950년 6월 25일 한국전쟁을 개시하였다. 초반의 군사적 승기에도 불구하고 북한군은 자신들이 기대했던 공산주의에 동조적인 남한사람들의 봉기로부터 별다른 도움을 받지 못한 채 남북한을 나눈 38선을 건너 후퇴하여 결국 미국이 주도하는 UN군에 의해 중국까지 밀러났다. 김일성 정권은 100만의 중국군이 전쟁에 개입함으로써 살아남을 수 있었고, 중국군은 한국전쟁의 나머지 기간 동안 군사전략에 대한 통제권을 가졌다. 김일성은 전투 실패에 대해 자신의 파벌 세력 중 일부를 포함한 다른 사람들을 비난하였고, 중국군이 UN군으로부터 평양을 다시 탈환하자마자 정적들을 숙청하기 시작했다. 1953년 휴전에 대한 합의가 이루어지자마자 배신 혐의에 대한 재판과 처형이 진행되었고, 김일성이 모든 정적을 제거하고, 정부뿐만 아니라 북한 역사에 대한 전적인 통제권을 쥐고 스스로를 미국의 압제를 격퇴한 승리한 장군으로 역사를 개작할 때까지 숙청은 1950년대 내내 지속되었다.

이후 40년간 김일성은 북한의 재건을 감독하며 능숙하고 무자비하게 권력을 강화하였다. 그의 지도력은 굉장했다. 그는 자신에게 조언(대부분은 잘못된)을 제공하고 사회주의 사회의 건설을 위해 에너지를 집중하는 사람들 사이에서 오가며 일하는 지칠 줄 모르는 일꾼이었다. 그는 한반도를 무력으로 재통일하기 위한 준비를 게을리하지 않았다. 김일성은 또한 사회주의자들의 세계에서 능력 있는 대변자로 성장하였는데, 종종 중국과 소련을 방문(주로 원조 요청을 목적으로)하였다. 알제리와 인도네시아 방문을 제외하면 김일성은 비사회주의 국가에는 발을 들이지 않았고, 주요 서방국가의 지도자들과는 만남을 갖지 않았다. 그의 세계는 사회주의로 제한되어 있었다. 김일성은 여러 권으로 구성된 그의 전기인 『세기와 더불어(With the Century)』의 책 제목과는 다른 삶을 살았다. 아드리안 부조(Adrian Buzo)가 주장한 바와 같이, 김일성은 사실상 자신의 초기 경험을 넘어서는 지적 성장을 이루지 못했다.

> [김일성의] 강점은 자기 수양, 회복력, 정신적 강인함 및 강력한 노동관과 같은 기본적인 것이었으나, 그의 약점은 훨씬 더 두드러졌다. 그의 약점은 제한된 교육, 오랜 동안의 군사적 투쟁, 그리고 과두정치 내에서의 정치적 교전의 영향 하에서 형성된 그의 지적 능력에서 비롯되었다. 그 결과 김일성은 경제개발과 근대화를 추구하기 위한 효과적인 정책의 틀을 갖출 수도 없었고, 그러한 일이 가능한 이들의 조언을 구할 수도 없었다. 스탈린주의의 보편성에 대한 확신을 갖고 있던 김일성은 이를 더 정교화하거나 수정하는데 관심이 없었고, 근대화에 대한 그의 개념은 점점 더 과거 속에서 굳어졌다.[3]

김일성의 정치적 위치는 1960년대 말 난공불락의 수준이 되었다. 1972년의 헌법 하에서 그는 정부의 주석(그는 전까지는 총비서로 통치하였다)이 되었으며, 조선로동당의 위원장직도 지속하였다. 그와 같은 시기에 김일성은 후계자를 준비하는 것에 대해서 진지하게 생각하기 시작하였다. 첫 번째 부인인 김정숙은 1949년 유아기에 사망한 김정일의 남동생을 낳다가 사망하였다. 김일성은 1963년 재혼하여 두 번째 부인인 김성애로부터 또 다른 아들이 김평일을 얻었다. 1970년대 초 김일

---

3 Buzo, *The Guerilla Dynasty*, p. 241

성은 유교적 전통에 따라 그의 장남을 후계자로 정했으나, 그는 1980년까지 미래의 지도자로 대중에게 소개되지 않았다.

김일성은 악화되는 경제 문제와 냉전 시대를 거치며 증대된 정치적 고립으로 고통받는 나라를 통치하였다. 1970년대 동안 김정일이 점차 국내 문제에 대한 관리를 넘겨받으면서 김일성은 외국의 고위 인사들을 맞이하고 자서전을 집필하는데 시간을 쓸 수 있었다. 김일성은 1994년 7월 8일 82세의 나이에 심장마비로 사망하는 날까지 일선에 있었다. 김일성이 사망했을 때 대부분의 북한 사람들은 그의 죽음을 진심으로 애도하였다. 고난이 점점 더 심해지고 있음에도 불구하고, 북한 사람들은 김일성을 한국전쟁 이후 북한이 회복할 수 있도록 인도해준 지도자로 기억하였다. 김일성의 인생에서 진정한 사실들, 즉 일제로부터 한국을 해방시키지 못한 것, 한국전쟁을 일으킨 책임, 그리고 국제 무대에서의 낮은 입지는 여러 해를 거치면서 이루어진 역사 조작을 통하여 "항상 승리한" 군인 그리고 세계의 진보적 사람들의 지도자라는 이미지로 대체되었다. 이러한 이미지가 바로 북한 사람들이 애도하였던 김일성의 모습이었다.

"친애하는 지도자" 김정일

아버지가 살아있는 동안 김정일은 "친애하는 지도자(dear leader)"라 불렸으나, 그 이후 그는 점점 더 "경애하는 장군님(respected and beloved general)"이라는 자신보다는 자신의 아버지에게 더 적절한 호칭으로 불려져 왔다. 김정일은 방탕한 유년기를 보낸 후에 유능한 관리자로 성장하였으나, 영웅적인 군인의 모습은 아니었다.

초기 시기

시베리아 아무르 강을 낀 하바로프스크 근처 러시아 군 막사에서 태어난 김정일은 유리(별칭 유라)라는 러시아 이름을 가졌으며, 이를 고등학교 때까지 유지하였다.[4] 김정일은 태어나고 1년간은 게릴라 전사들의 다른 자식들과 함께 막사의 유치원에서 생활하였다. 그의 성격은 어느 정도는 아버지를 닮아서 어렸을 때에는 자주 사고를 치는 거친 아이였다. 외모는 어머니를 닮아 키가 작고 못생긴 편이었다. 김정일의 남동생인 슈라는 김정일과 놀던 도중 김일성 관저의 정원에 있는 작은 연못에 빠져 5살의 나이로 익사하였다.

김일성이 광복 한 달 후에 평양으로 돌아왔을 때, 김정일과 김정일의 어머니는 2달간 더 러시아에 머물렀고, 11월 25일 웅기(나중에 "선두

---

4   김정일의 어린 시절에 대한 신화는 다음 자료들에 의해 그 민낯이 드러나고 있다. Osamu Megumiya, "Secret of Kim Chong-il's Birth and Life of His Mother, Kim Jong-suk," *Seikai Orai*, August 1992, pp. 34-39; and in an ROK government publication, *The True Story of Kim Jong-il* (Seoul: Institute of South-North Korea Studies, 1993). 김정일의 후년 삶에 대해서는 다음의 논문들에 의해 다루어지고 있다. So Song-u, Chon Hyon-chun, Kim Chong-min, and an uncredited resume of Kim, published in the February 1994 issue of *Pukhan*; translated by Foreign Broadcast Information Service, *Daily Report: East Asia*, 94-095, May 17, 1994, pp. 34-41. (이하 FBIS, East Asia로 표기) 북한이 공식적으로 제시하는 김정일의 삶은 진실성이 매우 모호한 칭송일색의 다음과 같은 제목의 전기가 있다. *Kim Jong Il, The Lodestar of the 21st Century*. 이 책은 친북적인 일본 조직에 의해 관리되는 KCNA에 소속된 다음 웹사이트에 연재되어 있다. www.kcna.co.jp/works/work.htm (accessed February, 2000).

의 횃불"을 의미하는 "선봉"으로 명칭 변경)의 북부 연안을 통해 한국에 도착하였다. 웅기는 현재 나진-선봉자유무역지대의 일부이다. 김정일의 가족은 평양에 거주지를 정하고, 김정일은 7살의 나이에 특권층을 위한 남산학교에 입학하였다. 김일성이 18년 후 더 매력적이고 교양 있는 여성과 재혼할 때 김정일은 계모를 굉장히 시기하였고, 아버지가 재혼한 것에 대해서 분노하였다고 전해진다. 1994년 김일성의 사망 후에 김일성의 두 번째 부인인 김성애는 북한에서 그 존재가 무시되는 사람이 된 반면, 김일성의 첫 번째 부인이자 김정일의 친모는 사후에 영웅적 존재로 격상되었다.

1950년 평양이 UN군에 점령되었을 때 김정일과 김정일의 어머니는 만주의 길림성으로 피신하였다. 중국군이 평양을 재탈환 한 후에 그들은 평양으로 돌아왔고, 김정일은 여러 학교를 전전한 후에 1960년 마침내 남산고급중학교를 졸업하였다. 졸업앨범에는 유라라고 적혀 있기는 하나 김정일은 그의 한국 이름을 사용하기 시작하였고, 1980년 정치무대에 등장하면서 그의 이름 "정일(正日)"에서 원래 "첫 번째"를 의미하던 "일(一)"은 "태양"을 의미하는 "일(日)"로 한자가 바뀌었다. 이 새로운 한자 이름은 아버지의 이름인 "일성(日成)"의 첫 번째 한자어와 같은 단어이다. 흥미롭게도 김정일의 어머니 이름인 "정숙(正淑)"의 "정"자 역시 원래 "미덕"을 뜻하는 한자인 "정(貞)"이었으나 사후에 "바름"을 뜻하는 한자인 "정(正)"으로 바뀌어 김정일 이름에서 쓰이는 것과 같은 한자어가 되었다.[5] 이리하여 김정일의 이름은 아버지로부터 "일(日)"과 어머

---

5   Megumiya, "Secret of Kim Chong-il's Birth," pp. 34-39.

니로부터 "정(正)"를 따온 것이 되었고, 이는 그가 진짜 혁명적 혈통을 가지고 있음을 나타냈다. 1990년대가 되면 이러한 이름을 통한 교묘한 술책은 대부분의 북한 사람들에게는 무의미한 것이 되었는데, 주체사상이 한자 학습이나 사용을 금지하였기 때문이다.

일부에서는 김정일이 고등학교 졸업 후에 동독의 공군사관학교에 다녔다고 하는데, 만약 그게 사실일지라도 공군사관학교에 다닌 것은 불과 몇 개월 밖에 되지 않았을 것이다. 왜냐하면 김정일은 고급중학교를 졸업한 해에 김일성종합대학 정치경제학과에 진학했기 때문이다. 1964년 대학 졸업 후에 김정일은 아버지의 경호를 담당하며 조선로동당 중앙위원회의 조직지도부에서 직위를 맡았다. 조직지도부는 당 또는 정부의 관료체계에서 가장 중요한 조직이며 김일성의 동생인 김영주가 위원장이었는데, 그 당시에는 김영주가 김일성의 후계자로 가장 유력한 후보였다. 조직지도부에서 10년간 있으면서 김정일은 자신의 삼촌인 김영주(혹은 그 외 다른 유력인사들)와 좋은 관계를 유지하지 못한 것으로 보인다.

권력 승계

김정일을 김일성의 후계자로 만들기 위한 장기간에 걸친 작업은 1971년 6월에 있었던 사회주의 로동청년동맹(현재 명칭은 김일성사회주의청년동맹)의 6번째 회의에서 시작된 것으로 보인다. 그 당시 김일성은 구세대들이 해방 이후 세대들로 하여금 혁명의 횃불을 들도록 하여야 한다고 주장한 것으로 전해진다.⁶ 이것을 정치적 신호로 해석한다면, 이는 최고 자리에 대한 결정을 고려하는데 있어 한 세대 또는 두 세대가 건너뛸 수 있음을 의미하는 것이었다. 김정일이 마침내 권력을 계승할 것이라는 더욱 명확한 신호는 1972년 12월에 열린 제5기 최고인민회의 대의원 선거의 6차 총회에서 있었던 조선로동당 중앙위원회 회의에 대한 보고서에서 찾을 수 있다. 그 당시 김일성의 빨치산 시절 전우들 중 2명이 김정일의 이름을 제청하였다.⁷ 그와 동시에 사회주의 국가가 권력 세습을 용인할 수 있는지에 대한 문제가 공식문건으로 다뤄졌다. 북한 사회과학원의 정치용어사전 1970년 판은 권력 세습을 "착취사회의 반동적 관습"이자 "후에 봉건영주가 독재지배를 영속화하기 위하여 받아들인 노예사회의 산물"이라 칭하며 비난하였다. 1972년 판에서는 이러한 내용이 삭제되었다.

1973년 31살(아버지인 김일성이 해방 이후 평양으로 돌아왔을 때와 같은 나이)이 된 김정일은 당중앙위원회 정치국에 임명되었고, 당 또는 정부 내에서 가장 강력한 관료직인 조직지도부 부장의 직위를 부여받았다. 그는 또한 공개적으로 "당과 인민의 지도자"로 지정되었다. 그와 동시에 그 이유가 분명하게 알려지지는 않았으나, 북한 언론은 김정일을 이름이 아닌 "당중앙"으로 지칭하기 시작하였고, 이러한 명칭은 1970년대 말까지 이어졌다.⁸ 김일성과는 달리 김정일은 공식적으로 모

---

6   Kong Dan Oh, *Leadership Change in North Korean Politics: The Succession to Kim Il Sung*, R-3697-RC (Santa Monica: Rand, 1988), p. 7.

7   Oh, *Leadership Change*, p. 8.

8   Morgan E. Clippinger, "Kim Chong-il in the North Korean Mass Media: A Study of Semi-Esoteric Communication," *Asian Survey*, vol. 21 (March 1981), pp. 289-309.

습을 드러내는 것을 기피하였다.

김일성의 정치철학을 가다듬고 실행하는 자라는 자신의 역할을 증진시키기 위하여 1974년 4월 김정일은 "10대 원칙"을 발표하였는데, 여기에는 온 사회가 주체사상으로 일색화 되어야 하며, 모든 이들은 김일성에게 전적으로 충성하고 복종하여야 한다는 명령이 포함되어 있다.[9] 이는 국가와 그 지도자를 개념적으로 단일한 개체로 만들기 위하여 설계된 통치자의 헌법과 같은 것이 되었다. 김정일의 조직지도부에 속한 인원들은 나라 곳곳을 방문하여 이러한 원칙들을 설명하고 김정일이 차기 지도자가 될 것임을 공표하였다.

새롭게 떠오르고 있는 젊고 신비한 인물로서 김정일은 당원들의 주목을 끌었는데, 당원들은 차기 지도자에게 환심을 사려 했고, 김정일을 화려하게 뜨고 있는 스타 정치인으로 바라봤다. 김정일이 머리를 짧게 자르기 시작하자 여러 당원들이 "속도전 헤어스타일"이라는 별명을 붙였고, 김정일이 더 열심히 더 빨리 일하자는 캠페인을 추진한 후에는 그의 헤어스타일을 따라 하기 시작했다. 김정일이 파마를 하기 시작하자 많은 당원들이 이를 따라 했다.

김정일을 진지하고 심각하게 여긴 것은 현명한 것이었다. 왜냐하면 후계자로 지정되자마자 김정일은 자신을 지지할 수 있도록 설득될 수 있는 영향력 있는 인사들의 환심을 사고 세습을 반대할 가능성이 있는 이들은 내침으로써 권력을 강화하였다. 김정일의 권력 승계에 그다지 열정적이지 않았던 것으로 알려진 김일성의 빨치산 전우들 중 한 명인 남

---

9   *A Handbook on North Korea*, first rev. (Seoul: Naewoe Press, November 1998), pp. 16-17.

일은 1976년 한밤중에 대형트럭이 자신의 차량을 덮쳐 사망하였다. 또 다른 빨치산이자 부주석이었던 김동규는 1976년 당회의에서 김정일을 비난한 것으로 알려져 있는데, 그는 강제수용소로 보내졌고, 그곳에서 1980년대 사망하였다.[10] 이들은 김정일이 권력을 잡는 도중 주변으로 밀려난 고위 간부들 중의 두 명에 불과하다. 1970년대 김정일은 당의 모든 수준에 있어서 수천 명의 간부들을 승진에 대한 은혜의 보답으로 자신에게 개인적인 충성을 바칠 수 있는 보다 젊은 당원들로 교체하였다.

김정일은 자신의 지지자들에게는 선물을 아끼지 않는 것으로 유명했고, 때때로 벤츠 자동차(2-16과 같이 생일을 나타내는 번호판을 가진)와 같은 고가의 선물들도 마다하지 않았다. 전직 북한 간부의 이야기에 따르면, 김정일은 평양의 외화상점(외화로만 구입 가능한 외국의 명품을 판매하는 매장이며, 그렇기 때문에 일반인은 출입금지)의 개점식에 참석하였다. 김정일은 부하들에게 선물로 줄 테니 원하는 것이라면 무엇이라도 고르라고 이야기하였다. 처음에 부하들은 조심스러워하며 볼펜이나 거울과 같은 물건들을 골랐다. 김정일은 그들에게 진짜 남자답게 행동하라며 자신이 선물할 가치가 있는 물건들을 고르라고 하였다. 한 시간도 안 되어 간부들은 TV세트, 냉장고와 같은 물건들을 가득 들고 나왔다.[11] 김정일은 군부에 대해서도 소홀하지 않았다. 김정일은 아버지의 빨치산 전우들 중 한 명이었던 오진우를 각별히 배려한 것으로 알려져 있다. 오진우는 인민무력부장 직을 맡고 있었는데, 이는

---

10 이양구, 『김정일과 그의 참모들』 (서울: 신태양사, 1995), pp. 283-90, 374. 또한 다음을 참조. 강명도, 『평양은 망명을 꿈꾸다』 (서울: 중앙일보사, 1995), pp. 66-69.

11 1990년대 초에 탈북한 한 전직 북한 외교관과의 인터뷰

북한 서열 3위의 위치였다(그는 1995년 2월 중병으로 사망하였다). 김정일은 오진우에게는 칭찬과 선물을 아끼지 않았고, 소문에 의하면 오진우가 심각한 교통사고에서 회복하는 것도 지켜봤다고 한다.[12] 오진우는 김정일의 지지자가 되었고, 김정일이 군사기지나 기타 장소들을 방문할 때 종종 그와 동행하여 위엄을 높여 주었다.

김정일의 조직지도부는 그의 권력 승계 과정에서 중요한 역할을 하였고, 조직지도부장은 김정일이 북한 내부의 인사를 관리하는데 있어서 최적의 직위가 되었다. 조직지도부는 북한에서 가장 총명한 인재들을 등용하여 국가의 선전과 선동을 담당하게 하였다. 이들 구성원들(가장 유명한 인물은 황장엽으로 그는 1997년 남한으로 망명하였다)은 주체사상의 내용과 그것의 정교화뿐만 아니라 김일성-김정일 부자의 신화도 만들었다. 예를 들어, 김정일이 공산주의의 전통적인 "붉은 기" 이미지를 강조하였을 때 이들은 전체 붉은기 사상운동을 만들어냈다. 짐작컨대 김정일이 쓴 것으로 알려진 수많은 글들의 대부분이 이들에 의해 작성됐을 것인데, 왜냐하면 김정일이 설령 자기가 쓰겠다는 의향이 있었다 하더라도 국가를 관리하는 그의 역할을 감안하면 그가 그러한 글들을 쓸 시간적인 여유가 없었을 것이기 때문이다.

김정일은 1980년 10월에 열린 조선로동당 제6기 최고인민회의 대의원 선거에서 공식적으로 김일성의 후계자로 소개되었다(이후 1999년 현재까지 최고인민회의는 열리지 않고 있다). 최고인민회의 보고서 상

---

12 Shiozuka Mamoru, "Watch on North Korea—Secretary Kim Jong Il's Financial Resources and Connections: We Hear from Ko Yong-hwan, Ex-DPRK Diplomat" (in Japanese), *Sankei Shimbun*, November 21, 1992, morning edition, p. 4.

에 김정일은 10명으로 구성된 당 비서국에서 서열 2위, 5명으로 구성된 조선로동당 중앙위원회 정치국 상무위원회에서 서열 4위, 그리고 10명으로 구성된 군사위원회에서 서열 3위로 기록되어 있었다. 이 막강한 권력을 가진 3개 위원회 전부에 적을 두고 있는 다른 유일한 인물은 아버지인 김일성이었다. 최고인민회의 의장이었던 황장엽은 "당의 지도력과 수령의 자리는 중단 없이 이양이 완료되어야 한다. 권력 승계의 문제는 혁명의 운명을 결정하는 근본적이고 필수적인 것이고, 이는 역사상 처음으로 수령님에 의해서 이루어졌다."라고 발표하였다.[13] 이러한 순조로운 승계절차로 인하여 북한은 마오쩌둥의 후계자를 선정하는 과정에서 중국이 겪었던 것과 같은 혼란을 경험하지 않았으며, 김일성은 아마도 자신의 후계자인 니키타 흐루시쵸프(Nikita Khrushchev)에 의하여 성토당한 스탈린(Stalin)과 같은 운명을 겪지 않게 될 것이다.

김정일의 권력 승계가 공개적으로 발표된 후 북한 언론은 점차 김정일의 암호명인 "당중앙"이라는 단어의 사용을 중단하였고, 그는 보다 자주 김일성과 함께 "현지지도"에 나서게 되었다. 그러나 김정일은 대부분 막후에서 일을 추진하였다. 김일성의 통치가 거의 끝나갈 무렵이 되어서야 1980년대 내내, 그리고 황장엽에 따르면 심지어 1970년대에도, 북한 정권을 대부분 이끌어온 것은 김정일이었음이 드러났다.

김정일은 "원수"라는 칭호를 부여받고 인민군 최고사령관으로 임명된 1992년까지는 (당에서 그랬던 것과는 반대로) 정부직책을 맡지 않았다. 하지만 이러한 최고사령관 임명은 두 가지 이유에서 정치적으로

---

13 Oh, *Leadership Change*, p. 14.

어색한 것이었는데, 첫 번째 김정일은 군 복무를 하지 않았다는 점이고, 두 번째는 헌법상 국가주석(김일성)이 군의 최고사령관을 맡도록 되어 있다는 점이다. 두 번째 사안은 이듬해에 헌법을 개정함으로써 처리되었다. 김정일의 군사 경험 부재라는 문제는 선전선동부가 김정일의 이력을 조작함으로써 메워졌다. 군부에 대한 통제력을 더욱더 강화하기 위하여 김정일은 1993년 스스로 국방위원장의 자리에 앉았다.

적합한 직위를 가지지 않고 일하는 그의 습관에 따라 북한이 법에 기반한 것이 아닌 통치자 기반의 정부임을 보여주는 강력한 징후로 김정일은 김일성이 사망한 후에도 최고사령관이라는 직위로 북한을 계속해서 통치하였다. 1997년 10월 김정일은 당 대의원선거에서 어려움 없이 "만장일치로" 김일성의 직책이었던 조선로동당의 총비서로 선출되었다. 1998년 마침내 새로운 최고인민회의 대의원이 선출(1990년 이후 처음으로)되었고, 헌법개정에 따라 국가주석의 직위는 폐지하여 김일성이 영원한 국가주석으로 남을 수 있게 하였다. 김정일은 국방위원장으로 재선출(즉, 스스로 임명)되었으나, 새로운 직위를 갖지는 않았다. 명목상 정부를 이끌고 공적인 자리에 모습을 드러내기 위해 외교 수반이었던 김영남을 최고인민회의의 새로운 의장(해외에 소개된 언론자료로는 "국가원수")으로 선출하였다. 그러나 누가 진짜 북한의 국가원수인지 명확히 하기 위하여 김영남은 "국방위원장이 매우 중요한 직책이며 북한의 정치, 군사 및 경제에 대한 전권을 가지는 공화국의 최고위직"이라고 발표하였다.[14] 그러나 법률상 군사업무만 감독하는 국방위원장이

---

14   예를 들면 다음을 참조. "Kim Jong-il Era Dawns, with Military's Status Enhanced," *Vantage Point*, vol. 21 (September 1988), p. 1.

최고의 지위를 가진다는 것을 확인하기 위한 헌법개정은 이루어지지 않았다.

김일성의 사망 이후 김정일은 일반 대중에게 모습을 잘 드러내지 않았다. 수백 건의 문서들이 그의 이름으로 발행되었지만, 그가 공식적으로 등장해 발언을 한 것은 1992년 군 사열식 중에 "조선인민군에게 영광을"이라고 외친 것뿐이었다.[15] 매년 새해 첫날 지도자가 나와 신년연설을 하던 전통은 김일성의 사망과 함께 끝이 났다. 그 이후 북한의 주요 언론사에서 공동으로 신년 논설을 발행해 왔다. 1997년 새해 첫날 김정일은 간단한 손편지를 공개했으나 어떠한 연설도 하지 않았다. 1998년 북한 언론은 신년 메시지의 부재를 김정일이 새해 첫날 자정 김일성 산소를 방문한 직후 군부대 현지시찰을 위해 떠났기 때문이라고 설명하였다.[16]

김정일은 외국 고위관료들의 방문을 맞이하는 일도 거의 없었고, 외국으로 멀리 나가는 일도 거의 없었다. 젊었을 때 그는 1957년에는 모스크바로, 그리고 1959년에는 동유럽으로 아버지를 따라나선 일이 있었으며, 아마도 동독의 공군사관학교에서 몇 달을 보냈을 것이다. 1983년과 1984년 김정일은 중국을 방문하였다. 김일성은 외국 고위 관료들과의 만남을 즐겼으나 김정일은 항상 사람들과 어울리는 것을 불편해 했다. 김정일이 만남을 가진 것으로 알려진 유일한 서방 인사들은 2명의 이탈리아인들이었다. 1992년 김정일은 북한을 방문한 이탈리아 사

---

15 Teresa Watanabe, "N Korean Heir Apparent Is a Bizarre Enigma," *Los Angeles Times*, July 10, 1994, p. 1.

16 "Sacred Traces Which Replaced the New Year's Speech,' talk KCBN, January 28, 1998.

업가인 카를로 바에리(Carlo Baeri)를 환대하였고, 김일성이 사망한 한 달 후 이탈리아 국제관계연구원의 사무총장이던 지안카를로 엘리아 발로리(Giancarlo Elia Valori)를 만났다.[17]

개인적 성격

일부 분석가들은 김정일이 아버지인 김일성과는 달리 권력을 공유할 수밖에 없을 것이라고 예측하였다. 하지만 북한 정치 상황에 관한 제한된 증거들 대부분은 김일성 사망 이전에도 이미 김정일이 정부에 대해 거의 전적인 통제력을 행사하고 있었음을 보여준다. 1997년 남한으로 탈출한 엘리트 간부이자 주체 사상가인 황장엽은 이에 대해 매우 분명한 입장을 취해 왔다.

누가 북한을 통치하고 있냐고요? 누구도 진정한 권력을 가지지 못합니다. 여러분은 이점을 분명히 알고 있어야 할 것입니다. 누군가가 외교 분야의 전면에 등장한다고 가정해봅시다. 그렇다고 이 사람이 진짜 권력을 가진 것이 아닙니다. 주체사상의 경우에도 저는 거의 20년 동안 주체사상을 위한 전체적인 일에 대해 지도해 왔지만, 저 역시 진짜 권력을 가지지 못했습니다. 여러분은 북한의 구조를 이해해야 합니다. 오직 김정일만이 진정한 권력을 가지고 있습니다. 오늘 신뢰를 얻

---

17 1997년 Baeri와 회담은 다음에 묘사되어 있다. Tetsuo Sakamoto, *Sankei Shimbun*, October 17, 1992, morning ed., p. 4. 1994년 Valori와의 회담은 다음에 기술되어 있다. *The People's Korea*, no. 1660 (August 6, 1994), p. 1.

은 사람이 내일이면 사라질 수도 있습니다. 그러니 개인보다는 정책에 주목하는 편이 낫습니다.[18]

김정일은 천성적으로 비밀스러운 인물이며, 이러한 비밀스러움이 북한의 국가 정책에 특징을 부여하는데, 이러한 점에 있어서는 대부분의 독재국가들이 그러하다. 김정일이 공개적으로 등장하여 그와 그의 어머니에 대한 개인숭배가 만들어지기 전, 1960년에 일본의 특파원인 이치로 시미즈(Ichiro Shimizu)가 북한의 언론인에게 김일성 주석에게 자식이 있는지를 물어보았다. 그의 대답은 김일성에게 부인이 있는지 여부도 모르겠다는 것이었고, 그런 것은 중요한 질문이 아닐뿐더러 아무도 그런 것에 관심을 가지지 않는다고 덧붙였다.[19] 언론인인 이안 부루마(Ian Buruma)가 1994년 북한을 방문했을 때, 그는 가이드에게 김정일이 어디에 살고 자식은 몇 명이 있는지를 물어보았다. 가이드는 "우리는 외국인과는 그런 이야기를 하지 않습니다."라고 대답하였다.[20] 그가 대답을 정말로 듣길 원했다고 한다고 해서 가이드가 대답할 수 있었는지는 의문이다. 김정일은 여러 곳에 거주지를 두고 있으며, 알려진 바로는 여러 명의 정부(情婦)를 두고 있다. 외국의 분석가들은 김정일이 한 명 이상의 부인 또는 정부로부터 최소 두 명의 딸과 두 명의 아들을 두고 있는 것으로 믿고 있다.

---

18 "Hwang Chang-yop Answers Reporters' Questions," KBS Television, Seoul, July 10, 1997, translated by the BBC Summary of World Broadcasts, July 15, 1997.

19 Megumiya, "Secret of Kim Chong-il's Birth," pp. 34-39.

20 Ian Buruma, "Following the Great Leader," *New Yorker*, September 19, 1994, pp. 66-74, quotation on p. 71.

은둔적이기는 했지만 김정일은 시간이 지나며 여러 사람들을 상대해야 했고, 그가 상대한 사람들 중 일부는 김정일에 대해 자신들이 알고 있는 것을 말하도록 설득되었다. 북한으로부터 탈출한 많은 사람들, 그 중에서도 특히 고영환과 강명도는 김정일과 이야기하며 그의 행동을 관찰하는 기회를 가졌었다. 전 조선로동당 비서였던 황장엽은 비록 김정일의 개인 생활에 대한 이해가 그의 정치적 행동을 이해하는데 적실성을 지니고 있지 않다고 생각하고 있지만, 그 또한 우리에게 김정일에 대한 약간의 지식을 보태줘 왔다.[21] 돈을 벌기 위해 북한을 방문하여 김정일의 사적인 연회에 한번 초대되었던 일본 여성들이 김정일에 대한 대략적인 정보를 제공하였다 (그는 술을 엄청나게 마시고, 수백 달러를 뿌렸으며, 일본 군가를 불렀다).[22] 그리고 김정일의 두 번째 부인(혹은 아마도 정부)의 사촌인 이남옥은 1992년 서방으로 탈출하기 전에 김정일의 아들인 김정남과 놀아 주기 위해서 김정일의 자택 중 한 곳으로 불려갔었다. 그녀는 김정일에 대해서는 좋게 (그리고 조심스럽게) 이야기하였는데, 그가 근면하고 똑똑하며 독립적이고 타산적이지 않으며, 전체적으로는 매력적인 "쾌활한" 성격의 사람이라고 하였다.[23]

1978년 김정일의 명령에 따라 부부가 각자 홍콩에서 납북되었던 남한의 영화감독인 신상옥과 그의 아내이자 배우인 최은희가 김정일에

---

21 다음을 참조. "Table Talk: Hwang Jang Yop and shin Sang-ok Talk about the Two Homelands They Have Experienced," *Wolgan Choson*, March 1999, pp. 609-41.

22 Yi Ki-pong, "Kim Jong Il's Pathological Womanizing," *Chugan Choson*, April 12, 1992, pp. 74-77; translated by FBIS, *East Asia*, 92-097, May 19, 1992, pp. 25-27.

23 다음에 실린 김정일의 처조카이자 수양딸인 이남옥과의 인터뷰. *Bungei Shunju*, February 1998, pp. 274-92.

관한 가장 폭넓고 믿을 만한 직접적인 정보를 제공하였다.[24] 5년 동안 억류되어 교화를 받은 후에 부부는 북한 영화산업의 진흥을 위해 자신들을 전형적으로 대담한 방식으로 납치했던 김정일을 위한 영화를 만들기 시작했다. 그들은 1986년 오스트리아 여행 중에 서방으로 탈출하였다. 부부는 김정일과의 수차례 대화와 김일성과의 한차례 대화를 몰래 테이프에 녹음하였으며, 이는 김정일의 생각에 대한 문서로 기록된 견해를 제공한다.

이러한 다양한 출처로부터 얻은 정보들을 한데 모아보면, 김정일의 성격에 대한 잠정적인 그림을 그릴 수 있다. 김정일에 대해서 가장 자주 언급된 특징은 독립성, 오만함 그리고 연장자에 대한 존중의 결여인데, 이는 유교 사회에서는 사회적 관계를 심히 저버리는 일이다. 그와 관련하여 김정일의 성격을 설명하는 내용에는 "도도함", "열등감의 표시", "거만함" 그리고 "냉철함"이 포함된다. 이러한 성격을 뒷받침하는 김정일이 보여주는 행동의 예는 어린 김정일이 연장자와 이야기하면서 손을 호주머니에 넣고 있거나 뒷짐을 지는(이는 상급자의 특권이다) 습관과 타인이 나타나도 이를 인식하지 못하는 (인사말을 건네지 않는) 것이 포함된다. 김정일의 충동적인 면 또한 주목할 만한 특징이다. 자신

---

24 Kap-che Cho, "Recorded Tape of Kim Chong-il's Live Voice—60 Minutes of Astonishing Confessions Similar to That of a Reactionary," *Wolgan Choson*, October 1995, pp. 104-28, translated by FBIS, *East Asia*, 95-213, November 3, 1995, pp. 40-52. 미국에 거주하는 동안 영화감독인 신상옥과 그의 아내인 배우 최은희는 북한에서의 자신들의 경험에 대해 (절판된 한국어 버전만이 접근 가능한) 두 권짜리 책을 집필했다. 최은희, 신상옥, 『조국은 저하늘 저멀리』(Pacific Palisades, Calif.: Pacific Artist Corporation, 1988). 또한 다음을 참조. "Table Talk: Hwang Jang Yop and Shin Sang-ok Talk about the Two Homelands They Have Experienced."

의 행동에 대한 제약을 경험해 본 적이 거의 없기 때문에 그는 즉각적인 복종을 기대한다. 그와 관련된 성격에는 단호함, 대담함, 무모함이 포함된다. 김정일은 에너지가 넘친다. 그는 빨리빨리 일을 처리하고, 생각하며 이야기한다. 김정일은 사람들이 충분히 열심히 한다면 자신이 계획한 바를 달성할 수 있으리라고 생각한다. 일을 실행하는데 있어서 과거에 겪은 실패에 대해서는 그다지 따져보지는 않는 것으로 보인다. 김정일의 대담한 계획은 종종 실패한다. 아시아에서 가장 큰 건물을 짓고자 했던 평양의 105층짜리 류경호텔은 기술 및 경제자원의 부족으로 인해 완공되지 못했다. 남한에 대한 테러 활동은 북한이 국제사회에서 블랙리스트에 오르도록 만들었을 뿐이다. 김정일이 계획경제 하에서 자원 배분에 대한 변경을 지시하자 이는 수요공급의 불균형만 악화시킬 뿐이다. 빠른 자동차, 빠른 말, 파티의 접대부, 사냥과 사격, 그리고 액션영화 감상과 같은 김정일의 취미가 그의 충동적인 성격과 경험에 대한 개방성과 일치한다는 점은 놀라운 일이 아니다.

김정일은 성격이 급하고 때때로 폭력적인 것으로 알려져 있다. 그는 부하들에게 호통치며 테러 활동을 지시한 것 이외에도 그가 마음에 들어 하지 않는 정부 관료들(전 농업상 포함)을 죽이라고 지시한 것으로 알려져 있다. 한 사례에서 김정일이 현장에서 본인이 직접 처형을 집행한 것으로 알려져 있다.[25]

김정일은 모르는 사람들 사이나 일반 대중들 앞에 나서는 것을 꺼

---

25 정보요원으로 일하다 1990년대 초에 탈북한 북한인은 김정일이 자신의 가장 가까운 동료 중 하나인 (또한 자신의 매제인) 장성택의 거만한 행동에 화가 나서 그에게 교훈을 주기 위해 그의 비서를 쏴 죽였다는 말을 들었다고 한다.

리고 불편해하며 소규모의 지인들과 어울리는 것을 선호한다. 그는 많은 대중들 앞에서 말을 하거나 중요한 연설을 한 적도 없다. 북한 외무성에서 일했던 고영환은 1986년 김정일이 해당 부처를 방문했던 것을 기억한다. 당시 외무성 직원들은 사무실을 정돈하고 다음날 가장 좋은 옷을 입고 출근하도록 지시를 받았으나, 누가 방문할지에 대해서는 듣지 못했다. 다음날 아침 10시 김정일의 경호단장이 부하들을 이끌고 도착하여 창문, 복도 및 사무실을 점검하였다. 모든 직원들이 자신의 자리에 있는지 확인하기 위한 보안점검이 이루어졌다. 그런 후에 아무도 들어오거나 나갈 수 없도록 건물로 통하는 문들이 폐쇄되었다. 김정일이 도착했을 때 그는 외무상 및 그의 측근 3명과 약 10분 동안 이야기를 나눈 후에 떠나면서 현장시찰을 끝냈다.[26] 말할 필요도 없이, 사교적이었던 김일성에 의해 이루어졌던 현장방문과는 달리 김정일의 이러한 형식적인 방문이 직원들의 사기 진작에 도움이 되었을 가능성은 낮다.

김정일과 김일성의 차이는 1988년 조선민주주의인민공화국 수립 40주년을 기념하는 축전들을 기록한 영상에서 너무나도 명백하게 드러난다. 김일성은 백색의 서구적인 스타일의 정장을 입고 빛나고 있었고, 김정일은 마오쩌둥 스타일의 회색 재킷을 입고 있었다. 두 부자와 다른 고위관료들이 매스게임과 행진을 보고 있는 동안 청년돌격대 소속인 것으로 보이는 어린 소년들이 이들에게 다가와 붉은 네커치프를 그들의 목에 둘러주었다. 김일성에게 다가간 소년은 그에게 인사하고 능숙하게 위대한 지도자의 목에 스카프를 둘렀다. 김일성은 아이의 어깨를

---

26 1990년대 초에 탈북한 한 전직 북한 외교관과의 인터뷰

꽉 잡고 이야기를 건네면서 따뜻하게 포옹한 후에 악수하였다. 그 와중에 또 다른 아이가 김정일의 목에 붉은 스카프를 느슨하게 둘렀다. 그는 어찌할 바를 몰라 하며 아이의 어깨를 먼저 왼쪽 그리고 다음으로 오른쪽으로 가볍게 두드렸는데, 이 모든 과정이 눈에 띄게 불편해 보였다. 이 영상뿐만 아니라 공식 행사에서 찍힌 여러 사진들을 보면 김정일은 그곳에 있고 싶어 하지 않는 것처럼 보인다.

김정일과 김일성 간의 신체적 차이도 두드러진다. 김일성은 모든 면에서 정치인다운 모습이었고, 키는 5피트 6인치(170cm)로 그 세대의 평균보다 약간 크고, 몸무게는 183파운드(83kg)로 많이 나가는 편이었다. 뒷짐을 지고 꼿꼿한 자세로 상체는 앞으로 내밀며 서 있는(한국에서는 상급자에게 어울리는 전통적인 스타일이다) 김일성의 자세는 권위를 보여주었다. 그는 현실적이고 상식적인 인물의 모습을 보여주려 애썼으나, 상당한 사전모의와 무대연출 없이는 그러한 자세를 얻거나 유지할 수 없었을 것이다. 1994년 미국 전 대통령인 지미 카터(Jimmy Carter)의 방문을 취재하기 위해서 CNN 특파원으로 평양을 방문했던 마이크 치노이(Mike Chinoy)에 따르면, 김일성이 자신이 주최한 만찬에서 건배를 제안하기 시작했을 때 방안에 숨겨져 있던 조명이 점점 켜지며 방을 더 환하게 만들었고, 그 후에 김일성이 연설을 끝내자 다시 조명이 잦아들었다.[27] 김일성을 만났던 대부분의 외빈들은 그의 모습에 매력을 느꼈고, 김일성이 상대 가능한 인물이라는 인상을 가진 채로 그 자리를 떠났다.

---

27 Mike Chinoy, *China Live: Two Decades in the Heart of the Dragon* (Atlanta: Turner Publishing, 1997), p. 318.

사람들을 대하는데 있어 김정일의 어색함을 추적해보면 아마 다양한 원인들이 있을 것이다. 첫 번째로 그는 자신이 원하는 바를 이루기 위해 누군가를 기쁘게 할 필요가 단 한 번도 없었다. 두 번째로 김정일의 평판과 업적은 아버지에 비하면 부족했다. 세 번째로 김정일의 외모는 작고 뚱뚱했는데, 그의 키는 5피트 2인치(160cm)이고 몸무게는 176파운드(80kg)였다. 김정일은 파마머리를 하고 있었는데 아마도 키가 1-2인치 정도 더 커 보이도록 하기 위한 것이었다. 김정일은 신발에 키 높이 깔창을 넣은 것으로 알려져 있으며 그로 인해 호의적이지 않은 "고도"라는 별명을 얻었다. 김일성과 마찬가지로 김정일은 기근이 한창인 가운데서도 비만을 유지했다. 그의 습관적인 복장은 회색 또는 황갈색의 공사장 감독과 같은 스타일의 바지와 짧은 재킷인데, 재단은 잘 되어 있으나 특색 있지는 않다. 공식적인 자리에서 김정일은 때때로 공장노동자와 같은 옷을 버리고 회색의 마오쩌둥 스타일 재킷을 입는다. 외모가 한 인간의 성공을 결정한다고 말하려는 것은 아니다. 흐루시초프의 외모는 김정일과 크게 다르지 않았지만, 이 땅딸막한 소련의 서기장은 활력을 내뿜은 반면 김정일은 그저 불편해하는 것처럼 보인다.

아마도 김정일은 그의 가장 가까운 동료들조차 전적으로 신뢰하지는 않은 것 같다. 독재자들은 누구나 권위주의 국가에서 민주정치로의 교체를 위한 때때로의 암살시도가 있을 것으로 예상한다. 명확한 증거는 없었지만 두 부자에 대한 그러한 암살시도가 있다는 소문이 때때로 수면 위로 떠올랐다.[28] 김정일은 소수의 측근들로부터 도움을 받아 북한을 통치하였는데, 여기에는 친척들뿐만 아니라 그의 여동생과 여동생의 남편이 포함되었다. 그러나 그는 계모와 계모의 잘생기고 인기가 많던 아들인 김평일에 대해서는 의심을 가지고 있었고, 따라서 이들은 그가 지원을 끌어낼 수 있는 가족의 범위에서 제외되었다.

김정일은 상당한 상상력을 가진 예술적인 사람이다. 그는 액션영화를 좋아하고 수천 개의 필름이 있는 영상도서관을 가지고 있는 것으로 알려져 있다. 그는 마치 로마 황제와 같이 군인들 또는 보안요원들 간의 격투시합 같은 것들을 여는 것을 즐겼다.[29] 김정일은 뛰어난 아마추어 음악인으로 알려져 있으며, 피아노와 바이올린을 연주하고, 그가 주최한 연회에서는 실내악단을 지휘한다. 김정일의 선전담당자들은 그가 평양의 도시배치와 그곳에 있는 다수의 건물과 기념물의 설계를 책임지고 있다고 말한다. 한 측근이 그를 가리켜 "놀랍게도 현대적인 사상가"라고 한 것처럼 김정일은 창의적인 사고를 하는 것처럼 보인다. 그러한 날카로운 통찰력으로 김정일은 광범위한 아이디어들을 생각해내고, 이러한 다수의 아이디어를 종종 적절한 준비 없이 실행에 옮긴다.

자신의 책임성이 허락하는 한 김정일은 삶을 즐기는 것으로 알려져 있으며, 김정일의 아들과 어렸을 때 친하게 지냈던 조카에 따르면 김정일은 집에서 보내는 시간이 많지는 않았지만 다정한 아버지였다고 한

---

28 군에 의한 가장 심각했던 쿠데타 시도는 다음 문헌에 의해 기술되고 있다. Kwang-chu Son, "Kim Chong-il and the Military," *Sindong-a*, October 1997, pp. 210-37. 이 사건은 제5장에서 다루어진다.

29 1990년대 초에 탈북한 한 전직 북한 보안요원과의 인터뷰

다.³⁰ 젊은 날의 김정일이 늦은 밤에 가졌던 연회들은 전설로 남아있다. 비록 부하들의 마음을 헤아리지 못하는 경향이 있긴 하지만 김정일은 연회에 전념하면 매력적이고 사려 깊은 주최자가 된다. 김정일을 만난 최초의 서구사업가인 카를로 바에리는 1992년 김정일과 하루 동안 낚시를 즐겼다. 바에리는 김정일이 완벽한 주최자라고 하였으며, 바에리와 3명의 지인은 부둣가에서 김정일을 만났는데 김정일은 그들을 보트까지 안내하고 함께 바다로 나갔다. 여러 종류의 수프와 조개와 새우를 포함한 한식 요리, 그리고 와인과 주류가 제공되었다. 식사 중에 김정일이 직접 바에리가 이전 출장 때 평양에 가져왔던 고가의 브랜디 병을 땄다. 김정일은 또한 바람이 불자 보트 승무원에게 지시해 바에리에게 두꺼운 재킷을 가져다주도록 하였다.³¹

김정일의 인물상을 완성시키기 위해서는 여러 해에 걸쳐 나온 그의 건강이 좋지 않다는 소문에 대해서도 자세히 살펴보아야 할 것이다. 때때로 김정일은 장기간 모습을 드러내지 않았고, 1990년대에 특히 김일성의 사망 직전과 직후 그의 모습은 건강해 보이지 않았다. 간질, 당뇨, 심장질환(심장이식 포함) 그리고 뇌 손상(자동차 사고 또는 낙마로 인한)과 같은 병을 앓고 있다는 소문이 돌았다. 그러한 소문들의 진실이 무엇이든 간에 그가 가지고 있는 질병들이 그의 심신을 약하게 하지는 않았다. 김정일을 만났던 (상대적으로 소수의) 외빈들은 그가 건강해 보인다고 이야기하고 있다.

---

30   이남옥의 *Bungei Shunju*와의 인터뷰

31   Tetsuo Sakamoto가 Carlo Baeri와 행한 인터뷰에 대한 보고. *Sankei Shimbun*, October 17, 1992.

현실 파악

김정일이 북한의 문제를 인식하고 그 해결책을 찾는 일에 과연 관심을 가지고 있을까? 한편으로는 전직 북한 관료들의 증언을 통해 김정일의 부하들이 그의 비난을 피하기 위해서 악화되고 있는 경제 및 사회 상황에 대해서 그에게 종종 거짓말을 하고 있음이 드러났다. 그러나 북한 언론에서 나타나는 주요 선전 선동 주제들을 대충만 살펴봐도 김정일이 북한의 여러 문제들의 원인뿐만 아니라 그 징후 또한 제대로 인식하고 있음을 보여준다. 동기부여를 하는 요소로서 사적 이익추구를 제거할 것을 반복적으로 요구하는 것은 김정일이 사회주의가 가진 동기부여 측면에서의 약점을 인식하고 있음을 보여준다. 관료주의(즉 사회주의 관리자의 입장에서는 사리사욕) 철폐를 위한 운동이 지속적으로 이루어지고 있다.

신상옥과 최은희 부부가 비밀리에 녹음한 기록에 담겨 있는 김정일의 비공식 발언에서 그는 비록 자신이 납치한 이 두 사람들에게 자신 이외의 누군가가 사회주의를 비난한다면 그 사람은 자본주의의 하수인이라는 딱지가 붙을 것임을(그리고 교화수용소로 보내지거나 더 나쁜 처벌을 당하게 될 것이라는 점을) 인정하기는 했지만, 또한 "사회주의에도 결점"이 있음을 인식하고 있다는 점을 드러내었다. 김정일은 (1980년대 중반) 남한의 기술 수준이 "대학 수준" 정도인 반면, 북한은 "유치원 수준"에 머물러 있는 것으로 묘사하였다. 그는 신상옥과 최은희 부부에게 "북한 인민들이 새로운 생각을 받아들이려 하지 않는다."고 불평하였다. 김정일은 "사회주의가 좋은 것이기는 하나 해결해야 할 많은 내부적 문제들이 존재한다."라는 점을 인정하였다. 북한 배우들과 감독들의 동기유발 결여에 대해서 신상옥 감독과 논의하던 중에 김정일은 당이 훌륭한 일을 해낸 사람에게 보상을 제공하는 경쟁적 체제를 수립할 필요가 있다는 신상옥의 이야기에 동의하였다. 김정일은 북한 사람들은 최소한의 노력만 기울이면 생활이 보장되기 때문에 북한 배우들이 그다지 열심히 하지 않으며, 남한의 배우들만큼 기량 향상을 보이지 못함을 한탄하였다. 북한 감독들은 자신들이 비용을 지불할 필요가 없기 때문에 필름을 낭비하고 있었다.

김정일은 사회주의의 결함들을 인식하였으나 체제를 개혁할 의지를 가지고 있지는 않았다. 오히려 그는 계속해서 이념적 교화에 의존하였다. 김정일은 북한의 문제들이 체제선전 강화로 해결될 수 있을 것이라 과연 믿었던 것인가? 영화와 같은 공상적 세계에서 등장하는 김정일의 모습과 자신의 우월한 지능과 다른 사람들을 통제하는 자신의 능력에 대한 그의 확신을 고려한다면 아마도 충분히 그럴 수 있다. 김정일에게 부족한 것은 그가 북한 인민들에게 기대하는 사회주의에 대한 헌신이 자기 스스로의 삶에는 전혀 존재하지 않는다는 점에 대한 인식이다. 그러한 인식의 부재는 그가 엄청난 위선자라서, 혹은 자신이 우월한 존재이기 때문에 다른 사람들처럼 심리적 요인에 종속되지 않는다고 믿거나, 혹은 보수적인 군부를 두려워하고 개혁의 결과로 자신의 안녕이 위협받을 수도 있음을 두려워하기 때문일 수도 있다. 아마도 진실은 이러한 모든 요소들의 결합일 것이다.

통치 스타일

북한의 지배구조는 개인화된 통치의 한 예를 보여준다. 김일성과 김정일은 개인적 충성심에 근거하여 최고위직의 당 간부들, 정부 관료들 그리고 군 장교들을 승진시켰다. 김일성의 통치 기간 동안 거의 대부분의 고위직 간부들은 일제 시대에 중국과 시베리아에서 김일성과 함께 투쟁하였던 소수의 빨치산 전우들 중에서만 나왔다고 해도 과언이 아니다. 조선로동당은 김일성의 당이었고 내부핵심, 특히 당 중앙위원회는 정부의 실질적인 결정이 내려지는 곳이었다.

죽기 전 마지막 20년간 김일성은 자신의 아들인 김정일이 북한의 일상적인 사안들을 처리하도록 허락하였다. 이 기간 중에 김정일은 점차적으로 더 많은 지도자의 역할들을 넘겨받았고, 김일성이 사망할 즈음이 되면 실질적으로 김정일이 북한의 최고 지도자였다. 김정일은 소수의 친구들, 자신과 나이가 비슷한 가족들, 특히 신뢰하는 극소수의 가까운 친척들, 그리고 술친구들로 이루어진 키친 캐비닛에 의존하였는데 여기에는 그의 여동생인 김경희와 그녀의 남편인 장성택이 포함되었다. 정부 내각(이전 명칭은 정무원) 구성원들 또한 상당한 권력을 행사하였고, 대부분의 경우 이들이 당에서도 최고직위를 동시에 차지하였으나, 중심적인 의사결정 그룹은 아니었다.

비공식적인 자문과 의사결정에 대한 김정일의 의존은 대규모 회의에 대한 그의 반감과 일치한다. 그는 분명히 오즈의 마법사처럼 막후에서 조종하는 역할을 즐겼다. 이는 아시아 사회에서 강력한 힘을 가진 정치인과 사업가들이 일반적으로 취하는 역할과 다른 것이 아니며,

특히 외국인을 상대로 할 때는 더욱 그러하다. 김정일의 은밀함에 대한 선호(김정일뿐만 아니라 그의 아버지인 김일성 그리고 다수의 사회주의 및 전체주의 지도자들에서도 나타나는 특징)는 부분적으로는 외국인에 대한 그의 깊은 불신으로 설명될 수 있다. 김정일은 "우리는 마치 안개에 둘러싸인 것처럼 우리의 적들이 우리를 직접적으로 분명하게 볼 수 없는 환경을 만들어야 한다."라고 말하였다.[32] 북한은 이를 실현하기 위하여 너무 나아간 나머지 나라의 현실을 해외 언론과 식량원조 감시 요원들에게 널리 공개하기 보다는 인민들을 굶주림으로 희생시켰다.

김일성이 살아있는 동안에는 아들인 김정일의 막후 통치가 아버지의 자리를 빼앗지 않으려는 아들의 효심을 반영한 것이라는 추측도 있었다. 그러나 김일성이 사망한 후에도 김정일이 이러한 통치 방식을 지속함에 따라 그러한 주장은 설득력을 거의 잃었다.

당 공식 기관지에 따르면 김정일의 통치 방식은 넓은 규모와 자애로운 통치를 뜻하는 '광폭정치(廣幅政治)'와 '인덕정치(仁德政治)'로 설명된다. 김정일은 주로 국가와 자신의 일가를 영광되게 하기 위한 목적으로 북한의 여러 대규모 건축 프로젝트들과 특별한 행사들을 개시하였다. 1988년 서울 올림픽에 대한 북한의 대응으로 1989년 제13차 세계청년학생축전을 개최하기 위하여 43억 달러를 쓴 것은 아마도 김정일의 생각이었던 것으로 추정된다. 김일성 사망 후 기근이 발생한 시기 동안 김정일은 아버지인 김일성의 유해를 보관하기 위한 금수산태양궁전

---

32 김현식, 손광주, 『다큐멘터리 김정일』 (서울: 천지 미디어, 1997), p. 202.

을 보수하는데 거의 9억 달러를 지출한 것으로 알려져 있다.[33] 1999년 북한 언론은 자랑스럽게 "세 명의 지도자들[김정일과 그의 부모]의 혁명적 공적을 기리기 위한 기념물 건설이 활발하게 진행되고 있다… 지난 5년 동안 100곳 이상의 서로 다른 지역에 다수의 기념물들을 건축하였다… 매우 아름답게 조각된 큰 화강암 기념물들에는 그분들의 현지지도와 불멸의 지도력과 같은 업적을 찬양하는 문구와 시가 적혀 있다."라고 언급하였다.[34] 김정일의 대담함은 "언제나 높은 곳을 향하며 대담한 작전을 수행하는 원대한 상상력, 모든 힘을 동원하여 목표를 달성하는 능숙한 조직과 비범한 움직임, 제자리에 머무르지 않고 도약 전진을 위해 목표를 차례대로 달성하는 견고한 추진력"으로 칭송되었다.[35]

좋은 결정들을 내리기 위해 김정일은 국가의 상황에 관한 충분하고 정확한 정보를 필요로 한다. 아마도 그가 달성한 가장 위대한 운영상의 업적은 정보가 직접 자신의 집무실로 한데 모이는 보고 체계를 수립한 것이다. 그를 위해 혁명을 지도하고 정보를 수집하기 위해 젊은 당원들이 전국의 현장으로 보내졌던 3대혁명소조운동의 관리를 맡는 것을 시작하면서 김정일은 점차 자신이 활용할 수 있는 북한의 정교화된 정보 체계를 구축하는 일에 관심을 기울여 왔다. 소위 말하는 3대 보고 체계에 따르면 당 간부, 정부 관료 및 보안관리의 보고서는 작성 후 3일

---

33 "Table Talk: Hwang Jang Yop and Shin Sang-ok Talk about the Two Homelands They Have Experienced."

34 "Three Commanders' Exploits Glorified," KCNA, March 3, 1999.

35 KCNA, March 13, 1998.

이내에 김정일에게 전달되어야 한다.[36] 재난 또는 김정일이 직접 지시한 사항을 수행하지 못한 경우에 관한 긴급 보고는 전화를 통해 즉각적으로 김정일의 집무실로 전해져야 한다.

김정일은 사람들이 궁금해 하는 것을 좋아했다. 그는 신년 메시지를 내지 않는다. 자신의 생일을 축하하는 자리를 포함한 중요한 행사에 모습을 드러내지 않는다. 1998년 조선민주주의인민공화국 수립 50주년이 되는 날 마침내 최고인민회의가 소집되었을 때 김정일은 연설을 하지 않았다. 그 대신에 최고인민회의는 1990년 최고인민회의 소집 시에 김일성이 연설한 테이프를 들었다. 김정일은 특히 군대조직과 같은 공식기관의 관료들 앞에 수 분 동안 나타나는 깜짝 현지사찰을 즐겨한다. 북한 언론은 김정일을 실물보다 크게 그리고 민중의 지도자로 묘사한다. 다음은 후자의 이미지를 보여주는 한 예이다.

> 주체 56년(1967년) 8월 초의 어느 날 위대한 지도자인 김정일은 함경남도 영광군에서 농촌 지역의 지도 임무를 수행 중이었다. 그가 장진강의 5번 발전소 댐에서 멈춰 섰을 때 발전소의 노동자들이 그에게 달려와서 바라보며 매우 행복해했다… 김정일은 노동자들과 악수를 나누며 그들의 근면 노동을 치하하였다. 점심시간을 넘기자 수행하던 관리들이 김정일에게 떠날 시간이 되었다고 이야기하였다… 김정일은 관리들에게 노동자들이 즐거운 시간을 보낸 후에 슬픔을 느끼지 않도록 그들과 함께 점심을 먹겠다고 이야기했다. 그는 노동자들에게 둘러

---

36 김현식, 손광주, 『다큐멘터리 김정일』

싸인 채로 콘크리트 바닥에 앉았다. 점심은 빵과 몇 가지 반찬뿐이었다. 김정일은 노동자들에게 점심이 너무 간단해서 미안하다고 하였다. 그는 노동자들에게 마음껏 먹으라고 하였다. 그러나 김정일과 함께하는 점심은 어떠한 연회보다도 더 중요한 것이었다.[37]

공식적인 보고들은 김정일이 인민을 사랑하고 그들이 겪는 어려움을 이해하는 사람에게 어울리게 소박한 삶을 살고 있다고 말한다. "김정일 동지가 보통 입는 재킷은 언제나 평범하고 소박한 삶을 살아가는 인민의 지도자로서의 그의 특성을 잘 보여준다. 새해가 되기 며칠 전 관료들이 항상 소박한 복장만을 즐기던 그에게 새로운 옷을 선물하였다. 김정일은 새 옷을 입길 거절하며 그들에게 말하길 자신에게 무언가를 해주고 싶다면 열심히 일해 인민들의 의복 문제를 해결하는 편이 나을 것이라 하였다."[38] 김정일의 사진들을 자세히 살펴보면 그의 노동자 스타일의 바지와 재킷이 상당히 공들여 재단된 것임을 알 수 있다. 소박한 식사를 했다는 것에 대해서도 그렇게 소박한 식사를 즐겼다면 그리 뚱뚱해지지 않았을 것이지만 다음과 같이 북한 언론이 하는 이야기를 들어보면 김정일은 마치 피골이 상접할 정도로 마른 듯하다.

김일성 주석의 평생소원이 인민들이 "(언제면 우리 인민들에게도) 흰쌀밥에 고기국을 먹이고 기와집에서 살게 하겠는지(그런날이 온다면 나는 얼백밤을 패고 수천리 먼길을 다녀와도 피곤할 것 같지 않다.)"였

---

37 "Story about Kim Jong Il's Lunch with Workers," KCNA, July 31, 1998.
38 "General Kim Jong Il's Simplicity," KCNA, March 5, 1998.

음을 명심하여 김정일 장군은 자신의 건강을 돌보지 않은 채로 지난 3년 동안[1995년부터 1997년까지] 인민들을 위하여 온갖 종류의 고난을 겪었다. 인민들이 마음껏 먹을 수 없다는 사실에 대해 마음속으로 고통스러워하면서 김정일 장군은 "나는 죽을 먹어도 일없습니다."라고 말하고 또한 "나는 밤이나 낮이나 우리 인민들을 어떻게 하면 더 잘 살게 하겠는가 하는 생각뿐입니다."라고 하였다. 사실상 장군은 군대와 인민들에게 현지지도를 나가는 동안 옥수수 죽 한 그릇 또는 주먹밥 하나로 식사를 하고 있다. 진정으로 "고난의 행군"을 하는 이가 누구인가?[39]

인민들에 대한 김정일의 자비심은 변덕이 심하다. 경제 정책을 조정하는데 실패하고 북한을 폐쇄적인 사회로 유지함으로써 굶주림으로 인해 수백만의 북한 주민들을 질병과 죽음으로 몰아넣은 와중에도 김정일은 아주 사소한 일들을 챙기는 것으로 알려져 있다. 예를 들어 언론은 평양의 여성 교통경찰(거리에 차량이 부족한 것을 고려할 때 별로 중요하지 않은 교통통제능력보다는 외모로 인해 뽑힌 것으로 보이는)에 대한 김정일의 관심을 보도하고 있다.

작년[1996년] 12월 21일 위대한 지도자 김정일 동무께서 인민군 부대를 방문한 후 평양으로 돌아오는 중이었다. 돌아오는 길에 그는 평양의 교차로에서 임무를 수행 중이던 여성 교통경찰을 보았다. 그녀로부터 눈을 떼지 못하며 그는 부하에게 이 추운 날 치마를 입고 교통을 통

---

39 최칠남, 박철, "성스러운 3년," 『로동신문』, 1997년 7월 2일, 3-4면.

제하고 있는 여성을 보니 안타깝다고 하였다. 그리고 그는 교통경찰들에게 솜바지를 제공하라고 이야기하였다. 나중에 그는 복장의 디자인을 살펴보고 바지는 장화에 맞도록 좀 더 조이게, 모자에는 챙을 붙여서 눈과 비로 보호하고, 팔에 방패 마크가 붙은 털 외투에는 금속 버튼을 고정시키도록 지시하였다… [1997년] 1월 11일 그는 여성 교통경찰의 복장을 변경하여 거리가 더 밝아졌으며 그들은 예전보다 더 크고 예뻐 보인다고 하였다… 정말로 그녀들은 큰 행복 속에 살고 있다.[40]

김씨 가족 숭배

김정일 일가에 대한 숭배는 김정일과 그의 아버지인 김일성에게 정치적 정통성 이상의 것을 제공하기 위하여 만들어졌다. 그러한 숭배는 김일성과 김정일을 경배의 대상이 되어 유대교와 기독교의 신이 자연재해에 책임지지 않는 것과 마찬가지로 그들이 북한의 문제들에 대해서 더 이상 책임지지 않아도 되도록 만들어주었다. 일부 사례에서 김정일에 대한 숭배 내용은 역사적 사실을 극도로 과장한 것이며, 나머지의 경우는 완전히 날조된 것이다. 이러한 숭배는 김정일의 가장 훌륭한 발명품이자 가장 큰 약점이다. 인민들이 김정일을 반신으로 믿는 경우 그는 거의 의심의 여지가 없는 권위를 행사할 수 있으나, 그러한 경배가 근거하는 바가 거짓으로 드러나는 경우 김정일은 강압을 통한 통치를 할 수 밖에 없을 것이다.

---

40 "Traffic Control Women's Appearance Renewed," KCNA, January 31, 1997.

김일성의 신화는 역사를 거슬러 올라간다. 김일성은 "혁명적" 가문에서 태어났다고 주장된다.[41] 그의 증조부는 1886년 무역 관계를 수립하기 위해 은둔 왕국인 조선의 바다로 들어온 미국 상선 제너럴 셔먼호에 대한 공격을 성공적으로 이끌었던 인물이라고 말하여진다. 이 배는 모든 선원들을 잃고 불타버렸다. 이 공격을 이끌었던 김이라는 성을 가진 이가 김일성의 직계 선조인지에 대해서는 신뢰할 만한 증거가 존재하지 않는다(황장엽에 따르면 김일성의 선조는 그 당시에 10살 정도밖에 되지 않았을 것이라고 한다).[42] 김일성의 아버지는 한방약재사였으며, 스스로 조선국민회(朝鮮國民會)라 칭한 항일 지하조직을 만들었다고 한다. 김일성 그 자신은 어린 시절부터 영웅적이었던 존재로 묘사되는데, 그에 대한 숭배를 위한 문헌에 따르면 1932년 그가 조선인민군을 조직할 때 그는 겨우 25살밖에 되지 않았다.

초기부터 김일성은 혁명전사로 자신의 명성을 구축하는 일의 중요성을 인식하였다. 그가 북한의 일본군이 항복한 후 정확히 한 달 후에 소련군의 대위로 한국으로 돌아왔을 때, 김일성은 북한에 있던 소련 관료들로 하여금 자신이 선봉대와 함께 들어온 것으로 인식하도록 하는

---

41 *Kim Jong Il, The Lodestar of the 21st Century.*

42 "Table Talk: Hwang Jang Yop and Shin Sang-ok Talk about the Two Homelands They Have Experienced,"

데 노력을 기울였다.⁴³ 해방 직후 수년간 김일성은 중국군과 연합군이 일제에 대항하여 싸우는데 결정적인 역할을 했었음을 부정할 수는 없었다. 그러나 김일성에 대한 숭배가 커짐에 따라 조선의 독립에 있어서 중국의 역할은 축소되었다. 1955년 그의 주체 연설에서 김일성은 당의 이념 작업에 주체가 부족하다는 자신의 비판이 "우리가 스스로 혁명을 이루지 못했고, 우리의 혁명 작업이 외부인에 의하여 착수되었다."라는 의미가 아니라고 말하였다.⁴⁴ 오히려 그와 정반대였다. 김일성은 자신이 그 누구의 도움도 받지 않고 일본군을 패망시키고 한반도를 해방시켰다고 주장하였다.

김일성에 관한 전설에 따르면 한국전쟁은 1950년 6월 25일 북한군부대가 미군 및 남한군의 공격에 저항하면서 시작되었다. 공식적인 북한 역사에 따르면 김일성이 이끌던 북한군은 미군을 완전히 격퇴시켰다. 미국이 주도한 연합군을 38선 이남으로 밀어내는데 중국군이 지대한 역할을 했음에도 불구하고, 휴전협정이 체결되고 2년밖에 지나지 않았는데 김일성은 (주체 연설에서) "우리가 옛 혁명 동지들을 인민군 핵심부에 두지 않고 인민군을 조직하였더라면 지난 전쟁의 결과가 어땠을

---

43 러시아인들의 영향 하에 북한으로 돌아온 김일성의 초창기에 대해서는 다음을 참조. Sydney A. Seiler, *Kim Il-song, 1941-1948: The Creation of a Legend, The Building of a Regime* (University Press of America, 1994). 이 시기 러시아인들에 의한 흥미로운 목격은 다음의 기사에 의해 제공된다. Leonid Vasin, "Steps Toward the Throne, Kim Il-song: Who Is He?" *Nezavisimaya Gazeta*, September 29, 1993, p. 5; translated by FBIS, *East Asia*, 94-021, February 1, 1994, pp. 28-34.

44 Kim Il Sung, "On Eliminating Dogmatism and Formalism and Establishing Juche in Ideological Work," Speech to Party Propaganda Agitation Workers, December 28, 1953, in *Kim Il Sung Works*, vol. 9 (Pyongyang: Foreign Languages Publishing House, 1982), pp. 395-417, quotation on p. 396.

것인가? 그랬다면 우리가 그렇게 어려운 상황 속에서도 적을 물리치고 위대한 승리를 쟁취하는 것이 불가능했을 것이다."라고 말하였다.[45] 한 탈북자는 (탈북 후에) 한국전쟁에서 남한을 공격한 것이 북한이었음을 알게 되었을 때 엄청난 충격을 받았다고 이야기한다.[46]

1970년대까지 김정일은 북한에서 사실상 알려져 있지 않았으나 김일성이 그를 미래의 지도자로 낙점한 이후 북한의 선전 선동은 김정일을 숭배하기 위한 이미지들을 만들기 시작하였다. 얼마 이후 모든 건물의 방(가정을 포함)들은 김정일의 사진을 김일성과 함께 눈에 띄게 걸어 놓고 마치 신성한 우상을 다루듯이 특수 장비를 이용해 청소하였다. 김정일은 북한에 어떠한 영웅적인 기여도 하지 않았기 때문에 김정일의 지위를 높이기 위한 선전 노력은 김일성을 홍보하는 것보다 훨씬 더 어려운 도전이 될지도 모른다. 사실상 김정일의 통치기간 중에 국가 경제의 몰락이 진행되었다. 그렇기 때문에 혁명적 김씨 일가의 전설을 선전하는 일은 김정일의 개인적 기여와는 무관하게 그에게 정통성을 위한 아우라(aura)를 부여한다는 점에서 중요했다.

김일성의 사망 이후 북한 언론은 세계에서 가장 위대한 장군, 정치

---

45 Ibid., p. 400.

46 1990년대 중반 중국으로 간 한 젊은 북한 의료 종사자는 다음과 같이 말한다. "나는 [베이징에 있는 남한 대사관을 방문하는 동안] 잡지를 살펴보고 있었다. [러시아의 군사 저널인] Red Army라는 저널이 내게 낯익었다. 이 저널은 [보리스] 옐친 대통령의 최근 남한 방문과 그가 한국 전쟁에 대한 몇몇 기록자료들을 가지고 간 것에 대한 기사를 담고 있었다. 그 기사를 읽고 나는 한국전쟁을 김일성이 일으켰다는 것을 알게 되었다. 나는 이를 믿지 않았고 대사관에 있는 한 사람에게 질문하였다. 그는 웃으며 그가 알고 있는 것을 말해줬다. 만약 이 저널이 러시아에서 나오는 것이 아니었다면 나는 여전히 그 기사가 남한에 의해 조작된 것이라고 믿고 있을 것이다… 나는 주체사상을 믿고 있지는 않았지만 김일성은 믿고 있었다… 따라서 나는 좀 더 알기 위해 남한으로 가기로 결심하였다."

인, 그리고 사상가를 포함하여 김일성이 가졌던 것으로 주장되는 사실상의 모든 자질들을 김정일에게 부여하였다. 역사를 수정하여 김정일이 심지어 10대 이전부터 아버지인 김일성의 군사작전을 돕고 외교를 관리(이 둘은 김정일이 경험을 거의 하지 못한 혹은 어떠한 경험도 없는 분야들이다)한 것처럼 보이게 하였다. 언론은 수백 년 후의 미래를 내다보는 그의 광범위한 시야를 찬양하며 그가 하는 모든 일이 멀지만 영광스러운 목적을 달성하기 위해 의도된 것이라고 주장하였다.

김일성 및 김정일에 대한 숭배는 이 둘에게 상호 보완적 지도자 역할을 부여하기 위하여 만들어졌다. 아버지인 김일성에게는 이론 창시자, 경제 군주, 무패의 장군, 그리고 외교정책의 귀재와 같은 높은 위상의 역할을 부여하였다. 김일성이 살아 있는 동안 김정일은 김일성의 생각들을 실행하고 고위층과 일반 인민들 사이의 조정자 역할을 수행하며 아버지를 돕는 충성스러운 아들로 묘사되었다. 위대한 장군 그리고 엄하지만 국가를 보살피는 아버지라는 김일성의 이미지를 보완하기 위해 김정일은 더 부드러운 지도자라는 위치로 설정되어 위대한 장군이라는 아버지 김일성과 함께 친애하는 지도자라는 명칭을 부여받았다. 김정일은 경제에 관한 어떠한 전문적 지식도 가지고 있지 않았지만, 인민들의 안녕을 증진시키는 역할을 맡았고, 인민들에게 소비재를 공급하기 위하여 경공업 증진에 도전했지만 성공적이지는 못했다. 인민의 봉사자로서의 역할에 걸맞게 김정일은 자애의 화신으로 묘사되었다. 역설적인 점은 인민들과 어울리길 좋아하고 그 결과 인민들로부터 진정으로 사랑과 존경을 받은 이는 김정일이 아닌 아버지 김일성이었다. 아들인 김정일은 인민들을 거의 신경 쓰지 않는 것처럼 보이고, 인민들은 비록 아버지인 김일성에 대한 존경 때문에 그리고 그들이 가진 혹은 가질 수 있을 것으로 상상할 수 있는 유일한 지도자가 김정일이기 때문에 여전히 김정일에게도 충성하지만, 그를 거의 신경 쓰지 않는다. 김정일은 그의 아버지 김일성을 찬양하던 '수령(首領)'이라는 칭호를 차지하기 보다는 '영도자(領導者)'라는 명예로운 호칭에 스스로 만족하였다.[47]

아들 아래에 새로운 것은 없다

북한의 현재를 지탱하고 있는 두 가지 기둥은 이념과 사회통제이다. 김일성과 김정일은 이념에 있어서는 아주 밀접한 동질성을 가지고 있기에 오로지 리더십의 변화만이 북한을 주체사상의 경직된 가르침으로부터 자유롭게 할 수 있을 뿐이다. 평양에는 미하일 고르바초프(Mikhail Gorbachev)나 덩샤오핑(Deng Xiaoping) 같은 인물이 등장할 가능성이 거의 없다. 김정일의 권력 승계는 북한에서 곧 변화가 일어날 수도 있다는 가능성을 제기했었다. 일부 외국 분석가들은 심지어 김정일이 내부에서 개혁을 이끌어낼 인물이 될 수도 있을 것이라 예상하였다. 어쨌든 그는 대범하고 관습에 얽매이지 않는 사고방식으로 알려져 있었고, 변화에 대해서 생각해보기에 충분한 기간 동안 막후에서 실력을

=====
47 (1960년대 말까지) 자신의 정치경력의 초기에 김정일은 "친애하는 지도자 동지"로 불리었다. 자신의 아버지 김일성의 사망 이틀 전에 김정일은 처음으로 로동신문에 "영도자"로 호칭되었다. 1995년 1월부터 그는 "위대한 영도자"로 불리기 시작하였다. 그는 일상적으로 그의 아버지인 "수령"과 동격시되지만 우리가 아는 바에 따르면 북한 매체에 의해 김일성만큼의 찬양적인 칭호로 다루어진 적은 없다. 다음을 참조할 것. 조영환, 『매우 특별한 인물 김정일』 (서울: 지식공작소, 1996), pp. 220-27.

행사한 경험을 가지고 있었다.

김일성은 권력의 정점에 올라 사망할 때까지 권력을 유지하기 위하여 평생 동안 수많은 난관을 극복하였다. 그는 철권통치를 하였고 자신의 의지를 실현하기 위하여 보상과 처벌을 동시에 활용하였다. 그러나 이러한 권력을 뒷받침하는 그 기저에는 오랜 기간 일제에 저항한 위대한 지도자로서의 가치라는 부인할 수 없는 정통성을 가졌으며, 더 중요한 것은 그의 카리스마 있는 성격이었다. 사람들에게 영향력을 행사하기 위해 카리스마에 의존하는 지도자는 자리에서 물러날 때 다음과 같은 두 가지 중에 어려운 선택을 해야 한다. 즉, 자신과 동일한 비전을 가진 카리스마가 넘치는 또 다른 지도자를 찾거나—그럴 전망은 크지 않다—또는 자신보다 카리스마가 덜한 개인이 이미 갖춰진 권력 기반을 활용할 수 있도록 자신의 통치를 제도화하는 것이다. 김일성은 인민들이 자신에게 갖는 개인적 일체감을 인민들이 그가 창조한 정치체제에 헌신할 수 있게 만들 수 있는 사회적 일체감으로 보완하기 위해 오랜 시간을 바쳤다. 이것이 바로 김일성이 자신의 아들인 김정일을 위해 해줄 수 있는 최선의 것이었다.

김정일은 북한의 국운이 기우는 것과는 별개로 지도자로서 만만치 않은 약점을 가지고 아버지인 김일성의 권력을 계승하였다. 이는 단순히 카리스마 부재의 문제가 아니다. 김정일은 대중과 접촉하는 것을 절대적으로 피한다. 소규모 동료 집단 속에서 김정일은 분명 그를 위해 일하기에는 어렵고, 예측 불가능하며, 심지어 무서운 인물로 인식되고 있을 것이다. 그러나 외국의 분석가들과 과거 북한에 거주하였던 이들 모두가 동의하는 바는 김정일이 사회통제체제를 굳건히 유지하고, 아버지 김일성의 이름으로 통치함으로써, 북한의 엘리트 집단과 일반 대중들에게 반박의 여지가 없는 지도자로서 자신의 위치를 확보해 왔다는 점이다. 일반 대중들에게 자신의 권력을 행사하기 위하여 김정일은 스스로를 아버지인 김일성의 명성 안에 감추었다. 김일성이 사망한 직후 새로운 정치 슬로건은 "김일성이 바로 김정일"이라고 선언하였다.[48] 김정일은 자신이 아버지인 김일성의 명령에 따라 통치하고 있음을 일반 대중들에게 자주 상기시킨다. 1998년 수정된 조선민주주의인민공화국 헌법은 "김일성 헌법"이라 불린다. 조선민주주의인민공화국은 마치 그것이 정식명칭인 듯이 종종 "김일성의 나라"로 지칭된다. 김정일이 아버지인 김일성의 이름을 따서 지은 나라를 통치할 때 그 아들의 정당성을 부인하는 것은 어려운 일이다.

군부를 비롯한 엘리트층을 통제하기 위하여 김정일은 아버지인 김일성 통치 시의 카리스마에 기반한 "변혁적 리더십(transformational leadership)"과는 대조적인 "거래적 리더십(transactional leadership)"에 의존한다. 카리스마적 지도자의 권력과 그가 전달하는 비전에 기반한 변혁적 리더십은 사람들을 지도자와 그의 정책에 헌신하는 충성스럽고 동기가 부여된 추종자로 변화시킴으로써 작동한다. 반면 거래적 리더십은 '네가 나를 따르면 나는 반드시 너에게 보답하거나, 어떠한 경우에도 처벌은 하지 않겠다'와 같은 방식으로 추종자들과 거래한다. 엘리트층 추종자들은 김정일을 우러러보거나 존경하지 않을 수도 있지

---

48 다음의 문헌은 "위대한 동지 김정일은 이념, 지도력, 그리고 도덕적인 영향에 있어서 경애하는 지도자[김일성]와 정확히 같으며 그는 오늘날의 김일성 동지이시다"라고 주장하고 있다. Hwang ch'ol-su, "The Revolutionary View of the Leader," *Minju Choson*, August 22, 1999, p. 2.

만, 그가 제공하는 보상이나 그가 행사하는 위협이 충분히 강력하다면 그를 지지할 것이다.

김일성 사망 후에 북한 언론은 김정일이 "나에게서 그 어떤 변화를 바라지 말라"고 언급한 것을 인용하였다.[49] 김정일은 4반세기 동안 그의 권력 승계를 탐탁치 않게 여기던 이들을 제거함으로써 자신의 권력 기반을 강화하였다. 그럼에도 김정일은 아버지인 김일성만큼 오랜 기간 통치할 것 같지는 않다. 왜냐하면 그는 기본적인 리더십의 원칙을 어겼기 때문이다. 즉 그는 자신의 추종자들인 세뇌하고자 하는 대상인 일반 대중이나 매수하고자 하는 엘리트층과 진정으로 호혜적인 관계를 구축하지 못했다. 김정일은 신격화된 존재인 또 다른 김일성으로 통치하고자 하나, 사회주의 추구에 있어서 북한 인민들이 보여주는 열정의 부족이 증명하듯 그러한 김일성의 권력조차도 말기에 가서는 쇠퇴하기 시작했다. 과거에 비해서 전체주의 독재자들을 받아들이기 더 어려운 시대에 김정일이 자신의 아버지인 김일성만큼 오랜 기간 통치할 수 있으리라 기대하기는 힘들다.

김정일과 그의 아버지인 김일성은 "마음대로 휘두를 수 있는 권력"을 가진 지도자의 전통적인 특징들을 보여준다. 이는 추종자들을 의존적으로 만들어 그들 위에 군림하고자 하는 욕구이다.[50] 군림하는 통치자는 정보의 흐름을 통제하고 추종자들의 충성심을 유지하기 위하여

---

49 "위대한 김정일 동지의 령도를 높이 받들고 주체혁명위업을 끝까지 완성해나가자," 『로동신문』, 1996년 6월 19일, cited by KCNA on June 19, 1996, and translated by FBIS, *East Asia*, 96-120, June 20, 1996, entitled "*Nodong Sinmun* Commemorates Kim Chong-il's WPK Career," p. 21.

50 David C. McClelland, *Human Motivation* (Scott Foresman, 1985).

보상과 처벌을 내린다. 기강이 어지러워지면 민족주의 감정을 촉발하기 위해, 그리고 사람들이 잘 모르는 악에 대항하기 위해 자신들이 알고 있는 지도자 주변으로 단결하도록 만들기 위해, 외부 위협을 만들어낸다. 북한 언론은 반복해서 인민들에게 김정일이 없다면 인민들은 무의미한 존재라고 이야기한다. 인민들은 그러한 발언을 의심할 수도 있으나, 다른 지도자가 통치하는 상황에서 자신들의 생활이 어떻게 될지에 대해서는 막연한 생각만을 가지고 있을 뿐이다. 엘리트층은 훨씬 더 나은 시야를 가지고 있긴 하지만 김정일이 더 지근거리에서 그들을 감시하고 있으며, 그들은 불충의 기미를 보임으로써 처벌을 각오하기 보다는 김정일이 제공하는 보상을 받아들이는 편을 선호한다.

김정일의 통치 방식이 가진 약점은 명확하게 드러나고 있다. 김정일에게는 그를 바로잡아줄 수 있는 사람이 주변에 없다. 김정일은 평생에 걸쳐 외부 세계와의 직접적인 접촉을 차단하며 살아왔으며, 비디오, 간단한 보고서, 그리고 외국 여행이 허용되나 그의 신념에 반하는 무언가를 이야기할 정도로 용감하지 못한 충성스러운 지지자들이 들려주는 이야기를 통해서만 외부 세계를 인식해왔다. 김정일은 민심의 제약을 받지 않으며 인민들 또한 그의 생각을 그리 중요하게 생각하지 않는다. 즉, 인민들은 단순히 김정일이라는 기업을 운영하는데 필요한 노동력을 제공할 뿐이다. 김정일은 본래 혼자만의 생각을 가지고 있지만, 이들은 명백하게도 시장자본주의 및 자유민주주의의 경향성과는 동떨어진 것이다.

김정일은 그가 원하는 바를 얻기 위해서 주변 사람들을 조종하는 데에는 능하지만, 장기적으로 자신과 자신의 국가에 무엇이 최선인지에 대한 비전에는 심각한 결함이 있다. 김일성이 자신의 게릴라 활동 시절의 경험을 국가주석으로서 북한을 통치하기 위한 지침으로 본 것과 같이, 김정일은 1960년대 북한의 정책을 새로운 세기에 북한의 문제를 해결하기 위한 지침으로 보고 있다. 국내적으로는 그는 사회통제 및 숭배 사상이라는 원색적인 수단들을 통해 권력을 유지하는데 자신의 힘을 쏟고 있으며, 북한 인민들이 자신들의 숭배가 거짓에 기반한 것임을 발견하지 못할 것이라는 비현실적인 가정을 지니고 있음에 틀림없다. 북한 언론은 김일성을 20세기의 가장 위대한 정치인으로 선전하였다. 1997년 12월 김정일이 조선로동당의 총비서로 승진한 것을 기념하기 위해 『뉴욕 타임즈』에 실린 전면 광고의 제목은 김정일이 "21세기의 향도성(嚮導星)(The Lodestar of the 21st Century)"이라는 것이었고, 게시된 내용은 다음과 같은 것이었다. "북한의 지도자 김정일은 위대한 지도력, 뛰어난 지혜, 그리고 고귀한 성품을 가진 인물이다. 그는 항상 인민들과 그들의 삶의 굴곡을 함께 하였다. 실로 김정일은 위대한 지도자에게 필요한 모든 자질들을 갖추고 있다. 21세기의 새로운 지도자인 김정일은 조선의 정치, 경제, 군사 및 외교 분야에서 틀림없이 새로운 지평을 열 것이며, 고 김일성 주석의 신조를 훌륭하게 계승할 것이다."[51]

---

51 Headline from a full-page advertisement in the *New York Times* taken out by a Japanese entity called "The Committee for Translating and Publishing Kim Jong Il's Works," December 16, 1997, p. A21.

CHAPTER FIVE

군대: 사회의 기둥

> 인민군대는 혁명의 기둥이고 주력군이며
> 군대이자 당이고 국가이며 인민이라는 것이
> 위대한 장군님의 군사중시사상의 핵이다.

CHAPTER FIVE

인민군대는 혁명의 기둥이고 주력군이며
군대이자 당이고 국가이며 인민이라는 것이
위대한 장군님의 군사중시사상의 핵이다.[1]

군대는 북한에서 압도적인 힘과 존재감을 갖는다. 남한의 군대가 70만 명인데 비해, 해군, 공군, 특수부대 등을 포함한 북한의 조선인민군은 120만 명으로 추정된다. 전체 예비군은 최소한 5백만 명 이상이다. 1996년 이래 조선인민군 창건절은 북한의 국경일로 기념되어 왔는데, 애초에는 조선인민군이 창건된 날인 1948년 2월 8일을 기념하여 2월 8일이 창건절이었다. 그러나 1978년부터는 김일성이 중국에서 조선인민군을 창설했다고 주장되는 1932년 4월 25일을 기념하기 위해 4월 25일이 창건절이 되었다. 1997년에는 한국전 휴전협정에 서명한 7월 27일 역시 국경일로 선포되어 조국해방전쟁승리의 날로 불리게 된다. 국제사회는 북한의 국방예산이 감소되어가는 국가 GNP의 약 25퍼센트 가량을 차지하는 것으로 추정하고 있다. 그러나 1990년대 중반까지 북한으로부터 흘러나오는 자료들에 따르면 가동 능력치까지 제대로 돌아가는 사실상의 유일한 공장들이 군사공장들이기에 이를 통해 국방예

---

1   박남진, "주체위업완성의 군사적 담보가 마련된 불멸의 로정," 『로동신문』, 1997년 6월 26일, 3면.

산이 비군사부문의 예산까지 흡수하고 있을 가능성을 알 수 있다. 고질적인 공급의 부족, 기술적으로 낡은 무기들을 담고 있는 병기창에도 불구하고 북한의 조선인민군은 가공할만한 전투력을 보유하고 있다. 1950년 6월 25일 한국전쟁을 일으킨 북한의 공격은 평양이 자신의 정치적 목적들을 이루기 위해 무력을 사용할 의도가 있음을 입증하였다. 한국전쟁 이후 반복적으로 발생한 군사적 습격과 테러행위들은 북한이 군사력 사용에 지속적으로 의존해 왔음을 보여주고 있다. 자신의 적들을 움직이지 못하게 하고 자신의 사람들을 규합하기 위해 북한의 언론매체들은 지속적으로 미국, 일본, 남한에 대한 무력행사의 위협을 드러내 왔다.

김일성 치하에서 군은 명예롭지만 또한 권력자에게 예속적인 지위를 북한 사회에서 누렸다. 김일성은 물론 상당히 과장된 것이었지만 게릴라 전사이자 한국전 당시 북한군 사령관으로서의 자격을 지닌 군대 지도자였다. 한국전쟁을 일으킨 김일성의 어리석음에도 불구하고, 전후 김일성에 의한 숙청에서 살아남은 북한 장성들은 김일성이 비록 뛰어난 전시 전략가는 아닐지라도 용감하고 무자비한 전사로서 그를 존경하였다. 이에 대한 대가로 김일성은 군에게 사회적 신분과 삶의 수준에서 특혜를 제공하였다. 김정일은 의무적인 단기 대학훈련교과를 이수한 것 외에는 어떠한 군사훈련을 받은 적이 없었고 또한 어떠한 전투경험도 없다. 그는 단지 이름뿐인 장군이다. 북한 엘리트들 사이에서 널리 알려진 이 사실을 감안하면, 북한 장성들이 그들의 "최고 사령관"과 그의 통솔력을 점점 더 숭배하는 것에 대해 얼마나 높게 평가할 것인지 의문시된다.

최고위급 정치적 인물들의 공개적인 서열로 판단하건대 군은 지금까지 자신의 정치적 위상을 지속적으로 증가시켜 왔다. 김일성의 사망 이후 최고위급 장성들은 전통적인 서열을 뒤집으며 몇몇 정치국 상임위원들보다 더 높은 서열에 오르게 된다. 1998년 12월 최상위 10개의 정치적 서열 중에 5개가 김정일을 포함한 군 인물에 의해 차지되었으며, 최상위 35개 서열 중 15개가 군대에서 나왔다. 1997년 김정일은 군대를 사회주의와 당-인민 모델의 "기둥"으로 천명하였다. 김정일이 위원장으로 또다시 재선된 국방위원회 위원장 자리는 1998년 "국가의 가장 높은 자리"로 선언되었다.[2] 김정일은 또한 혁명적인 군사우선주의 정책(선군정치)을 수립한 사람으로 칭송되었다.[3] 김정일은 군대 구성원들이 자신의 가장 충성스런 지지자들이기 때문에 이들을 후원하는 것인가 아니면 이들에 대해 충성심을 간청하고 있는 것인가? 최고위급 군대 지도자들이 북한을 거의 떠나지 않거나 서구의 방문 사절단들을 거의 만나지 않기 때문에 이들의 태도에 대해 알려진 바는 거의 없다. 따라서 군 장성들이 정책 결정에 얼마나 영향력을 행사하는지, 이들이 김정일 정권에 대해 얼마나 만족하는지, 이들이 죽어가는 북한경제를 살리기 위한 어떠한 생각들을 가지고 있는지에 대해 파악하기가 어렵다. 당이 군대에 침투할 수 있는 정도를 감안하면 군이 비록 북한에서 잠재적으로

---

2   비록 1998년 헌법이 국방위원회의 위원장을 가장 높은 자리로 규정하지는 않았지만 이 직위는 최고인민회의 상임위원회 위인장 김영남이 김정일을 최고인민회의에 소개할 때 명백히 국가의 공식적 수반이 되었다. "Kim Jong Il's Election as NMC [that is, NDC] Chairman Proposed," KCNA, September 5, 1998 참조.

3   예를 들면 다음을 참조. 황창만, "선군혁명령도로 사회주의위업을 이끄시는 위대한 령도자," 『로동신문』, 1999년 2월 28일, 2면.

가장 강력한 조직이기는 하나, 김정일과 조선로동당의 확고한 통제 아래 놓여 있는 것으로 여겨진다.[4]

군은 북한 사회에서 세 가지 중요한 기능을 수행한다. 첫째, 군은 국가 안보를 제공한다. 둘째, 군은 김정일 정권을 지지하고 사회통제를 유지시킨다. 셋째, 군은 나머지 북한 사회에 대한 하나의 모델로서 존재한다.

국가 안보 역할

국가 안보의 확립에 대한 북한의 지대한 관심은 북한 국민 23명 중 1명이 정규군대에 복무하고 있는 것에서 잘 드러난다. 북한은 항상 동북아시아에서 고래들 사이의 새우였다. 이웃 중국은 어떤 때는 북한의 보호자로 다른 어떤 때는 북한에 대한 군사적 위협으로 존재해 왔다. 2,500년 전에 한국인들의 국가가 출현한 이래 중국은 주기적으로 군사적 침입을 해왔다. 일본은 16세기에 대규모의 공격을 감행하였으며, 후에 청나라를 세운 만주족들은 17세기에 북쪽으로부터 침입해 왔다. 한편 1895년 중국을 격퇴하고 1905년에 러시아를 굴복시킨 일본은 1910년 이미 힘이 빠진 조선을 병합하였다. 소련과 미국 군대가 1945년 한반도에서 일본의 항복을 받아내고 남과 북에 각기 자신들이 후원하는

---

4 예컨대 다음 논문을 참조. Jinwook Choi, *Changing Relations between Party, Military, and Government in North Korea and Their Impact on Policy Direction* (Palo Alto, Calif.: The Asia/Pacific Research Center, Institute for International Studies, Stanford University, July 1999).

정부를 세우면서 외국인들은 다시 한국 땅을 짓밟았다. 1950년에 잘못된 조언에 바탕을 둔 김일성의 남한공격 후 미국이 이끄는 UN군은 북한지역까지 치고 올라가지만, 1백만 명의 중국군대에 의해 다시 남으로 후퇴한다. 1953년 휴전조약 체결 후까지도 많은 중국군대가 북한의 재건을 돕기 위해 남아있다가 1958년에야 북한지역에서 철군하였다. 남한 정부의 요청에 의해 약 40,000명의 미군이 남한에 남아있었다. 정복과 외국에 의한 지배의 희생양으로서의 한국 역사를 감안하면, 북한이 오늘날 스스로를 군사 무기에 있어서 자급자족을 실현하고 이념의 통일성을 갖춘 "난공불락의 요새"로 만들기 위해 애쓰는 것이 그다지 놀라운 일이 아니다.

냉전 시기에 걸쳐 북한은 이웃 공산주의 국가들인 중국과 소련의 전략적 보호 아래 있으면서 남한의 미군과 해협 건너에서 경제적 부흥을 이루고 있던 일본을 대면하고 있었다. 1990년대 소련과 이를 계승한 러시아는 북한과의 거리를 두기 시작하였다. 1995년 8월 러시아는 평양에게 1961년 양국 사이에 조인된 조-소 우호협력 및 상호원조 조약(Treaty on Friendship, Cooperation, and Mutual Assistance)을 더 이상 갱신하지 않겠다고 통보하였다. 2000년 2월 양국 사이에 체결된 새로운 조약은 북한이 공격을 받을 경우 러시아가 군사적 원조를 한다는 보장 조항을 삭제하였다.[5] 중국은 북한의 충직하면서도 열성이 없는 조력자로 남아 있지만, 북한이 1950년에 했던 것과 같은 군사적 모험을

---

5 Kang Yong-un, "Resumption of Strategic and Diplomatic Relations between the DPRK and Russia after the Lapse of Ten Years," *Munwha Ilbo* (Internet Version), February 10, 2000.

감행할 경우 북한을 도와줄 가능성은 거의 없어 보인다.

탈냉전시기 북한의 안보환경은 더욱 적대적으로 되었다. 평양은 미국으로부터의 명확한 위협에 대해 인식하고 있다. 북한의 매체에 따르면 미국은 국제사회에서 마지막 남은 몇몇 사회주의의 섬들을 쓸어버리기를 바라고 있다. 사실 이 위협은 평양의 인권정책들에 대한 미국의 강한 혐오감과 핵무기 비확산의 국제레짐을 위협하는 북한에 대해 미국이 지니고 있는 우려에서 주로 기인한다. 이라크와 세르비아에 대한 미국 주도의 공격은 자신들에 대한 비슷한 방식의 처우를 우려하는 북한 사람들에게 경종을 울려왔다.

방어 전략

평양은 몸에 온통 길고 뻣뻣한 가시털을 덮고 있는 호저(豪猪)의 방어술을 채택해 왔는데 이는 중간크기의 반도국에게 적합한 것이었다. 북한의 사고에 따르면 만약 외국인들이 단 1인치라도 자신의 영토를 차지하면 이들은 쉽게 전 영토를 침략할 수 있다. 김정일이 국가산업으로서의 관광산업에 대해 반대한 내용을 담은 비밀 기록은 정확히 이 지점에 서 있다: "전체 해안선은 군사 요새들로 점점이 이어져 있다… 이 경우 국경의 개방은 조국 군대의 철수와 다르지 않는가?… 우리가 만약 평양을 개방한다면 이는 평양 경계선으로부터 군대를 철수시킨 것과 결국 같은 것이다… 이는 자연스럽게 무장해제와 같아진다. 우리가 기껏 먹을거리를 위해 이것을 해야만 하는가?"[6]

주체 이론에 따라 김일성은 1962년에 기존의 소련으로부터 물려받은 전통적인 "거대전력(big-forces)" 군사 독트린을 대신하여 "인민방어(people's defense)" 전략을 수용하였다. 북한헌법 60조에 규정된 김일성의 "4대 군사노선"은 인민 전체가 무장할 것(전민무장화), 전국토를 요새화할 것(전국요새화), 군대의 구성원들이 정치적으로 믿을 수 있는 당원으로 전환할 것(전군간부화), 그리고 군대를 현대화할 것(전군현대화)을 요구하고 있다. 첫 번째와 두 번째 노선은 적대적 세력들이 북한의 국경을 침입하여 급속히 국가를 침범하는 위협에 대응하여 북한의 영토에 대한 "극도(deep)"의 방어를 이루도록 하는 것이다. 북한 인구의 4분의 1이 군복무의 대상이며 모든 신체 건강한 어린이와 성인들이 주기적으로 군사훈련을 받는다. 북한은 군사검문소로 철통같이 통제되고 있으며 주요 공장들과 군사시설들이 지하에 건설되어 있다. 남한 정부는 북한에 5,000킬로미터에 달하는 터널을 포함하여 8,000개 이상의 지하시설이 존재한다고 믿고 있다.[7] 군인들을 충성스런 당원으로 만든다는 세 번째 군사 노선은 "우리는 해변 위에서 싸울 것이며, 비행장 위에서 싸울 것이며, 벌판과 도로 위에서 싸울 것이며, 언덕 위에서 싸울 것이다"라는 처칠의 방식대로 북한 인민들이 자신의 영토를 수호하도

---

[6] Cho Kap-che, "Recorded Tape of Kim Chong-il's Live Voice—60 Minutes of Astonishing Confessions Similar to That of a Reactionary," *Wolgan Choson*, October 1995, pp. 104-28, translated by Foreign Broadcast Information Service, *Daily Report: East Asia*, EAS- 95-213, November 3, 1995, and entitled "Transcript of Kim Chong-il 'Secret' Tape Viewed," pp. 40-52, quotation on P. 47. (이하 FBIS, *East Asia*로 표기)

[7] 남한 국방부가 추정하는 지하 시설들에 대한 추정은 다음을 참조. *Chungang Ilbo* (Internet version), December 8, 1998.

록 동기를 부여해 주는 군사적이고 외국인 혐오적인 주체 정신으로 전체 인민이 무장하도록 하는 전략의 연장선 상에 있다. 실제 북한은 게릴라 방어가 매우 실용적이도록 만드는 수많은 언덕과 산을 지니고 있다. 전체 군대와 인민들은 자신들의 조국, 당, 그리고 지도자를 보호하기 위해 "총알과 폭탄"이 되도록 강요를 받을 뿐만 아니라 끊임없이 침략에 대한 공포에 놓여 있게 된다. 1990년대 동안 북한 매체들은 남한과 미국에 대한 방어적 전쟁을 수행하는 것은 불가피한 일이며, 유일한 질문은 그것이 언제냐는 시기에 관한 것이라고 경고해 왔다. 전쟁에 대한 공포는 1998년에 최고조에 달했다. 이때 미국과 한국은 한반도에서 분쟁발발이라는 유사시를 대비한 계획인 작전계획 5027(Operation Plan 5027)의 개정판을 공개하였고, 이에 대해 북한 인민군은 미국이 "제2의 한국전"을 벌이기 위한 5단계 중 이미 1단계에 착수했다는 호전적인 성명을 발표했다.[8]

북한의 군사전략과 무기확보전략은 자립과 북한이 놓인 상황에의 적응에 관한 주체사상에 기반해 있다. 항공기를 제외하고 미사일을 포함한 대부분의 북한 무기들은 소련과 동유럽 모델들을 국내에서 생산한 복제품들이다. 국방에 대한 김일성의 주체 사상적 접근의 한 예가 "기억하라! 우리 조국은 광활한 평지를 지닌 중국과 소련과 다르게 많은 산과 강과 계곡으로 이루어져 있다. 이들 산과 긴 해안선 때문에 빠른 속도로 우리 땅을 가로질러 날아갈 수 있는 초음속 전투기보다 60밀리

---

8 "KPA Will Answer U.S. Aggression Forces' Challenge with Annihilating Blow—Statement of KPA General Staff Spokesman," KCNA, December 2, 1998, reprinted in *The People's Korea*, no. 1831 (December 12, 1998), p. 2.

총이 훨씬 낫다. 만약 우리에게 그것이 필요하다면 초음속 전투기에 대해 반대하지 않는다. 그러나 우리는 우리의 자연조건에 적당한 체계를 도모해야 한다."는 지시에서 잘 드러나고 있다.[9]

군사문제에 적용되는 두 번째 정치적 원칙은 인력과 기술에서 우월할지도 모르는 적을 무찌르기 위한 정치이념과 전략을 발전시키는 것이다. 이념과 전략은 국력의 원천인 지도자의 마음으로부터 샘솟는다고 한다. 김일성의 소설 같은 전기는 식민지 시기 동안 그가 일제를 상대로 한 게릴라전의 승리와 한국전쟁에서 미국을 상대로 승리했다고 주장되는 것이 그의 전략과 이념의 우월성에서 나왔다고 자랑하고 있다.

세 번째 정치적 원칙은 인민의 통합성이다. 마오쩌둥과 마찬가지로 김정일은 군대와 인민 사이에서 이루어지는 협력의 중요성에 대해 끊임없이 강조해 왔다. 물론 이것의 중요성에 대해 계속해서 강조한다는 것은 역설적으로 군과 인민의 협력이 그냥 주어지는 것이 아니라는 것을 의미하고 있다.

북한노동당 군대의 성향은, 북한의 미사여구가 갖는 특성은 말할 필요도 없이, "만약 적들이 우리 땅의 1인치, 풀잎 하나, 나무 한 그루라도 해칠 경우" 그들은 "무자비한 처벌"을 받을 것이라는 경고 입장을 취하고 있으며 그 본질에 있어서 공격적이다.[10] 공격적인 전략은 상대적으로 평지로 이루어져 있고, 수도가 북한으로부터 불과 30마일 밖에 떨

---

9 『북한총람』(서울: 북한연구소, 1983), p. 1460.
10 예컨대 다음을 참조. "Paper on Gen. Secy. Kim Chong-il's Military Feats," KCNA, November 4, 1997.

어져 있지 않으며, 시민들이 완화된 안보 자세를 취하고 있는 남한에 대해 특히 효과적이다. 북한군의 60에서 70퍼센트가 평양과 비무장지대(DMZ) 사이에 배치되어 있다. 이러한 군대의 배치는 북한의 공격적인 군사전략과 일맥상통할 뿐만 아니라 또한 논리적인 방어 전략인데, 북한의 열악한 도로와 철도 네트워크를 감안하면 남북한 간의 국경에서 멀리 떨어져 주둔하는 군대가 전방 방어에는 별 가치가 없기 때문이다.

북한의 군사전략은 적의 공격을 단념시키기 위한 억지(deterrence) 능력의 사용을 요구하고 있다. 북한의 엄청난 군대, 공격적인 자세, 적대적인 수사, 그리고 한국전쟁과 그 이후에 보여온 남한에 대한 공격 의지는 이것들 자체가 억제력이다. 핵, 생물학, 화학 무기(NBC)에 대한 평양의 "완전한 부정과 검증 불가(complete denial and no verification)" 정책은 강력한 억제력을 제공한다. 사거리 상에 있어서보다 (가장 큰 다단계 미사일은 일본의 어느 곳이나 타격할 수 있고, 아마도 알래스카에 이를 것이다) 그 정확성에 있어서는 덜 위협적인 북한의 미사일 프로그램은 의혹의 대상인 평양의 NBC 능력과 함께 또 하나의 억지력으로 기능하고 있다. 더욱이 북한의 지도자들은 그 자체로 억지 효과를 제공하는 비이성적인 이미지를 지금까지 키워왔다.[11] 미국과 한국에서 북한이 최소한 세 가지 상황에서 진짜 군사적 위협을 가할 것이라는 의견이 지배적이다. 첫째 남북한 간의 군사적 균형이 북한

---

11 비합리성(irrationality)과 억지(deterrents)에 대한 논의는 다음을 참조. Robert Mandel, "The Desirability of Irrationality in Foreign Policy Making: A Preliminary Theoretical Analysis," *Political Psychology*, vol. 5 (December 1984), pp. 643-60.

에게 결정적으로 우호적으로 기울 때, 둘째 북한의 경제 및 사회적인 조건이 국가의 통합성이 위기에 처할 정도로 악화될 때, 셋째 외국 정부가 북한을 상대로 공군력을 통한 공격을 감행할 때가 바로 그것이다.

북한의 남한과 미국 군대에 대한 공격 전략을 만약 체스게임에 비유한다면, 북한군은 개막전(opening game)과 최종전(ending game)에 대한 전략들은 가지고 있으나, 중반전(middle game)에 대한 전략을 갖고 있지 않은 것과 같다고 할 수 있다. 북한인들은 자신이든 상대방이든 어느 한 쪽이 군사적으로 취약하다고 스스로 인식하는 상황 하에서 선제적(preemptive) 공격을 선호하는 듯하다. 1998년 12월에 워싱턴이 영변 원자력 단지 근방의 북한 지하 기지에 대한 사찰 압력을 가하자 북한의 조선중앙통신은 "평양은 선제적 공격에 대한 선택이 미국만의 독점적 전유물이 아니라는 확신에 가득 차 있다… 타격능력뿐만 아니라 무제한적이며 숙련된 변화무쌍한 전술을 키워온 조선인민군은 가히 천하무적이다… 조만간 미국은 한국전쟁의 방식이 어떠한 것이지 깨닫게 될 것이다."라고 경고했다.[12] 만약 북한이 선제적 공격을 감행한다면 북한은 기습적이고 압도적인 화력, 전격적인 속도, 야간작전, 그리고 특수부대들을 활용할 것이다. 북한 사람들은 이러한 전투전략을 단기결전(短期決戰), 즉 빠르고 결정적인 승리라 표현한다.[13] 남한과의 국경 가까이에 대부분의 군대가 주둔하고 있기에 특히 적에 의해 북한의 허세나 벼랑 끝 전술 또는 연습 활동으로 잘못 해석될 수 있는 군사 활동의

---

12 "Sooner or Later the U.S. Will Be Aware of What the Korean War Method Is Like," KCNA, December 19, 1998.

13 『북한총람』, p. 1460.

증강이 선행된다면 북한에 의한 공격은 상대적으로 경고 없이 바로 이루어질 수 있다. 비무장지대를 따라 존재하는 자연적이고 인공적인 장벽들을 돌파하기 위해 아마도 북한군대는 주로 서울을 직접 공격할 수 있는 남쪽으로의 몇몇 회랑지대에 집중할 것이다.

최전선과 서울에 대한 대규모의 포격 이후에 보병과 기계화 부대에 의한 파상공세가 뒤따를 것이다. 적의 관심을 돌리기 위해 비무장지대를 따라 이루어지는 공격과 함께 북한은 바다, 공중, 그리고 비무장지대 아래 건설된 지하터널을 통해 특수부대를 내려보낼 것이다. 대체로 남한 군대의 군복을 입고 위장을 할 이 부대들은 적의 전선 후방에 제 2의 전선을 만들어 남한 군대의 관심을 분산시키고 남한과 미국의 지휘, 통제, 통신, 컴퓨터, 정보 (전술지휘통제자동화체계, C^4I)의 작동을 교란시키고, 또한 남한 쪽으로의 상륙을 통한 미군력의 강화를 방지하고자 할 것이다.

이러한 전투의 전술이 성공하기 위해서는 강화된 미군력이 남한에 도착하고, 미국 공군력에 의한 반격이 북한의 군사력을 떨어뜨리기 전에 반드시 서울이 먼저 점령되어야만 한다. 북한인들이 서울을 점령하거나 포위하고 휴전과 정전 협상을 위해 서울을 인질로 삼기까지 불과 며칠만이 소요될 것이다. 북한이 병참과 전술지휘통제자동화체계(C^4I)의 능력 면에서 상대적으로 취약하기에 북한군이 한반도 전체를 침략하는 것은 어려울 것이다. 서울을 점령함으로써 북한의 개막전은 완료될 것이다.

만약 서울에 대한 전격전이 실패하거나 남한이 서울을 구하기 위한 휴전요청을 하지 않을 경우, 북한은 자신의 군대와 영토에 대한 적의 공중폭격이라는 중반전에 노출될 것이다. 이 경우 북한은 서울을 파괴하고 북쪽의 보다 튼튼한 곳으로 후퇴하여 마지막까지 살아남기 위한 가능한 모든 수단들을 사용하며 최종전의 단계로 재빨리 넘어갈 것이다. 네 가지 군사 노선에서 요구된 바와 같이 북한의 산업 및 군사시설들의 대부분은 지하에 위치에 있고 북한인들은 강한 조국수호를 위해 무기를 들 수 있도록 훈련되어 있다. 비록 북한경제와 군사력의 많은 부분이 반격에 의해 파괴될 것이지만 국가 자체가 굴복할 것인지는 분명치 않다. 이것이 북한의 최종전이 지닌 장점이다.

북한은 "고요한 아침의 나라"라는 전통적인 별명에 맞게 살고 있지 않다. 북한의 지도자와 국민들은 몹시 초조한 상태에 있다. 그들은 회유 또는 타협의 이미지를 보여주는 것을 두려워한다. 그들은 자신들의 체제 또는 문화에 있어서 아주 작은 변화가 전체 북한 체제의 불안정을 야기하는 심각한 결과로 이어지는 시작이 될 수도 있음을 두려워한다. 그들은 자본주의 세계의 적들이 사회주의의 마지막 보루를 "압살" 시킬 기회를 기다리고 있기 때문에 어떠한 판단 착오나 실수의 여지가 있을 수 없다고 믿고 있다.

군사적 능력

대량살상무기를 포함한 강력한 군사력은 북한 외교정책의 근간이다.[14] 자신의 군대를 강력하게 유지하기 위해 북한 정부는 인민들의 만성적인 고난을 만들어 내면서 민간경제의 소중한 자원을 군대로 돌렸다. 북한은 자신의 현역 군인이 총 400,000명에 불과하다고 주장하지만, 외국 분석가들은 북한군의 숫자가 최소 1백만 명을 넘는다는 데에 이견이 없다.[15] 인구학자인 니콜라스 에버슈타트(Nicholas Eberstadt)와 쥬디스 베니스터(Judith Banister)는 1989년에 북한이 UN인구기금(United Nations Population Fund)으로부터의 식량 원조를 받기 위한 조건으로 전국적으로 실행하여 UN에 제출한 북한의 인구자료를 분석하였다.[16] 이들의 인구학적 모델은 1백 2십만 명의 사람들이 데이터에서 "실종"되었음을 시사하고 있다. 누락된 것으로 추정되는 사람들의 대부분이 17세에서 54세 사이의 남자들이기에 이들 인구학자들은 이 사람들이 군대에 있었을 것으로 추정하였다. 1975년 이후로 북한은 군인을

---

14 북한의 군사력에 대한 개관은 남한 국방부의 『국방백서』 (서울: 대한민국 국방부) 참조. 또한 다음을 참조할 것. Joseph S. Bermudez Jr., *The Armed Forces of North Korea* (Sydney, Australia: Allen & Unwin, 1999). 한국어로 된 좋은 자료는 다음을 참조. 유석열, 『북한의 체제위기와 한반도통일』 (서울: 박영사, 1997).

15 남한으로 망명한 한 조선로동당 간부에 따르면 북한의 정규군대는 1백만 명의 예비군에 의해 지원을 받는데 650,000명의 붉은청년근위대와 5백만 명의 로농적위군이 있다. 이러한 추정이 맞다면 북한 사람 3명 중 1명은 어떤 형태로든 북한의 군대조직에 속해있는 셈이다. 다음을 참조할 것. Kim Chong-min, "Conscription System and Soldiers' Lives in North Korea," Pukhan, August 1999, pp. 134-45.

16 Nicholas Eberstadt and Judith Banister, *The Population of North Korea* (Berkeley, Calif.: University of California Institute of East Asian Studies, 1992).

인구통계에서 배제해 왔다. 북한 관료들은 이러한 추정에 대해 반박해 왔다. 아마도 이러한 수치상의 차이는 북한 정부가 어느 시점에 농장이나 건설 업무에 배치된 이들 수만 명의 군인들을 현역군인으로 계산하지 못한 것을 반영하는 것으로 보인다. 또는 아마도 북한 관료들이 약 700,000명을 군인으로 가지고 있는 남한보다 더 평화를 사랑하는 것으로 외부인들에게 어떠한 확신을 심어주기 위한 것일 수도 있다. 또는 북한 사회의 문화가 결정적인 요인일 수도 있다. 북한인들은 자기 국가의 거의 모든 정보를 비밀로 취급한다.

약 900,000명의 현역 군인이 인민군 지상군으로 복무 중인 것으로 추정되며, 이들 군인들의 대다수는 경무장 보병들이다. 보병은 기계화 부대들과 포병대의 대포 그리고 로켓 발사대에 의해 지원을 받는다. 보병을 무장시키는 것이 기계화 부대를 유지하는 것보다 더 저렴할 뿐만 아니라 북한의 거친 지세가 기계화된 장비에 부적합하다. 제한된 도로체계와 만성적인 연료 부족으로 인해 수송은 심각한 문제이다. 북한의 전술지휘통제자동화체계(C^4I)의 기술은 원시적인 수준이다. 1996년 남한으로 망명한 북한의 수색정찰대 분대장은 김정일이 사령부와 야전 사이의 통신을 위해 대대장과 중대장에게 러시아제 무선호출장치를 지급할 것을 명령했다고 보고했다. 나머지 사회와 마찬가지로 군대 내에서의 통신은 김정일과의 수직적인 통신이 대부분인데, 군사훈련을 위해서는 김정일의 개인적 승인이 대대 단위까지 내려갈 것을 요구하고 있다고 알려져 있다. 수직적 통신구조는 통신채널이 열려 있는 한 사령부로부터의 명령을 수행하는데 효율적이지만, 군대 단위들 사이의 협력과 정보공유에는 비효율적이다.

북한의 해군은 약 50,000명으로 추산되고 있으며 해안경비와 특수 작전을 위해 고안된 작은 배와 잠수함들에 탑승해 있다. 약 100,000명으로 추산되는 공군은 대부분 구소련으로부터 구입한 낡은 기체에 의존하고 있다. 남한으로 한 북한 조종사가 망명할 때 몰고 온 MiG-19기의 불량한 정비 상태로 판단하건대 보급 부족과 군인들의 낮은 의욕으로 인해 군사 장비의 유지 역시 문제가 되고 있는 듯하다.

만수대에 있는 김일성의 청동 동상은 1972년 김일성의 60번째 생일에 세워졌다. 동상 뒤에 백두산의 벽화가 있다.

만수대의 김일성 동상에 절하는 모습. 동상 좌우의 조각들 중 하나가 보이는데 북한인들의 혁명적 투쟁을 묘사하고 있으며 "김일성 장군 만세"라는 글귀가 적혀져 있다.

모든 사진은 따로 표시된 것 외에는 프랭크 호프만(Frank Hoffmann)에 의해 촬영. 허가를 받고 재인쇄.

평양 중앙에서 바라본 대동강변의 주체사상탑. 1980년 이후 세워진 대부분의 기념비와 마찬가지로 이 탑의 개념과 설계는 김정일에 의해 이루어졌다. 이 탑은 1982년 김일성의 70번째 생일에 완성되었다.

위 사진과 오른쪽 사진의 출처는 조선의 영광(평양)

1982년 4월 1일, 김일성을 주체사상 탑으로 바래다주는 김정일.
삽입 사진: 자신의 논술 "김일성동지의 청년운동 사상과 령도업적을 빛내어가자"(The People's Korea, no. 1757, September 7, 1996, p.2) 의 출판물에 실린 김정일의 사진.

군대: 사회의 기둥 CHAPTER FIVE 243

외국인 방문자들의 주요 거처인 쌍둥이 타워 고려호텔의 45층에서 바라본 평양 모습.

대동강변의 인민대학습당에서 바라본 평양 중심가. 김일성 초상화 뒤로 멀리 있는 5·1 경기장이 보인다.

1989년 세계청년학생축전을 위해 평양에 지어진 105층짜리 류경호텔. 그러나 이 호텔은 구조적 결함들로 인해 완공도 개장도 하지 못한 상태이다.

평양의 여성 교통경찰관. 이 여성은 부분적으로 외모에 따라 선택되었다고 한다.

1968년 미국에 따르면 공해상에서 북한에 피랍됐다고 하는 미국의 정찰선 푸에블로 (Pueblo)호. 이 배의 83명의 선원은 11개월 후 석방되었다. 원산항에서 이 사진이 찍힌 이후 푸에블로 호는 알려지지 않은 수단으로 한반도의 반대편으로 옮겨졌다. 이 배는 현재 평양의 대동강에 정박되어 있는데 인기 있는 관광지이자 북한의 미국인에 대한 증오의 초점으로 알려져 있다.

평양 중심지에 있는 육교에 걸린 포스터. "위대한 주체사상 만세!"라 쓰여 있다.

평양에 있는 풍요의 조각상. 뒤에 보이는 건물에는 "단결"이라는 단어가 쓰여 있다.

여름 군사훈련에 참여하고 있는 것으로 보이는 북한의 젊은 여성들. 이 훈련은 중국과 접하고 있는 북한의 북쪽 국경에 있는 신성한 산인 백두산을 방문한다.

백두산 비탈에서 태어났다고 주장되는 김정일의 출생지 근처에서 전시되고 잘 보호받고 있는 여러 "선전 나무들" 중 하나. 김일성과 그의 군인들이 일본인들에 대항하여 싸울 때 새겨졌다고 하는 내용들은 또 다른 "위대한 장군"인 김정일의 출현을 예언하고 있다.

백두산 정상의 천지. 매우 맑은 물을 지닌 화구호이다.

김일성에 의해 써지고 유교적 관점에서는 매우 걸맞지 않게 그의 아들에게 헌정된 시를 감상하고 있는 관광객들. 뒤로는 바위에 이름이 새겨진 정일봉이 어린 김정일이 태어났다고 말해지는 백두산 위 통나무집을 바라보며 서 있다.

항일전쟁 중의 백두산의 "세 장군들"과 그들의 군인들을 그린 야외그림. 어린 김정일이 김일성 옆에 서 있는 그의 어머니 김정숙에 의해 말 위에 앉혀져 있다.

김일성의 게릴라 부대와 일본인 사이에서 벌어진 전투를 기념하기 위해 1979년에 백두산 지역 삼지호에 있는 대기념비 광장에 세워진 젊은 김일성 동상을 방문하는 준군사조직 방문자들.

전통 기와집들을 내려다보고 있는 개성의 학생소년궁전. 전통적인 문화와 교역의 도시인 개성은 북한에서 세 번째로 큰 도시이며 서울에서 북쪽으로 불과 78킬로미터 밖에 떨어져 있지 않다.

개성의 개인 채소밭.

개성 신시가지의 넓은 도로

개성 거리 위에 걸린 고 김일성 선전물. "경애하는 어버이 김일성 수령은 인민의 심장 속에서 영원하다"고 적혀있다.

북한의 동남쪽 가장자리에 있는 유명 관광지인 금강산 호텔 입구에 있는 김일성 기념화. 한 소년이 김일성의 페도라(챙이 있는 중절모)를 쓰고 있다.

군대: 사회의 기둥 CHAPTER FIVE 253

금강과 원산 사이의 동해안을 따라 있는 경치 좋은 삼일포 지역의 길 위에 있는 두 여인들. 멀리 소달구지가 보인다.

"대체연료"로 달리는 트랙터. 만성적인 가솔린 부족에 직면하여 많은 버스와 트럭들 역시 나무를 연료로 하는 화목증기기관(wood-burning steam engines)으로 전환하였다. 달리는 속도가 매우 느리다.

시골에서 북한의 식량수요 충족에서 중요한 부분을 차지하는 개인 텃밭으로 거의 뒤덮인 시골집들.

도시간 보조적 교통수단. 여행객들은 허가되지 않은 이런 탑승에 대한 대가로 약간의 비용을 지불한다.

평양 교외의 도로 위를 걷는 사람들

1970년대 초 군사 산업을 담당하는 북한의 제2경제 위원회가 설립된 이래 북한은 다방면에서 상대적으로 정교한 무기들을 만들어 왔다. 1970년대 말에 이집트로부터 수입된 것으로 여겨지는 소련식 스커드 미사일을 분해하여 모방한 것을 시작으로 북한은 1990년대 중반 이후 300-500킬로미터의 사거리를 지닌 스커드 B형과 스커드 C형 미사일들을 매년 100기씩 생산할 수 있는 능력을 발전시켜 왔다.[17] 남한 정부는 1999년까지 이들 미사일들 중 약 450기가 이란(200기), 이라크(100기), 시리아(150기)에 수출된 것으로 믿고 있다. 사거리 1,300킬로미터의 로동 1호 로켓은 1993년에 처음 시험 발사되었고 1999년까지 5기에서 10기가 북한에 배치된 것으로 여겨진다. 이보다 약간 더 긴 사거리를 지닌 로동 2호는 개발 중에 있는 것으로 보인다. 1998년에 사거리 2,000킬로미터의 대포동 1호가 시험 발사되었고, 4,000-6,000킬로미터 사거리의 대포동 2호는 개발 중에 있는 것으로 여겨진다.

북한은 생화학 무기들을 보유하고 있는 것으로 의심받고 있다.[18] 핵

---

17 예를 들면 다음을 참조. Yim Ul-ch'ul, "Evaluation and Prospects of DPRK's Missile Industry and Technology," *Tongil Kyongje*, August 1999, pp. 96-104. 미국에서는 Joseph S. Bermudez Jr.가 북한의 미사일 프로그램에 대한 꾸준한 관측자이다. 그의 기사들은 *Jane's Intelligence Review*에서 자주 볼 수 있다.

18 예컨대 다음을 참조. Joseph S. Bermudez Jr., "North Korea's Chemical and Biological Warfare Arsenal," *Jane's Intelligence Review*, vol. 5 (Asia-May 1993), pp. 225-28. 또한 다음을 참조. John M. Collins, Zachary S. Davis, and Steven R. Bowman, *Nuclear, Biological, and Chemical Weapon Proliferation: Potential Military Countermeasures*, CRS Report for Congress, 94-5285 (Washington: Congressional Research Service, June 28, 1994). 북한은 화학무기협정(the Chemical Weapons Convention)에 기입하지 않았으나 생물학 및 독소무기협약(the Biological and Toxin Weapons Convention)에는 조인하였다. 북한의 핵, 생물학, 화학 무기 능력(NBC capabilities)에 대한 국방부의 추정에 대해서는 다음을 참조. Office of the Secretary of Defense, *Proliferation: Threat and Response* (Government Printing Office, November 1997), pp. 4-8.

무기 문제는 많은 논쟁의 대상인데 만약 가지고 있다면 한 두기 이하일 것이라 대체로 추정하고 있다. 그러나 억지력의 측면에서 핵을 가지고 있을 것으로 의심받는 것도 공개적으로 알려진 핵의 보유만큼이나 강력하다고 할 수 있다.

국내적 역할

조선인민군은 온전히 방어에만 쓰이기에는 너무나 많은 인적 자원을 가지고 있다. 조선인민군은 국내보안, 정보업무, 해외침투와 정찰, 국경경비, 건설, 산업, 농업을 위한 보완적 노동, 군수품 생산, 그리고 대외무역 등과 같이 국가방어 뿐만 아니라 다른 여러 임무들을 수행하고 있다.

당과 지도자의 군대

북한헌법 제59조는 "조선민주주의인민공화국 무장력의 사명은 선군혁명로선을 관철하여 혁명의 수뇌부를 보위하고 근로인민의 리익을 옹호하며 외래침략으로부터 사회주의제도와 혁명의 전취물, 조국의 자유와 독립, 평화를 지키는데 있다"라고 명시하고 있다. 따라서 군대의 첫 번째 임무는 외부의 위협으로부터 국가를 보호하는 것이 아니라 노동자들의 이익을 보호하는 것이고, 이는 노동자를 이끄는 당을 보호하는 것이다. 1980년의 조선로동당 규약은 46조에서 "조선인민군은 항일무장투쟁의 영광스러운 혁명전통을 계승한 조선로동당의 혁명적 무장력이다"라고 밝힘으로써 이를 분명히 하고 있다. 지도자의 지위가 상승되어 왔기에 조선인민군은 당의 군대보다 지도자의 군대로서의 의미가 더 커졌다. "조선 혁명의 사령부에 감히 발톱을 드러내려는 자들을 괴멸시키고 최고 사령관의 호위병이 되는 것이 우리 군대의 첫 번째 임무이자 자랑스런 명예이다"에서 보듯 1990년대 중반까지 김정일 개인의 보호에 대한 호소가 당연시되었고 점차로 보다 집요하게 이루어져 왔다.[19] "혁명적자폭정신이란 당과 수령을 위하여 스스로 작렬하는 폭탄이 되어 한 목숨 바치는 정신이다… 자폭정신은 바로 당과 수령을 위함이라면 스스로 죽음의 길을 택하는 투철한 각오를 가진 사람만이 지닐 수 있다."라는 표현은 이를 더욱 단호하고 절박하게 보여주고 있다.[20] 지도자를 보호하는 일의 중요성을 표현하기 위해 이 신문기사는 어떻게 두 명의 북한 선원들이 배가 침몰하는 와중에도 배에 실려 있는 김일성 부자의 초상화들을 목숨을 걸고 보호했는가를 보여주고 있다.

북한의 논리에 따르면 북한의 안보와 제도로서의 군대의 힘이 지도자가 지닌 의지의 연장(확장)이기에 지도자를 보호하는 것은 최우선적인 일이다. "공산주의자들에게 있어서 수령은 곧 조국이고 혁명이다… 혁명에 대한 충실성이자 수령에 대한 충실성이며 수령에 대한 충실성이자 조국과 인민에 대한 헌신성이라는 것이 공산주의자들의 확고한 신조이다"라는 표현에서 보듯 북한의 애매한 언어구사에서 당과 지도자와 인민 사이의 구분은 모호해진다.[21]

---

19 "Army Mainstay of Revolution," KCNA, March 9, 1998.
20 김명희, "혁명적 자폭정신,"『로동신문』, 1998년 12월 29일, 3면.
21 최충일, "주체형의 혁명가의 사상정신적풍모의 핵,"『로동신문』, 1998년 5월 17일, 2면.

국내보안과 정보

준군사적 성격을 띠고 있는 인민보안부와 군의 명령을 받는 비밀기구인 국가안전보위부로 구성된 북한의 국내 보안기구는 매우 효율적이다.[22] 많은 전체주의 사회에서 그러하듯 집권세력이 민주적 정당성의 기반에 의존하여 권좌에 남아있을 수 없기에 국내적 보안을 유지하는 것은 권력유지를 위해 핵심적인 일이다. 국내 보안은 북한경제가 명확한 쇠퇴의 신호를 보내고 인민들의 생활 수준이 악화되기 시작한 1980년대 중반에 강화되었다. 보안은 수천 명의 외국인 방문객을 평양으로 불러들인 1989년 제13회 세계청년학생축전 동안과 그 이후에 증대되었다.

국내 보안조직은 시민봉기를 야기하는데 필요한 통신과 사회적 모임을 제한해왔다. 비록 군사적 숙청에 대한 보고들이 반체제적 요소들이 여전히 존재하고 있음을 시사하고 있지만, 북한의 보안 활동은 군대와 정부의 다른 부서들 내에서 반체제적 집단들이 형성되는 것을 그동안 예방해 온 것으로 보인다. 보안조직들의 한 가지 잠재적인 문제점은 보안조직들 내부에 그리고 이들 사이에 존재하는 파편화 현상이다. 이러한 파편화가 정권을 뒤집을 수 있는 단일한 보안조직세력이 출현하는 것을 방지하는 역할을 수행하지만, 정보수집에 있어서의 협력을 어렵게 만들고 보안조직들 사이의 경쟁과 갈등의 가능성을 만들어 내고 있다.

중국, 러시아와 접하는 북한의 북쪽 국경은 엄격하게 통제되고 있

---

22 이전에 사회안전부로 불리던 인민보안부는 2000년 4월 최고인민회의 제3차 회의에서 새로운 이름을 부여받았다.

으나 국경수비대에 뇌물만 준다면 상대적으로 쉽게 누구나 건널 수 있다. 철조망, 장벽, 지뢰로 막혀 있는 북한의 남한과의 남쪽 국경은 사실상 통과가 불가능하다. 북한을 탈출하는 북한인들 대부분은 해외파견 업무나 중국여행을 탈출의 도약판으로 삼는다. 북한 정부는 경제가 악화되면서 보다 많은 굶주린 농민들과 불만을 품은 엘리트 구성원들이 북한을 떠날 것을 염려하고 있다. 중국과의 국경을 따라 주둔하는 국경수비대가 1994년에 인민무력부로 흡수된 것은 아마도 이러한 우려에 대한 대응일 것이다. 1995년 10월에는 국가안전보위부 하에 존재하던 국경경비총국이 인민무력부로 이전되어 군사력 강화를 보다 공고히 하였다.

공적 근로, 산업, 농업

조선인민군은 자신의 기업체를 가지고 있으며 비군사적 부문에 대해 노동력을 제공한다. 건설프로젝트, 농업, 공장 작업, 광업에 배정된 군인들은 "군대-인민 일체"를 과시하고 만성적인 노동력 부족을 메꾸는데 도움을 준다. 대부분의 공장들이 문을 닫았지만, 북한경제는 농업과 건설에서 작동불능의 기계를 대신하여 점점 더 인간 노동에 의존적으로 되어가고 있다. 김정일의 선군정치(군사제일주의 정책)의 일부로서 북한의 군 간부들은 많은 민간 농업과 공업 현장을 담당하고 있는 것으로 알려져 있다.[23] 군인들 역시 농업, 어업, 사료수집 등에 스스로 참여

---

23 예컨대 다음을 참조. Ul-ch'ul Yim, "Trend and Outlook of North Korea's Recent Shift to Market Economy System," *Tongil Kyongje*, March 1999, pp. 82-89.

하고 군사조직들은 자신들의 무역회사를 운영한다. 북한의 군수품 산업은 국방위원회의 지휘 하에 군에 의해 움직인다. 대규모의 물자를 수송할 수 있는 충분한 운송수단과 연료를 가지고 있는 거의 유일한 조직인 북한인민군은 해외로부터 원조받은 식량을 분배하는 역할도 담당하고 있다.

군인들을 경제 부문에서 일하도록 하는 것이 백만 규모의 군대를 유지해야 하는 북한경제의 짐을 줄여주기는 하지만, 건설, 농업, 농장 관리 등에 이들을 사용하는 것은 이러한 산업들에서 계속 일해 온 전업 노동자들만큼의 효율성을 발휘할 수 없기에 최적의 인력배치는 아니다. 노동력의 일시적인 배치는 또한 장기계획을 복잡하게 만든다. 군에 의해 운영되는 산업들은 국가의 경제적 자원들을 우선적으로 배분받기를 요구하고 민간 산업들보다 더 높은 능력으로 가동되는 것으로 믿어지지만, 나머지 국가 경제와 분리되어 작동됨으로 인해 구체적인 군의 경제 활동에 대해 잘 알지 못하는 경제계획 입안자들이 국가경제 계획들을 조정하는 일에 있어서 어려움을 겪는다.

정치적 역할 모델

김정일은 1997년에 유행했던 군은 "혁명의 기둥이자 주력"이라는 선전 문구에 대해 이론적 영감을 제공한 사람으로 알려져 있다.[24] 이 표

---

24 "기둥"이라는 주제는 1997년 초에 두드러지기 시작하여 1998년 "경제군사강국"이란 주제로 이어지게 된다. 군대의 역할과 기둥이라는 개념은 다음에서 자세히 설명되고 있다. Nam-chin Pak, "Immortal Course."

현은 무엇을 의미하는가? 첫째, "사회주의의 평화와 승리는 조선인민군의 총검 위에 존재한다."라는 국가 안보에 있어서 군의 역할에 대한 인식을 드러낸다. 둘째, 군이 경제적 자원의 배분에 있어서 첫 번째 순서에 있음을 인식하는 것으로 해석될 수 있다. 셋째, 당이 김일성 정권의 주요 조력자였던 것처럼 군이 김정일 정권을 지지하는 주요 조직임을 의미한다. 넷째, 김정일이 북한 사회 내에서 나타나기를 원하는 모든 특성을 군이 보여준다는 점에서 군은 주요 기둥이다. 만약 모든 북한인들이 군인이라면 김정일 장군은 권력의 지렛대를 그의 손에 공고히 붙잡고 있게 될 것이다. 군사화된 국민들은 잘 조직화 될 것이고 심지어 거친 성격을 드러내는 것에서 자부심을 느끼면서 스파르타적 삶의 고단함에 익숙해질 것이다. 그러나 전체 사회를 군대로 바꾸는 것의 명백한 문제점은 추종자의 군대가 지도자보다 더 나을 것이 없다는 것이다. 만약 김정일이 정말로 "오늘의 세계에서 정치, 경제, 문화뿐 아니라 국방에 대한 령도를 능숙하게 실현해나가시는 사회주의 정치지도자"라면 국민과 군대는 단순히 그의 명령을 따르는 것 외에는 더 나은 것이 없다.[25] 그러나 만약 그 지도자가 생각 자체가 없거나 잘못된 생각을 추구한다면 전체 사회가 붕괴될 것이다. 이것이 북한 사회가 지닌 거대한 역설들 중의 하나이다. 인민들의 첫 번째 의무는 김정일에게 복종하는 것이지만 김정일은 주체사상의 자립 전통에 따라 인민들이 자기 스스로를 돌보라며 그들에게 등을 돌려 왔다.

---

25 승정표, "우리 혁명의 정치, 경제, 군사적 력량을 비상히 강화하게 한 강령적로작", 『로동신문』, 1997년 7월 3일, 3면.

군사 지도력

북한의 모든 조직들과 마찬가지로 군대도 군사적 지휘체계로부터의 명령과 가장 최상위의 권위체인 조선로동당으로부터의 명령을 받는 이중적 지휘구조를 지니고 있다. 도표 5-1은 1998년 헌법 개정 이후 군조직의 권위구조를 개괄적으로 보여주고 있다. 조선로동당 중앙군사위원회가 군의 핵심적인 의사결정 집단이자 인사권을 담당하고 있는 조직지도부와 함께 가장 강력한 당 조직 중의 하나로 알려져 있다. 김정일이 그의 아버지가 그랬던 것처럼 위원장으로서 군사위원회를 주재하는지는 알려져 있지 않다. 군사위원회는 정책을 설정하고 군의 총정치국을 통해 다른 군 조직들에 의한 정책집행을 감시한다. 중대 수준에 배치된 정치담당관(political officers)에 이르기까지 총정치국은 군에 대한 포괄적인 통제를 행사한다.

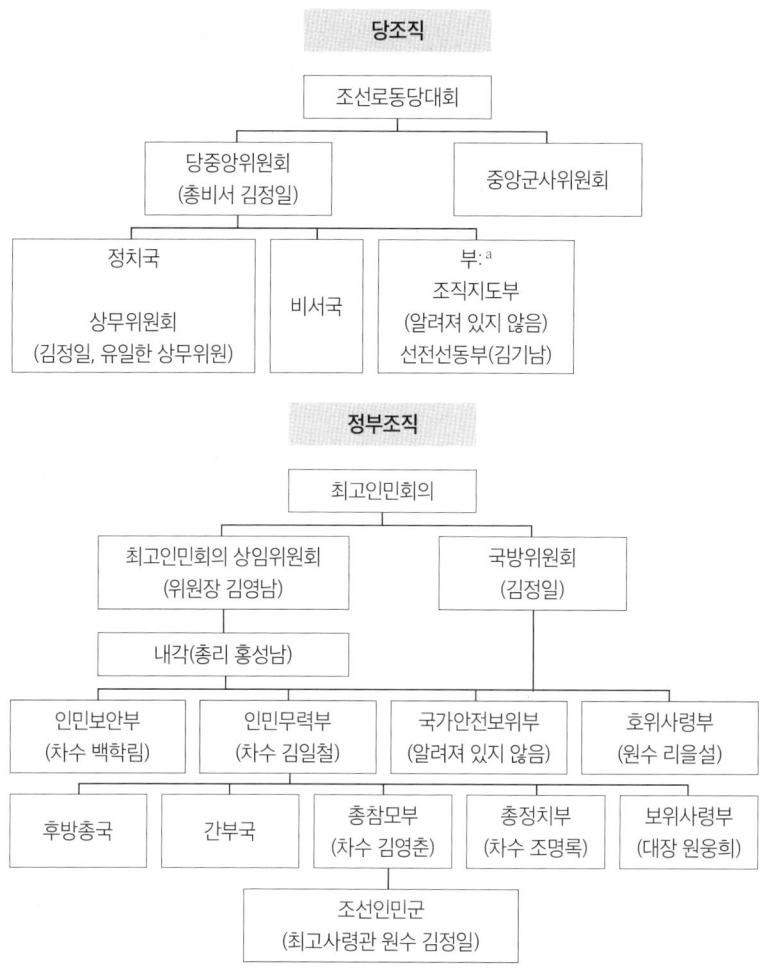

<도표 5-1> 군과 안보의 지휘구조[26]

출처: 정석홍, 『남북한 비교론』(서울: 사람과 사람, 1997), p. 55; 유영구, 「북한의 정치-군사 관계의 변천과 군내의 정치조직 운영에 관한 연구」, 『전략연구』, vol. 4 (가을, 1997), p. 102; "Data 1998," *Vantage Point*, vol. 21 (December 1998), pp. 53-57.

---

26 도표에 올라와 있는 두 명의 원수와 차수들은 1998년 12월 현재 중앙군사위원회와 국방위원회의 구성원이었다.
    a. 여러 개의 부들 중에 두 개를 보여주고 있다.

정부 쪽에서는 김정일이 위원장으로 있는 새롭게 강화된 국방위원회가 최고의 국가군사조직이고 사실상의 최고 지배조직이다. 중앙군사위원회와 국방위원회가 원칙상 각각의 선출된 집단인 조선로동당 대회와 최고인민회의에 대해 책임성을 지니지만, 이들은 단지 가끔씩만 열려 고무도장(rubber stamp)으로서의 역할을 수행한다. 국방위원회가 여러 부로 구성된 인민무력부를 통제한다. 총참모부가 최고사령관인 김정일이 수장으로 있는 조선인민군을 직접적으로 감독하지만, 중앙군사위원회와 연결된 총정치국이 사실상 인민무력부 내에서 가장 강력한 부서이다. 김정일이 자신의 개인적 권위에 기반하여 군대와 민간을 불문하고 북한의 어떠한 조직에게도 명령을 내리고 이에 대한 복종을 기대할 수 있기에, 공식적인 조직도는 사실상 지휘통제의 구조보다는 의사소통의 구조를 보여주고 있다고 할 수 있다.

승진과 숙청

자신의 정치경력 초기부터 김정일의 가장 중요한 권력의 수단은 조선로동당 조직지도부의 지배를 통한 당, 정부, 그리고 군에 대한 그의 인사권 장악이었다. 그의 아버지와 마찬가지로 김정일은 자기 사람들을 권력의 자리에 앉히고, 이들이 자신을 불쾌하게 만들 때 이들을 제거하였다. 군은 이것이 가장 명확하게 나타나는 곳이다.

1991년까지 김정일은 군대 내의 직위가 없었고, 인사문제 외에는 군사적 사안에 대해 관심을 보이지 않았다. 1990년대 초에 김일성—어쩌면 김정일—은 권력 승계를 위한 최종준비를 시작했다. 첫 번째 과정은 군을 확고하게 김정일 편으로 만드는 일이었다. 김정일은 1980년에 조선로동당의 중앙군사위원회에 임명되었고, 같은 해에 김일성의 후계자로 공식화되었다. 1990년에 김정일은 자신이 맡은 최초의 정부 직책인 국방위원회의 제1부위원장에 임명되었다. 다음 해에 김정일은 조선인민군의 최고사령관으로 호칭되기 시작했다. 김정일은 조선인민군의 두 명의 원수 중 하나가 되었으며 (다른 한 명은 호위사령부 사령관 리을설) 그의 계급은 "대원수"의 칭호를 차지했던 그의 아버지 다음으로 낮고 모든 다른 장성들보다 높았다. 1993년에 김정일은 자신의 아버지의 뒤를 이어 국방위원회 위원장이 되면서 군에 대한 리더십을 확보하였다. 북한의 매체는 김정일을 "경애하는 장군님"이라는 정형화된 방식으로 부르지만, 그는 한 번도 군복을 입고 나타난 적이 없다. 자신의 군대 직함을 전혀 사용하지 않았던 김일성 역시 주석의 직함을 선호하였다. 김정일은 군인으로서 자신의 명성을 적극적으로 조작해 왔다. 1998년 최고인민회의 선거에서 그는 평양의 군대 선거구 대표로 지명되었고, 공화국의 주석이 아니라 재선된 국방위원회 위원장으로서 나라를 통치하는 것을 선택하였다.

김정일이 군대 직함들을 이것저것 수집하고 있던 1990년대 초기 동안 그는 자신에게 개인적으로 빚이 있는 새로운 세대의 군대 지도자들을 군대 내에 심어놓기 위해 군의 고위급 자리들에 대한 대규모의 승진 인사를 단행하였다. 김정일이 국방위원회 위원장에 취임할 때 많은 장성들을 포함한 660명의 군 관료들이 승진하였다. 1993년에는 99명에 대한 추가적인 승진이 발표되었다. 1995년에는 11명의 장성들의 승진이 그해 늦게 치러진 김정일의 아버지 생일날에 이루어졌다. 비록 이러한 승진들이 중앙군사위원회와 국방위원회의 권위에 따라 이루어진 것이지만, 이는 의심할 여지없이 김정일의 개인적 선호에 의한 결과였다. 1997년 2월에 그는 6명의 장성을 승진시켰고, 4월 그의 아버지 생일날에는 123명의 장성을 승진시켰다. 1999년에는 또 다른 79명이 김일성 생일에 승진하였고, 그 때까지 김정일의 후원으로 1,200명의 장성들 중 다수가 승진하였다. 김일성 생일에 승진한 이들은 김일성에 대한 추모와 김정일에 대한 감사라는 측면에서 김정일 정권에 두 배로 혜택을 입었다. 1990년대 말까지 단지 일부의 최고 장성들만이 김일성 세대의 잔류자였고 이들은 더 이상 실권을 발휘하지 못했다. 군대 최고위 인사들이 또한 김정일의 개인적 명령에 의해 숙청된 것으로 추정되는데, 북한에서의 숙청은 본질상 비밀스런 일이기에 숙청의 원인은 단지 추측될 뿐이다. 승진도 숙청도 자신의 군사적 의무에 있어서의 실적과는 무관한 듯 보인다. 그보다는 김일성, 김정일 부자에 대한 충성심이 핵심적인 요인이다.

수년간 몇몇 군사 쿠데타 시도들에 대한 소문들이 돌았다. 김일성 정권이 여전히 권력을 공고화하는 단계였던 1950년대와 1960년대에 반역적이라고 주장되는 장성들과 정치인들에 대한 판결을 내리는 재판이 열렸으며, 이러한 재판은 북한을 겨냥한 전투들이 북으로 밀려오던 한국전쟁 시기, 김일성이 자신의 주요 정적들에 대한 숙청을 마무리한 1956-58년의 시기, 그리고 "인민 군사전략"에 대해 반대하던 장교들을 숙청한 1969-70년의 시기 동안에 특히 두드러지게 나타났다. 어떠한 군사 쿠데타의 시도도 성공에 근접했다는 표시는 없다. 가장 많이 인용되는 쿠데타 이야기는 소련에서 훈련된 한 무리의 장교집단이 탱크를 동원해 북한 장교들을 사살하기로 모의한 1992년 (4월이라는 말도 있고, 그해 말이었다는 주장도 있다)의 사건과 관련되어 있다. 이 모의는 발각되었고, 1980년대 소련에서 훈련받은 거의 모든 장교들(약 600명)이 숙청된 것으로 알려져 있다.[27]

최고사령관 김정일

북한의 매체는 "하늘이 지금껏 낳은 모든 군사 천재들 중에서 가장 우수"하고 "100전 100승을 거둔 위대한 강철의 장군"으로서의 김정일의 군사적 명성을 창조해 왔다. 지금까지 알려진 바에 따르면 김정일이 받은 유일한 군사적 훈련은 대학에서의 2개월짜리 의무군사훈련이 전부이다. 그러나 1996년 2월 그의 생일날 한 북한 텔레비전 다큐멘터리는 그가 어렸을 적부터 군사적인 지도력을 발휘해 왔다는 문구와 함께 전투기 조종석에 앉아 있는 젊은 시절 김정일의 사진을 보여 주었다.[28]

김정일은 인민들에게 그가 김일성의 축복을 받았을 뿐만 아니라 보다 중요하게는 그가 북한을 통치하기 위해 태어난 것처럼 군대 지도자로서 태어났기 때문에 그가 군대를 통솔하는 것이 적절한 선택인 것으로 제시되고 있다. 신성한 백두산에서 태어났다고 하는 그의 주장은 그가 하늘로부터 북한인들에게 주어진 하나의 선물이라는 환상을 제

---

27 Son Kwang-chu, "Kim Jong Il and the Military," *Sindong-a*, October 1997, pp. 210-37.

28 "NHK News 7" documentary on Kim Jong Il, NHK Television (Tokyo), February 29, 1996, translated by FBIS, *East Asia*, February 29, 1996, 96-041, and entitled "NHK Obtains 'Documentary Program' on Kim Chong-il," p. 11.

공한다. 어린 김정일은 따라서 그의 아버지와 그의 어머니와 함께 "백두산의 세 장군들" 중의 하나이다. 북한의 한 매체가 다룬 이야기에 따르면, 김정일이 열 살이던 한국전쟁 당시 "종종 김정일은 김일성 동지와 함께 작전계획을 짜기 위해 테이블에 밤새 앉아 전방의 상황에 대해 묻고, 어떻게 적의 의도를 좌절시킬 것인가를 생각하고, 김일성 동시의 뛰어난 지휘술을 학습하였다."라고 한다.[29]

김정일은 북한의 군인들을 자기희생과 김정일에 대한 전적인 복종과 충성이라는 주체의 원칙들로 무장시킴으로써 세계에서 가장 이념적으로 강력하게 만들었다고 주장된다. "군대의 힘은 총을 쥔 군인들의 정신적 힘에 의해 결정될 수 있다… 오늘날 세계의 수많은 전쟁 역사가들과 군사이론가들이 세계의 어떤 군대도 우리 인민군을 따라잡을 수 없다고 일제히 동의하고 있다."[30] "총이 싸움을 하는 것이 아니라 총을 쥔 군인들이 싸움을 한다. 그러므로 모든 군사전략을 군인중심의 전략으로 되어야 하며 그들의 계급적자각과 혁명성을 높이기 위한 것으로 일관되어야 한다."[31] 군인들에게 주체의 원칙들을 심어주는 것 외에도 김정일은 이들을 "일당백"의 전사로 만듦으로써 군민 일체(마오쩌둥의 사상)의 중요성을 인식시키고, 군대를 북한 사회의 모델로 장려하고, 만약 군인들이 민간 프로젝트를 돕고 민간인들이 "허리띠를 졸라매어 어떤 희생을 치르더라도 경제와 국방 건설을 동시에 추구한다면" 북한이 군

---

29 "Comrade Kim Chong-il's Experience of War," KCNA, October 1, 1997.

30 Pak, "Immortal Course."

31 김홍근, "경애하는 최고사령관 김정일 동지는 천재적인 군사전략가이시다," 『로동신문』, 1998년 4월 23일, 2면.

사적으로 강력하고 경제적으로 성공적일 수 있다고 주창한 것으로 알려져 있다.[32] 이는 그의 아버지 김일성의 1962년 경제-국방 병진정책으로의 회귀이다.[33]

마지막으로 민중은 빈틈없는 관리자가 아니라 전투로 다져진 노련한 용사에게 명예와 존경을 바친다. 김정일은 전설대로라면 엄청나게 불리한 상황에서도 일본인들과 미국인들을 패퇴시킨 위대한 장군 김일성의 소중한 계승자라는 자신의 주장을 강화하기 위해 스스로의 군사적인 경험을 필요로 한다. 따라서 김정일의 선전원들은 그를 위한 군사적 명성들을 만들어 내고 있다.

김정일이 찬란하게 지휘한 전투들은 상상된 것들이다. 북한의 매체는 그가 행하는 현장에서의 지도와 군사시설 시찰에 있어서 드러나는 용맹성과 자기희생을 강조한다. 김일성의 사망 이후 김정일은 군사시설에 대한 현장시찰의 빈도를 급격하게 증가시켰는데, 매체 보도에 따르면 그는 자신의 얼굴을 보이고 몇몇 관료들을 간략히 만나고 일반 사병들의 복지에 대해 묻는다고 한다. 이러한 수많은 군대방문과 (물론 전투상황에 있지 않은) 전방부대들을 방문하는 용맹성이 김정일의 영웅적 자질에 포함된다. 종종 김정일에 대한 이러한 평가들은 시간 관계를 왜곡시켜 김정일을 한국전 당시의 전방으로 가져다 놓는 다음과 같은 묘사에서 보듯 초현실적인 것으로 된다. "조국해방전쟁(한국전) 동안 철령은 중요한 군사지역이었다. 20세기에 조선이 낳은 또 하나의 위대한 사령관이자 게릴라들의 아들인 김정일 원수께서 철령을 지나셨

---

32 Sung, "The Programmatic Masterpiece."

33 Adrian Buzo, *The Guerilla Dynasty* (Westview Press, 1999).

고, 조선인민군의 사상과 투지는 보다 강화되었다. 탱크나 장갑차의 호위도 없이 김정일 원수께서는 철령을 지나 전방의 여러 강들을 먹지도 자지도 않고 건너셨다. 이렇게 함으로써 원수께서는 헌신적으로 조국과 혁명의 위기를 헤쳐 나가도록 해주셨고, 총 한번 쏘지 않고도 하나씩 하나씩 승리를 이루어내셨다."[34] 1998년에 있었던 71번의 지도방문 중에 거의 절반이 군사시설에 대한 것이었다.[35] 이러한 방문 동안 김정일은 부대에게 놀랄 만큼 다양한 군사 활동에 대한 구체적인 지시를 내렸다고 한다. 김정일의 전기는 그가 심각한 연료 부족으로 비행훈련이 주로 지상에서 이루어진다는 말을 들었을 때 비행사령관과 함께 직접 조종석에 앉아 비행하며 "조종석에서 쉽게 훈련한다는 생각은 잘못됐다… 심지어 자동차 운전자도 차를 며칠 동안 안 몰면 종종 헷갈릴 때가 있다"라고 어떻게 지시했는지를 이야기하고 있다. 어뢰정에 승선하여 "지도자께서는 승조원을 지도하셨고, 이들에게 어뢰 전술을 훈련시키셨다."[36] 김정일은 그가 스포츠로 추구해 왔으나 그의 전기에서 말하고 있는 것만큼 그렇게 잘하지는 못했을 사격에 대한 비법을 알려줄 때 더욱 확고한 입장이었다고 알려지고 있다. "다음과 같은 일이 어느 해 그가 붉은청년근위대의 사격연습장에 방문했을 때 벌어졌다. 붉은청년

---

34 "'Moving Story' Associated with Ch'ol Ridge," KCNA, October 6, 1999.

35 다음 문헌에 따르면 김정일은 군사현장에 32번, 경제시설을 포함한 비군사현장에 11번, 예술과 문화현장에 20번, 그리고 역사적 장소에 8번 방문하였다. "General Secretary Kim Jong Il's On-the-Spot Guidance Given on Total of 71 Occasions in 1998," *The People's Korea*, no. 1834 (January 30, 1999), p. 2.

36 *Kim Jong Il, The Lodestar of the Twenty-First Century*. 이 전기는 친북적 일본조직이 유지하는 KCNA에 소속된 웹사이트(www.kcna.co.jp)에서 찾아볼 수 있는 연속간행물이다.

근위대가 횡대사격을 연습하는 것을 보고, 지도자께서는 어떻게 하면 좋은 명사수가 될 수 있는지 설명해 주셨고, 그 예를 보여 주셨다. 그는 별로 주의 깊게 겨냥하지도 않고도 매우 빠르게 50미터 앞의 나뭇가지에 걸어놓은 10개의 병 중 5개를 쏘아 맞혔고, 소총을 권총으로 바꾸어 왼손에 들은 후에 역시 같은 속도로 나머지 병들을 모조리 박살내 버렸다… 지도자께서는 전투에서 오른손이 다칠지도 모르기에 양쪽 손을 모두 쓸 줄 알아야 한다고 말씀하셨다."[37]

가장 터무니없이 조작된 증거는 "야전"에서의 김정일의 지도력이다. 선전원들은 군인들이 아무리 정신적, 물리적으로 잘 준비가 되어 있다 하더라도 "현대전에서의 전투는 지휘관들 사이의 싸움이고 지휘관들 사이의 싸움은 바로 두뇌 싸움이다"라고 주장한다.[38] 김정일의 "전투들"은 (북한은 이에 대해 항상 부인하지만) 남한에 대한 간헐적인 특수부대 작전, 북한 국경에서의 미국에 대한 제한적 공격, 미국-남한 군대와의 가상적 대치(imaginary confrontations) 등으로 이루어진다. 김정일은 그가 김일성의 후계자로 매체에 언급되기 12년 전인 1968년에 미국의 정찰선 푸에블로호의 납치를 벌인 것으로 알려져 있다.[39] 설령 이러한 작전들이 김정일에 의해 지시되었다 하더라도 이 중 어느 것도 그에게 있다는 탁월한 지휘능력의 흔적을 진정으로 보여주지는 못한다. 보다 최근에 김정일은 미국이 1993년의 핵사찰 문제로 북한에 대한 UN 제재조치를 취하겠다고 위협하자 북한 전체가 "준전시(semi-war)"

---

37 Ibid.

38 Pak, "Immortal Course."

39 *Kim Jong Il, The Lodestar of the 21st Century.*

태세를 갖추도록 하여 북한의 위대한 승리를 이룩하였다고 알려지고 있다.[40] 김정일은 또한 미국과 남한의 군대가 합동군사훈련을 벌일 때마다, 비록 당연히 실제 전투는 벌어지지 않았지만, 목숨을 건 전투를 수행해 왔다고 말하여 지고 있다.[41]

오웰이 소설로 그린 1984년에 당은 "전쟁이 평화"라고 선언한다. 북한에서는 평화가 전쟁이다. 어떤 시점에 어느 나라와 전쟁을 벌이고 있을지 확신할 수 없는 세뇌되고 혼란스러운 오웰의 오세아니아 시민들처럼 북한 인민들 대다수가 자신들이 미국과의 전쟁 직전에 있으며 김정일의 지도력이 없었으면 이미 오래 전에 침략을 당했을 것이라 믿고 있다.

군사 지휘자로서 김정일은 북한 매체에서 명석하고 대담하며 흔들림 없는 사람으로 묘사되고 있다. 그는 "명확히 상황을 인식"하고 "절대로 정신적 혼란에 빠지거나 당황하지 않는다."[42] 게다가 그는 "수십 년 그리고 수백 년 후에 일어날 상황을 미리 예측할 수 있는 비범한 예지력"

---

40 Ibid.

41 그의 전기에서 하나의 예를 들면 다음과 같다. "1993년 1월 초부터 시작된 Team Spirit 93 한미연합군사훈련과 핵사찰에 대한 압력에 있어 김정일 최고사령관의 대응은 미국에 대한 그의 두 번째 심리전이었다(첫 번째 심리전은 오늘날 김정일에 의해 지시된 것으로 알려진 1968년 *Pueblo*호의 납치)… 수십만 명의 적군이 하늘, 땅, 그리고 바다에서 국가를 공격해 오는 이러한 긴박한 상황에서 장군께서는 확신과 자유와 편안함에 충만하여 인민무력부의 한 간부에게 전화를 하시어 기념탑 건축의 진행 상황에 대해 물으셨다… 3월 8일 상황이 절정에 달하자 김정일 지도자께서는 최고사령관령 제 0034을 발포하여 전체 군대, 인민, 그리고 국가가 준전시태세를 갖출 것을 명령하셨다. 미국은 이러한 예상치 못한 지시에 몹시 당황하여 후퇴하였다… 우리의 결연한 대응에 직면하여 미국은 Team Spirit를 조기에 끝내야만 했다… 이는 화약 없는 15일의 전투로 역사에 기록되어 있다." Ibid.

42 Kim, "The Respected and Beloved Supreme Commander."

을 갖고 있다.[43]

무엇보다 김정일은 대담하다. "적과의 대결에서 상황이 자신에게 유리하게 발전하기를 기다리다가 적을 공격하거나 또는 정면을 치기 보다는 측면을 포위할 수 있다. 그러나 이러한 방법들은 명백히 보수적이고 수동적이다. 적에게 치욕스런 패배를 안길 수 있는 가장 적극적인 방법은 공격이며 이러한 대담한 전략은 위대한 군사 지도자에 의해서만 실행될 수 있다. 경애하는 장군, 백두산의 장군이 지니신 기질이 이렇기에 그는 강력한 적 앞에서도 동요되지 않고 용감히 적과 맞서고 무자비하게 적을 공격하며… 일격에 적을 제압하신다."[44]

군대와 변화

군사조직들은 전형적으로 변화의 수단보다는 안정과 국가 안보를 위한 세력으로 기능한다. 조선인민군도 예외는 아니다. 군 인사들은 민간인보다 더욱 민족주의적으로 보인다. 특히 고위급 군인들은 김정일의 보안요인들에 의해 면밀히 감시를 받는다. 해외로 발령받은 일부를 제외하고 군 인사들은 민간인들보다 외국의 사상과 사람들과 보다 적게 접촉한다.

비록 군인들도 식량과 의약품 부족의 심각한 고난을 견뎌야 하지만 군인들은 민간인들보다 더 나은 생활 수준을 즐긴다. 따라서 이들은

---

43 Ibid.

44 Ibid.

현상유지를 더 지지하는 경향이 있다. 군복무는 북한 사회에서 안락한 삶으로 가는 길인 당원자격 획득에 있어서 중요한 요건이다. 민간인들이 7년 또는 8년을 기다려야 하는 것을 군인들은 3년에서 5년만 기다리면 당에 들어갈 수 있는 기회가 주어진다.[45]

군 또는 최소한 군의 큰 부분이 김정일 정권에 대항하여 반란을 일으키는 것은 상상하기 어렵지만, 군이 무조건적으로 김정일을 지지할 수는 없으며, 아마도 상당한 불만이 존재하는 것으로 보인다. 낮은 계급에서는 삶의 조건이 1990년대에 크게 악화되었고, 건설, 채굴, 농업 등과 같은 민간 일에서의 가혹한 육체노동을 포함한 10년 이상의 복무를 해야 하는 군대의 삶은 결코 쉽지 않다.[46] 일반 사병들 역시 찾아가지도 못하는 자신들의 굶주리는 가족과 함께 피폐된 민간인들의 삶에 대해 동정적이고, 경제를 개선할 능력이 없는 김정일에 대해 점점 조급해질 가능성이 있다. 그러나 군인들은 행동에 기반을 제공할 극단적 정치이념이 없다. 이들은 (종종 외국 매체에 등장하는 사건들처럼) 고립되고 즉각 진압될 반란을 계획하거나 몇몇이 그렇게 하는 것처럼 개인적으로 규칙을 어기는 행동을 취하거나 탈영 후 독립하여 자기 스스로의 운명을 추구할 수는 있다. 매체에서 법과 질서를 요구하는 것과 식량을 찾아 약탈을 자행하는 군인들에 대한 보고들은 군에서의 규율이 종종 붕괴되고 있음을 보여주고 있다.

---

45 "Evasion of Military Service by Children of Ranking Cadres Widespread," *Naewoe T'ongsin*, February 5, 1998, pp. F1-F4.

46 조선인민군의 상황에 대해서는 전직 공군 상위가 쓴 다음의 기사에 묘사되어 있다. Pak T'ae-yong, *Wolgan Choson*, August 1999, pp. 62-96. 또한 다음을 참조. Kim, "Conscription System."

김정일 정권에 대한 보다 큰 위협은 고위급 장교들 사이에서 나타나는 불만이다. 사람들은 보다 잘 교육받은 장교들이 악화되어 가는 경제 상황에 대해 어떻게 바라볼까 궁금해 한다. 경제영역에 있어서 군이 최우선 순위를 차지함에도 불구하고, 경제가 약화되어 감에 따라 군도 마찬가지로 취약해진다. 따라서 국가 안보에 종사하는 애국적인 장교들은 독립적이고 폭력적인 행동을 통해 김정일의 지도자로서의 경력 종식을 추구할지도 모른다. 전문적인 군인들이 김정일을 뛰어난 사령관으로 받아들이는 것 역시 상상하기 힘들다. 그의 아마추어적 군사 능력에 대한 분개가 직업 군인으로서의 자부심에 근거한 폭력적 반응을 유발할 수 있을지도 모른다. 그러나 김정일이 자리에서 면직된다고 하더라도 최고 장성들이 경제를 개선하거나 근대 국가를 운영할 방법에 대한 어떤 희미한 생각이라도 가지고 있을 것이라고 믿기는 어렵다.

마지막으로 김정일 정권을 지지하거나 또는 대체하고자 하는 군의 성향은 김정일과 그의 장군들 사이에 존재하는 권력의 동학으로 설명되는데, 이는 거의 알려지지 않은 주제이다. 군이 김정일을 좋아하지 않지만 최소한 세 가지 이유에서 그에게 헌신한다고 보는 것이 좋은 추정일 것이다. 첫째, 개인적으로 이들 장성들과 그들의 확대된 가족들은 김정일의 정책들에 대한 가장 가벼운 수준의 불만이라도 이것이 만약 김정일의 귀에 들어간다면 처벌에 직면하게 될 것이다. 둘째, 이들은 사회에서 이들이 누리는 특권의 상실을 두려워한다. 셋째, 이들이 쿠데타를 벌이는데 성공한다 할지라도, 이들 중 누구도 북한의 수많은 문제들에 대한 해결책을 가지고 있지 못하기에 김정일에 대한 대안을 찾을 수가 없다.

북한의 군인들은 외국 세력으로부터의 끊임없는 공격 위협에 놓여 있거나 그러한 상태에 처해 있다고 듣고 있다. 그들의 임무는 개혁이 아니라 방어이다. 만약 광범위한 개혁이 북한에 도입되고 이러한 개혁들이 유럽이나 소련에서와 같은 결과를 야기한다면, 북한은 남한에 의해 흡수될 것이다. 북한 군인들은 이러한 상황 하에서 자신들이 통일된 한국 군대에서 차지할 자리가 없을 것이라는 점을 두려워 할 것이고, 인권유린에 대해 가장 책임이 있는 고위층의 군인들은 자신들에게 가해질 처벌에 대해 두려워할 것이다.

결론

1998년에 북한은 공식적으로 군사주도 국가가 되었다. 김정일은 국방위원회 위원장으로 재선되었고 그 자리에 오른 김정일은 앞선 해에 군을 사회의 기둥으로 강조했던 것과 일관되게 국방위원회를 정부 최고 기관으로 만들면서 국가의 최고 지도자로 선포되었다. 1999년 초에 김정일의 선군정치(군사제일주의 정책)가 강성대국(군사적, 경제적으로 강력한 국가)의 건설이라는 목표를 위해 경제를 포함한 모든 국내 영역에서의 지도 정책으로 선언되었다. 이는 "사회주의 정치 지도자가 성공적으로 국가적 업무들을 수행하기 위해서는 반드시 자기 자신의 지도력 수단을 보유하여야 하고… 경애하는 지도자 동지의 선군적 혁명 지도력은 요컨대 혁명적 군사력이 혁명의 근간이 되도록 군대가 이를 발전시키는 것을 강조하기 때문"이었다.[47] 북한 군대가 수행하는 국내 보안과 국가 안보의 역할들은 서로 실타래처럼 얽혀있다. 김정일은 국가이고 따라서 군은 김정일 정권을 국가를 보호하듯 열성적으로 보호하여야만 한다.

북한은 실재적이고 가상적인 안보의 위협에 직면해 있다. 우발적인 역사로 인해 남북한은 냉전의 초기에 분단되었다. 냉전이 끝날 때까지 북한은 공산주의 국가에서 "김일성 국가"로 변화되어 왔다. 따라서 냉전의 종식은 한반도의 정치적 상황과 관련이 없다. 독일의 통일 모델은 쉽게 적용될 수 없다. 북한은 김정일 정권을 지탱하기 위해 별개의 독립된 국가로 남아있어야만 한다.

20세기 말에 존재하는 전근대적 왕국이자 한민족의 3분의 1을 차지하고 있는 왕국인 북한의 정치적 상태는 지켜지기 어렵고, 혹독한 경제적 상황에 의해 더욱 유지되기 어렵게 되었다. 이는 모든 방면, 특히 비민주적 정부를 갖고 있고 인권을 유린하며 강대국에 의해 강요되는 국제적인 핵확산금지조약들을 지키지 않는 북한과 같은 "악당(rogue)" 국가들이 차지할 자리가 없는 "새로운 세계질서(new world order)"를 추구하는 미국으로부터 국가 안보의 위협을 목도하고 있는 평양의 지배 엘리트에 의해 분명히 인식되고 있다. 실제 미국은 많은 경우 자신의 가치를 군사력 동원을 통해 증진시켜 왔으며, 북한에서도 마찬가지로 그렇게 하기 위해 드러나지 않는 위협들을 가해 왔다. 북한 인민들이 강력한 군사력의 유지가 절대적으로 필요하다고 믿는 것이 전혀 이

---

47   Hwang, "The Great Leader."

상하지 않다.

  북한의 지속적인 군사화는 두 가지 측면에서 자멸적이다. 첫째, 이는 동아시아의 다른 지역 세력들이 자신들의 군사력을 강화하고 북한의 군사력 증강에 맞서기 위한 군사적 게임을 실행하도록 함으로써 적대감의 악순환을 만든다. 북한은 간신히 믿을 만한 억지력을 만들어낼지도 모르나 절대로 군비 경쟁에서 이길 수는 없다. 둘째, 강력한 군사화된 국가를 만드는 것은 경제의 복구 및 성장과 양립할 수 없다. 북한은 자신의 인민들을 적절히 먹여 살리면서 세계에서 가장 거대한 규모의 군대를 유지할 그러한 자원이 없다. 해외투자를 유치하고 서구와의 관계 개선을 이루는 것과 같은 북한의 다른 대외정책의 목표들 역시 이러한 군사화에 의해 제약받고 있다. 김정일의 선군정치(군사제일주의 정책)는 북한의 국제적 고립과 빈곤을 초래하고 있다.

CHAPTER SIX

사회통제

> 혁명적인 법에 따르는 정신을 수립하는 것은 사회주의의 근간을 확고히 정착시키기 위해 요구된다. 이는 인민의 모든 적들을 분쇄하고, 우리식의 사회주의를 수호하고 고수하고, 우리 사회 전체의 건전한 삶의 방식을 수립하기 위한 것이다.

CHAPTER SIX

> 혁명적인 법에 따르는 정신을 수립하는 것은 사회주의의 근간을 확고히 정착시키기 위해 요구된다. 이는 인민의 모든 적들을 분쇄하고, 우리식의 사회주의를 수호하고 고수하고, 우리 사회 전체의 건전한 삶의 방식을 수립하기 위한 것이다.[1]

이념적 세뇌가 인민들을 당과 지도자에게 결속시키는데 실패하는 부분은 사회통제의 수단들을 활용하여 채워져야 한다. 북한 사회의 특성은 인민들을 자신들의 의지에 복속시키려는 김씨 일가의 욕구에 의해 형성되어 왔다. 최소한 표면적으로 김씨 일가는 이에 성공하였다.

평양은 사람들의 도시가 아니라 건물들의 도시이다. 이는 러시아의 육군원수 그리고리 포템킨(Grigori Aleksandrovich Potemkin)이 예카테리나 대제(Catherine the Great)를 속이기 위해 건설했던 마을이 더 거대한 규모의 형태로 나타난 것이다. 그동안 평양을 방문한 서구 언론인들이 이 도시의 진면목을 잡아내기 위해 노력했다. 마이크 치노이(Mike Chinoy)는 "평양은 조지 오웰의 유명한 소설 1984의 거대한 세트장과 같았다."라고 관찰하였다.[2] 이안 부루마(Ian Buruma)는 "평양

---

1 Chong-hon Choe, "Thoroughly Establishing the Revolutionary Law-Abiding Sprit Is a Demand to Consolidate the Socialist Foundation like Bed-Rock," *Minju Choson*, January 30, 1997, p. 2.

2 Mike Chinoy, *China Live: Two Decades in the Heart of the Dragon* (Atlanta: Turner Publishing, 1997), p. 5.

은 하나의 거대한 무대 장치와도 같다. 이는 히틀러의 웅장하고 다행스럽게도 실현되지 못한 미래 베를린의 모습인 게르마니아(Germania)에 가장 근접한 것"이라고 말하였다.[3] 돈 오버도르퍼(Don Oberdorfer)는 "평양은 나로 하여금 러시아에서 훈련받은 건축가들에 의해 설계되고, 마오쩌둥 어록(Little Red Book)에 대한 헌신이 가장 극에 달했던 시절 마오쩌둥에 대한 경애가 가미되었던 도시를 떠올리게 한다. 그것은 거대한 전시를 위해서는 꽤 적합해 보이지만 사람들이 살기에는 그다지 편리하지 않다."라고 회상하였다.[4]

평양은 인민이 사회의 주인이라고 말하여지는 북한에 대한 핵심적인 진실을 보여준다. 희미하게 보이는 높게 솟은 아파트와 넓은 잔디밭 속에 세워진 사무용 건물들, 잘 가꾸어진 공원들, 그리고 넓은 가로수길, 멀리서 보면 그림엽서에서 보이는 것처럼 평양("평평한 땅"이라는 뜻)은 그 자체가 미래도시의 모델을 보여준다. 초목으로 덮인 만수대 아래로 내려다보이는 두 개의 강인 대동강과 보통강은 도시를 가로지른다. 보기 싫고, 시끄럽고, 밀집되어 있는 대부분의 대도시들이 지니고 있는 전형적인 모습들을 평양에서는 찾아볼 수가 없다. 그러나 평양의 평온과 청결과 질서는 근대적 도시기술의 발현이 아니라 사회통제의 증거물이다. 평양에서 기술은 처량할 정도로 공급 부족 상태에 있다. 자세히 들여다보면 높게 올라가는 아파트 건물들이 조잡하게 지어져 있음을

---

3 Ian Buruma, "Following the Great Leader," *New Yorker*, September 19, 1994, pp. 66-74, quotation on p. 68.

4 Don Oberdorfer, *The Two Korea: A Contemporary History* (Reading, Mass.: Addison-Wesley, 1997), p. 234.

볼 수 있다. 수리와 안정적 전력 공급의 문제로 건물들은 엘리베이터와 수돗물이 없다. 엘리트들만이 차를 가지고 있고, 그마저도 만성적인 가솔린 부족으로 대다수의 차들이 도로 위를 달리지 못하기에, 도시 계획가들은 교통정체의 문제를 고민할 필요가 없다. 주요 교차로에서 차들은 차량통제의 능력보다는 외모로 선발된 여성 교통경찰에 의해 차량 통행의 지시를 받는다.

이 도시가 활기를 띠는 것은 두 가지 경우이다. 김정일로부터 대규모의 시연이나 행진에 대한 명령이 내려지면 수만에서 수십만 명의 평양시민들이 여기에 참석하도록 동원되어 종종 수주에서 수개월에 걸친 행사준비를 벌인다. 그리고 중요한 고위인사들이 방문할 때 포템킨 식의 "거리 쇼"가 펼쳐진다. 전직 북한 정부 관료는 어떻게 거의 천여 명에 이르는 자기 부서 전체의 사람들이 쇼핑객, 운전사, 보행인의 역할을 하며 도시를 돌아다니도록 동원되었는지를 이야기해 준다. 이러한 행사를 내심 기대하는 유일한 사람은 군복이 아닌 민간인 복장을 오랜만에 입을 수 있는 기회를 갖게 되는 군인들뿐이다.[5]

평양은 한국전쟁 동안 미군 폭력에 의해 크게 파괴되었다. 방문객들은 미국인들이 평양에 428,748개의 폭탄을 떨어뜨렸다는 설명을 듣는다.[6] 도시의 재건은 김일성, 김정일의 감독 하에 이루어졌는데, 김정일은 도시계획과 건축에 특별히 관심이 있었다고 한다. 김씨 부자는 도시에 자신들이 원하는 것을 넣었고, 자신들이 원하지 않는 것은 뺐다.

---

5   1991년 탈북하기 전에 콩고 주재 북한 대사관의 1등 서기관이었던 고영환과의 인터뷰

6   Michael Shapiro, "Kim's Ransom," *New Yorker*, January 31, 1997, pp. 32-41, especially p. 37.

김정일은 도시를 바라보며 경관이 완전하지 않기에 어떤 특정한 자리에 건물 몇 개를 지어 올리라고 지시했다고 한다.

김정일은 거대한 크기의 건물과 기념비를 좋아한다. 류경호텔의 거대한 피라미드는 원래 1989년의 제13회 세계청년학생축전에 맞춰 완공할 계획이었는데 105층의 높이이다. 건축 작업은 1990년대 초반에 중단되었는데, 외국 측 정보에 따르면 구조적 문제로 인해 결코 완성될 수 없음에도 건물의 저층부는 순진한 외국회사들에게 임대되고 있다고 한다.[7] 김일성을 기리는 많은 기념비들은 거주목적으로 만들어진 것이 아니다. 이것들은 그저 거대해 보이기만 하면 된다. 자산의 도시를 향해 팔을 뻗고 있는 20미터짜리 김일성 청동 입상은 만수대 꼭대기에 세워져 있다. 샹젤리제 개선문을 모방하되 몇 미터 더 높게 지은 평양의 개선문은 김일성의 70번째 생일을 기념한다. 워싱턴 기념탑보다 몇 피트 더 높고 붉은색 전기 횃불이 있는 주체사상탑 역시 김일성의 70번째 생일에 위대한 지도자가 인류에게 내려준 이념적 선물을 기념하기 위해 지어졌다. 비록 북한이 심각한 경제적 어려움에 고통받고 있음에도 불구하고, 김정일은 그의 아버지의 유품들을 보관하기 위해 금수산궁전을 대규모로 개조하고, 김일성의 시신을 미라로 만들어 영구 전시하기 위해 러시아 전문가들을 고용하였다.

김정일과 그의 아버지는 이 도시를 시민을 위해 설계하지 않았다. 인민을 진심으로 좋아했던 것처럼 보이는 김일성에게 이러한 설계의 실

---

[7] 다음 기사에 따르면 1994년에 남한의 한 부동산 회사가 이 호텔의 사무실 공간에 대해 낙찰받았다. Yonhap News Agency, December 28, 1994, transcribed by Foreign Broadcast Information Service, *Daily Report: East Asia*, 94-249, December 28, 1994, and entitled "Firm to Rent Office in DPRK's Ryukyong Hotel," p. 43.

패는 그가 전체적으로 계획된 사회를 꿈꾸었던 데에서 오는 피할 수 없는 결과였다. 김정일에게 이러한 설계는 인민에 대한 그의 무관심을 반영한다. 비록 평양의 인구가 2백만 명으로 알려져 있지만, 이 도시의 드넓은 거리들은 대부분 차들이 다니지 않아 거의 비어있고, 출퇴근 시간을 제외하고 인도는 보행자가 없어 거의 하루 종일 한산하다. 평양에는 자전거도 상점도 레스토랑도 시장도 별로 없다. 상업광고는 하나도 없고 온통 정치적 현수막과 김정일 부자의 초상화만 도처에 걸려 있다. 북한에도 종교의 자유에 대한 존중이 헌법에 의해 보장되고 있다는 것을 과시하기 위해 1990년대에 세 개의 작은 교회가 공산주의 시기 이전 기독교의 거점이었던 도시 외곽에 세워졌지만, 도심에서는 교회를 찾아볼 수가 없다.[8] 북한 당국은 수도에서 거주하기에 정치적으로 그리고 육체적으로 자격이 없는 사람들을 추려내기 위해 주기적으로 도시 거주민들을 조사한다. 거주 자격에서 걸러진 사람들은 시골로 추방된다. 이로 인해 방문객들은 세계의 다른 대도시에서는 쉽게 마주칠 수 있는 노점, 거지, 매춘부가 평양에는 전혀 없다고 보고한다. 1990년대에 식량 사정이 더 나빠지면서 북한 정부는 사람들을 평양의 특권지역들에서 상대적으로 낙후된 농촌 지역으로 이주시켰는데, 이곳에서 그들은 농장에 고용되어 일하게 되었다. 이러한 강제적인 거주지역의 재배치는 북한 매체에 의해 개인이 원해서 이루어진 것으로 미화되었다. 예컨대 1995년에 조선중앙TV는 평양의 한 여성 노동자가 용양광산으

---

8 세 개의 교회는 각각 1986년과 1989년에 세워진 개신교 교회인 봉수교회와 칠골(반속)교회, 그리고 1989년에 세워진 카톨릭 교회인 장춘성당이다. 북한에서의 종교와 신앙에 대한 정보는 다음의 훌륭한 논문을 참조. Kang In Duk, "North Korea's Policy on Religion," *East Asian Review*, vol. 7 (Autumn 1995), pp. 89-101.

로 이주하는 결정을 내린데 대한 간략한 이야기를 보도하였는데, 그녀는 "백두산"이라는 영화를 보고 크게 감동해서 휴가 중에 광부들을 만나기 위해 이 광산에 방문하였다고 한다. 그 후 그녀는 "영화 속의 선동가처럼" 그 광산에서 일을 함으로써 김일성과 김정일에 대한 그녀의 충성심을 보여주기로 결심했다고 한다. 또 다른 이야기에서는 로동당 기관지인 로동신문의 기자와 편집인이 "풍작으로 경애하는 김정일 장군님에게 행복과 만족을 바치기 위해" 자신의 가족들을 데리고 농장으로 이주하기로 결심한다.[9]

김정일 정권은 평양 위로 자신의 정치적 중성자탄을 떨어뜨려 왔다. 김일성, 김정일은 인민이 아닌 자신들을 위한 도시를 창조해 왔다. 평양의 2백만 명의 거주자들은 자신들의 아파트에서 인근의 일터로 걸어서 이동을 하고, 가솔린이나 전기가 있을 때면 버스나 트램 또는 지하철로 다닌다. 그날의 일이 끝나면 사람들은 저녁 정치학습 수업에 참석한다. 그들은 저녁 늦게 또는 일요일이 아니면 공원을 한가롭게 거닐 시간적 여유가 없다. 외교관이 아닌 사람들을 위한 가게들은 상품공급에 있어 제한을 받는다. 사람들의 비공식적인 시장은 활기가 있는 곳이지만, 이는 계획경제가 다시 일어서기 전까지 임시방편의 수단으로 용인될 뿐이다. 이들의 삶이 참담해 보일지라도 이들 평양시민들은 엄연한 북한의 엘리트들이다. 최소한 이들은 빈약할 지라도 정기적으로 배급을 받는다.

---

9   Korean Central Television Network, a translated compilation of reports by FBIS, *East Asia*, 95-149, August 3, 1995, on short programs broadcast between July 26 and August 2, 1995, pp. 47-48.

평양에서 살았던 북한의 한 전문 의료인은 심지어 평양에서도 식량 사정이 매우 나빠졌던 1990년대 중반의 전형적인 어느 하루에 대해 다음과 같이 묘사한다.[10] 그는 아침 일찍 일어나 죽으로 간단히 아침 식사를 했다. 병원에 늦지 않게 도착한 후 7시 30분에 울리는 벨소리에 따라 모든 사람들이 모이는 광장으로 나가 아침 체조를 했다. 병원 원장이 그날의 훈시를 끝낸 후 직원들은 당의 지시를 하달받고, 당 기관지인 로동신문의 기사를 읽기 위해 강당으로 이동한다. 직원들은 이제 작은 집단으로 나뉘어 약초 재배, 마을병원 방문 등과 같은 그날의 업무를 배정받는다. 마을병원 방문은 시골에서 채소, 고기 또는 집에서 만든 술을 농민들로부터 진료(국가에 의해 무상으로 제공)에 대한 감사의 표시로 받을 수 있기에 일종의 특권이었다. 만약 그날의 업무가 도시에서 이루어지면 옥수수 대에 붙어있는 삶은 옥수수 또는 옥수수 죽으로 된 점심을 1시부터 2시까지 먹는다. 2시부터 6시까지의 오후 근무 뒤에 의료 및 정치 교실 모임이 7시, 때로는 8시까지 이어진다. 집에서의 저녁 식사는 채소요리이다. 경제적 고난의 시기 전에 그의 가족은 저녁 때 잠시 볼 수 있는 텔레비전을 갖고 있었지만, 현금을 위해 결국 팔아야만 했다. 텔레비전이 없자 그의 가족은 보통 9시면 잠자리에 들었다. 생일과 같은 기념일에는 (만약 구할 수가 있다면) 고기나 생선을 신선한 채소와 술과 함께 먹었지만, 이런 별미들은 1990년대에 점점 더 접하기 어려워졌다.

사업을 위해 평양에 초청된 소수의 외국인들은 도시에서 볼 수 있는

---

10 1990년대 중반 탈북한 고위 의료종사자와의 인터뷰

곳이 제한되었다. 대부분의 외국인들은 쌍둥이 빌딩인 류경호텔에 머문다. 가이드 없이 호텔을 떠나는 것은 금지되어 있는데, 종종 요령 있는 방문객들은 아침 식사 전 한 시간 동안 또는 점심 식사 후의 낮잠 시간 동안에 보안요원들을 따돌려 초청자들을 불쾌하게 만드는 위험을 감수하기도 한다. 그러나 외국인들은 멀리 가지 못해 정중하지만 완강한 보안경찰들에게 붙잡혀 이들에 의해 원래 머물던 호텔로 되돌려 보내지게 된다. 관광객을 마주친 평양시민들은 이들 관광객에게 호위가 따르고 있는지 유무와 상관없이 조심성 있는 태도를 보이고, 심지어 이들과 말을 하는 것을 두려워하는데, 이는 나중에 경찰에 의해 취조를 받게 되기 때문이다. 북한의 안내원들은 자신들의 외국인 손님들의 호기심에 대해 진심으로 의아하게 생각한다. 그들은 그들 나라에서 벌어지고 있는 것들은 그들의 문제이고, 외국인들은 협약을 준수하고 도시의 건축물에 공손하게 경탄함으로써 존중받는 손님으로서의 역할을 충실히 수행해야 한다고 생각한다.

대부분의 경우 외국손님들은 메르세데스-벤츠 또는 볼보에 태워져 이동하는데, 군사검문소를 지나는 경우 외에는 목적지까지 도달하는 동안 정차하지 않는다. 김일성이 살아있던 동안에는 도시 외곽의 만경대에 있는 그의 통나무집 생가에 들르는 것이 사실상 의무화되었다. 그의 사후에는 금수산 기념궁전에 들러 그의 관 앞에 꽃을 갖다 바치는 것이 일종의 의무적 방문이 되었다. 북한의 매체는 외국인 방문객들이 위대한 지도자를 추념하며 존경을 표하는 것을 꾸준히 보도한다. 김일성을 접견했던 몇 명 되지 않는 방문객들은 그에게 선물을 바치는 것이 기대되었다. 60,000개 이상의 이러한 선물들이 (방문객을 거의 만나지

않는) 김정일에게 바쳐진 다른 선물들과 함께 평양 북쪽의 국제친선전람관에 소장되어 있다.[11]

평양의 거대한 건물들과 기념비들은 돈과 인력의 측면에서 많은 비용을 들여 만들어졌다. 김정일은 남한에서 열린 1988년 하계올림픽대회에 대한 북한 측의 대응이었던 1989년 제13차 세계청년학생축전의 준비를 위해 약 40억 5천만 달러를 썼다. 운동시설들 외에 외국손님들을 투숙시키기 위해 거대한 아파트들이 평양의 광복거리를 따라 지어졌다. 한 전직 북한 공병대 지휘관의 증언은 외국인들을 감동시키겠다는 김정일 정권의 욕심이 얼마나 자국 인민들에 대한 걱정보다 앞섰는지를 드러내 주고 있다. 이 전직 지휘관은 1985년부터 1989년 사이 평양에서 일했던 180,000명의 사람들 (100,000명은 민간인, 80,000명은 군인) 중에서 600명의 일을 감독하였다.[12] 이들 건설 근로자들은 전투 중인 군대의 특성으로 여겨지는 급박성과 동기부여를 이들의 일에 부여하기 위해 "돌격대"라는 명칭으로 불렸다. 전국에서 차출된 이들 근로자들은 대부분 건설 일에 대한 기술이 없었고, 가족으로부터 멀리 떨어진 사람들은 대부분 2년이나 3년 동안 집에 다녀오지도 못했다. 그러나 대대장에 따르면 돌격대는 보통 하나의 특권으로 여겨졌는데, 이것이 조선로동당의 당원이 되는 수단이었고, 이 일이 계속되는 한 음식

11　Shapiro, "Kim's Ransom."

12　Kim Yong-song, "An Account of My Personal Experience as a Battalion Commander of a Building Workers' Shock Regiment for the Construction of Kwangbok Boulevard, Pyongyang," *Wolgan Choson*, November 1994, pp. 37-44, translated by FBIS, *East Asia*, January 13, 1995, and entitled "Defector Describes North Construction Industry," pp. 37-44.

과 옷과 숙소가 제공되었기 때문이다. 고향에서 멀리 떨어져 있게 됨으로써 사람들은 이웃 간 감시로부터 자유로울 수 있었다. 노동력을 절약하기 위한 근대적인 도구들이 부재하였기에 건설작업은 매우 느리게 진행되었다. 게다가 노동자와 감독자 모두 일이 얼마나 빨리 진행되는가와 상관없이 사회주의적 보수들을 받았기에 빈둥거리며 일을 하는 것이 쉽게 용인되었다. 깃발을 흔들거나 드럼을 치는 선전 및 선동부대가 건설현장에 있는 사람들을 자극하기 위해 방문하였지만 별 효과는 없었다.

이 지휘관에 따르면 일에 대한 안전예방책도 별로 없었다. 3년여에 걸친 광복거리 건설프로젝트에서 하루 평균 한 명의 노동자가 죽었다. 비계, 난간, 안전망 등이 거의 세워지지 않았다. 노동자들의 얇은 플라스틱 안전모는 보호의 용도보다는 세숫대야나 국그릇으로 쓰는 것이 더 나았던 반면, 작업현장에 방문하는 당 관료들은 튼튼한 일본제 산업용 헬멧을 착용하였다. 고층 프로젝트에 건설용 승강기가 설치되지 않아 30층 높이의 계단이나 난간을 걸어 올라가서 일을 해야 했다. 105층짜리 류경호텔의 건설과 관련된 일의 혹독함을 상상해 볼 수 있을 것이다. 위층에 올라갔을 때는 노동자들은 완전히 지친 상태가 되었다. 지휘관은 노동자들을 감독하기 위해 매 이틀에 한 번씩 해당 건물에 올라갔다고 회상한다. 한번 꼭대기에 올라갈 때마다 그는 노동자들과 함께 휴식을 취했다. 이들은 일을 하도록 명령이 떨어져도 이들 중 일부는 정치 담당관이 오지 않는 한 빈둥거리며 일을 하였다.

주어진 할당량을 초과하여 수행한 건설조들은 상을 받았다. 지휘관들에게는 텔레비젼이, 노동자들에게는 옷과 먹거리가 주어졌다. 건설

물자들을 빼돌리는 일은 반복되는 문제였다. 노동자들은 빼돌린 물자들을 팔거나 음식과 교환하였다. 수년간의 일을 마치고 가족에 돌아갈 때 노동자들은 음식과 평양 바깥의 대부분의 사람들에게는 사치품에 해당되는 치약, 막대비누와 같은 잡다한 것들을 가지고 갔다.

이 지휘관에 따르면 축전 날짜가 다가오면서 많은 건물들이 바깥쪽만 완성이 되었다고 한다. 노동자들이 머물던 판자집들이 허물어지면서 이들은 완공되지 않은 건물들의 아래층으로 옮겨졌는데, 이곳에서 물은 아침과 저녁에 몇 시간 동안에만 공급이 되었고, 화장실도 없었다. 축전이 시작되자 노동자들은 축전 현장으로 들어갈 수 없었는데, 지휘관을 포함한 이들 중 일부는 살짝 그곳에 들어갔다가 판매대에서 팔리는 음료, 기념품, 엽서, 책, 그리고 해외 북한인들이 운영하는 음식 가판대에서 판매되는 국수, 소고기, 신선한 과일들을 보고 경탄을 금할 수가 없었다. 지휘관은 판매대 한 곳에서 청량음료 하나를 구입하려 했으나 그가 내민 북한 화폐는 쓸 수 없었고, 다만 판매자가 그를 불쌍하게 생각해 돈을 받지 않고 그냥 가져가게 하였다. 그는 축전 시설들을 짓기 위해 지난 수년에 걸쳐 일을 한 노동자들이 정작 이곳에서 음료수 하나 구할 수 없다는 사실에 좌절감과 당혹감을 느꼈다. 요컨대 평양이라는 도시 전체가 그러하듯이 이 축전도 북한 대중들을 위한 장소가 아니라 외국인들과 이들을 초청한 북한의 상류 계급들을 위한 전시장에 불과하였다.

정치적 분류 체계

김정일은 북한 인민들을 통제하는 데 있어 가공할 만한 수단들을 보유하고 있었는데, 이는 물리적 강압에서 정신에 대한 통제에 이르기까지 다양하였다. 모든 사람들이 조사와 분류와 관찰의 대상이며 아마도 김정일 본인만 여기서 제외될 것이다. 1970년의 제5차 북한로동당대회에 그가 보낸 보고서에 따르면, 김일성은 3개의 충성 집단과 50개의 하위 집단으로 이루어진 분류 체계의 윤곽을 보여주었는데, 그 기원은 1958년으로 거슬러 올라간다.[13] 물론 중국도 마오쩌둥 시기에 충성 체계를 가지고 있었고, 소련과 동유럽 정부들 역시 자국 국민들에 대한 정보를 파일로 보관하고 있었다. 남한 정부도 특히 박정희, 전두환의 군사정권 시기 동안에 국민들에 대한 파일을 보관하였다. 그러나 북한의 통제체계는 이와 비교할 수 없을 정도로 철두철미하다. (한국에서는 반공이라는 정치적 기반에 기초해 국민들에 대한 감시가 이루어진 반면) 북한의 인민들은 김정일 정권에 대한 그들의 충성심에 따라 분류되고, 이 분류는 몇 세대 전으로까지 거슬러 올라가는 가족적 배경에 크게 의존하고 있다.[14]

세 개의 충성 집단은 핵심계층, 동요계층, 그리고 적대계층이다. 핵심계층은 1983-84년의 기준으로 인구의 약 28퍼센트를 차지하였는데, 1945년 해방 전에 노동자, 빈농, 사무원, 군인이었던 사람들이 핵심계층

---

13 『북한총람』 (서울: 북한연구소, 1983); 『북한 개요 '95』 (서울: 통일부, 1995), pp. 266-69; 『북한인권백서 1996』 (서울: 통일연구원, 1996), pp. 77-82.

14 『북한인권백서 1996』 (서울: 통일연구원, 1996), pp. 16-17.

의 12개 하부집단에 포함된다. 예컨대 하부집단 1은 노동자, 하부집단 6은 혁명(반일제) 가족, 하부집단 9는 가족 구성원 중 일부가 한국전쟁으로 사망한 가족이다. 현재 조선로동당의 구성원(이들 대부분이 이러한 가족적 배경을 가지고 있다) 역시 핵심계층에 포함된다. 핵심계층의 구성원들은 그들의 직업이 무엇이든 상관없이 승진, 주택, 음식, 의료에서 우선권이 주어지며, 또한 관료들의 호의에 의해서만 얻을 수 있는 사회주의적 삶에 있어서의 많은 소소한 혜택들을 얻을 수 있다.

동요계층은 (잠재적으로 정치교육을 통해 획득될 수 있었는데) 1984년 전체 인구의 45-50퍼센트 가량을 차지하고 있었다. 이들은 해방 이전 시기에 가족이 상인, 농부 또는 서비스 노동자였던 사람들이다. 이 부류에는 남한, 중국 또는 일본에서 귀화한 가족들도 포함되며 친척들 중 일부가 남한으로 간 가족도 여기에 해당된다. 동요계층은 18개의 하부집단으로 세분화된다. 예컨대 하부집단 13은 노점상인, 하부집단 15는 장인, 하부집단 19는 (범죄자나 정치범이 아닌) 가족 구성원들이 남한으로 떠나고 북한에 남은 사람들이다. 북한에서 정치적으로 중간계급인 이들 동요계층은 평범한 삶을 살 수 있다. 이들은 자신의 주어진 직업에서 승진할 수 있다는 어느 정도의 희망을 가지고 있지만, 더 좋은 학교에 들어갈 수 없으며 당과 정부의 위계서열에서 높은 곳으로 올라갈 수 없다.

적대계층은 1984년에 전체 인구의 20-25퍼센트를 차지하였는데, 21개의 하부집단으로 구성되어 있으며 이들은 사회적, 정치적 신분상승의 기회를 거의 가질 수가 없다. 이들은 인민보안부의 면밀한 감시 하에서 살면서 일해야 한다. 이 계층은 말 또는 행위로 김정일 정권에 대한 불만을 표시한 사람들 또는 가족 중 해방 전에 부유한 지주, 상인, 또는 저명한 종교 조직의 구성원이 있는 사람들로 이루어져 있다. 이 계층의 하부집단들의 예로서 하부집단 27은 일제식민지 정부에서 일한 관료들이고, 하부집단 34, 35, 36, 37은 각각 개신교도, 불교도, 가톨릭교도, 유학자들이다. 적대계층의 구성원들은 어려운 삶을 영위해야 한다. 이들은 가장 기피하는 직업들에 배정되고, 정부배급을 거의 받지 못하는 멀리 떨어진 농촌 지역에 있는 가장 가난한 집에서 산다. 이들은 평양에서 사는 것이 금지되어 있다. 좋은 학교에 들어가거나 조선로동당에 가입할 기회가 없으며, 자신의 직업에서 승진하거나 요직을 맡는 것을 기대할 수 없다. 위계서열의 최하층에는 강제수용소에서 살아가는 약 200,000명의 북한인들이 있다.[15] 한 탈북자에 따르면 이들은 거의 짐승과 같은 존재로 살아간다고 한다.[16] 북한 정부는 이러한 수용소의 존재를 부정하고 있다.

잘 알려진 바와 같이 우리 공화국에서는 제도적 관점에서든 법적 관점에서든 "인권문제"가 존재하지 않는다. 따라서 우리 공화국에는 어

---

15 Ibid., pp. 3-4. 이 보고서에서 1997년 미국 국무부가 추정한 150,000-200,000명이 언급되고 있다.

16 정치범 수용소의 비인간적인 환경은 전 수용자들과 전직 경비병들에 의해 기술되고 있다. 이에 대한 훌륭한 개관으로 다음을 참조. Yoon Hyun, "'The Gulag Archipelago': North Korea, Past and Present," *East Asian Review*, vol. 10 (Autumn 1998), pp. 38-55. 1994년에 탈북한 전직 수용소 경비병 안명철의 증언은 다음을 참조. *Political Prisoners' Camps in North Korea* (Seoul: Center for the Advancement of North Korean Human Rights, 1995). 중국으로 탈출한 전직 보안장교였던 임경수에 의한 직접체험은 다음을 참조. "The Inside of DPRK Ministry of Public Security: A Prison Empire of Corruption, Conspiracy, and Torture," *Wolgan Choson*, June 1999, pp. 340-70.

떠한 "수용소"도 존재하지 않는다. 남한 당국에 의해 "정치범 수용소"가 존재한다고 주장되는 성호리에는 창조적인 노동으로 활력이 넘치는 산업시설과 협동농장이 들어서 있고, 인민들의 행복이 넘쳐흐르는 근대적인 아파트와 시골집들이 줄지어 있다.[17]

인민보안부가 이들 세 개의 계급과 51개의 하부계급을 얼마나 치밀하게 기록하는지는 정확히 알려져 있지 않다. 북한 사회의 엄격한 조직화를 감안하면, 개인사와 가족 배경에 대해 아마도 상당히 구체적인 기록들이 작성되고 있을 것으로 추정된다. 대부분의 경우 개인들 스스로는 자신이 정확히 어떤 계급에 속하는지 모르지만, 관료들이 자신들을 대하는 태도를 통해 세 개의 이념적 계층들 중 어디에 속하는지에 대해서는 대체로 알 수 있다.

조선인민군의 한 전직 장교는 은밀히 자신에 대한 보안파일을 접하고 나서 자신이 더 이상 승진하지 못한 이유가 아버지의 사촌 중 한 명이 남한 정부의 관료로 일하다 한국전쟁 중 공산주의자들에 의해 사로잡혀 살해됐기 때문임을 알게 되었다고 밝혔다.[18] 이 사실은 아들에게 해가 될까 두려워 그동안 이에 대해 말하지 않았던 그의 부모님에게도 알려졌다. 그는 그 동안 군에서 그런대로 책임 있는 자리까지 올라갔으며 자신을 충성스런 북한인으로 여겨왔지만, 그에 대한 파일에서 그는 적대계급으로 분류되어 있었다.

---

17 "'There Is No Human Rights Problem in Our Country': DPRK," *The People's Korea*, no. 1661 (August 13, 1994), p. 8.

18 1990년대 중반 탈북한 조선인민군 장교와의 인터뷰

보안 조직들

북한의 인민들은 군사적, 그리고 준군사적 보안조직들에 의해 이중으로 감시를 받는다 (제5장의 〈도표 5-1〉 참조). 첩보와 방첩 활동과 관련하여 조선로동당은 정부 정책을 수립하고 이의 집행에 대해 면밀하게 감독하고 있다. 당중앙위원회에는 9개의 부서—조직지도부, 선전선동부, 간부부, 국제부, 통일전선부, 작전부, 대외정보조사부, 사회문화부, 대외연락부—가 폭넓은 의미에서의 첩보 활동에 대한 책임을 공유하고 있다. 이러한 조직들 중 조직지도부가 가장 중요한데 여기서 만들어진 결정들이 당, 정부, 그리고 군의 모든 다른 부서와 조직들의 활동을 통제하기 때문이다.

국내 첩보 활동을 담당하는 두 개의 주요 조직들은 인민보안부와 국가안전보위부이다. 내각의 지시를 받는 인민보안부는 경찰과 공공안전의 기능을 수행할 뿐만 아니라 첩보와 방첩 활동 조직으로서의 역할도 수행한다.[19] 인민보안부는 27개의 하위 부서들을 가지고 있고, 약 144,000명의 인력이 북한의 모든 지역 그리고 민간 조직들 내부에서 활동하고 있다. 인민보안부의 소속원들은 준군사적 지위를 지니고 있고 군복 양식의 제복을 착용한다. 공적 치안 기능은 일상적인 경찰업무와 소방업무를 포함한다. 인민보안부는 국가자산을 보호하고 기차선로, 공항, 항만의 안전을 확보하고 항공교통관제 체제를 운영한다. 인민보안부는 또한 범죄 수사를 담당하고 정치범의 수용을 제외한 모든 감옥

---

19 인민보안부에 대한 기술은 다음을 참조. Im, "The Inside of DPRK Ministry of Public Security: A Prison Empire of Corruption, Conspiracy, and Torture."

체계를 관리한다. 또한 독자적인 비밀경호를 받는 김정일을 제외한 다른 고위 당 관료들의 경호를 담당한다.

경찰업무를 수행하면서 인민보안부는 국가안전보위부로 이첩될 의심스런 사례들을 찾아낸다. 정보원들을 통해 인민보안부는 가족들끼리의 언급들을 포함하여 어떤 식으로든 김정일 정권에 대한 비판으로 여겨질 수 있는 발언과 행동들을 찾아낸다. 일반 인민들에 대한 감시는 모든 작업장에 배치되어 있는 인민보안부의 정보원들에 의해 행해지고, 집과 이웃에서의 감시는 가구조직체에 의해 이루어지는데 몇몇 가구들(원래는 고대 중국의 유산인 5가구를 하나로 묶는 오호제(五戶制)였으나 이제는 주로 15에서 20개 사이)이 하나의 집단으로 묶여 지역 로동당 지부에 의해 지명된 각 동네 수장의 책임 하에 관리된다. 동네 수장은 이웃에서 벌어지고 있는 모든 것들을 감시하여 기록하고, 비정상적이고, 의심스러우며, 불법적이거나 반정권적인 행동들을 인민보안부에 보고할 책임이 있다. 동네 수장은 또한 모든 사람이 의무적인 정치학습 시간에 참석하도록 하는 일을 담당한다.

인민보안부는 북한 주민들을 정권에 대한 충성심에 따라 분류하기 위해 이들의 배경에 대해 조사한다. 북한을 방문하는 사람들의 배경과 행동들도 면밀하게 조사된다. 북한 내에서 거주지나 직장을 옮기거나 여행을 하는 것도 인민보안부의 허가를 받아야 한다. 말할 필요도 없이 일반 인민들에게 해외여행은 꿈도 꿀 수 없는 일이다. 인민보안부는 1990년대 중반의 기아 시기 때까지 주민들의 주요 식량원이었던 배급체계를 통제하는 업무를 담당한다.

국가안전보위부는 미국의 CIA(Central Intelligence Agency)나 남

한의 국가정보원(National Intelligence Service)에 비견되는 조직이다. 1992년에 (김정일이 위원장으로 있는) 국방위원회가 주석 산하에서 벗어나 사실상 독립적인 지위를 획득하자 국가안전보위부는 국방위원회 산하에 배치되어 인민보안부와 인민무력부에 대등한 위치에 놓이게 되었다. 국가안전보위부는 16개의 국(局)과 4개의 기구(agency), 그리고 이를 지원하는 연구소들로 이루어진 것으로 알려져 있다. 인민보안부와 마찬가지로 국가안전보위부도 사회의 모든 층위에서 하부조직들을 가지고 있다. 국가안전보위부의 방첩기능은 인민보안부와 어느 정도 겹치는데, 인민보안부의 인력들이 수상한 행위들을 최초로 발견하면 이는 국가안전보위부로 이첩되어 보다 깊게 조사가 이루어지게 된다.

국가안전보위부는 정치적 반대파로 의심되는 사람들을 조사하고 정치범들을 관리한다. 또한 당과 정부의 주요 관리들과 군 장교들에 대한 배경을 조사하는 임무를 담당하고 있으며 이들의 행동을 감시한다. 전자통신채널들 역시 국가안전보위부에 의해 감시된다. 공학과 통신 기술을 지닌 사람들은 국가안전보위부의 특별감시를 받는 것으로 알려져 있다.[20] 한 전직 인민보안부 관료는 이 두 기관들의 구성원들 사이에 상당한 경쟁과 적대감이 존재하고 있음을 보고하고 있다.[21]

군대는 자체적인 정보, 방첩, 그리고 첩보 조직들을 보유하고 있다.[22] 군대의 모든 층위에 있어서의 활동들이 당(중앙군사위원회의 지휘)과

---

20 Koh Young-hwan, *Wonderland* (Seoul: Institute of North Korean Affairs, 1994).

21 Im, "The Inside of DPRK Ministry of Public Security: A Prison Empire of Corruption, Conspiracy, and Torture."

22 북한의 군대 내 보안과 관련된 정보는 다음을 참조. "Organization and Role of Military Political Organs," *Naewoe T'ongsin* (Seoul), January 15, 1998, pp. B1-B6.

정부(국방위원회의 지휘)에 의한 합동적인 통제를 받는다. 인민무력부는 총정치부와 보위사령부(구 정치안전국)를 포함한 5개의 부로 이루어져 있다. 총정치부는 중앙군사위원회의 권위에 따라 움직이고 보위사령부는 국가안전보위부의 권위 아래에 있다. 인민무력부의 모든 다른 부들을 감시하는 총정치부의 중요성은 그 총사령관인 조명록이 총참모부의 수장보다 (군 계급과는 대조적으로) 정치계급체계에서 더 높은 지위에 있다는 사실에서 잘 드러난다. 조명록은 1999년 말 전국적인 권력 서열에서 (김정일과 최고인민회의 위원장인 김영남 다음인) 세 번째 자리를 차지하였다.[23] 군대의 모든 층위마다 군의 명령체계가 아닌 당으로부터의 명령을 받는 정치장교(political officer)들이 배치되어 군의 모든 활동들을 감시하고 군 사령관들의 명령에 대해 거부권을 행사한다. 정치장교들은 행동을 감시할 뿐만 아니라 정치학습 시간에 대한 책임도 담당한다. 북한의 최고 당원들, 그 중에서도 특히 군대 내의 당원들은 강도 높은 조사의 대상이다. 북한인민군 장성들은 1년에 15일을 총정치국에 의해 진행되는 학습과 자기비판을 위한 수행의 시간으로 써야만 한다.

인민무력부의 보위사령부는 담당하는 책무에 있어서 총정치부, 인민보안부와 많은 면에서 겹치는 것으로 보이나 그 성격에 있어서 보다 비밀스럽다.[24] 보위사령부는 요원들을 남한에 침투시키고 북한에서 방

---

23 "Purges, Rising Status of Military Examined," *Chungang Ilbo* (Internet version), October 1999.

24 보위사령부에 대한 정보는 다음을 참조. Yi Chong-hun, "We Uncover the Veils of the Security Command of the North Korean Army," *Sisa Journal*, November 6, 1997, pp. 72-73.

첩 활동을 수행하는 정찰총국을 운영한다. 최고 군사 장교들의 전화통화를 감시하고 병역기피자들을 조사한다. 또한 보안요원들을 훈련시키고 폭넓은 정보 네트워크를 운영하며 중국과의 국경을 따라 3개의 경비여단을 책임지고 있다. 전직 당비서였던 황장엽에 따르면, 김정일은 인민보안부와 국가안전보위부에 의한 반부패 활동에 만족하지 못하였고, 민과 군 영역에 있어서의 수사 활동을 위한 보위사령부의 역할에 관심을 기울였다고 한다.[25]

범죄와 처벌

보안조직들의 목표는 사회의 모든 부분에 침투하여 북한 주민과 외국인 방문자들의 사적, 공적 생활을 감시하는 것이다. 범죄혐의가 의심되는 사람들은 밤에 사라져 다시는 소식을 듣지 못하는 경우가 종종 있다. 총애를 잃은 최고 당원들도 이와 비슷하게 대중들의 시야에서 사라져 버린다. 불법적인 외화 취득을 척결하기 위한 운동을 벌이면서 김정일은 1998년 다수의 대외무역 관료들을 갈아치웠다. 이들이 어떻게 되었는지에 대해 알려진 바는 없다.[26] 말할 필요도 없이 이들의 실종은 북한의 다른 국가들과의 무역 관계를 제약하였고, 북한의 경제정책에

---

25 Yong-chong Yi, "'Security Command Engineers Purges in DPRK,'-Hwang Jangyop," *Chungang Ilbo* (Internet version), February 11, 1999.

26 Ul-ch'ul Yim, "Trend and Outlook of North Korea's Recent Shift to Market Economy System," *Tongil Kyongje*, March 1999, pp. 82-89.

대한 의심을 키우는 계기가 되었다. 범죄와 부패를 억제시키기 위해 시행되는 공개처형은 1990년대에 보다 빈번해졌다. 많은 보고들이 심지어 농업을 책임지는 당의 비서를 포함한 최고 당원들도 처형되어 왔음을 알리고 있다.[27]

김정일 정권의 안보에 대한 가장 큰 위협은 최고 당원들 또는 보안 관련 인사들에 의한 궁정 쿠데타의 가능성이다. 남한에서 독재자였던 박정희가 중앙정보부의 수장에 의해 살해되었던 것을 떠올릴 수 있을 것이다. 북한에서 이러한 쿠데타가 발생하는 것을 방지하기 위해 김정일은 자신의 최고위층 사람들을 복수의 감시체계 하에 놓이도록 만들었다. 해외로 여행을 하는 모든 정부 사절들은 각자 자신들과 함께 수행하는 동료들의 동태를 보고하는 최소 두 명의 요원들을 포함시켜야 한다. 첩보 조직들은 각기 구획화되어 있어서 첩보조직들 서로 간의 접촉에 제한이 있다.

북한인들이 저지를 수 있는 가장 심각한 범죄는 지도자에 대한 불충이다. 불충한 행위는 자유민주주의에서는 상상할 수 없는 방식으로 규정된다. 모든 건물에는 김일성과 김정일 초상화가 눈에 잘 띄는 벽에 다른 그림들과는 멀리 떨어진 채 최소 한 쌍씩 전시되어 있다. 김씨 부자의 그림들이 먼지에 쌓이도록 내버려 두는 것처럼 이들 그림에 대해 무례한 태도를 보일 경우 징계의 대상이 된다. 신문과 잡지에 올라

---

27 황장엽에 따르면 조선로동당 농업비서인 소관회가 1997년에 표변상으로는 임무상 부패혐의로 공개 처형되었으나 사실은 1995년 북한을 강타한 자연재해로부터 농업부문이 회복되지 못한 것에 대한 희생양이었다고 한다. 다음을 참조. "Table Talk: Hwang Jang Yop and Shin Sang-ok Talk about the Two Homelands They Have Experienced," *Wolgan Choson*, March 1999, pp. 609-41.

와 있는 김씨 부자들의 사진은 접히거나 찢겨져서는 안된다. 1997년 10월에 북한 내 한반도에너지개발기구(KEDO) 건설현장의 남한 근로자들은 휴지통에서 구겨진 로동신문이 발견되자 기숙사 안에 구금되었다. 신문에 실린 김정일의 사진이 둘로 찢어져 있었는데 북한 기준으로 이것은 범죄에 해당된다. 남한 정부가 어떠한 모욕의 의도가 없었음을 주장하고 이들 근로자들이 외교적 면책특권으로 보호되었기에 북한은 이들 근로자들을 가택연금에서 풀어주었다.[28]

무엇이 북한에서 범죄가 되는지를 보여주는 또 하나의 관점은 별다른 의심을 하고 있지 않던 한 남한 관광객이 처했던 어려움에서 드러난다. 1999년 6월 남북한이 높은 긴장 관계에 놓여 있던 시기에 현대를 통해 북한의 금강산에 단체관광 중이던 한 가정주부가 북한 당국에 의해 6일 동안 구금되었다. 남한의 목격자도 동의하는 그녀의 보고에 따르면, 여행 경로 중에 그녀는 북한 안전요원과의 간단한 대화 중에 통일이 되면 그가 남한에 와서 살게 되면 좋겠다는 말을 했다고 한다.[29] 북한인들에 따르면 "남한 당국이 북한 사람들로 하여금 북한을 버리고 남한으로 가도록 회유하기 위해 그 여자를 관광객으로 보냈다"고 한다. 풀려나기 전에 그녀는 "자신이 범한 모든 중대한 정치적 범죄와 이에 대한 관대한 사면의 간청"을 그녀가 인정한다는 자백서에 서명할 것을

---

28 "One More North Korean 'Surprise,'" *Korea Herald* (Internet version), October 7, 1997.

29 다음의 기사를 참조할 것. Korea Times (Internet version), June 29, 1999; and Kim Jiho, "Nightmare Haunts Housewife Detained during Kumgang Tour—Under Close Scrutiny for Mental Duress, Min Young-mi Says North Korea Used Her to Save Face," *Korea Herald* (Internet version), July 27, 1999.

요구받았다.[30]

북한에서의 효율적인 범죄예방과 처벌의 핵심은 전통적 관습인 연고제의 사용인데, 이에 따라 개인의 범죄에 대한 처벌이 그의 가족 그리고 때로는 그의 친구와 동료에게까지 확대되어 적용된다. 북한 당국을 분노케 한 아버지는 그의 직접적인 가족뿐만 아니라 부모, 삼촌, 그리고 사촌들까지도 자신의 범죄로 인해 고통받을 것을 예상해야 하는데 이들은 구금되거나 추방되는 것이 아니라면 최소한 자신들의 개인신상에 대한 기록에 범죄사실이 기입되게 된다. 이러한 형태의 처벌은 가장 겁이 없고, 이기적이며, 저돌적인 사람들을 제외한 대부분의 사람들로 하여금 김정일 정권에 대항하는 행위를 하지 못하게 예방하는데 있어 극도로 효과적인 것으로 드러났다. (기아로 죽어가는 사람처럼) 잃을 것이 없는 사람들조차도 도망치거나 공개적으로 저항하기보다는 죽는 그 순간까지 불의와 고통을 참아내게 된다. 해외로 여행을 하는 북한 관료들의 가족들은 보통 북한에 남아 있다. 탈북자들은 이러한 공포의 수단이 사람들로 하여금 질서를 지키도록 하는데 매우 효과적이라는 점에 대해 이견이 없다. 이들 탈북자들은 자신들이 북에 남겨두고 온 가족들의 운명에 대해 죄책감을 가지고 살아가고 있다.

북한은 또한 누구든 남한 당국의 손에 들어가는 북한인들은 정보취득을 위해 고문을 당한 후 처형된다는 선동을 통해 북한인들이 (중국

---

30 "S. Korean Rulers Urged to Discontinue Anti-North False Propaganda," KCNA, July 3, 1999.

또는 러시아를 경유하여) 남한으로 탈출하는 것을 막고 있다.[31] 북한의 특공대원들이 남한에서 오도 가도 못하게 되었을 때, 이들은 사망한 영웅들의 가족들에게 주어지는 특별 대우를 자신들이 사랑하는 사람들이 받게 될 것이라는 확신과 함께 영웅으로서 죽기 위해 대개 자살을 감행한다. 북한에서 보안경찰에 의해 구금되거나 감옥으로 보내진 사람들에게 빠져나갈 수 있는 유일한 방법은 하나뿐이다. 북한의 관료가 너무나 부패되어 있기에 금전거래나 적당한 관료를 찾아가는 것이 가끔은 석방을 가능케 한다.[32]

처벌에 대한 위협뿐만 아니라 사람들의 생계수단을 통제함으로써 북한 정부는 사람들의 삶을 통제한다. 1990년대 북한 정부가 제공하는 공적 서비스의 붕괴가 있을 때까지 대부분의 북한 사람들은 음식, 의복, 그리고 거주를 정부에 의존하였다. 소도시들 사이의 왕래조차도 특별여행허가증을 필요로 하였다. (비록 1998년 헌법에 의해 여행과 거주의 자유가 새롭게 보장되었음에도 불구하고, 이는 인권에 대한 다른 헌법적 보장과 마찬가지로 의미 없는 것으로 보인다.) 여행허가를 얻은 사람들은 식량을 얻기 위한 배급카드를 유효하게 만들기 위해서는 목적지에 도착해서 경찰의 확인을 받아야만 한다. 범죄로 인해 집에서 추방되어 멀리 오지 쪽으로 보내진 사람들은 원시 시대에 사냥과 수렵을

---

31 국경지대의 북한 주민들이 "조국을 배신한 사람들의 실제 상황"이라는 영화에 출연했는데 이 영화는 남한 군인들이 북한 탈북자들을 쏘아 죽인 연출장면을 담고 있다. *Chungang Ilbo* (Internet version), March 8, 1999. 또한 1990년대 중반 탈북한 의료종사자와의 인터뷰.

32 우리가 인터뷰한 두 명의 탈북자들은 이런 방법으로 탈출을 기획하였다고 주장하였다. 1990년대 중반에 탈북한 이들은 한 명은 의료종사자였고 다른 한 명은 외화벌이를 하는 트럭운전사였다.

하던 사람들처럼 스스로 먹을 것을 찾아야만 한다.

북한 사람들은 서로 상대방에 대한 보고를 할 것이 요구되는데, 자녀들 역시 자신들의 부모에 대해 보고해야만 한다. 범죄에 대해 보고를 하지 않았는데 범죄가 드러날 경우 범죄에 연루된 것으로 간주된다. 북한에서의 기본적인 원칙은 서로를 믿는 두 사람 간에는 민감한 문제를 논할 수 있지만, 만약 제3의 사람이 끼게 되면 그 어떤 것도 얘기해서는 안 된다는 것이다. 두 사람 사이에서는 만약 한 사람이 다른 사람의 불충을 고발할 경우 이는 한 사람이 다른 사람에 대해 하는 말이 된다. 그러나 세 사람일 경우 이들 각각은 다른 두 사람이 이 일을 보고할 가능성을 두려워하여 죄수의 딜레마의 예처럼 각각이 스스로 보고를 할 유인 동기가 생긴다. 따라서 김정일 정권에 대한 어떠한 종류의 저항 운동도 조직화되는 것이 거의 불가능하다.[33]

사상통제

유교 전통의 바탕 위에서 김씨 부자는 충성이 모든 인간 가치의 시금석이라 가르쳐 왔다. 이들은 무한한 충성과 올바른 사상으로 사람들이 무엇이든 이룰 수 있으며, 반대로 만약 사람들이 그들의 지도자를 저버리면 북한인들이 수세대에 걸쳐 만들어 낸 모든 것들이 사라져 버릴 것이라 장담해 왔다. 김씨 부자의 가르침에 기반한 정치학습 시간은

---

33 1997년 고영환과의 인터뷰

유치원 수준에서 시작하여 평생에 걸쳐 지속된다.

북한의 자녀들은 11년 동안 학교에 다닌다. 1년의 유치원, 4년의 인민학교, 6년의 고등중학교가 그것이다. 약 14퍼센트의 학생들이 전문기술 및 직업학교 또는 북한의 유일한 종합대학(university)인 김일성 대학교에 진학하는 것으로 추정된다.[34] 고등교육기관에 입학하기 위한 주요 자격은 정치적 신뢰성과 개인적 인맥이다.[35] 모든 단계에서의 교육은 정치적 학습을 강조한다.

사회주의적 교육에 대한 김일성의 1977년 논문은 네 개의 지도 원칙을 제시한다. 당과 노동계급 의식의 주입, 교육에 있어서 주체의 확립, 교육과 혁명적 실행의 결합, 그리고 교육에 대한 정부의 책임이 그것이다.[36] 김일성은 교육과정이 일반적인 교육과 신체적 교육뿐만 아니라 주체와 공산주의에 대한 정치적 교육으로 이루어져야 함을 규정하였다.

정치교육에 대한 강조는 일찍부터 시작된다. 인민학교에서는 김일성의 유년사(1주일에 1시간), 정치 주제에 대한 특강(1시간), 공산주의와 도덕교육(1시간), 한국어(7-8시간), 수학(5-6시간), 자연연구(3학년부터, 3시간), 건강교육(4학년부터, 1시간), 신체교육(2시간), 음악(2시간), 미

---

34 Bicholas Eberstadt and Judith Banister, *The Population of North Korea* (Berkeley, Calif.: University of California, Institute of East Asian Studies, Center for Korean Studies, 1992), pp. 75-79.

35 Helen-Louise Hunter, *Kim Il-song's North Korea* (Praeger, 1999), p. 7.

36 Choi Eun-soo, "North Korea's Educational Policy," *Vantage Point*, vol. 19 (December 1996), pp. 25-31.

술과 공예(2시간) 등과 같은 교과목들이 가르쳐진다.[37]

이러한 교과목들의 목록은 정치학습이 과도하다는 인상을 주지는 않지만, 정치적 주제들은 다른 학습들에 있어서 필수적인 부분이다. 인민학교 교육의 35퍼센트가 정치교육에 할애되고 대학생들에게는 40퍼센트 이상이라는 추정이 있다.[38] 예컨대 한국어 교육의 경우 수업시간의 약 15퍼센트 정도만이 문법, 어휘, 이해력을 위해 사용된다. 김일성 부자에 대한 독서가 수업시간의 64퍼센트에 이르고 육체노동, 집단생활, 공산주의의 적들에 대한 전투정신의 함양 등에 대한 교육이 수업시간의 21퍼센트를 차지한다. 김씨 부자의 이름은 항상 두꺼운 글씨체로 나오고 원수님과 지도자 선생님과 같은 경어가 이름 앞에 등장한다. 물론 이는 모든 북한 인쇄물들에서 나타나는 표준적인 양태다. 김씨 부자와 김일성의 첫 번째 부인이 했다는 말들은 항상 인용부호와 함께 제시되고, 마치 모든 지혜가 그들에게서 나온 것처럼 한 문단이나 한 장을 통째로 소개하기도 한다.

학교 교재들은 얼마나 김씨 부자가 아이들을 사랑하는지를 보여주는 일화들로 가득 차 있고, 주체 사회주의의 미래를 강하게 긍정하는 주장이 지속적으로 나오며, 북한의 적들(주로 미국과 일본)이 행하는 사악한 일들에 대한 이야기들이 도처에 등장한다.[39] 학생들은 한국전

---

37 최영균, 김홍주, 『북한과 중국의 교육제도 비교연구』 (서울: 한국교육개발원, 1988), p. 174. 다음에서 재인용. 김형찬, 「초등교육」, 김형찬 편, 『북한의 교육』 (서울: 을유문화사, 1990), p. 248.

38 Dongho Jo, *The Quality of North Korean Labor and Implications for Inter-Korean Economic Cooperation*, Working Paper (Korea Development Institute, November 1996), p. 8.

39 김형찬, 「초등교육」, pp. 219-51.

쟁 동안 얼마나 많은 미군이 죽었고, 얼마나 많은 미국 탱크들이 용감한 북한인들에 의해 파괴되었는지를 계산하면서 연산법을 배운다.[40] 음악 시간에 학생들은 "우리를 미래의 사회기둥으로 길러주신 김일성 장군님께 감사"와 같은 노래들을 부른다.[41]

정치적 교육은 학교교실 바깥으로 연장된다. 김일성은 "가정교육, 사회교육, 학교교육은 서로 분리될 수 없다. 이들은 함께 나아가야 한다. 인간을 바꾸는 진짜 교육은 집에서 시작하여 그 다음 학교가 이들의 교육을 강화하고 이는 사회교육에 의해 지속되고 공고화되어야 한다."고 가르쳤다.[42] 모든 나이의 사람들이 이들을 감시 하에 두고 당의 노선에 따라 이들을 더욱 교육하기 위한 목적으로 당에 의해 감독되는 집단의 구성원이 되어야 한다. 정규적인 학교 수업 외에 학생들은 매주 12-20시간 동안 김일성 부자를 위한 충성 행진, 문화 행사, 재활용 활동, 나무 심기, 시골에서 먹거리 찾기, 수확 활동 등과 같은 사회활동에 참여한다.[43]

8시간의 노동, 8시간의 공부, 8시간의 수면이라는 규정된 생활규제는 평균적인 북한인들에 의해 엄격히 준수되지 않을지도 모르지만, 김일성 부자의 저작들이 읽히고 토론되는 정치학습 시간은 아이들이나

---

40 Hunter, *Kim Il-song's North Korea*, p. 214.

41 Ibid.

42 "The Party's Principle and Implementation to Strengthen Social Education of Students," *Nodong Sinmun*, October 4, 1973. 다음에서 재인용: 최은실, 「북한의 사회교육: 사회 교육의 체제와 실제」, 김형찬 편, 『북한의 교육』, p. 319. 또한 Hunter, *Kim Il-song's North Korea*, p. 216.

43 Ibid., 「북한의 사회교육: 사회 교육의 체제와 실제」, pp. 318-35.

성인들이나 마찬가지로 거의 매일 매일의 의무사항이다. 한 북한 출신 인사는 북한 학생들이 반드시 김씨 부자들의 주요 연설들을 암기해야만 하기 때문에 북한 학생들이 세계 암기대회에서 손쉽게 우승할 것이라 농담처럼 말한 바 있다. 이러한 연설 하나 외우는데 몇 주가 소요된다.[44]

북한의 선동이 얼마나 효과적인가를 판단하는 것은 어려운 일이다. 탈북자들은 정보의 대안적 경로가 없는 것을 감안할 때 이러한 세뇌가 매우 강력하다고 거의 만장일치로 말하고 있다. 서구의 텔레비전 광고가 자본주의적 소비자들에게 영향을 미치듯 평생에 걸친 정치적 세뇌 역시 북한인들의 사고를 형성시킨다.

북한 사람들은 자신들의 믿음에 대해 끊임없이 시험을 받는다. 정보가 제대로 외워져 있고 이해되어 있는지를 결정하기 위해 사람들은 정치학습 시간에 시험을 치르고, 자신의 이해력과 헌신을 증명하지 못한 사람들은 자신들의 정치적 기록에 검정 표시가 들어가게 된다. 학습한 것을 헌신과 행동으로 전환시키기 위해 사람들은 비판과 자아비판을 통과해야 한다. 집단 학습 시간에 이들은 자신의 정치적 실패에 대해 그것이 얼마나 작은지에 상관없이 실토해야 하고, 스스로를 어떻게 개선시킬 것인지에 대해 얘기해야 한다. 모든 북한인들은 심지어 최상위 당원조차도 이러한 학습 시간에 정기적으로 참석해야 한다. 정치적 범죄를 포함하여 범죄에 대한 유죄선고를 받은 사람들은 고된 노동, 강도 높은 학습, 그리고 자기비판(대부분의 심각한 범죄에 대해서는 사형

---

44 1990년대 중반 중국에서 공부하다 탈북한 북한 대학원생과의 인터뷰

또는 추방)의 형을 선고받는다. (예컨대 귀국한 북한 외교관들처럼) 외국인들과 접촉한 북한인들은 소위 계급 없는 공산주의의 본질을 다시 한번 환기시키기 위해 농촌 지역에서 육체노동이 수반되는 몇 달 간의 재교육을 거쳐야 한다. 한 탈북자는 남한인들에 의해 운영되는 합작투자 공장에서 일하는 노동자들이 매 2개월간의 공장노동 뒤에 반드시 1개월 동안은 반제국주의 재교육 수업을 이수해야 한다고 증언하였다.[45] 북한 노동자들은 외국과의 접촉을 통해 너무 많은 영향을 받는 것을 방지하기 위해 이러한 업무에 번갈아 가며 투입되고 철수된다.

정보통제

북한인들은 지구상에서 가장 폐쇄된 사회에서 살고 있다. 대중들은 어떠한 외국 신문, 라디오, 텔레비전 방송을 접할 수 없으며, 거의 외국인 방문객을 만나지 못한다. 한 탈북자는 보안요원들이 그의 집에 기습 방문하여 라디오가 공식적인 라디오 방송국의 신호만을 계속 수신하도록 설정되어 있는지를 확인하는 소란이 있은 뒤에 자신의 라디오를 빼앗겼다고 증언하였다.[46]

오웰의 소설 1984년 (그리고 이보다는 좀 덜하지만 스탈린 시기의 소련, 그리고 이보다 더욱 덜 하지만 1970년대의 남한) 속의 세계처럼 북한인들의 아파트, 집, 그리고 공공건물들에는 지역 송신기와 연결된

---

45 1997년 고영환과의 인터뷰
46 1990년대 중반 탈북한 북한 공무원과의 인터뷰

공공스피커가 설치되어 있다. 이러한 "제3의 방송체계"를 통해 북한인들은 국영 라디오와 텔레비전을 통해 전달받는 전국적 뉴스를 보완하는 지역 뉴스를 전달받게 된다. 확성기를 단 트럭들이 정기적으로 거리를 다니며 지역 소식을 알린다. 예컨대 한 북한인은 어떻게 확성기 트럭이 왔다 갔다 하며 곧 외국인들이 도착하니 가능하면 집 안에 있고, 그렇지 않으면 가장 좋은 옷을 입고 사람들이 있는 데를 다닐 것을 지시하고 다녔는지를 말해주고 있다. 외국으로부터 나오는 정보 부족은 북한 사람들이 바깥 세계에 대한 북한 정권의 부정적인 선전이 타당한지에 대해 판단을 못하도록 만든다. 예컨대 만약 북한 사람들이 (자신들이 들은 바와 같이) 전체 세계가 심각한 식량 부족에 놓여 있고 남한에 있는 동포들이 굶어가고 있다는 것을 믿는다면 이들은 자신들의 식량 부족 때문에 북한을 탈출하고자 하는 시도 따위는 하지 않을 것이다.

불가피하게 몇몇 정보들은 북한 내부로 스며든다. 은밀한 라디오 방송들이 수입된 또는 개조된 라디오로 청취된다. 정부가 주관하는 방송들도 종종 부주의하게 외부세계에 대한 검열되지 않은 소식들을 노출시키기도 한다. 북한 텔레비전이 남한의 광주에서 벌어진 시민들의 봉기를 다루었을 때 북한의 시청자들은 시위자들이 입고 있는 고품질의 의복을 보고 놀라움을 금치 못했다.[47] 또한 일본에 살고 있는 북한인들의 삶에 대한 영상물이 정부 방송 채널로 상영되었을 때, 시청자들은 일본인들의 삶에 대해 알기 위해 배경 장면들을 열심히 연구하였다.[48] 사람들은 노한 중국을 여행한 북한 무역업자들과 북한으로 건너 들어

---

47 1990년대 중반 탈북한 북한의 외화벌이 회사의 직원과의 인터뷰
48 1990년대 초반 탈북한 북한 대학생과의 인터뷰

오는 중국계 북한인 무역업자들로부터 세계에 대한 소식들을 들을 수 있다. 해외로 여행을 하는 이들 소수의 북한인들 역시 제약의 대상이다. 해외 공관에서 일하던 한 전직 북한 외교관은 프랑스 주간지 Paris Match를 읽었다는 이유로 자신의 공관에 소속된 보안요원에게 어떻게 비판을 받았는지를 회고하였다.[49] 아프리카에서 근무하던 이 외교관은 프랑스에 대해 친숙해지고 그 언어를 공부하기 위해 그것이 필요했다고 보안요원에게 설명했지만, 나중에 자신이 그 잡지를 읽은 사실이 본부에 보고되었고 반사회주의적 사상을 품은 것에 대한 조사가 이루어질지도 모른다는 말을 듣게 되었다.

북한에 침투되는 불가피한 정보에 대한 북한 정권의 대응은 두 부분으로 이루어져 있다. 첫째, 사람들은 이런 "제국주의적 오염"이 북한의 적들에 의해 사회주의적 신념을 약화시키기 위해 고안된 것이라 경고를 받는다. 이 주장에 따르면 바깥으로부터 들은 것을 믿고 그것에 기반하여 행동하는 사람은 결국 제국주의자들의 노예가 될 것이다. 둘째, 이를 다른 사람들과 공유하는 사람은 처벌을 받는다.

전체주의적 통제의 문화적 기반

사람들에게 가해지는 극심한 제약은 북한 정권이 유교적 전통에 기반을 두고 있기에 서구의 자유민주주의 사회의 사람들이 느꼈을 것만

---

49 1997년 고영환과의 인터뷰

큼 북한 주민들에게 무겁게 느껴지지는 않는다. 북한 사람들은 민주주의를 경험해 본 적이 없다. 20세기가 될 때까지 대부분은 한국인들은 남한이든 북한이든 지역의 양반 지주들과 수도에 있는 왕과 그의 궁정에 의해 주도되는 전근대적 사회 체제 속의 농민들이었다. 일본인들의 식민지배는 일본인들이 새로운 지배 엘리트가 되어 한국인들을 그 이전의 통치자들보다 더욱 가혹하게 다루었기에 이러한 사회 질서에 거의 어떠한 변화도 야기하지 못했다. 김일성이 북한에 스탈린주의 체제를 도입했을 때 인민이 자신들 운명의 주인이 될 것이라는 환상은 시간이 지남에 따라 근대 세계의 왕 역할을 하는 지도자의 지시 아래 조선로동당이 행사하는 전체주의적 통제에 의해 급속히 사라져버렸다.

인민들을 통제하기 위해 북한 정권이 집단을 활용하는 것은 다른 아시아 문화와 공유되는 집단주의 전통에 기반해 있으며 스탈린과 마오쩌둥의 사회통제 방식을 차용한 것이다. 한국인들은 집단으로 살고 일할 때 편안함을 느낀다. 공산주의는 전통적인 가족과 마을 집단을 단순히 당에 의해 통제되는 집단으로 대체한 것에 지나지 않는다. 비록 소수의 북한 사람들만이 가입할 수 있는 특권이 주어지지만 조선로동당은 일반적인 공산주의 정당과 비교할 때 배타적인 정당이 아니다. 김일성의 지시에 따르면 당원의 자격이 정권에 대한 충성심을 입증할 수 있는 모든 사람들에게 개방되어 있다. 1980년에 열린 지난 당대회에서 전체 인구의 약 12퍼센트가 당원이었다.[50]

북한에서의 사회통제와 마오쩌둥 시기 중국에서의 사회통제 사이의

---

50 정석홍, 『남북한 비교론』, (서울: 사람과 사람, 1997), p. 49.

대칭성은 유용한 정보를 제공한다. 중국 공산주의 작업 단위에 대한 연구에서 빅터 쇼(Victor Shaw)는 작업조직들이 그 구성원들을 통제하는 방식들에 대해 논하고 있다.[51] 공식적인 이념이 정치학습 집단에서 가르쳐졌다. 사람들의 가족생활은 면밀하게 관찰되었고 사람들이 자신들의 지정된 작업장 근처에서 살았기에 감시는 더욱 용이하였다. 평생 비밀에 부쳐지는 서류들이 지역의 공산당 사무실에 보관되었다. 주민감시 위원회 그리고 지역공산당 위원회에 보고를 할 주민반장들이 사람들을 감시하였다. 좀 더 넓은 차원에서는 집단에 포함되고 추방을 피하고자 하는 기대가 사람들로 하여금 집단적 규범에 순응하도록 만들었다. 이러한 모든 통제 방법들이 덩샤오핑에 의해 1980년대에 취해진 경제개혁과 개방이 중국에서의 정치통제를 느슨하게 하기 전까지 중국에서 그랬던 것처럼 오늘날 북한 사회에서 작동하고 있다.

북한 정권은 일종의 유교적 도덕률을 가르친다. 사람들은 무엇이 작동하는지가 아니라 (당의 기준으로) 무엇이 옳은지를 배운다. 1990년대까지 발달해 오면서 주체사상은 지도자의 체제를 바꾸기 보다는 사회주의와 지도자를 위한 죽음의 가치를 칭송한다. 탈북자들에 따르면 심지어 경제가 부서지고, 사회의 공공기반시설이 붕괴되어도, 대부분의 북한인들은 그들의 국가, 그리고 우선적으로 자신들을 문제로 끌어들인 지도자 김일성에 대한 기억에 대해 여전히 충성심을 유지한다. 물론 김정일에 대한 충성은 그만큼 크지가 않기에 배가된 선전 선동을 통해 어떠한 상황에서도 그에 대해 절대적인 충성을 바치는 것의 가치에 대

---

51   Victor N. Shaw, *Social Control in China: A Study of Chinese Work Units* (Praeger, 1996).

해 가르치고 있다. 공산주의적 전통에 의해 강화되어온 또 다른 가치는 바로 공유이다. 고난의 시기임에도 불구하고 북한인들은 서로 나누어 갖는다. 그들은 이 가치가 자신의 이익만을 추구하는 원칙에 기반하여 움직이는 자본주의 체제에서는 아예 존재하지 않는 것으로 배운다.

사회통제의 한계

20세기의 어떠한 정부도 북한 정부만큼 자신의 인민들에 대한 엄청난 통제력을 행사하는데 성공한 적이 거의 없을 것이다. 반세기에 걸친 선전 선동과 사회통제는 대중과 엘리트들의 태도, 가치, 그리고 행위를 형성시켜 왔다. 이러한 이념적이고 행태적인 형태를 구현하려는 목적은 북한 인민들을 자신들의 지도자들에게 의심 없이 복종하는 맹목적인 사회주의자로 변화시키는 것이다. 거짓말의 뭉치를 강화시키는 겹겹의 통제 메카니즘으로 전체적인 통제를 가하고자 하는 김씨 부자의 노력은 북한 인민들이 빠져든 극심한 경제적 문제의 깊이를 감안하면 표면상 아주 안정적이고 변화에 저항하는 사회를 창출한 것처럼 보인다. 그러나 이러한 외관 뒤에는 부패로 점철되고 불만이 만연한 사회가 도사리고 있다.

사회통제 메카니즘은 다른 측면보다 특정한 측면들에서 더 잘 작동해왔다. 정부, 당, 그리고 군의 최고 지도자들에 대한 김정일의 통제는 성공적인 것으로 보인다. 이들은 면밀히 감시되고 풍족히 보상을 받으며 종종 다른 이들에 대한 일벌백계의 예시로 엄하게 처벌을 받는다.

허가받지 않은 조직과 모임의 형성을 방지할 인민보안부와 국가안전보위부의 능력은 효과적인 것으로 보인다. 반대하는 목소리들은 공적인 곳에서 제기되지 않는다. 심지어 사적인 곳에서도 사람들은 김정일 정권에 대해 비판하는 것에 대해 극도로 조심스러워 한다.

사회통제는 사람들이 국토를 여기저기 돌아다니는 것을 막는 것과 관련해서는 능력이 떨어지고 있는 듯 보인다. 보안경찰은 종종 음식을 찾고 있는 배고픈 사람들에게 동정심을 보인다. 많은 경우, 심지어 사람들이 중국국경을 넘나들 때에도, 경찰은 눈감아 주는 대가로 뇌물을 받는다. 1998년 초에 몇몇 정보출처들로부터 많은 북한 아이들이 집을 떠나거나 아이들을 먹여 살릴 수 없는 부모에 의해 버려지고 있음이 보고되었다. 이런 아이들은 거지로서 시골과 도시를 떠돌아다니고 종종 작은 무리에 가담하기도 한다. 1997년 9월 27일 김정일은 꽃제비라 불리는 이들 유랑자들을 "9-27" 특수캠프에 구금할 것을 명령하였다.[52] 이런 임시방편적 수용소의 생활환경은 비참할 정도이며, 아이들은 종종 탈출하여 다시 유랑하는 것으로 알려져 있다.

김정일 정권은 또한 농민시장의 형성을 막지 못해왔다. 이러한 장터들은 북한에서 공화국이 수립된 이후 이런저런 형태로 존재해 왔다. 이들은 정부 당국에 의해 주기적으로 억압받아 왔지만 항상 다시 돌아왔

---

52 이 꽃에서 저 꽃으로 손살같이 움직이는 제비처럼 이들 아이들은 한 장소에서 다른 장소로 이동한다. 한국어 표현은 원래 어린 창녀를 지칭하였다. *White Paper on Human Rights in North Korea*, 1999, p. 5.

다.⁵³ 대중들에게 장터는 국가의 식량배급 체제가 붕괴되기 시작하면서 1980년대에 점점 더 중요해져 갔다. 특권층에게 농민시장은 잉여 생산품을 많은 이윤을 남기고 처분할 수 있는 기회를 제공한다.

북한 정권의 사회통제 메카니즘은 또한 범죄의 증가를 멈추게 하는 데 실패하고 있다. 탈북자들은 강도와 매춘이 만연해 있음을 보고하고 있다. (비록 범죄가 특히 엘리트의 자녀들에 의해 개인적인 이득을 위해 종종 자행되기는 하지만) 범죄는 가난한 사람들이 악화되는 경제에 대응하도록 돕는다. 범죄행위는 보안요원들이 뇌물을 기꺼이 받을 의사가 있기에 가능해진다. 보안과 군사 요인들은 종종 범죄에 가담한다. 한 보고에 따르면 굶주린 군인들이 강도를 벌이기 위해 국경을 넘어 중국으로 건너가기도 했다고 한다.⁵⁴

김씨 정권의 사회통제 노력은 공무원과 관료들 사이의 부패를 근절하는데 실패해 왔다. 여러 번 김정일은 공개적으로 관료들의 비사회주의적 행태에 대해 불만을 토로해 왔고, 이따금 뇌물을 받거나 몰래 사적인 사업을 벌인 고위급 당 또는 정부 관료들을 본보기로 삼아 처벌해 왔다. 그러나 김정일은 부패행위에 있어서는 그 자신이 독보적이고 엘리트들도 이것을 알고 있기에 그 자신이 하나의 예로서 앞에서 이끌어 나갈 수는 없다. 특히 주요 경제가 붕괴되어 감에 따라 정부가 제공하는 급료의 가치 역시 소실되어 가면서 관료제 전반에 걸쳐 부패가 많

---

53 농민시장의 역사와 기능에 대한 좋은 개괄서로는 다음을 참조. Song-kuk Hong, "Realities of North Korean Farmers Market and Its Implications," *Tongil Kyongje*, February 1999, pp. 82-90.

54 Yonhap news report on KBS-1 Radio, January 24, 1999.

은 공무원과 관료들의 주요 생계수단이 되었다. 직업에서의 승진이나 여행문서의 취득과 같이 무엇인가가 되게 하기 위해서는 누구나 "고여야" (물건을 쌓아 올리다, 즉 뇌물을 바치다) 한다.[55] 한 전직 북한 트럭 운전사는 왜 그가 중국국경에서 평양까지 운반하는 물건들이 목적지에 아주 일부만 도달하는지를 설명하고 있다. 경찰과 노상강도들은 주요 무역로 위에 방해물들을 세워 놓는다. 트럭운전사는 차를 매번 세울 때마다 비공식적인 통행료를 내야만 한다. 트럭이 목적지에 도착할 때면 원래 실었던 화물의 절반만이 남아있게 된다.[56] 여기서 말해지지 않은 것은 많은 트럭운전사들이 자신들의 최종목적지에 도달하기 전에 화물의 일부를 현금을 받고 팔아버릴 가능성이다. 탈북자들은 비록 부패가 널리 만연해 있다 하더라도 관료와 공무원을 포함한 대부분의 북한 사람들은 정직하다고 말한다. 많은 탈북자들이 진정한 공산주의 정신에서 이웃들이 어떻게 서로 나누어 갖는지에 대해 말해 왔다. 비극적인 일은 김씨 정권이 이들 대중들에게 나누어 가질 것을 거의 남겨주지 않아 왔다는 점이다.

김씨 부자는 자신들만 빼고 모든 사람들이 당에 순종하는 사회를 창조하려 노력해 왔다. 그러나 자신에게 주어진 업무들을 완수하고자 하는 의욕에 불타는 생산적인 노동자들이 되기보다 이들은 환상에서 깨어나 환멸을 느끼게 되었다. 사람들로 하여금 더욱 열심히 일하고 스스로 문제의 해결책을 찾으라고 반복적으로 요구하는 만큼 정부도 이러한 점을 인정하고 있다. 김일성의 죽음 이후 지배 엘리트는 그들의

---

55 1990년대 초에 탈북한 조선인민군의 임관되지 않은 장교와의 인터뷰
56 1990년대 중반 탈북한 북한의 외화벌이 회사의 직원과의 인터뷰

정당성의 상당 부분과 인민들로 하여금 자신들의 일을 지속하도록 만들었던 신뢰와 희망이 담긴 보유고의 대부분을 상실하였다. 김정일은 이미 공급이 말라가고 있는 보상을 자신의 정치적, 군사적 동료들에게 제공하고 처벌을 가하겠다는 위협을 함으로써만 권력의 자리에 남아 있을 수 있다. 어떠한 정부도 순전히 보상과 강압에 의존해서 오랫동안 생존할 수는 없고 김정일 정권도 예외가 될 수는 없다.

CHAPTER SEVEN

은둔왕국의 대외관계

> 우리 당의 대외정책은 사회주의위업, 인류 자주 위업을 위한 가장 정당하고 원칙적인 대외정책이다. 우리는 자주, 평화, 친선의 리념 밑에 사회주의를 지향하는 세계 진보적인민들, 반제자주력량과의 단절과 련대성을 더욱 강화해나갈 것이며 제국주의자들의 침략과 전쟁 책동을 짓부시고 평화롭고 자주적인 새 세계를 건설해나갈 것이다.

CHAPTER SEVEN

> 우리 당의 대외정책은 사회주의위업, 인류 자주 위업을 위한 가장 정당하고 원칙적인 대외정책이다. 우리는 자주, 평화, 친선의 리념 밑에 사회주의를 지향하는 세계 진보적인민들, 반제자주력량과의 단절과 련대성을 더욱 강화해나갈 것이며 제국주의자들의 침략과 전쟁 책동을 짓부시고 평화롭고 자주적인 새 세계를 건설해나갈 것이다.[1]

"은둔왕국"이었던 조선왕조와 마찬가지로, 북한은 외교와 인적 접촉에 별다른 열의를 보이지 않으며 지난 50년의 역사 동안 다른 나라들과 거리를 유지해 왔다. 냉전 시기 동안에도 북한은 중국과도 소련과도 긴밀한 동맹 관계를 형성하지 않았다. 유럽의 공산주의 붕괴와 중국의 경제개혁 이후 북한은 더욱 고립되었다.

북한의 대외정책은 한국의 역사 특히 주변 강국들로부터의 반복되는 침략과 예속의 기간들에 대한 기억이라는 배경 속에서 만들어 지고 있다. 이러한 역사를 감안하면, 북한의 국제사회에 대한 태도를 피해망상적인 것으로 특징화하는 것은 불합리한 일이다. 일본으로부터의 해방 이후 정치적 독립을 위한 북한의 투쟁은 중국과 소련이라는 두 개의 거대한 공산주의 동맹들로부터의 정치적 자율성을 유지하면서 (북한이

---

1 "올해를 강성대국건설의 위대한 전환의 해로 빛내이자," 『로동신문』, 『조선인민군』, 『청년전위』 공동론설, in *The People's Korea*, no. 1833 (January 16, 1999), pp. 2-3. 이러한 공식은 이전 년도들의 대외정책과 유사한 것이다.

자신들의 영토의 일부라고 간주하는) 한반도의 남쪽 절반을 해방시키는 것을 추구하는 맥락 속에서 지속되어 왔다. 남한의 해방이라는 두 번째 목표의 실현은 북한이 남한으로부터 미국인들을 쫓아내는 것뿐만 아니라, 북한인들이 남한 정부와 경합하고 정치적 정당성의 영합게임(zero-sum game)에서 승리할 것을 요구하고 있다.

안보 불안의 유산

존 페어뱅크(John K. Fairbank), 에드윈 라이샤워(Edwin O. Reischauer), 그리고 알버트 크레이그(Albert M. Craig)가 18세기 조선의 왕들에 대해 "그들이 너무나 완고한 쇄국정책을 유지하다보니 외교술에 대해 배울 때에는 이미 너무 늦었다."라고 말한 것은 오늘날 북한의 지도자들에게도 해당되는 사실이다.[2] 1392년부터 1910년까지 존속했던 조선왕조는 동아시아 역사에서 가장 오랫동안 지속됐던 왕조였다. 이 시기 동안 조선은 한족들에 의해 통치되던 중국의 명나라에서 만주족에 의해 통치되는 청나라로의 권력전환을 목격하였다. 한편 일본은 아시카가 시대에서 도쿠가와 쇼군의 시대로 전환한 후 1868년 메이지 유신의 등장과 함께 근대 세계 속으로 편입해 들어갔다. 조선왕조의 지속성은 조선의 왕들에게 정당성을 부여하였지만, 서구세계를 변화 및 강화시키고 이들을 조선의 문 앞까지 불러들인 정치적, 경제적,

---

2   John K. Fairbank, Edwin O. Reischauer, and Albert M. Craig, *East Asia, Tradition and Transformation* (Houghton Mifflin Company, 1978), p. 610.

사회적 변화들에 대해 조선인들이 저항함에 따라 조선인들의 자부심과 과도한 자신감은 왕조 몰락의 씨앗을 뿌렸다.

강대국들 사이에 끼어 있는 작은 세력의 국민으로서 북한인들은 방해받지 않는 상태에서 국내정치를 실행해본 경험이 거의 없다. 19세기 말에는 중국, 일본, 러시아가 한반도에 대해 자신들의 영향력을 확장하고자 시도하였다.[3] 중국은 전통적으로 한반도와 종주권 관계를 유지해 왔으나, 너무 오랜 동안 정치적, 경제적 개혁에 대해 저항하면서 결과적으로 힘이 약해져 버렸다. 한반도는 통제할만한 매력적인 땅이었다. 1년 내내 얼지 않는 부동항들을 가지고 있고, 중국과 긴 국경을 접하고 있으며, (북쪽에는) 광범위한 광물 매장지를 가지고 있고, (남쪽에는) 비옥한 논이 있다. 한반도 주변국들은 또한 유라시아 대륙을 일본과 환태평양 지역 국가들을 연결해 주는 한반도의 지정학적 가치를 인식하고 있었다.

19세기 조선인들은 외국세력들의 접근에 대해 어떻게 대응할 것인가에 대해 둘로 나뉘어졌다. 지배집단을 포함하는 보수파는 조선의 중국과의 전통적인 관계의 유지를 선호하였다. 조선사회의 젊고 교육받은 사람들과 보다 계몽적인 지배 엘리트들로 구성된 개혁파는 산업세력들에 의해 지배되는 새로운 세계질서 속에서 자신의 지위를 고수하기 위해서는 조선이 근대화를 해야 할 절박한 필요가 있다고 보았다. 이들 개혁가들은 일본인들이 조선이 직면했던 것과 유사한 논쟁 뒤에 1860

---

3   이러한 간략한 역사는 다음 책의 특히 첫번째 장에서 다루어 지는 것과 같다. Carter J. Eckert and others, *Korea Old and New: A History* (Seoul: Ilchokak Publishers for the Korea Institute, Harvard University, 1990).

년대에 개혁의 방향으로 가는 것을 선택하였고 이미 서구의 제국주의적 스승을 흉내 내기 시작하였기에 일본을 자신들의 모델로 삼았다. 조선인들이 논쟁을 벌이고 있는 동안 주변의 강대국들은 행동을 취하고 있었다. 조선 정부는 1876년에 일본, 1892년에 미국, 1883년에 영국과 독일, 1884년에 이탈리아, 1886년에 프랑스, 그리고 1889년에 오스트리아-헝가리에게 자신의 경제와 사회의 문호를 여는 일련의 조약들에 서명해야만 했다. 그러나 조선과 중국 청나라 정부와의 관계는 여전히 가장 강력하게 남아있었다. 외부세계가 전통적인 조선에 대해 압박을 가함에 따라 개혁가들은 정부가 중국과의 조공적 관계를 끊고 공화제적 정부 형태를 채택할 것을 요구하며 조선왕실에 대해 쿠데타를 일으켰다. 이 쿠데타는 실패로 돌아가고, 쿠데타의 지도자들은 체포되어 처형되었으며, 힘의 열세에 빠진 조선은 자신을 힘으로 압도하는 주변 강국의 자비심에 자신의 운명을 맡겨야 하는 처지에 놓이게 되었다.

　조선에 대한 침략은 제3의 정치세력인 동학운동의 활동에 의해 촉발되었다. 대체로 민족주의적인 농민들로 구성되고 카리스마적 농민지도자였던 전봉준에 의해 이끌린 이 집단은 1894년 2월 정부에 대한 반란을 일으키며 부패한 정부 정책에 대한 변경과 외국인들의 축출을 추구하였다. 역설적으로 이러한 무고한 민족주의자들의 행동이 외국세력들로 하여금 조선에 들어올 수 있는 명분을 제공하였다. 1894년 6월 취약한 조선 정부는 중국인들에게 군대를 보내 반란을 진압할 것을 요청하였다. 중국은 3천 명의 군사를 조선에 보냈다. 과거 1884년 중국과 일본 사이의 대치상황 이후 양국은 조선에서 자국의 군대를 철수시키는데 합의한 바 있다. 이제 중국군대가 조선에 다시 들어오자 일본 역시 조선에 대한 자국의 경제적 투자를 보호한다는 명목으로 8천 명의 군사를 파병하였다. 중국과 일본은 다시 자신들의 영향력을 놓고 직접적인 대결을 벌였고, 일본이 7월 23일 서울의 왕궁을 접수하면서 발발한 청일전쟁(1894-1895)에서 일본은 승리하게 된다.

조선과 이 지역에 대한 중국의 영향력은 일본의 영향력이 증가하면서 약화되었다. 러시아와 일본 사이의 한반도에 대한 경제적, 정치적 경쟁이 러일전쟁(1904-05)으로 촉발되자 조선은 또다시 지역적 갈등의 전쟁터가 되었다. 이 전쟁에서 일본은 다시 한번 그동안 자신의 군대를 얼마나 효율적으로 근대화시켰는지를 유감없이 과시하였다. 일본은 이제 제국주의 클럽의 완전한 구성원으로 인정받게 되었으며, 1905년의 테프트-가쓰라 밀약에서 미국은 (일본이 필리핀에서 미국의 이익을 인정해주는 대가로) 한반도에서 일본의 독점적 이익을 존중하는데 합의하였다. 1905년 조선은 자신의 의사와는 무관하게 일본의 피보호국이 되었으며, 1910년에는 식민지로 전락하였다. 한반도는 1945년 미국과 러시아의 군대에 의해 해방되었으며, 북한은 거대한 이웃 국가들에게 종속적 위치에 놓이는 오랜 과거의 유형으로 되돌아갔는데, 이번에는 중국과 소련이 그 종속의 대상이었다. 소련은 1991년 연방이 붕괴될 때까지 북한의 정치적, 경제적 사안에 대해 가장 큰 영향력을 발휘하는 국가였다.

"상층(High)" 대외관계

전체주의가 북한의 대외정책에 미치는 제약성을 이해하기 위해 정부 사이의 외교인 "상층(High)" 대외관계와 국민들 사이의 접촉과 교류인 "하층(Low)" 대외관계를 구분하여 살펴보는 것이 도움이 된다.[4] 정부에 의해 수립되는 정책적 목표는 전형적으로 국가안보, 국제적 위신, 민족적 가치와 이념의 보호와 증진, 경제 강화, 그리고 국민의 복지 보장을 포함한다. 특히 전체주의 또는 일당 국가에서는 정권의 권력을 유지하고 강화하는 것이 추가적인 목표가 된다. 이러한 목표들은 일반적으로 대중의 조언이나 동의 없이 외교관들에 의해 추구된다.

소련/러시아와의 관계

1945년 2월 얄타회담에서 있었던 사적인 자리에서 루즈벨트와 스탈린은 소련이 일본에 대해 선전포고할 시점과 소련군이 한반도에 진입하는 것에 대해 합의하였다. 그해 8월 10일 소련 군대의 최초 파견대가 북한의 북동쪽 해안에 상륙하였다.[5] 1945년 8월 15일, 도쿄에서 일본 정부는 연합군에 대한 항복을 발표하였다. 8월 21일 보다 많은 소련 군

---

4 이는 국제관계에 있어서 군사-안보적 이슈를 지칭하는 상위 정치(high politics)와 사회, 경제적 이슈를 지칭하는 하위 정치(low politics)의 구분과 유사한 것이다. 군사-안보적 이슈는 정부 차원에서 주로 다루어지고 경제, 사회적 이슈는 경제조직들과 사람들 사이의 접촉에 의해 주로 형성된다.

5 다음 문헌은 제2차 세계대전 동안과 종전 직후의 김일성의 활동을 개관하기 위해 최근에 공개된 자료들을 이용하고 있다. Sydney A. Seiler, *Kim Il-song 1941-1948: The Creation of a Legend, The Building of a Regime* (University Press of America, 1994).

대가 북한에 상륙하였으며, 8월 24일에는 평양에 도착하였다. 미국과의 합의에 따라 소련 군대는 아직 미국 군대가 오키나와에서 한반도로 들어오지 않았음에도 38도선 이북에서 더는 남하하지 않았다. 미국 군대는 9월 8일에 38선 이남에서 일본의 항복을 받기 위해 한반도에 들어왔다. 모스크바의 소련 지도자들은 한반도를 소련의 위성국으로 만드는 어떠한 급박한 계획을 갖고 있었던 것 같지는 않았다. 현재까지 공개된 자료에 따르면 스탈린은 전 세계적 지정학적 맥락에서 소련이 점차 미국과 경쟁하게 될 것을 생각하였고, 그의 주된 관심은 유럽이었다.[6] 루즈벨트는 스탈린에게 한반도를 주요 강대국들의 관리하에 국제적인 보호국으로 만들 것을 제안하였는데, 스탈린은 명확히 이 제안을 거절하지 않았지만 그렇다고 이에 대해 적극적이지도 않았다. 어떤 경우에라도 한국인들은 신탁통치의 구상에 대해 격렬히 반대하였으며, 이는 결국 실현되지 못했다.

반도의 북쪽에서 러시아인들은 기존의 한국인 집단들을 활용하면서 한국 정치를 배후에서 조종하는 작업을 수행하였다. 가장 폭넓게 인정받고 있었으나 느슨하게 결집된 집단이 조만식에 의해 지도되는 민족주의자들이었다. 조만식에게 "김일성 장군이 1945년 9월 19일 소련군 88여단의 무장하지 않은 작은 조선군 부대와 함께 북한에 도착했을 때" 이를 환영하는 집회의 의장을 맡아줄 것을 부탁하면서 그의 지지를 획득할 수 있었다. 그러나 조만식은 공산주의자가 아니었기에 그는

---

6 Vladimir Yakubovsky, "Key Pages of the History of Russian-Korean Relations: An Attempt at a New Reading," *Korean Journal of Defense Analysis*, vol. 8 (Winter 1996), pp. 315-62.

소련의 정치적 구상을 위한 믿을만한 도구로 명확히 여겨질 수 없었다. 지하에서 생존한 조선의 국내 공산주의자 집단들 역시 이들의 사령부가 미국 지역인 수도 서울에 위치하고 있었기에 소련으로서는 실행 가능한 선택이 될 수 없었다. 소위 연안파의 구성원들이 중국으로부터 돌아오기 시작하였는데, 이들은 소련에 대해 거의 어떠한 충성심도 가지고 있지 않았다.

결국 1940년대 초에 중국에서 소련으로 건너온 젊은 김일성의 지휘하에 전쟁기간 동안 소련 영토에서 싸워온 공산주의 군인들의 작은 집단인 "갑산파"만이 남게 되었다. 소련이 그의 집단들에게 경찰과 군대를 감독하는 역할을 부여하고, 이러한 지위로부터 김일성과 그와의 강한 결속력을 지닌 그의 추종자들이 등장하여 숙청을 감행하고, 결국 한반도의 북쪽 절반에 대한 정치적 통제력을 획득하였다. 이를 통해 볼 때, 김일성은 이미 이때부터 능수능란한 정치인이었음에 틀림없다.

김일성 아래에서 북한은 전형적인 공산주의적 제도들을 발달시켰다. 김일성의 주요 의제 중 주요한 항목은 남한을 자신의 통제하에 두는 것이었다. 브루스 커밍스는 남한과 북한 모두 재통일을 희망하였고 양측이 모두 국경에서의 무력분쟁을 유발하였음을 언급하면서, 한국전쟁 발발 수년 전부터 남한과 북한 사이에 분쟁이 있었음을 지적해 왔다.[7] 특히 브루스 커밍스와 같은 몇몇 학자들이 한국전쟁 그리고 심지

---

7   Bruce Cumings, *The Origins of the Korean War: Liberation and the Emergence of Separate Regimes, 1945-1947* (Princeton University Press, 1981). 다음의 책은 한국전쟁에 이르도록 한 사건들을 다루면서 6.25 침략 시기까지 남과 북에서 100,000명 이상의 사람들이 국경 지대에서의 충돌로 이미 사망하였다고 지적하고 있다. John Merrill, *Korea: The Peninsula Origins of the War* (University of Delaware Press, 1989).

어 이를 야기한 사건들의 원인이 너무나 복잡하여 이에 대한 비난이 남한과 북한 모두에게 가해져야 한다고 주장해 왔지만, 1990년대에 개방된 소련의 자료들은 김일성이 전쟁을 적극적으로 준비하고 계획했음을 보여주고 있다.[8] 김일성이 1949년 3월 모스크바에서 자신의 침략계획에 대해 스탈린을 설득할 때, 스탈린은 북한의 군대가 승리할 수 있을 정도로 강력하지 않다는 생각에 바탕하여 김일성의 계획에 대해 반대하였다. 스탈린은 또한 남한에 대한 공격이 세계적 차원의 분쟁을 야기할지도 모를 가능성에 대해 우려하였는데, 그는 소련이 아직 여기에 대해 준비가 되어 있지 않다고 생각했다. 그러나 그 후 1950년 4월 모스크바에서 있었던 스탈린과의 일련의 회의에서 김일성은 보다 설득력을 발휘하였고, 스탈린은 김일성이 마오쩌둥의 승낙을 얻고 또한 한국전쟁이 자신이 큰 비용을 치르지 않으면서 이득을 얻을 아시아 지역 차원의 분쟁으로 될 것이라는 조건 하에 잠정적으로 승낙하였다. 스탈린의 암묵적인 동의는 (1949년의 만남 이후) 그가 "변화된 국제적 환경"이라 칭한 측면을 고려하여 나타났다. 그가 생각한 변화들은 이승만 정부 치하 남한에서의 반공산주의 정부의 공고화, 북한의 지속적인 힘의 강화, 워싱턴의 남한 안보에 대한 명백한 관심의 부재, 소련이 핵무기를 보유하게 되면서 소련이 이제 더욱 막강한 적이 되었다는 미국의 인식, 그리고 유럽에서 공산주의의 확산을 제한할 북대서양조약기구(NATO)의 강화 등을 포함하는 것으로 보인다. 어찌되었든 김일성은 1950년 5월 베이징을 방문하면서 마오쩌둥의 지지를 얻었고 북한은 1950년 6월

---

8   Yakubovsky, "Key Pages," pp. 315-64.

25일에 38도선을 넘어 전면적인 공격을 감행하였다.

소련은 두 가지 중대한 방식으로 전쟁의 경로에 영향을 미쳤다. 첫째, 유엔안전보장이사회가 중화인민공화국에게 안보리 상임이사국 지위를 부여하는 것을 거절한 것에 대한 항의로 소련이 안보리 회담을 거부하였기에 소련 측 대표는 미국이 유엔 깃발 아래 한반도에 군대를 보내는 결정에 대해 거부권을 사용할 수 없었다. 둘째, 북한의 침략이 격퇴되어 북한 군대가 중국과의 국경 쪽으로 쫓겨났을 때 스탈린은 급박하게 마오쩌둥에게 김일성을 돕기 위해 올 것을 호소하였다. 유엔의 재가 하에서든 아니든 미국은 한국전쟁에서 싸웠을 것이고, 중국은 소련의 요청 없이도 미국인들을 자신의 국경에서 멀리 떨어지도록 만들기 위해 군대를 파견했을 것이기에, 소련의 이러한 행동들이 전쟁의 경로를 바꾸지는 못했을 것이다. 이러한 영향력을 넘어서는 전쟁의 선동자나 전투원으로서의 역할과 같은 적극적인 전쟁 참여자로서의 역할을 소련은 수행하지 않았다.

1953년 휴전이 한국전쟁을 끝낸 후 김일성은 그가 소련으로부터 전쟁 지원을 받지 못한 것에 대한 실망, 그리고 소련이 동유럽을 접수하는 것을 지켜본 후 모스크바의 헤게모니적 의도에 대한 의심으로 인해 모스크바와의 정치적 거리를 유지하였다. 1960년대에 중국과 소련 사이의 관계가 긴장 상태에 놓이자 북한은 중국 쪽으로 기울었다. 중국에서 문화대혁명이 전개되면서 김일성이 중국 홍위병에 의해 비판받을 때 북한은 소련 쪽으로 기울었다. 소련 지도자들은 김일성을 크게 존중하지 않았었던 것 같다. 1956년 제20차 당대회에서 이루어진 스탈린에 대한 흐루시초프의 공격은 그 자신도 개인숭배를 행하도록 하고 정치적 숙청을 감행하는 죄를 저지르고 있던 김일성에 대한 간접적인 공격으로 북한에서 받아들여졌다. 맑스-레닌주의적 혁명 원리로부터 이탈할 기미를 보이는 정책임과 동시에 한반도를 통일하고자 하는 김일성의 장기적 활동에 대해 소련이 지지하지 않을 것을 암시하는 흐루시초프의 평화공존정책에 대해 김일성은 동의하지 않았다. 1960년에 소련 정부는 "한반도에서 상이한 정치, 경제적 기반을 갖고 있는 두 개의 정부가 사실상 출현했음을 고려하지 않는 것은 불가능하고… 상이한 사회체제를 지닌 이 두 국가들이 존재할 때 이들의 통일은 한 쪽의 의지를 다른 쪽에 강요하거나 심지어 한 쪽에 의한 다른 한 쪽의 강제적인 병합의 방식으로 이루어질 수 없다"는 공식 입장을 발표하였다.[9] 이 성명은 1990년대 중반의 북한 정부의 공식적인 입장과 거의 동일한 것이지만 평양이 한반도를 자신의 정부하에 통일시키려던 희망을 여전히 가지고 있던 1960년대에는 모스크바의 "두 개의 코리아(Korea)" 정책은 이단적인 것으로 여겨졌다.

  마지막까지 남아있던 중국군대는 1958년에 북한으로부터 철수하였다. 미국군대는 1953년에 조인된 한-미방위조약을 뒷받침하기 위해 남한에 남았다. 1961년 7월 6일 소련과 북한은 "조-소우호협력 및 상호원조조약(a Treaty of Friendship, Cooperation, and Mutual Assistance)"을 체결하였는데 이 조약은 (1조에서) "조약체결의 양 당사자 중 하나가 어떠한 국가 또는 국가들의 연합체에 의한 무장공격을 받고 따라서 전쟁 상황에 놓이게 되면, 조약의 다른 당사자는 사용 가능

---

9 Ibid., quotation on pp. 331-32.

한 모든 수단을 통해 즉시 군사 및 다른 원조들을 확대해야만 한다."고 명시하였다.[10] 이러한 보장은 5조의 규정인 "양 조약 당사자들은 코리아(Korea)의 통일이 평화롭고 민주적인 기반 위에 이루어져야만 함을 고려한다."는 단서가 달렸는데, 이는 아마도 1조에 따른 북한의 제2의 남한침략을 제한하기 위한 것으로 보인다. 북한에 의한 푸에블로호 납치가 미국과의 심각한 갈등을 유발시키려고 하자 이 분쟁에서 거리를 두고 싶어 하던 소련은 이 조약이 북한에 의해 유발된 것이 아닌 대규모의 공격에 북한이 희생자가 될 경우에만 존중된다는 조항을 포함하는 갱신된 내용의 조약해석을 내놓았다.[11]

소련이 경제개혁과 민주주의로의 길로 들어서기 전에도 모스크바와 평양의 관계는 긴밀했다고 말하기 어렵다. 김일성은 1962년부터 1984년 사이의 22년 기간 동안 모스크바를 방문하지 않았다. 콘스탄틴 체르넨코(Konstantin Chernenko) 총리가 초청한 두 번째 방문에서 두 정상은 심각한 의견의 차이를 분명히 드러냈다. 어떠한 공동성명도 발표되지 않았고, 체르넨코는 "우리의 협력이 활용될 가능성은 어렵다"고 말한 것으로 알려지고 있다.[12] 소련과 그를 계승한 국가인 러시아의 어떠한 지도자도 임기 중에 북한을 방문하지 않았다. 러시아인들은 김일성을 이방인으로 생각했고, 북한과의 무역을 통해 매년 발생하는 손실

---

10 Doug Joon Kim, ed., *Foreign Relations of North Korea during Kim Il Sung's Last Days* (Seoul: Sejong Institute, 1994), p. 492.

11 Yakubovsky, "Key Pages," p. 342. 강조부분 추가.

12 Ibid., p. 361.

에 대해 점점 지쳐갔다.[13]

소련과 북한 정부와의 관계는 고르바초프가 1985년에 권좌에 올라 개혁과 개방의 원칙을 도입하면서 악화되기 시작하였다. 그러나 아직 1980년대 대부분의 기간 동안 경제와 군사적 원조는 모스크바에서 평양으로 흘러 들어갔다. 모스크바와 평양의 관계는 소련이 1990년 9월에 남한과 외교적 관계를 수립하여 북한의 로동당 기관지인 『로동신문』이 남한이 소련에 대해 차관과 무역신용장(trade credits)을 제공하기로 약속한 것을 언급하며, "쏘련은 사회주의대국으로서의 존엄과 체면, 동맹국의 리익과 신의를 23억딸라에 팔아먹은 것이다"고 비난하도록 만들면서 심각하게 훼손되었다.[14] 남한과 소련의 관계는 급속히 좋아졌다. 노태우 대통령과 고르바초프 대통령은 한 해에 세 번을 만났으며, 엘친은 1992년에 서울을 방문하였다.

모욕에 상처까지 더하여 소련은 1990년 11월에 향후 북한과의 무역은 국제시장 가격에 따른 경성화폐 기반으로 이루어지게 될 것을 발표하였다. 북한은 러시아로부터 공급받는 매년 수백만 톤에 이르는 석유에 대해 더 이상 지불할 수 있는 능력이 없었다. 북한 산업 생산의 40퍼센트를 공급하는 소련제 공장들은 더 이상 가동될 수 없었다.[15] 모스크바는 또한 북한에 대해 핵무기 프로그램을 중단하라는 정치적 압력

---

13 Ibid., p. 345.

14 론평원, "딸라로 팔고사는《외교관계》", 『로동신문』 논평, 1990년 10월 5일, cited in "Pyongyang Raps Moscow on Diplomatic Ties with Seoul," *The People's Korea*, no. 1491 (October 13, 1990), pp. 1, 8, quotation on p. 8.

15 Yong Chool Ha, "Russo-North Korean Relations in Transition,' in Kim, *Foreign Relations of North Korea*, pp. 331-56, especially p. 344.

을 가함으로써 북한의 『로동신문』 사설이 "우리는 러시아를 북한을 억압하고자 하는 미국의 동맹이 아닌 다른 존재로 간주할 수 없다"고 러시아를 비난하도록 만들었다.[16] 예컨대 1993년에 북한이 국제원자력에너지기구(International Atomic Energy Agency)의 핵사찰을 거부했을 때 옐친 대통령은 클린턴 대통령과 함께 평양이 핵조약 의무를 지킬 것을 촉구하였다. 1995년 러시아는 북한과의 우호조약이 갱신되지 않고 소멸되도록 내버려 두었다.

러시아와 북한의 관계는 1994년과 1995년에 저점에 이르렀다. 무역은 정체 상태였고, 러시아는 30억 달러에서 50억 달러에 이르는 북한의 부채가 복구될 가능성이 없다고 생각하였으며, 4자회담의 맥락에서 이루어지던 한반도의 미래 안보에 대한 협상에서 러시아는 배제되었다. 오직 남한만을 상대하면서 결국 한반도에서의 사태에 대한 모든 지렛대를 상실했다는 것을 인식하게 된 러시아는 1996년 평양에 관계개선을 희망한다는 신호를 보내기 시작하였다. 1994년 9월에 외무부 부장관 알렉산드르 파노프(Alexandr Panov), 1996년 4월에는 부총리 비탈리 이그나텐코(Vitaly Ignatenko), 그리고 1996년 5월에는 (러시아의 하원인) 두마(Duma)의 대표단이 각각 평양을 방문하였다. 이념적 결합과 안보보장을 약속하는 개정된 친선조약이 2000년 2월에 조인되었다. 그러나 러시아의 경제가 침체상태에 머물러 있으면서 두 국가 사이

---

16 "Mind Your Own Business," KCNA headline reporting on a *Nodong Sinmun* article of April 24, 1994, transcribed by Foreign Broadcast Information Service, *Daily Report, East Asia*, 93-078, April 26, 1993, pp. 28-29 (이하 FBIS, *East Asia*로 표기).

의 무역 관계가 이전으로 돌아갈 전망은 거의 볼 수 없었다.[17]

중국과의 관계

북한 외교 관계의 다른 주축은 중국이다. 중국은 유럽이 아닌 아시아이며, 산업적이기 보다는 농업적이며, 제국주의적이기 보다는 민족주의적이다. 비록 정치적이고 이념적인 이유로 북한이 중국과 소련 양측과 모두 우호적인 관계를 유지했으나, 북한의 중국과의 문화적 친화성은 항상 소련과의 실용적인 정치, 경제적 관계보다 더 강력하였다. 북한과 중국의 관계는 두 국가가 1949년 10월에 외교 관계를 수립하면서 시작하였다. 김일성은 한국전쟁을 일으키기 전에 마오쩌둥과 상의를 하였다. 중국이 아직 내전에서 회복되지 않았고 대만에서 민족주의자들을 축출한 기회를 갖기 전에 자신들의 대문 앞에서 전쟁이 벌어지는 것을 반가워 할 것 같지는 않았으나, 유엔군이 북한을 중국국경까지 치고 올라오자 마오쩌둥은 김일성의 도움 요청에 귀를 기울여 유엔군을 격퇴시키기 위해 1백만 명의 중국 군인들을 파병하였다. 전쟁 동안 약 180,000명의 중국인이 사망한 것으로 추정되는데, 이로 인해 흔히 주장되는 중국과 북한 사이의 "혈맹(sealed in blood)" 관계가 형성되었다. 전쟁이 끝난 후 중국은 약 5백만 명 상당의 노동력 가치를 북한의 파괴된 경제를 복구하기 위해 제공하였다. 1961년 7월 11일, 중국과 북한 정부는 5일 전에 러시아가 북한과 체결한 조약을 모델로 하여 "조-중

---

17 1985년과 1998년 사이 무역량에 대해서는 3장의 표 3-3을 참조할 것.

우호협력 및 상호원조조약(Treaty of Friendship, Cooperation, and Mutual assistance)"을 체결하였다. 이 조약은 북한과 러시아와의 조약이 그렇듯 이제 더 이상은 완전한 효력을 갖지 못하는데, 1995년 서울을 방문한 중국의 외교부 대변인은 이 조약이 전쟁 시에 군대를 파병하는 약속으로 해석되어서는 안 된다고 말하였다.[18]

베이징과 평양의 관계는 냉전의 대부분의 기간 동안 돈독했다. 1960년대 초의 중소분쟁 동안 북한은 소련의 제국주의적 경향이라 여기던 것들에 대항하여 중국 편에 섰다. 김일성이 홍위병들에 의해 수정주의자이자 "코리아의 흐루시초프"로 간주되었던 1960년대 말 중국의 문화혁명기 동안에 북한과 중국 사이의 관계는 냉각되었는데, 이로 인해 김일성은 자신의 독립외교 노선을 정교화하고 비동맹운동에 있어서 자신의 역할을 모색하게 되었다. 또한 닉슨이 1972년 2월에 베이징으로 초대되면서 두 국가 간의 관계는 어느 정도 냉각되었는데, 중국은 북한에 대한 원조를 증가시킴으로써 북한과의 우호 관계가 지속될 것을 확신시켜 주었다. 중국은 국제연합(UN)에 들어간 이후, 1991년에 남한이 개별 국가로서 UN에 가입하겠다는 제안을 막아서는 것을 거부함으로써 북한으로 하여금 남북한이 두 개의 개별적인 국가로 UN에 가입하는 것을 반대하는 오랜 정책을 뒤집도록 하기 전까지 지속적으로 안전보장이사회에서 북한의 입장을 지지해 왔다.

1990년대 초기 동안 중국과 북한의 지도자들은 꽤 자주 만났다.

---

18 "China-N.Korea Treaty Does Not Mean Dispatch of Troops," *Yonhap*, Novemver 14, 1995, transcribed by FBIS, *East Asia*, 95-219, November 14, 1995, entitled "Friendship Pact Does Not Mean Troop Dispatch," p. 54.

1980년 이후 방문들만 살펴보면, 김일성은 비록 국가수장으로서의 공식적인 방문은 1982년 9월과 1987년 5월 두 번뿐이었지만 거의 매 2년마다 중국을 방문하였다. 김정일은 (비록 어떠한 공식적인 정부 직위에 있지 않았음에도) 1983년 6월에 "공식" 방문하여, 비록 중국이 북한의 왕조적인 계승 개념에 대해 승인할 리는 없겠지만, 그가 원하던 예정된 계승자로서의 자신의 역할에 대한 정당성을 중국으로부터 제공받았다. 김일성과 김정일은 따라서 중국의 문호개방 경제정책의 결과를 지켜볼 많은 기회를 가질 수 있었다. 북한에 대한 중국의 고위급 방문은 1990년대 초에 꽤 빈번히 이루어졌다. 1970년에 저우언라이 총리가 방문하였고, 1978년에 덩샤오핑 부총리가 방문하였다. 자오쯔양은 총리로서 1981년에, 중국공산당의 총서기로서 1989년에 북한에 방문하였다. 총서기 후야오방은 1984년과 1985년에 방문하였고, 리펑은 부총리로서 1985년과 1991년에 방문하였다. 1990년대의 유일한 중요 중국 인사의 방문은 1990년 총서기 장쩌민의 방문과 1992년 국가주석 양상쿤의 방문이었다. 1999년에 김영남이 최고인민회의 위원장의 자격으로 베이징을 방문하였다.[19]

중국과의 외면적인 정치적 결속에도 불구하고 북한은 중국과의 미래의 관계에 대해 우려를 할 만한 이유를 지니고 있었다. 1979년에 중국과 미국은 외교 관계를 수립함으로써 북한이 자신의 가장 가까운 친구가 가장 최악의 적과 친구가 되는 고전적인 딜레마에 직면하도록 만들

---

19 1989-97방문의 영어로 된 연표는 다음을 참조. Taeho Kim, "Strategic Relations between Beijing and Pyongyang," In James R. Lilley and David Shambaugh, eds., *China's Military Faces the Future* (Washington: American Enterprise Institute Press, 1999), pp. 307-08; 『북한개요』 (서울: 통일원 정보분석실, 1995).

었다. 평양이 더 크게 우려하였던 것은 중국의 남한에 대한 실용적인 접근이었다. 1988년에 중국인들은 러시아인들과 마찬가지로 올림픽을 위해 서울에 방문하였다. 1992년에 베이징은 남한과의 관계를 정상화하였다. 이것이 북한인들에게 매우 큰 타격이었음에도 불구하고, 북한인들은 자신들에게 남은 유일한 강대국 친구를 공개적으로 비판할 여유가 없었고, 중국의 두 개의 코리아 정책(two-Korea policy)을 중국에게 그대로 반사시킨 두 개의 중국 정책(two-China policy)을 채택한다는 의미에서 대만과의 경제 관계를 모색해볼 뿐이었다.[20]

중국은 1980년대에 남한과 무역을 시작하였고, 1985년에 이르러 중국의 남한과의 무역은 북한과의 무역을 앞질렀다. 1990년에 중국-남한 무역은 비록 소련이 붕괴된 이후 중국이 북한의 가장 큰 무역 상대국이 되었음에도 불구하고, 중국-북한 무역보다 규모 면에서 거의 10배에 이르렀다. (금융위기가 남한을 덮치기 전인) 1997년에 이르러 중국-남한 무역(240억 달러)은 중국-북한 무역(6억 5천 6백만 달러)보다 36배 많은 규모가 되었다.[21] 1990년대 초에 중국은 앞으로 북한과 수년간 경성화폐에 기반한 무역을 시행할 것이라 발표하였으나, 이 정책이 충분히 실행된 적은 없다. 1990년대 동안 북한경제가 쇠퇴하면서 중국은 자

---

20 중국-대만-북한 관계의 동학은 다음에서 논의되고 있다. O Chinyong, "Sino-North Korean Relations Standing at the Crossroads," *Pukhan*, March 1999, pp. 80-89.

21 중국과 남한의 무역과 이들의 경제에 관한 통계와 분석은 다음을 참조. Doowon Lee and Jason Z. Yin, eds., *Comparison of Korean and Chinese Economic Development: Forecasting Korean-Chinese Bilateral Economic Relations* (Seoul: Yonsei University Press, 1999). 최근의 무역 통계는 다음을 참조. Young Rok Cheong, "Prospects for Sino-Korean Economic Cooperation: An Institutional Appraisal," pp. 15-42.

연스럽게 북한의 가장 큰 무역 상대국이 되었다.[22] 1980년대 초반 이후로 중국은 북한으로 하여금 자신이 이끌어온 바처럼 개방적인 경제정책을 채택할 것을 권고해 왔는데, 북한은 이에 대해 조용한 태도를 지켜왔다. 비록 이들의 관계가 냉전 시기의 그것과 비교하여 냉각되어 왔고, 중국의 입장에서 북한이 점점 더 경제적으로 부담스런 존재가 되어 왔지만, 중국과 북한은 여전히 친구 관계로 남아있다. 중국은 한반도에서의 핵확산이 동북아시아의 불안정을 야기할 것이라는 점을 인식하면서 막후에서 북한과 국제사회와의 핵문제를 둘러싼 갈등을 해결하려 노력해 왔다. 표면적으로 1990년대에 걸친 이 두 국가들의 관계는 견고해 보이고, 1961년의 중국-북한 안보조약은 여전히 시행 중이다. 그러나 1997년 미국 의회 대표단과의 만남에서 리펑 총리는 "북한은 중국의 동맹도 아니고 적도 아니며 단지 이웃 국가일 뿐이다"라고 말한 것으로 알려지고 있다.[23]

비동맹(non-aligned) 국가들과의 관계

강력한 공산주의 이웃국가들 중 어느 한 쪽에 종속되는 것을 피하기 위한 바램에서, 김일성은 외국의 영향으로부터 독립성을 이룩하고 국제질서의 민주화를 증진시킴으로써 주체의 원칙을 대외관계에 적용하였다. 독립성은 김일성이 우려하던 몇몇 문제들과 결부되어 있는 주제였다. 첫 번째 우려는 이미 언급된 김일성의 1955년 연설에 드러난

---

22 1985년과 1998년 사이 북한과 중국 사이의 무역총량에 대해서는 3장의 표3-3 을 참조할 것.
23 다음의 기사를 참조. Pak Tu-sik, *Choson Ilbo*, April 17, 1997, p. 2.

것과 같은 맥락에서 중국과 소련에서 기원한 경쟁하는 국내의 정치적 파벌들을 제거하는 일이었다. 1950년대 말까지 이들 파벌들은 효과적으로 제거되었다. 두 번째 우려는 스스로를 "어머니 정당"으로 간주하던 소련 공산당에 의한 지배를 피하는 일이었다. 김일성은 비록 프롤레타리아트 국제주의(proletarian internationalism)—이 개념은 중국과 소련의 공산당들이 각자 독자적인 길을 가는 것이 명백해짐에 따라 점차 그 의미를 상실해 갔다—정신에 따라 다른 정당들과 협력할 용의가 있지만, 조선로동당이 다른 모든 정당들로부터 독립적임을 분명히 하였다. 세 번째 우려는 한반도의 통일을 증진시키는 것이었다. 북한은 지속적으로 남한이 미국의 식민지이며, 만약 미국 군대가 한반도로부터 추방된다면 남한사람들은 김일성과 주체로 규합될 것이라는 입장을 견지해 왔다. 중국군대가 1958년 북한으로부터 철수한 이래 북한의 독립성 대 남한의 종속성이라는 이 주제는 한반도에서 북한만이 유일한 정치적 정당성을 갖는다는 평양의 주장에서 중심적인 것이 되었다.

마지막으로 독립성에 대한 북한의 우려는 보다 큰 국가들 앞에서 종종 속수무책이었던 작은 국가로서의 역사적 경험에서 기인한다. 김일성이 직면한 전술적 문제는 어떻게 하면 소련과 중국으로부터의 원조 필요성과 정치적 독립성의 유지를 조율할 것인가였다. 냉전이 끝날 때까지 북한은 소련과 중국 중 어느 한쪽에 강하게 기울지 않으면서 양쪽으로부터의 원조를 유지하는데 비교적 성공적이었다. 중국, 소련과 영토를 맞대고 일본, 미국과의 동맹을 맺은 남한을 마주하고 있는 동아시아에서의 전략적 위치는 북한이 두 공산주의 강국들로부터 각각 자신을 지지해 달라는 구애를 받도록 만들기에 충분한 중요한 정치적 자산이었다. 김일성이 결코 해결하지 못했던 전략적 문제는 어떻게 하면 주체사회주의의 원칙을 북한이 국제정치의 투기장에서 자기 자신의 위상을 보유할 정도로 정치적, 경제적으로 강력하게 만드는데 적용할 것인가였다. 1966년 8월 12일 『로동신문』에 실린 평양의 정치적 "독립선언"은 흐루시초프 이후 소련 정책의 변화와 문화혁명기 동안 중국의 불안정성에 대한 하나의 반응이었다. 김일성은 1967년 12월 16일 제4차 최고인민회의의 첫 번째 회의에서 1966년의 성명을 보다 구체화하였다.

> 우리는 다른 나라들의 명령과 지시에 따른 행동이 아니라 우리 혁명의 이익과 건설의 바탕 위에서 모든 문제들을 주체의 관점에서 해결한다… 말할 필요도 없이 만국의 프롤레타리아트들의 국제적 연대와 제국주의 침략에 대항하는 혁명투쟁에 있는 사회주의 국가들의 우호적인 동맹은… 이미 획득되고 새로운 승리를 해나가는 혁명적 이득을 보장하는데 있어 중요한 보장물이다… 제국주의적 반동에 대한 투쟁에서 승리하기 위한 결정적 요소는 그러나 해당 국가의 내부적 힘이다.[24]

평양의 외교정책 노선은 김일성이 1980년 조선로동당 6차 당대회에서 행한 연설에서 더욱 발전되었다. 이 자리에서 그는 자주, 친선관계,

---

24 Kim Il Sung, *The Non-Alignment Movement Is a Mighty Anti-Imperialist Revolutionary Force of Our Times* (Pyongyang: Foreign Languages Publishing House, 1976), especially pp. 10, 11, 15, 16.

그리고 평화라는 세 가지 지도 원칙들을 소개하였다.[25] 1990년 최고인민회의 연설에서 이들 세 가지 원칙들의 순서가 자주, 평화, 친선으로 바뀌었고, 이 성명은 1992년과 1998년에 개정된 북한 헌법 17조에서 발견되고 있다.

북한의 소련과 중국으로부터의 독립선언은 1961년 비동맹운동(Non-Aligned Movement)이라는 준공식적인 조직을 출범시켰던 비동맹국가들의 느슨한 연합체의 지도자가 되고자 하는 활동으로 이어졌다.[26] 북한은 1975년 8월 페루의 리마에서 열린 비동맹운동 외교장관회의에서 가입이 승인되었다. 미국과 동맹을 맺어온 남한은 이 집단의 구성원 자격이 없는 것으로 여겨졌다. 주체는 이들 비동맹국가들을 결집시키는 구호로서 적당해 보였고, 북한은 전세계적으로 주체연구집단을 조직하고 주체세미나를 후원함으로써 자신의 정치적 철학을 대중화시키기 위해 많은 노력을 기울였다. 비동맹운동의 비공식적인 지도자였던 유고슬라비아의 요시프 티토(Josip Tito)가 1980년에 사망한 이후 김일성은 그 자리를 차지하고자 하였다. 그러나 북한의 공산주의 국가들과의 긴밀한 연계, 김일성을 둘러싼 개인숭배의 증대, 그리고 국제적 테러리즘에 대한 북한의 지원이 많은 비동맹운동 국가들에게 불쾌감을 가져다주었다. 북한의 비동맹운동 참여의 최고점은 1987년 평양선언(Pyongyang Declaration)에 대한 다자주의적 조인이었다. 1990년대

---

25 Nam Sik Kim, "Policy-Making Process and Concepts in Formulating North Korea's Foreign Policy," in Kim, *Foreign Relations of North Korea*, pp. 69-11, see p. 76.

26 Dae-Ho Byun, *North Korea's Foreign Policy: The Juche Ideology and the Challenge of Gorbachev's New Thinking* (Seoul: Research Center for Peace and Unification in Korea, 1991), especially pp. 49ff.

동안 경제적 문제들은 평양정부로 하여금 제3세계 수도들에 있는 해외 공관들을 폐쇄하게 만들었다. 어쨌든 비동맹운동은 북한에게 소련과 중국과의 감소된 관계에 대한 대체물을 공급할 만한 어떠한 응집적인 정치적, 경제적 또는 군사적 힘을 갖고 있던 적이 한 번도 없었다.

일본과의 관계

북한은 외교적 인정(recognition)과 경제적 원조를 위해 그들이 혐오하는 자본주의자들에게 돌아설 수밖에 다른 선택의 여지가 없었다. 김일성은 그의 마지막 신년 연설에서 사회주의와 비동맹 국가들의 사람들과 우호적이고 협력적인 관계를 발전시킨다는 평소의 외교정책을 "우리는 사회주의 국가들과 비동맹국가들과의 연대를 위해 긍정적인 노력을 기울일 것이며, 또한 우리나라의 주권을 존중하는 자본주의 국가들과도 좋은 친선관계를 발전시키기 위해 노력할 것이다"라는 것으로 대체하였다.[27] 1997년에 행해진 김정일의 첫 번째 주요 외교정책 연설도 다음과 같이 동일한 노선을 취하였다. "우리는 미국을 우리의 항구적인 불구대천의 원수로 간주할 의도가 없다. 우리는 미국과의 관계를 정상화하기를 바란다… 일본은… 진실되게 자신의 과거 역사를 돌아보고 우리 공화국에 대한 적대적인 정책을 포기해야만 한다… 그리하면 우리는 일본과 우리 이웃에 대해 우호적인 접근을 취할 것이며, 우리와

---

27 다음을 참조. "New Year Address of President Kim Il Sung," *The People's Korea*, no. 1633 (January 15, 1994), p. 3.

일본 사이의 비정상적인 관계는 개선될 것이다."[28]

일본은 북한인들에게 수치스러움을 모르는 식민지적 침략자와 북한 최대의 적인 미국의 주요 아시아 동맹국이라는 두 가지 점에서 적으로 간주되어 왔다. 그 점에 대한 일본인과 한국인 사이의 적개심은 수 세기에 거쳐 축적되어 왔다. 일본은 동아시아 지역의 안정을 위해 북한과의 우호적인 관계를 희망하고, 북한은 자신의 경제를 구하기 위해 일본의 자본과 기술을 필요로 한다는 점에서 이 두 이웃국가들 간의 냉전적 관계가 지속된다는 것은 역설적인 일이다.

(일본이 1965년 남한과의 관계를 정상화하기 전인) 1950년대 중반의 일본과 북한 간의 초기 화해적 시기는 비록 수년에 걸쳐 일본 사회당(나중에 일본 사회민주당으로 개명)이 북한에 대해 동정적이었음에도 불구하고 허사가 되어 버리고 말았다. 북한은 1970년대 초에 수억 달러 가치의 자본설비를 일본으로부터 구매하였으나 곧 지불에 대한 채무불이행 상태가 되어 버렸고, 강력한 일본 기업들이 북한에 대한 개방성을 위해 로비를 할 어떠한 전망도 사라져 버렸다. 일본은 북한의 요원들이 1983년 랑군에서 이곳을 방문 중인 남한의 내각 인사들의 대부분을 희생시킨 폭탄테러를 벌인 이후 북한에 대해 경제제재를 가하였다. 제재는 1985년에 해제되었으나 1987년에 두 명의 북한 요원들이 한국의 민간 항공기를 폭파시키면서 1987년에 재개되었다.

남한 대통령 노태우의 1988년 "북방정책(northern policy)"은 동북

---

28 "Let Us Carry Out the Great Leader Comrade Kim Il-song's Instructions for National Reunification," a work published by Kim Jong Il, August 4, 1997, from a KCNA broadcast of August 20, 1997.

아시아에서의 긴장을 완화시키기 위한 시도로서 일본과 미국이 북한과의 관계를 개선하는 계기를 제공하였다. 1989년 3월 일본의 수상 노보루 다케시타는 모든 한국인들에게 과거 침략에 대한 "깊은 반성(deep remorse)"을 표현하였고, 일본이 북한과의 개선된 관계를 환영할 것임을 제안하였다. 남한의 "북방정책"에 대한 대응으로 "남방정책(southern policy)"의 필요성에 따라 북한은 일본인의 방문을 초대하였고, 1990년 9월 자유민주당의 카네마루 신과 일본 사회당의 타나베 마코토가 이끄는 정치 사절단이 조선로동당의 손님 자격으로 평양을 방문하였다. 이들 세 정당의 대표들은 각각 자신들의 정부가 "북한과 일본 사이에 존재하는 비정상적인 상황을 해결하고 조기에 외교관계를 수립할 것"을 촉구하는 성명을 공식발표하였다.[29] 이것이 더욱 논란이 되는 이유는 이 세 정당들이 일본이 "조선민주주의인민공화국에게 과거 36년 동안 야기했던 불행과 역경, 그리고 전쟁이 끝난 후 45년 동안 북한인들이 겪었던 손실에 대해 구체적이고 공식적인 사과를 하고 이에 대해 보상해야 함"을 인정했다는 점이다. 전후 시기에 대한 보상을 요구하는 북한의 근거는 북한에 대한 일본의 정치적, 경제적 정책들이 북한경제에 어려움을 강제적으로 부과했다는 것이다.[30]

남한은 1965년에 일본과 관계를 정상화할 때 5억 달러의 보상지원금과 무역신용장(trade credits)을 제공받았고, 일본은 북한에 대해서 이

---

29 Kim, *Foreign Relations of North Korea*, p. 509.

30 Hong Nack Kim, "North Korea's Policy toward Japan in the Post-Cold War Era," in Doug Joong Kim, *Foreign Relations of North Korea*, pp. 159-92, especially p. 168. 강조 부분 추가.

와 유사한 (물가상승을 반영하여 조정한) 보상을 제공할 준비가 되어 있었다. 북한인들은 일본으로부터 50억 달러에서 100억 달러 사이의 금액을 받기를 희망하였고, 거기에 더해 일본의 민간 투자가 유입되기를 희망하였다. 3당 회담의 즉각적인 이득은 이전 항해에서 자신들의 배를 타고 일본으로 밀항한 북한인의 탈북을 도운 것으로 여겨져 북한 당국에 의해 1983년에 구금된 두 명의 일본인 선원들을 석방해준 것이었다.

일본의 입장에서 이 성명은 관계 정상화를 위한 회담으로 가는 길을 열어주었지만, 여러 가지 이유로 인해 화해를 위한 일본 사절의 노력은 결실을 맺지 못하였다. 첫째, 많은 일본인들이 이 성명이 정부 대 정부의 합의가 아니었기에 이에 대해 비판적이었다. 둘째, 일본이 한반도를 떠난 이후의 시기에 대해 보상을 요구하는 북한의 생각이 일본에서는 거의 만장일치로 비난을 받았다. 셋째, 우연에 의한 것이든 의도적인 것이든 사절단의 방문 후 얼마 되지 않아 워싱턴은 도쿄에 북한의 핵 재처리 설비에 대한 위성사진을 제공하였는데, 이는 북한이 IAEA의 의무를 저버리고 핵무기개발을 벌이고 있음을 의미하는 것이었다. 넷째, 남한과 미국은 일본과 북한 사이의 이른 관계 정상화가 북한으로 하여금 정치적, 경제적 개방을 하도록 압력을 가하는 남한이 북한에 대해 행사하는 지렛대를 빼앗아 버릴 것이라는 우려에 대해 논의하기 시작하였다. 남한은 이 관점을 고집하여 (이 합의에 대해 설명하기 위해 서울을 방문한) 가네마루로부터 외교의 "4대 원칙"을 지킬 것이란 약속을 얻어냈는데, 이는 근본적으로 일본-북한 관계의 진전 상황에 대해 남한이 계속 알 수 있도록 하겠다는 약속이었다.[31] 다음 해에 일본 정부는 자신의 협력적 포용(cooperative engagement)의 4대 원칙에 대해 다음과 같이 설명하였다.

> 첫째, 한반도에서의 평화와 안정을 증진시키기 위한 협상을 행한다. 둘째, 일본이 남한과 유지해온 기존의 친화적 관계를 해치지 않는 방식으로 평양과 관계를 정상화한다. 셋째, 36년의 식민지 지배에 대해서는 보상을 하나 1945년 이후의 어떠한 "손실(losses)"에 대해서도 보상하지 않는다. 넷째, 평양이 핵시설에 대한 국제조사를 받아들이는 것을 추구한다.[32]

1995년 11월 일본에 의한 비슷한 약속도 본질적으로 일본의 북한과의 외교정책에 대한 거부권을 남한에게 부여하는 것이었다.

1991년 1월 일본과 북한은 외교 관계를 여는 것과 관련된 사안들을 조사하기 위해 일련의 정부 대 정부의 회담을 개시하였지만, 8번의 만남 뒤 회담은 1992년 11월 단절되었다. 이 회담들에서 양 측은 일본의 북한에 대한 배상의 범위와 액수, 북한이 핵시설에 대한 국제적 조사를 받아들여야 한다는 일본의 주장, 대한항공 여객기를 폭파시킨 테러리스트들의 훈련을 돕기 위해 납치된 것으로 주장되는 일본인 여성의 운

---

31 Kang In-duk, "Efforts to Form a New International Order among the Powers Surrounding the Korean Peninsula," *East Asian Review*, vol. 9 (Winter 1997), pp. 3-19, especially p. 13.

32 Hong Nack Kim, "Japan's Policy toward the Two Koreas in the Post-Cold War Era," *International Journal of Korean Studies*, vol. 1 (Spring 1997), pp. 131-58; p. 140을 볼 것.

명을 공개하는 것에 대한 북한의 주저 등을 비롯한 여러 난관에 봉착하였다. 일본에서 상대적으로 보수적인 자민당은 1993년 8월 의회에서 과반의석 확보에 실패하였고, 1994년 일본사회당의 지도자인 무라야마 도미이치가 연립정부의 수장으로서 수상이 되었다. 비록 사회주의자들이 전통적으로 북한에 대해 동정적이었으나, 무라야마 정부는 외교적 관계에서 돌파구를 만들 수는 없었다. 1995년 3월 전직 일본 외무상이었던 자민당의 와타나베 미치오가 이끄는 3당 일본사절단이 관계정상화 회담의 재개를 논의하기 위해 평양을 방문하였다. 북한은 관계정상화 회담이 1990년 3당 선언의 바탕 위에서 진행되기를 희망하였으나, 결국 어떠한 선행조건 없이 회담을 재개하기로 합의하였다. 1995년 5월 평양은 일본에 대해 긴급 식량 원조를 요청하였고 일본은 50만 톤의 식량과 50만 달러를 UN을 통해서 제공하였는데, 이는 평양이 남한으로부터의 식량 원조 역시 받아들이기로 합의한 이후에야 이루어졌다. 1996년 일본은 UN을 통해 6백만 달러의 식량을 추가로 원조하였다. 그러나 남한 정부의 감정을 존중하여 일본은 평양에 대한 포용을 빠르게 진행하지 않는 조심성을 보여주었다. 일본으로부터의 식량 원조에 만족하지 않은 북한은 일본이 과거의 범죄에 대해 적절한 사과를 하지 않고, 관계 정상화 회담을 질질 끌고 있으며, 미국과의 안보동맹을 유지하고 있음을 비난하였다.

    얼마 지나지 않아 또 다른 사안이 두 정부 사이에 출현하였다. 1959년에서 1984년 사이에 일본에 거주하는 북한인 남편을 둔 1,831명의 일본인 부인들이 남편과 함께 북한으로 돌아갔다. 수년간 이들 일본인 여성들과 그들의 남편들은 북한에서 정치적, 경제적, 그리고 사회적 차별의 대상이었고, 단 한 명의 일본인 아내도 (비록 이들 중 일부는 그들의 일본인 친척들과 연락을 주고받았지만) 일본 방문이 허락되지 않았다. 북한정부의 입장은 "이들 여성들과 관련된 어떠한 사안도 북한의 주권에 속하며 우리는 그들의 운명을 책임 있는 자세로 돌볼 것이다. 다른 누구도 이에 대해 참견할 수 없다"는 것이었다.[33] 1997년 10월 일본은 2천 7백만 달러 상당의 식량 원조를 제공하였고, 그 다음 달에 북한 당국은 결국 일본인 여성들 중 15명을 선별하여 일본에 있는 그들의 가족을 만나러 갈 수 있도록 허락하였다. 1998년 1월에 또 다른 10명의 일본인 여성들이 일본을 방문하였다. 이들 여성들은 하나같이 북한에서의 삶을 극찬하였다. 그러나 일본이 몇몇 여성들만의 방문 허가라는 점과 북한에 의한 이들의 선별과정에 대해 불만을 표출하자 북한은 방문프로그램을 종결시켰다.

1997년에 또 다른 논쟁적 사안이 출현하였는데 이번에는 1970년대와 1980년대에 일본 해안가에서 북한특공대원들에 의해 납치되었다고 주장되는 10명의 일본인의 운명에 대한 것이었다. 북한은 이들 실종된 사람들에 대해 아는 바가 없다고 주장하였으나, 일본 측의 주장에 의해 조사를 진행하기로 약속하였다. 예상대로 북한 측의 조사는 이들 중 누구도 북한에 있었던 적이 없다는 것이었다. 이 조사에 대해 만족하지 못하고 이 납치 사안과 일본인 여성들의 방문 사안을 인도주의적 문제로 바라본 일본 정부는, 비록 일본의 곡물저장 창고가 남는 쌀로 넘쳐나고 있었음에도 불구하고, 추가적인 식량 원조에 대한 북한 측의

---

33 "Statement Made by KAPPC (Korean Asia-Pacific Peace Committee) on Issue of 'Japanese Wives,'" *The People's Korea*, no. 1796 (August 2, 1997), p. 6.

인도주의적 요구를 승인하는 것을 거절하였다.

이러한 사안들이 해결될 수 있었는지 아닌지의 여부는 북한이 1998년 8월 중거리 미사일인 대포동 1호 로켓을 최초로 시험발사하고, 제1단 로켓이 일본의 서쪽 바다에 떨어지고, 제2단 로켓과 탑재장비(payload)가 일본의 주섬인 혼슈 북쪽 지방을 가로질러 동쪽 바다에 떨어지면서 의미 없는 일이 되어 버렸다. 며칠 지체한 뒤에 북한은 이 로켓이 궤도권에 보낼 위성을 탑재하고 있었다고 발표하였으나 이는 일본이나 미국의 어떠한 우주기관에 의해서도 검증되지 못했다. 일본은 로켓의 궤적과 로켓 발사 전에 북한이 이를 자신들에게 알리지 않은 것에 대해 분노하였다. 북한이 로켓 발사를 일본과의 협상을 위한 지렛대로 바라봤다고는 믿기 어렵다. 그보다는 로켓 발사가 김정일의 국방위원회 위원장으로의 (재선출) 취임 날짜에 맞추어 이루어졌다고 보는 것이 적절할 것이다. 만약 로켓 발사가 국제사회에 대한 어떠한 메시지였다면 그것은 북한과 미사일 비확산에 대한 논의를 하고 있던 미국을 향하고 있었다고 보아야 할 것이다. 일본은 충격을 받았다. 도쿄는 (예비단계에 있던) 북한과의 관계 정상화 회담이 가까운 시일 내에는 열리지 않을 것이고, 어떠한 추가적인 식량 지원도 없을 것이며, 북한에 두 개의 원자로를 건설하기 위해 10억 달러를 기부하기로 한 일본의 KEDO 협약에 대한 서명이 보류될 것임을 발표하였다. 북한의 미사일 위협은 또한 일본으로 하여금 북한의 위협에 관해 논의하기 위한 한국과의 회담을 갖게 하였으며, 미사일 방어체계를 개발하고 배치하는 일에 있어서 일본이 미국 측에 참여하는 것에 대해 관심을 갖도록 만들었다. 요컨대 북한에 의한 로켓의 발사는 북한과 일본 사이의 관계를 몇 년 전으로 되돌려 놓았다.

비록 일본 정부와 북한 정부(또는 적어도 이들 국가의 외교관들)가 양국의 관계를 개선시키고자 하였더라도, 북한으로부터 반복되는 군사적 도발들이 끊임없이 두 국가를 벼랑 끝으로 몰았다. 북한의 대포동 미사일 발사로부터 4개월 뒤인 1998년 12월, 북한 군복을 입은 세 명이 일본의 해안가에 출몰하였고, 1999년 1월에는 또 한 명이 출몰하였다. 3월에는 일본 자위대 선박과 항공기가 일본 바다를 가로질러 북한으로 향하던 어선을 가장한 두 대의 미확인 선박을 추격하여 사격을 가했다.[34] 비록 북한이 이 사건에 자신들이 연루되었음을 부정하였지만, 일본 측 증거는 이들이 스파이 선박이었다는 것을 강력히 시사하였다.[35]

1999년 5월 일본 내각은 미국-일본 방위 지침(U.S.-Japan Defense Guideline)의 실효를 가능케 하는 법안을 통과시켰다. 1997년 9월에 조인된 이 지침은 동북아시아 지역에서 "유사상황"(대체로 북한과 연관된 유사상황들)에 대응하기 위한 미군의 작전을 일본이 지원하는 것을 강화시켰다. 북한은 이 지침에 대해 강력히 비난하였다. 일본 식민지배

---

34 일본인들이 두 선박을 어떻게 대면하게 되었는지에 대한 포괄적인 내용은 다음을 참조. Shunji Taoka, "The Grand Sea Chase, Why the Spy Boats Could Not Be Captured," *Sekai no Kansen*, June 1999, pp. 110-13.

35 북한의 외교부 대변인은 다음과 같이 말했다. "우리는 '그 수상한 선박들'에 대해 아는 바가 없다. 현 시점에 크게 떠벌려지고 있는 '수상한 선박의 추적 사례'는 일본의 반동주의자들이 의도적으로 만들어낸 또 하나의 반북조선적 허구라고 해석할 수밖에 없다…역사와 사실은 일반적인 상황이 지금 그들에게 비호의적으로 드러나자 그들의 군사화 움직임을 성낭화하고 북한-미국, 북한-일본 관계를 깨기 위할 목적으로 '수상한 선박의 추적 사례'라는 조잡한 드라마를 은밀히 조직하고 있음이 명백히 드러나고 있다." 다음을 참조할 것. "'Mysterious Ship Pursuit Case,' Anti-DPRK Fiction, Statement of Spokesman for DPRK Foreign Ministry," KCNA headline, March 27, 1999.

로부터의 해방 54주년 기념일(1999년 8월 15일)을 5일 앞두고 북한은 새천년이 시작되기 전에 일본이 한국민들에게 행한 과거 침략에 대해 사죄하고 북한에 대한 적대적 자세를 포기할 것을 요구하고, 그렇지 않을 경우 "북한은 절대로 일본에 대한 무자비한 보복을 가할 기회를 놓치지 않을 뿐만 아니라 북한민족이 흘린 피에 대한 대가를 일본이 치르도록 하고 100년 묵은 분노를 분출시킬 것"이라는 장문의 공식 선언을 발표하였다.[36] 이러한 행동과 언어 앞에서 일본인들이 북한에 대한 적대감을 계속해서 갖고 일본 정부에 의한 대외정책의 움직임에 대해 심각한 제동을 걸었던 것은 놀라운 일이 아니다. 7년 이상의 공백기 뒤에 도쿄와 평양은 일본이 북한에 10만 톤의 쌀을 제공하기로 약속하고 나서 2000년 4월 관계 정상화 회담을 재개하였다. 회담의 안건들은 변하지 않았으며 양측 중 어느 쪽도 오랜 동안 이들을 갈라놓았던 문제들이 가까운 시일 내에 해결될 것이라는 긍정적 전망을 갖고 있지 않은 듯 보였다.[37]

---

36 "Japan Cannot See in the 21st Century as Long as Relations with the DPRK Remain Unsettled, Statement of the SPRK Government," *The People's Korea*, no. 1848 (August 28, 1999), p. 6.

37 일본의 쌀 지원에 대한 2000년 3월 17일자 교도통신의 기사 참조. 일본측 대표단장의 비관적 견해가 2000년 3월 28일 교도통신 기사에 실려 있음. 회담에 대한 북한측의 논평은 다음을 참조. "Head of DPRK Government Delegation Calls Press Conference," KCNA report, April 5, 2000. 양 측에 의해 공개된 공동성명은 2000년 4월 7일 조선중앙통신사에 의해 보도되고 있다.

미국과의 관계

한국(코리아)-미국 관계의 시작은 전조가 좋지 않았다. 19세기 후반 조선왕조는 자신의 해안가로 좌초되어 온 선언들을 급히 추방하면서 국제적인 고립 정책을 추구했다. 미국의 상선 제너럴 셔먼호가 1866년 조선의 수역으로 항해해 들어온 뒤 배가 불타고 모든 선원이 죽는 일이 발생하였다. 이 배와 선원들의 운명에 대한 진위를 확인하려는 미국 측의 노력은 미국 해군함대가 1871년에 조선군대를 격파하기 전까지 조선정부에 의해 묵살되었다. 1882년에 조선왕국의 독립성을 인정하는 조약이 체결되었는데, 이는 조선 측을 대신하여 이 조약에 대해 협상했던 당시 동아시아 지역의 헤게모니 국가였던 중국에게는 상당히 불쾌한 일이었다. 1905년 태프트-가쓰라 각서에서 미국은 한반도에서 일본이 갖는 우월적 이익을 존중하는데 동의함으로써 조선에 대해 미국이 관심을 포기할 것임을 선언하였다.

근대 시기의 미국-한국(코리아) 관계는 미군이 38도선 이남에서 일본의 항복을 받기 위해 1945년 9월 한반도에 상륙하면서 시작되었다. 한반도를 어떻게 통일할 것인지에 대해 소련과의 합의에 이르지 못하게 되자 미국은 한반도 문제를 UN에 맡겼고, UN은 이후 1948년 5월 한반도의 남쪽 절반에서만 열린 선거를 감독하였다. 1948년 8월에 북쪽에서 열린 선거는 UN에 의해 인정되지 못했다. 이승만이 남한의 초대 대통령에 취임한지 1년 만에 사실상 모든 미국군대가 한반도에서 철수하였다. 1950년 1월의 연설에서 미국 국무장관 딘 애치슨(Dean Acheson)은 일본, 오키나와, 그리고 필리핀을 미국의 방어선 안에 명확히 포함시켰으나, 남한에 대해서는 언급하지 않았다. 이 연설과 이후의 미국 정치인들과 기자들에 의한 해설은 김일성으로 하여금 다시 한번 미국이 한반도에 대한 관심을 잃어버렸고, 따라서 남한을 성공적으로 침략할 수도 있겠다는 확신을 갖도록 만드는데 일조하였다.

북한군은 1950년 6월 25일 38선을 넘어 남하하였다. 외교정책을 확연히 뒤바꾸어 미국은 북한과 중국에 맞서 싸우기 위해 약 360,000명의 군대를 한반도에 파병하였다. 하루아침에 남한은 공산주의에 대항한 미국 동맹의 필수적인 부분이 되었다. 전쟁은 첫 1년이 지난 뒤에 양측의 군대가 38선을 사이에 두고 대치하는 교착상태에 이르게 되었다. 중국, 북한, 미국이 이끄는 UN 대표들에 의해 휴전조약이 체결될 때까지 2년 이상 협상과 전투가 계속되었다. 미국군대는 전쟁 이후 남한에 계속 남아있었는데, 1957년에는 60,000명, 1970년대 중반까지는 40,000명, 그리고 1990년대 동안에는 37,000명이 남한에 주둔하였다. 1980년대까지 사실상 북한과 미국 사이의 유일한 공식적 접촉은 비무장지대 안에 설치되어 있는 판문점에서의 유엔군사정전위원회(UN's Military Armistice Commission)뿐이었는데, 미국 장성이 UN측을 대표하였다. 한국전쟁 초기 미국은 북한에 대해 경제적 제재조치(embargo)를 취했고, 미국 여권으로 북한을 방문할 수 없었으며, 전세계 미국 외교관들은 제3의 국가들에서 북한 외교관들과의 접촉을 피할 것을 지시받았다.

미국과 북한 관계의 저점은 1960년에 말에 나타났다. 1968년 1월에 31명의 북한특공대가 비록 실패로 끝났으나 서울의 청와대를 급습하였다. 이틀 후 북한은 미국의 첩보선 푸에블로호를 납치하였다. 북한은 이 배가 자신들의 영해를 침범하였다고 주장하였으며, 미국이 사과를 한 이후에야 11개월 만에 선장과 선원들을 석방하였다. 1969년 4월 미국 해군정찰기가 북한에 의해 격추되어 47명의 미군 희생자가 발생하였다.

이러한 행동들은 남한을 보호하고 동아시아에서 군사력을 유지하고자 하는 미국의 결의를 더욱 강화시킬 뿐이었고, 반면 북한은 세계에서 가장 폭력적인 국제적 테러리즘의 후원자 중 하나라는 평판을 얻었다. 1972년 닉슨의 중국 방문은 북한으로서는 받아들이기 힘든 일이었지만, 평양은 미국과 중국 사이의 새로운 화해 움직임에 대해 자신이 보일 수 있는 가장 좋은 모습을 보이려 애썼다. "비록 김일성은 닉슨이 베이징을 방문할 것이라는 1971년 7월의 발표를 즉각 항복의 표식, 즉 미국 제국주의의 쇠퇴하는 운명을 충분히 반영하는 패배자의 여행이라 지칭하였지만, 그는 미-중 사이의 이러한 발전을 놀라움과 질시가 교차하는 감정으로 지켜본 듯하였다."[38] 북한은 1973년 4월 미국 의회에 남한과 북한이 이제 대화를 하고 있기에 (1971년과 1972년에 이루어짐) 미국은 남한에 무기를 공급하는 것을 중지하고 합동군사훈련을 멈춰야 한다는 점을 지적하는 공개 서신을 보내면서 미국과의 관계회복을 시작하였다. 1975년 김일성은 북한을 방문하는 일본의회 구성원들에게 미국으로 하여금 남한에서 군사를 철수하고 평양과의 평화협정 체결을 고려하도록 요청할 것을 주문하였다. 그러나 미국은 북한을 상대할 분위기가 아니었다.

---

38 다음을 참조할 것. Byung Chul Koh, *The Foreign Policy Systems of North and South Korea* (University of California Press, 1984), p. 87.

1976년에 일군의 북한 군인들이 비무장지대에서 나무를 손질하려던 미국 군인들을 공격하여 두 명의 미군 병사가 죽는 일이 발생하였다. 1년도 채 되지 않아 카터 대통령이 남한에서 미군을 철수시키고자 하는 그의 의도를 발표한 뒤 북한의 외교부장은 뉴욕에서의 비동맹 회의에 참석하면서 미국 관료들과의 만남을 추구하였다. 북한은 1979년에 또 다시 접근을 하였는데, 두 번 모두 미국은 북한과의 만남을 거절하였다.[39] 레이건이 1981년 미국 대통령에 취임하면서 미국-북한 사이의 관계회복은 더욱 묘연해졌다.

1983년 10월 북한의 특공대가 폭탄을 터트려 랑군을 방문 중이던 남한의 내각 요인과 정부 관료들 17명을 살해하는 일이 발생하였다. 그 해에 있었던 미국과 남한의 3자 회담 제안에 대해 북한은 이미 거부했었는데, 북한의 중앙인민위원회는 미국 의회에 공개서신을 보내 평화정착에 대해 협상할 회의를 열 것을 제안하였다. 미국은 이 제안을 무시하였다. 미국-북한 관계의 첫 시작은 1980년대 후반에 가서야 나타났고, 이는 역설적이게도 남한에 의해 가능하였다.

1988년 7월 7일 남한의 노태우 대통령은 (서독의 동방정책(Ostpolitik)을 모방한) "북방정책"으로 알려진 외교 정책안을 공개하였다. 이 정책은 남한은 공산주의 국가들과 관계를 수립하고, 특히 미국과 일본과 같은 비공산주의 국가들로 하여금 통일로 가는 과정에 걸림돌이 되지 않는 한 이들과 북한과의 관계를 개선하도록 권장하는 교차인정의 외교를 이룩하는 것을 목표로 하였다. 1988년 10월 레이건 행정

---

39 Manwoo Lee, "Pyongyang and Washington: Dynamics of Changing Relations," *Asian Perspective*, vol. 19 (Fall-Winter 1995), pp. 131-51, especially pp. 134-35.

부는 북한과의 무역과 인적 교류를 다소 완화시켰으며, 미국 외교관들이 제3의 국가에서 북한 외교관들과 접촉하는 것을 허가하였다. 1988년 12월부터 1993년 9월까지 정치고문 수준에서의 북한과 미국 관료들의 만남이 베이징에서 34차례 열려 공동 이익에 대한 안건들을 논의하였다.

미국과 북한 관계는 베이징에서의 회담들로 인해 단지 약간만 개선되었을 뿐이었고, 평양은 점점 쇠약해져 가는 중국과 소련과의 관계를 만회하기 위해 미국과 일본과의 관계를 보다 신속히 구축하기를 희망하였다. 남한이 추구하던 교차 승인의 절반은 놀랍게도 성공적이었다. 1990년 소련 및 모든 동유럽 국가들과의 외교 관계가 수립되었으며, 1992년에는 중국과의 외교 관계가 맺어졌다. 핵의 비확산에 있어서 미국 위치의 중요성을 깨달은 북한은 자신들의 핵프로그램을 워싱턴이 대화의 장으로 나오도록 하는데 활용하였다. 평양의 첫 번째 움직임은 자신들이 핵프로그램에 대해 국제원자력기구(IAEA)나 (1991년 한반도 비핵화선언(Joint Declaration of a Nuclear Free Korean Peninsula)에 함께 조인한) 남한이 아닌 오직 미국과 논의하겠다는 것이었다. 미국은 북한이 핵확산금지조약(NPT)을 준수하고 IAEA의 핵사찰을 수용한다는 기대 하에 1992년 1월 뉴욕에서 실무자급 회담을 열기로 합의하였다. 회담 8일 후에 북한은 NPT에 서명하였고 IAEA의 핵사찰이 시작되었다.

사전조사를 통해 북한이 핵프로그램을 숨기고 있음을 암시하는 정황들이 드러나자 미국은 북한이 이라크에 가해졌던 것과 같은 종류의 "특별조사(special inspections)"를 받아들이도록 압력을 가하기 위해

UN 차원의 경제제재를 도모할 것이라 위협하였다. 이러한 압력에 대한 반응으로 (그리고 또한 1993년 초 한-미 팀스피릿 군사훈련을 재개한 것에 대한 결과로서) 북한은 1993년 3월 NPT로부터 탈퇴할 의사를 표명하였다. 사태가 더욱 악화되는 것을 막기 위해 워싱턴은 1993년 6월에 두 번째의 고위급 회담을 열기로 합의하였는데 여기서 북한은 NPT로부터의 탈퇴를 "잠정적으로 연기(temporarily suspend)" 할 것에 동의하였다. NPT로부터의 탈퇴의 "연기"는 말할 것도 없고, 어떠한 국가도 NPT에서 탈퇴한 전례가 없기에 그 누구도 IAEA에 관한 북한의 상태가 무엇인지 확신할 수 없었다. 사실 이 때부터 평양은 자신들의 해석에 따르면 IAEA와 사실상의 특별한 관계를 맺고 있다고 주장해 왔다. 미국과 북한의 협상가들은 1993년과 1994년에 몇 차례의 후속 회담을 가졌지만, 북한은 여전히 자신들의 핵프로그램을 IAEA에 완전히 공개하는 것을 거부하였다. 1994년 7월의 제3차 회담 뒤에 (우연히도 김일성이 죽은 그 날에) 미국과 북한은 미-북 핵동결협약(Agreed Framework)의 형태에 합의하기에 이르렀고, 이는 그 해 10월에 제네바에서 조인되었다.

이 합의에서 미국은 북한이 현재의 핵프로그램을 동결시키는 대가로 북한에게 두 개의 근대적인, 분열증식저항형 원자로(proliferation-resistant reactors)를 제공하기로 하였다. 게다가 미국은 이 원자로들이 사용 가능한 상태로 될 때까지 (동결된 원자로들이 생산해 내지 못하는 에너지를 보상하는 의미에서) 북한에 매년 50만 톤의 석유를 제공하고, 점진적으로 북한에 대한 무역제재를 완화하고, 외교 관계 수립을 위한 회담에 착수하고, 미국이 북한을 상대로 핵무기를 사용하거나 그러한 위협을 가하지 않겠다는 "공식적인 확약(formal assurance)"을 제공할 것에 합의하였다. 북한은 자신이 보유한 원자로와 관련 시설들을 가동 중지할 것에 동의하였다. 클린턴 대통령은 "김정일 각하(His Excellency Kim Jong Il)"에게 편지를 보내 "북한이 핵동결협약에 기술된 정책들을 계속적으로 이행하는 한, 나의 대통령으로서의 모든 권한을 합의를 촉진하기 위해 사용할 것"이라 약속하였다.[40]

행정부에 의해 협상되었고 공식적인 조약이 아니었던 이 합의는 의회의 공식적인 승인을 받지 못했다. 최소한 잠시 동안 (국방장관 월터 슬로콤(Walter Slocombe)의 표현을 인용하면) 북한이 "소시지처럼 플루토늄을 생산"해 내기 시작할지도 모른다는 두려움이 완화되었다.[41] 그러나 이 합의는 북한이 시기가 도래했을 때 핵프로그램을 완전한 수준까지 모두 공개하는 것에 대한 충분한 보증 없이 북한에게 너무나 많은 것을 제공한다는 비판을 미국 내에서 폭넓게 받았다. 이에 대해 옹호하기 위해 미 행정부는 이 합의가 북한이 매 단계마다 최종적인 목표를 위해 나아가지 않으면 더 이상의 혜택을 얻을 수 없는 방식으로 구성되어 있다고 반복적으로 강조하였다.

클린턴 대통령은 1995년 1월에 몇몇 중요하지 않은 무역 제한에 대한 철폐를 발표하였고, 1995년 9월에는 인도주의적 무역에 대한 추가적

---

40 합의의 전문과 클린턴 대통령의 서신은 간략한 분석과 함께 다음 자료에서 확인할 수 있다. *Success or Sellout? The U.S.-North Korean Nuclear Accord*, the report of an independent task force cosponsored by the Council on Foreign Relations and the Seoul Forum for International Affairs (Council on Foreign Relations, 1995).

41 Barry Schweid, "Diversion of Fuel by North Koreans Angers Donor U.S.," *Washington Times*, February 18, 1995, p. 6.

인 완화를 발표하였다. 북한에 의해 설정된 다양한 제약들로 인해 평양과 워싱턴에 연락사무소(liaison office)를 개설하는 일은 6년 뒤에도 여전히 논의 단계에 머물러 있었다. 경제제재는 대체로 남아있는 상태였다. 그러나 1994년 이후로 미국과 북한 정부 관료들 사이의 회담은 흔히 있는 일이 되었다. 몇몇 사안들이 자주 논의되었다. 미국은 북한이 한국전쟁 당시 실종된 미군들의 무덤을 찾는데 협조해 주기를 희망하였다. 미국은 또한 북한이 미사일을 수출하는 것을 중단하기를 원했다. 북한은 식량 원조와 미국과의 평화조약, 남한으로부터 미군의 철수, 그리고 경제제재의 완전한 철폐를 원했다. 미국은 전투 중 실종자(MIAs), 미사일, 그리고 핵동결의 세 가지 이슈를 제외하고, 미국과 북한 사이의 대화는 남한과 북한 사이의 대화와 평행하게 진행된다는 원칙을 세웠다. 클린턴 대통령이 남한의 김영삼 대통령과 공동으로 1996년 4월에 북한이 남한, 미국, 그리고 중국과 함께 4자 회담에서 열린 안건에 대해 토론할 것을 제안하면서 이러한 노선에 따른 야심찬 시도가 이루어졌다. 북한은 미국과 배타적으로 협상을 하기를 원했기에 이 제안에 대해 큰 열의를 보이지 않았으나, 결국 이러한 회담을 갖기로 합의하였다.

요컨대 미국-북한 관계는 1990년대에 약간의 진전을 이루었으나, 양측은 자신의 무기개발 프로그램을 추구할 수 있는 북한의 권리, 남한과 안보동맹을 유지할 수 있는 미국의 권리와 같은 중요한 안건들에 대해 깨닫게 되었고, 더욱 멀어지게 되었으며, 이들 사이의 상호 적대성은 거의 완화될 기미를 보이지 않았다. 미국-북한 관계에 있어서 가장 주목할 존재는 미-북 핵동결협약(Agreed Framework)인데, 이것의 설계자인 로버트 갈루치(Robert Gallucci)는 "이 합의가 신뢰에 기반하고 있지 않다고 말하는 것은 거의 적대적인 것으로 들리고, 나는 적대적일 생각은 없다. 나는 현실적이고 싶다. 우리는 북한과 신뢰에 기반할 수 있는 어떠한 관계도 아직 만들어 오지 않았다"라고 그 성격에 대해 설명하였다.[42] 4년 뒤에 양국 관계는 국무부 대변인인 제임스 루빈(James Rubin)의 다음과 같은 언급에 바탕하여 판단하건데 그다지 개선되지 못했다. "우리는 북한 정부를 상대하는 어려움에 대해 어떠한 환상도 가지고 있지 않고, 우리는 북한을 신뢰하지 않는다. 그러나 우리는 지금 준비가 되어 있는 체계, 즉 핵무기 측면과 미사일 측면에 대한 우리의 우려들이 만약 북한이 그렇게 하고자 선택한다면 같이 논의할 수 있는 일련의 회담들을 갖추고 있다."[43]

미국 정부와 미국인들의 시각에서는 북한은 핵동결협약이 김정일 정권의 정책들을 승인하거나 받아들이지 않으면서 북한의 핵프로그램을 동결시키는 주요 수단이라는 것과 만약 평양이 국내정책과 대외정책에 있어서 현저한 변화를 이루지 못한다면 워싱턴과의 관계 정상화의 전망은 매우 어두울 것임을 이해할 수 있었어야 했다.

---

42 Robert Gallucci 특사가 1994년 10월 27일 워싱턴의 Foreign Press Center에서 열린 기자 회견에서 말한 논평. *Nautilus Daily Report*, October 28, 1994.

43 Thomas W. Lippman, "U.S. Sets Accords with N. Korea, Aiming to Defuse Tension," *Washington Post*, September 11, 1998, p. A25.

남한과의 관계

북한은 정부 대 정부의 관계에서 뿐만 아니라 국민 대 국민의 관계에서도 남한과 거리를 유지해야 할 이유를 지니고 있다. 북한 정부가 남한 정부를 괴뢰 정부로, 남한의 대통령을 ("반역자"나 "범죄자"만큼이나 경멸적인) "실권자(person in authority)"로 칭하며 남한 정부의 정당성을 인정하지 않기에, 북한의 정부 관료들은 그들의 남측 상대방들을 대하는 것을 꺼려한다. 민간인들 사이의 대화의 경우 김정일 정권은 북한인들이 외부세계로부터 고립되어 있고 따라서 외부세계에 대해 무지한 채로 두기 위해 남북한 관계의 모든 측면에 대해 통제해야만 한다.

김일성의 필생의 목표와 그가 북한 국민들에게 한 약속은 남북한을 공산주의 아래에 통일시키는 것이었다. 한국전쟁에서 이 목표를 이루는 데 실패하자 그는 서울 정부를 불안정하게 만들고 정당성을 훼손시키기 위해 점차 외교로 관심을 돌렸으며, 이와 동시에 "다른 수단에 의한 정치의 연속"으로서의 테러리스트 전술을 활용하였다. 극히 예외적인 경우에만 남북한 정부들은 (최소한 공식적으로) 실질적인 대화에 참여하였다.

이산가족의 상봉에 대한 주제로 남북한의 적십자회 사이에 1971년에 있었던 회담들 이후로 일련의 비밀 그리고 공식적인 만남들이 (비무장 지대를 따라 있는) 판문점, 평양, 그리고 서울에서 두 정부 사절들 사이에서 이루어졌다. 1972년 7월 4일 회담에 참석한 대표자들은 공동 선언에 조인하였는데, 외부의 강압이나 간섭 없이 독립적인 노력을 통해 통일을 이룰 것, 평화적인 수단에 의할 것, 그리고 이념과 정치적 체제의 차이점을 뛰어넘어 "민족적 대단결"을 이룰 것에 대해 합의하였다.[44] 이는 북한에서 자주, 평화통일, 민족적 대단결이라는 세 가지 원칙으로 알려지게 된다. 추가적 권고 내용에 따라 이 합의의 이행을 위해 남북조절위원회(A South-North Coordinating Committee)가 설치되었는데, 이는 상호 중상과 비방의 금지, 끊어진 민족적 유대관계의 회복, 사회적 교류의 실시를 포함하고 있었다. 그러나 성과에 있어서 거의 이루어진 것은 없었고, 북한은 1973년 8월 더 이상의 대화를 중단하였다. 양측은 긴장 완화와 협력을 위한 간헐적인 제안들을 해왔으나 이것이 상호 간에 받아들여진 적은 없다.

1980년대 후반 동안 북한은 남한을 굴복시키는 문제보다는 자신의 생존 문제에 보다 큰 관심을 기울이게 되었다. 남북한은 일련의 역사적인 고위급 회담들을 개최하였는데, 그 결과 1991년 마지막 날에 두 개의 주요 문서에 서명하게 되었다. 화해, 불가침, 교류협력에 관한 합의서(The Agreement on Reconciliation, Nonaggression, and Exchange and Cooperation)는 실패로 돌아간 1972년 합의가 보다 구체화된 버전이었다. 한반도 비핵화에 관한 공동선언(The Joint Declaration of a Nuclear-Free Korean Peninsula)은 남한에 배치되어 있는 것으로 추정되던 미국의 핵무기로부터의 위협, 그리고 북한이 개발 중인 것으로 의심을 받던 핵무기 프로그램으로부터의 위협이라

---

44 1972년 공동성명과 그 전후의 통일관련 사건에 대한 포괄적인 논의는 다음을 참조할 것. Bong-youn Choy, *A History of the Korean Reunification Movement: Its Issues and Prospects* (Peoria, Ill.; Research Committee on Korean Unification, Institute of International Studies, Bradley University, 1984), especially chap. 6.

는 상호 핵위협을 제거하기 위해 고안되었다. 이러한 합의들을 이끌어 낸 협상들은 남북한 정부 사이에 대화의 채널을 열었으나, 북한은 화해 합의의 광범위한 조항들을 실행하고 비핵화선언의 이행을 위해 자신들의 핵프로그램을 공동조사에 개방할 의지가 없었다. 결과적으로 비록 비정부간 무역관계는 발전되어 갔지만, 남북한 정부는 전통적인 적대적 관계로 복귀하였다.

남북한의 통일이라는 북한의 오래된 목표는 "하나의 민족, 하나의 나라, 두 개의 체제, 그리고 두 개의 정부"라는 실로 낯선 정치적 형태이지만, 북한 정부의 생존을 보장해 줄 수 있는 내용으로 구성된 연방(confederation)의 형성에 대한 요구로 변화되었다.[45] 김일성의 1991년 신년 연설에서 제시된 바에 따르면, 국가를 진정으로 통일하는 것에 대한 도전은 "우리의 후손들"의 노력에 달릴 것이다. 남북한 간의 최초의 정상회담은 1994년 여름에 개최되는 것으로 계획되었으나, 남한의 김영삼 대통령과의 역사적인 만남을 불과 2주 앞두고 김일성은 심장마비로 사망하였다. 김영삼은 그의 죽음에 대해 애도를 전하는 것을 거부하였고, 이에 모욕감과 분노감을 느낀 북한인들은 김영삼 대통령의 남은 임기 동안 그와 상대하는 것을 거부하였다.

남한에 대한 북한의 공식적인 정책은 김일성의 사망 이후 일관되게 유지되어 왔다. 1997년 통일과 외교정책에 대한 자신의 최초 주요 문서에서 김정일은 자주, 평화적 통일, 그리고 민족대단결의 3대 원칙, 전민족대단결 10대 강령, 그리고 고려민주연방공화국의 건설에 대한 제안

---

45 연합제안은 1960년에 김일성에 의해 처음 제시되었다. 고려연방제에 대한 공식적인 제안은 1980년 10월 제 6차 당대회에서 제시되었다.

을 담은 자신의 아버지 김일성의 조국 재통일 3대 헌장을 계속해서 포용해 나갈 것을 맹세하였다.⁴⁶ 3대 원칙은 비록 남한과 북한이 이를 서로 다르게 해석하고 있지만, 1972년에 남북공동성명에서 합의된 것이다. 자주(주체)의 원칙에 대해 북한은 미군이 남한에서 철수하고 미국-남한 동맹이 폐지되는 것을 의미하는 것으로 해석한다. 북한인들은 이 조치를 한반도 통일을 위한 시금석의 원칙으로 여기고 있다. 평화통일의 원칙은 남한이 무력증강을 멈추고 미국과의 공동 군사훈련을 끝내는 것을 의미한다. 민족적 단결의 원칙은 남한 정부의 국가보안법이 철폐되고 국가정보원이 해산되어 남한의 정부 관료들뿐만 아니라 남한의 모든 사람들과 정당들이 북한 정부와 북한의 비밀활동조직들과 남북한의 통일에 대해 토론할 수 있게 되는 것을 의미한다.

김일성의 전민족대단결 10대 강령은 1980년에 처음 제시되었고 1993년에 개정된 것으로서, 남북한 사이의 연방제적 공존을 강조하면서 3대 원칙을 보다 구체적으로 밝히고 있다.⁴⁷ 만약 남한이 북한의 연방제적 공식의 정신을 준수하려 한다면 남한은 국제사회로부터 스스로를 단절시키고 폐쇄된 경기장 안에서 국내정치적 게임을 수행해 나가야만 한다. 이러한 상황은 김일성 하의 공산주의자들이 1940년대 말에 심각

---

46 "Let Us Carry Out the Great Leader Comrade Kim Il-song's Instructions for National Reunification."

47 예컨대 다음 논의를 참조할 것. "Pyongyang Announces '10-Point Program for Unity,' 4 Preconditions for Unification Dialogues Included," *Vantage Point*, vol. 16 (April 1993), pp. 11-13. 또한 다음을 참조. Young Whan Kihl, "Unification Policies and Strategies of North and South Korea," *International Journal of Korean Studies*, vol. 1 (Spring 1997), pp. 231-44. 원칙들에 대해서는 다음에서 제시 및 설명되고 있다. *A Handbook on North Korea, 1st Revision* (Seoul: Naewoe Press, 1998), pp. 123-26.

한 유혈사태 없이 한반도의 북쪽 절반에 대한 통제력을 성공적으로 획득할 수 있게 만들었던 북한의 전체주의적 공산주의의 유형에 아주 잘 들어맞는 것이다.[48]

1995년부터 시작된 북한의 식량 부족 위기는 남북한 사이의 접촉에 하나의 기회를 제공하였다. 파국적이었던 그 해 여름 전에도 남한의 김영삼 대통령은 6월에 재정경제 부총리를 베이징에 보내 북한의 "비정부" 관료들과 식량 원조 문제를 논의하도록 하여 북한에 식량과 다른 물품들을 제공할 것을 제안하였다. 남한 쌀을 처음으로 싣고 북한으로 향하는 남한의 화물선 시어펙스(Sea Apex) 호가 북한의 항구에 도착할 때 북한의 국기를 달아야만 했는데, 이는 남한 정부에게 모욕적인 일이었다. 남한의 강력한 반대가 있은 뒤에 북한의 쌀 협상자의 사과로 쌀의 선적이 재개되었다. 남한의 다른 쌀 수송선의 한 선원이 사진을 찍은 일로 북한인들에 의해 감금되자 북한을 돕고자 하는 남한의 열의는 더욱 식어버렸다.

그해 여름 홍수 이후로 북한의 식량에 대한 호소는 더욱 급박해졌다. 미국은 초기 원조를 상징적인 액수인 25,000달러로 제한하였고, 남한은 50,000달러를 기부하였으며, 일본은 500,000달러의 홍수 구호품을 제공하였다. 1995년 이후 세계식량계획(World Food Program)의 호소에 의해 원조의 규모가 커져 왔다. 1995년 6월부터 1998년 말까지 모든 국제적 차원의 기부는 10억 8천만 달러에 이르렀고, 남한은 3억 1

---

48 연합을 이루는 것과 관련된 많은 문제들이 다음에서 논의되고 있다. Tae Hwan Ok, "A Case Study of Confederations," *Korean Journal of National Unification*, vol. 3 (1994), pp. 275-92.

천 6백만 달러를 기부하였다.[49]

1998년 초에 취임한 남한의 김대중 정부는 북한에 대한 "햇볕정책"을 채택하여 개인과 단체들이 합법적으로 북한에게 도움(그 때까지 이것은 국가보안법의 위반이었다)을 줄 수 있도록 하는 입장을 취하였는데, 일반 국민이 낸 세금은 원조로만 쓰일 수 있었다. 초기 식량 원조에 대한 북한의 적대적인 반응에 당한 이후 일반 국민들은 북한이 자신의 국경을 특히 이산가족들에게 여는 것과 원조를 지속하는 대가로 경제개혁을 할 것을 요구하며 인도주의 지원의 조건으로 호혜성이 이루어질 것을 원했다. 북한의 매체들은 무엇인가에 대한 보상으로서의 개념에 대해 돈에 굶주린 떠돌이 외판원의 발상이라고 폄하하였다.[50]

주체 대외관계

투키디데스는 "강자는 자신이 원하는 것을 행하고 약자는 자신이 해야만 하는 것을 한다."라는 명언을 남겼다. 역사적으로 한국(코리아)은 북쪽과 남쪽으로부터 침략을 당해왔다. 근대 시기에는 국제기구 특히 UN이 대화, 조정, 규제를 통해 국제관계의 거친 양상을 부드럽게 만들어 왔다. 북한은 국가의 주권적 권리들이 국제사회에 의해 존중받아야 한다고 주장해 왔다. 그러나 근대 시기에도 권력정치의 현실은 여전

---

49 *Yonhap* report, June 27, 1999.

50 "Stray Notes: 'Peddler,'" Radio Pyongyang, June 21, 1998, translated by FBIS, *East Asia*, June 26, 1998.

히 존재한다. 몇몇 국가들은 다른 국가들보다 더 평등하다. 조지 부시(George Bush) 대통령이 미국이 단 하나의 슈퍼파워인 "새로운 세계질서"를 천명했을 때 북한은 매우 격분하였다. 주체 원칙은 국제사회의 모든 구성원들이 동등한 권리와 특권을 갖는 원칙과 일치하는 국제질서의 민주화를 요구하고 있다. 1994년 신년연설에서 김일성은 "우리 공화국 정부는 지배와 복종이라는 낡은 국제정치경제적 질서를 철폐하고, 평등, 주체, 공정에 기반한 새로운 질서를 수립하고, 집단적 자립의 원칙에 기반한 남-남(제3세계) 협력을 발전시킬 것"을 천명하였다.[51]

다른 많은 제3세계 국가들과 마찬가지로 북한은 UN의 변화, 특히 안전보장이사회가 보다 많은 아시아 국가들(비록 북한은 일본이 상임이사국이 되는 것을 격렬히 반대하지만)을 포함할 것, 상임이사국들의 거부권을 철폐할 것, 그리고 총회에 보다 많은 권력을 이전할 것을 요구하였다.[52] 국제사회와의 관계에 있어서 북한의 가장 고집스런 요구는 국내 문제에 대한 불간섭과 모든 군대와 군사기지의 외국으로부터의 철수, 특히 미군이 남한과 일본으로부터 철수하는 것이었다. 그러나 김정일 정권은 민주적인 국제질서에 대한 바램에 있어서 순진하지는 않다. 강성대국(군사적, 경제적으로 강력한 국가) 운동은 민주적 원칙에 의존하는 것이 아니라 자신의 힘이라는 가치에 의해 세계질서 속에서 북한의 위치를 확립하는 것을 추구한다. 다음의 『로동신문』 구절에서 보여지듯 1998년과 1999년 김정일의 강성대국운동과 "선군(military-first)"

---

51 "New Year Address of President Kim Il Sung."

52 "Establishment of Fair International Relations Is Demand of Present Era," *Minju Choson* article cited by KCNA, November 16, 1996.

운동을 지지하면서 북한의 매체는 자주 국제적 투기장에서 군사력이 중요함을 강조해 왔다.

>미국의 군사독트린은 자신의 기호를 거스르는 그 어떤 약한 국가에 대해서도 군사적 공격을 감행하고, 이에 대해 단호한 입장을 취하는 것이다. 유고슬라비아에 대한 NATO의 군사작전은 미국의 군사독트린에 의해 유발되었다. 국력이 약한 나라는 제국주의자들에 의해 정복된다… 존엄, 주권, 그리고 국가의 평화는 자기 자신의 군사적 힘에 의해 보장받는다.[53]

인권에 대한 자기 자신의 매우 미심쩍은 기록들을 비호하면서 북한은 서구가 예외적인 인권 가치를 다른 나라들에 적용하는 것에 대해 세 가지 측면에서 비판하고 있다. 첫째, 전통적인 맑스주의적 관점에서 "서구의 '인권' 기준과 방식은 보편적인 중요성을 지닌 인권의 '공통적인 기준'이 될 수 없는데, 이는 서구 국가들에 의해 옹호되는 '인권'이 '민주주의'의 베일로 반동적인 부르주아 정치를 덮고 있는 위장술이며, 몇몇 소수의 특권 계급들만을 위해 봉사하고 있기 때문이다."[54] 다른 아시아 국가들에 의해 주창되는 두 번째 비판은 서구의 개인주의가 강한 사회통제에 의해 제공되는 "혼돈으로부터의 자유"를 위협한다는 것이

---

53 조선중앙통신사가 보도한 같은 날(1999년 5월 25일) 로동신문 기사.

54 "Western 'Standard of Human Rights' Cannot Work," KCNA headline of August 5, 1993, citing a *Nodong Sinmun* article of the same date, transcribed by FBIS, *East Asia*, 93-150 (August 6, 1993), pp. 15-16, quotation on p. 16

다. 세 번째 비판은 국가주권의 존엄성에 기반하고 있다. "다른 나라들에서의 인권에 대해 자의적으로 다루고 자신의 의지를 다른 이들에게 강요하는 것은 주권에 대한 침해이고, 다른 나라의 내부 문제에 대한 간섭이다."

주체사상에 따르면 "인권문제 해결에 있어서 최우선 순위는 각 지역과 국가의 역사적, 문화적 특성과 이들의 발전 정도와 부합하게 설정되어야 한다."[55] 1997년 유엔 산하 인권위원회 제49차 회의는 북한으로 하여금 국제적인 인권 기준을 준수하고, 이 기준의 집행에 대한 보고서를 제출할 것을 요구하는 결의안을 통과시켰다. 이에 대한 북한의 반응은 인권협약으로부터 탈퇴하겠다는 발표였는데, 이는 1993년 IAEA의 핵사찰 요구에 대한 북한의 반응을 연상시키는 것이다.

> [이 결의안은] 북한의 존엄과 독립의 권리에 대한 참을 수 없는 위반이다… 이러한 점에서 북한 정부는 "국제협약"으로부터 탈퇴할 것을 결정하였다… 우리는 우리 인민들에게 "국제규범"에서 요구하는 것보다 더 높은 수준의 진정한 자유와 권리를 제공하여 왔다.[56]

핵확산금지조약에서 어떤 나라도 탈퇴한 적이 없었던 것처럼 지금껏 어떤 국가도 인권협약으로부터 탈퇴한 적이 없었기에 국제사회는 아

---

55 "A Human Rights Problem Must Not Be Used for Political Purpose: Leader of DPRK Delegation," KCNA, June 24, 1993, transcribed by FBIS, *East Asia*, 93-120, June 24, 1993, pp. 12-13.

56 "DPRK's Withdrawal from 'International Convention' Is a Legitimate Step," KCNA, August 28, 1997.

연실색하였다. (북한이 선호하는 전술 중의 하나가 외교적 협약을 어기는 것이다.) 2년 뒤에 북한은 자신들이 "1997년에 준비했었던 시민적, 정치적 권리에 대한 국제규약(International Covenant on Civil and Political Rights)에 대한 2차 정기보고서를 제출할 준비가 되어 있다"고 발표하여 이 협약에 "복귀(return)"하고자 하는 신호를 보냈다.[57]

지난 시기 동안 북한의 대외정책은 국제환경의 변화된 조건에 대해 어느 정도까지 실용주의적이었으며 어느 정도까지 이념에 의해 좌우되어 왔는가? 북한에 대해 오랜 동안 관찰해 온 고병철은 이 질문에 대해 (1986년에) 다음과 같이 답하였다. "모든 것을 감안할 때… 이념은 북한의 행태를 설명하는데 많은 도움을 주는 것으로 보인다. 만약 과거가 어떤 지침이 된다면 심지어 실용주의적으로 유발된 평양의 외교정책 상의 변화도 이념의 기반 위로 내려앉아 왔다. 지속적인 변화도 따라서 이념의 완화와 "탈급진주의(deradicalization)"를 필요로 할지도 모른다.[58] 북한의 정책들은 반드시 어떻게든 주체사상과 조화되어야 한다. 북한에 대한 또 다른 노련한 학자인 이상우는 "북한이 정책의 변화를 요구하는 심각한 상황에 직면할 때 북한은 먼저 자신의 공식 이념을 재설정하여 정책의 변화가 이념적 진실성을 위태롭게 하지 않도록 한다."라고 지적하고 있다.[59] 주체사상의 광범위함과 이를 해석할 수 있

---

57 Reported in *Korea Times* (Internet version), August 5, 1999.

58 B. C. Koh, "Ideological and North Korean Foreign Policy," in Robert A. Scalapino and Hongkoo Lee, *North Korea in a Regional and Global Context* (Berkeley, Calif.: Institute for East Asian Studies, 1986), pp. 20-36, quotation on p. 36.

59 Sang-Woo Rhee, "Chuch'e Ideology as North Korea's Foreign Policy Guide," in Scalapino and Lee, *North Korea*, pp. 37-54, especially p. 37.

는 사람이 오직 지도자밖에 없다는 점에서 이념은 다양한 상황에 맞게 늘려질 수 있다. 이상우는 "주체의 도식은… 진정 북한에게 일종의 글래드스톤 여행가방이어서 공식적인 이념의 진실성을 더럽히지 않으면서 북한이 추구하는 모든 것들에 맞추기에 충분할 정도로 유연하다."라고 말하고 있다.[60]

외부세계에 대해 북한이 얼마나 반응성이 있는지, 북한의 관점이 얼마나 왜곡되어 있는지는 북한의 변화와 보수성의 문제에 있어 중심을 차지하고 있다. 여기서 주장하고자 하는 바는 김일성과 김정일 정권이 자신의 국내와 대외정책에 있어서 현실로부터 동떨어져 있다는 점이다. 이 주제는 아드리안 부조(Adrian Buzo)의 북한 외교정책에 대한 관점에 있어서도 중심에 있다. 그에 따르면 "많은 경우 북한은 국제 테러리즘, 뇌물, 소소한 형태의 강압, 밀매, 그리고 무기, 마약, 외환거래에 있어서의 외교적 특권의 남용 등을 지지하며 대외관계에 있어서 원색적이고 약탈적인 모습을 보였다… 어떠한 국가를 고립되게 만들고 널리 매도되게 만드는 외교정책은 상상해서도 안 되고 실행되어서도 안 된다."[61] 왜 북한이 이러한 자멸적으로 여겨지는 외교정책을 추구하는가에 대한 부조의 답 중에서 "주요 부분"은 이 정책이 "김일성이 현실로부터 동떨어진 그 정도"를 반영하고 있다는 것이다.[62]

1990년대 초반에 미국이 북한과 진지한 대화를 시작한 이래 북한의 협상 전술은 상당한 관심을 받아왔다. 북한의 비확산조약에 대한 도전

---

60 Rhee, "Chuch'e Ideology," p. 45.

61 Adrian Buzo, *The Guerilla Dynasty* (Westview Press, 1999), p. 244.

62 Ibid., p. 245.

과 관련한 배경과 협상에 대한 마이클 마자(Michael J. Mazarr)의 연구는 이러한 고위험 안건에 대한 협상에 있어서 나타나는 복잡성을 보여주고 있다.[63] 레온 시걸(Leon Sigal)은 미국-북한 비확산 협상에 있어서 미국은 북한에 대해 "현저히 교조적(remarkably doctrinaire)"이었던 반면, 북한은 워싱턴의 채찍과 당근에 대해 실용적으로 대응했다는 관점을 제시하고 있다.[64] 북한의 협상 전략에 있어서 궁극적으로 김정일이라는 한 사람에 의해 지시되는 "책임성주의(take-chargism)" 성격의 장점은 척 다운스(Chuck Downs)와 제임스 리(James M. Lee)의 북한 협상 전략연구에서 잘 제시되고 있다.[65] 스콧 슈나이더(Scott Snyder)는 북한에게 괴짜적인 외교의 수단이 존재할 뿐만 아니라, 북한이 점점 덜 도발적인 협상 방식을 채택하고 있음을 주장하고 있다.[66] 북한의 협상에 대한 몇몇 좋은 연구들은 또한 한국어로도 나와 있다.[67] 북한의 협상 태도가 얼마나 실용적이고 북한이 얼마만큼 믿을 수 있는 상대인지에 대한 견해는 매우 다양함에도 불구하고, 북한과의 실제 협상 경험에 대해 치열하고, 오래 끌고, 유쾌하지 않다는 관점에 있어서는 별다

---

63 Michael J. Mazarr, *North Korea and the Bomb: A Case Study in Nonproliferation* (St. Martin's Press, 1995).

64 Leon V. Sigal, *Disarming Strangers: Nuclear Diplomacy with North Korea* (Princeton University Press, 1998), quotation on p. 252.

65 Chuck Downs, *Over the Line: North Korea's Negotiating Strategy* (Washington: American Enterprise Institute Press, 1999).

66 Scott Snyder, *Negotiating on the Edge: North Korean Negotiating Behavior* (Washington: U.S. Institute of Peace, 1999).

67 북한의 협상에 대해서는 다음을 참조. 곽태환 외, 『북한의 협상전략과 남북한 관계』 (서울: 경남대학교 극동문제연구소, 1997); 김도태, 차재훈, 『북한의 협상전술 특성 연구: 남북대화 사례를 중심으로』 (서울: 민족통일연구원, 1995).

른 이건이 없어 보인다.

"하층(Low)" 대외관계

자유민주주의 국가들은 이민, 여행정책과 무역 및 투자에 대한 규제 외의 다른 민간 대 민간의 접촉에 대해 지도하는 어떠한 정책을 거의 가지고 있지 않다. 그러나 전체주의 정권들은 사회에 대한 전면적인 통제를 유지하기 위해 국제적인 접촉에 대하여 엄격한 통제를 제도화해야만 한다. 북한은 자신의 인민들에 대해 사실상의 고립정책을 강요함으로써 오늘날 다른 어떤 국가들보다 국민의 대외접촉에 대한 통제에 있어서 훨씬 더 정도가 심하다고 할 수 있다. 이 정책의 국가 안보적 목적은 북한의 모든 삶의 양상들에 대한 정보가 이를 사회주의의 전복을 위한 목적으로 활용하고자 하는 외부인들에게 감추어지도록 하는 것이다. 이러한 고립주의 정책이 지닌 정권 안보적 목적은 북한 사람들이 주체 하의 자신들의 삶을 자본주의 하의 삶과 비교할 수 있게 만들거나 김씨 가족에 대한 숭배가 기반하고 있는 거짓말이 드러나도록 만드는 정보를 얻는 것을 예방하는 것이다. 김씨 정권은 흐루시초프가 스탈린의 거짓말과 행동들을 드러냈던 것과 비슷한 시험을 견뎌 낼지도 모르지만, 김정일은 이러한 시험을 시도할 의도가 없다.

북한의 민간 대 민간 교류는 정부 대 정부의 관계가 험난했던 것만큼 선택적이고 통제된 형태로 이루어져 왔다. 한국인(남북한 포함)들은 전통적으로 이웃 민족들과 거리를 유지해 온 상대적으로 동질적인 사람들이다. 이 점에서 이들은 다른 아시아 문화들과 더 포괄적인 상호작용을 해 왔던 중국인들보다는 자신만의 독특한 문화적 정체성을 유지해 온 일본인과 더 유사하다. 한국인들은 원래 중앙아시아의 알타이산맥 지역에서 기원하였고 따라서 비록 일본인들과 어느 정도 관련이 있지만 (그 정도에 대해서는 격렬한 논쟁이 있다) 중국의 한족과는 구별되는 사람들이다.

대체로 한국인들이 외국인들과 가져온 역사적 접촉은 국가로서의 한국이 이웃 국가들에 비해 취약했음을 감안할 때 유쾌한 일이 아니었다. 북한은 한국전쟁 이후 자신의 국경을 봉쇄하였다. 비무장지대는 동독과 서독을 나누던 철의 장막(iron curtain)보다 더 침투 불가능한 대나무 장막(bamboo curtain)이 되었는데, 이 두 장막 모두 사람들을 국가 내부에 있도록 만들고 이들이 외부 세계에 대해 무지하도록 만들었다. 그러나 고립은 완전하지 않았다. 몇몇 일반 북한인들은 중국의 동북 지역과 소련의 동쪽 지방의 사람들과 제한된 접촉을 가졌으며 일본의 북한인 공동체와도 접촉을 하였다.

중국

대략 2백만 명의 한민족들이 중국에 살고 있는데 대부분 북한과 국경을 접하는 세 개의 지역에 몰려 있다. (1982년 수치로) 1백 1십만 명이 지린성에 살고 있는데, (1987년 수치로) 800,000명이 거주하는 옌볜 조선족 자치구를 포함하고 있다. (1985년 수치로) 440,000명이 헤이룽장성에 살고 있으며, (1986년 수치로) 200,000명이 랴오닝성에 살고 있다.⁶⁸ 몇몇 한민족들은 중국에서 수 세기에 걸쳐 살아왔다. 발해라 불리는 한민족의 왕국은 비록 대부분의 사람들이 나중에 흩어지게 되지만 700년대 초부터 926년까지 오늘날 동북부 중국에 해당되는 지역에 존재하였다. 아마도 근대 시기에는 한반도의 남쪽 지방에서 보다는 북쪽 지방에서 더 많은 사람들이 중국으로 갔을 것으로 추정할 수 있다. 남쪽 지방에서 이주한 한인들은 동쪽 해안을 따라 올라가 러시아 국경 부근의 헤이룽장에 정착하는 경향이 있었고, 반면 북쪽에서 이주한 사람들은 바로 북쪽인 지린이나 동북쪽인 랴오닝에 정착하였다. 중국으로 간 최초의 대규모 이민의 물결은 1860년대 가뭄을 피해 떠난 사람들이었고, 그 후 같은 세기에 기차선로의 건설과 함께 이민의 속도는 증가하였다. 두 번째 이민의 물결은 1910년 일본에 의한 조선의 합병으로 인해 떠난 사람들이었고, 식민지 시기 동안 일본이 조선에 대한 지배를 강화함에 따라 많은 정치적 망명자들과 자유 투사들이 중국으로 떠났다. 한국인들은 경제적인 이유에 의해서도 이민을 떠났다. 예를 들면, 일본이 새로 건설한 만주국에 정착하고 농업에 종사하도록 만들기 위해 중국 북부의 만주에 보내졌다.⁶⁹

오늘날 중국에 거주하는 2백만 명의 한국인들 중의 대부분은 공산주의 정부라기보다는 개인숭배 정권으로 인식하는 김씨 정권에 대해 지지하지 않는다. 이들은 비록 (대부분의 중국인이 그러하듯) 실용주

---

68 Bernard Vincent Olivier, *The Implementation of China's Nationality Policy in the Northeastern Provinces* (San Francisco: Mellen Research University Press, 1993), especially pp. 266-69, 276.

69 Carter J. Eckert, *Offspring of Empire: The Koch'ang Kims and the Colonial Origins of Korean Capitalism 1876-1945* (University of Washington Press, 1991), pp. 162-64.

의자로서 남한의 경제정책들에 호의를 가지고 있지만, 미국에 지나치게 의존하고 있다고 여기는 남한에 대해서도 동정적이지 않다. 북한과 중국 사이의 국경은 1990년대에 들어 더욱 강하게 통제되고 있지만, 여전히 빈틈이 많다. 국경을 넘어 이루어지는 무역의 규모는 추정이 어렵다. 1995년 행상인을 통한 국경무역은 3억 달러 정도로 추정되었는데 북한의 전체 무역량인 5억 5천만 달러의 절반을 넘는 규모이다.[70] 보다 최근의 수치는 구할 수는 없지만, 북한이 점점 더 교역할 물품을 생산해 내기가 어려워짐에 따라 그 규모는 감소해 왔을 것으로 추정된다.

러시아

구소련에 살고 있는 한민족들은 1995년에 약 460,000명으로 추정되는데, 가장 많은 인구가 우즈베키스탄, 카자흐스탄, 그리고 사할린섬을 포함한 러시아에 살고 있다.[71] (동북쪽 멀리에 있는 아주 짧은 국경을 제외하고는) 이들 공화국들이 한반도로부터 상대적으로 멀리 떨어져 있기에, 러시아의 한인들은 북한과 제한된 접촉만을 유지하고 있다. 15,000에서 25,000명으로 추정되는 북한인들이 정부 간 협약에 의해

---

70 Report by Song Ui-tal in *Choson Ilbo*, August 19, 1996, p. 9.
71 권희영, 『세계의 한민족: 독립국가연합』 (서울: 통일원, 1996).

16개의 시베리아 벌목장의 어려운 환경 속에서 일하고 있다.[72] 2,000명 가량이 지난 수년 동안 이들 벌목장에서 탈출한 것으로 추정되지만, 러시아에서 망명객으로서의 이들의 지위는 불명확하다. 북한인들은 러시아 동쪽 지역에서도 건설 사업장에서 일하고 있는데, 이들의 숫자는 축소되어 있다. 북한과 러시아 사이의 관계가 좋았을 때는 수백 명의 북한인들이 소련의 대학과 군사훈련 프로그램에 등록되어 있었다.

일본

1994년에 일본 정부는 680,000명의 한인들이 일본에 거주하는 것으로 추정하였는데 이들 중 대부분은 체류외국인(resident aliens)이다.[73] 대략 369,000명이 친남한 성향이고, 247,000명이 친북한 성향인 것으로 알려졌다. 일본 내 한인들은 대부분 자신들의 사회적 공동체 내에서 살아간다.

한국인들은 제1차 세계대전 이후 처음에는 수천 명이, 그 다음에는

---

72 다음의 기사 참조. Pak Song-yong, *Korea Times*, April 3, 1994, p. 2; transcribed by FBIS, *East Asia* (April 5, 1994), and entitled "Number of 'Escapes' on Increase," p. 44. 노동조건이 힘든만큼 러시아의 벌목일은 그 보수 때문에 20-30명의 지원자 중 단지 1명만이 받아들여질 정도로 많이들 하려고 한다. 지원에 성공하기 위해서는 정치적으로 믿을만 하고 평균 이상의 교육수준을 지니고 있어야 한다. 1990년대 중반 러시아의 벌목장에서 탈북한 전직 북한 벌목꾼과의 인터뷰.

73 U Chong-chang, "Making a Living Is More Important Than Ideology—Members of General Association of Korean Residents in Japan, Chongnyon, Are Wavering," *Chugan Choson*, May 12, 1994, pp. 18-21; translated by FBIS, *East Asia*, 94-093 (May 13, 1994), and entitled "Article on 'Wavering' of Choch'ongnyon Members," pp. 38-42.

수만 명이 광산과 건설 부문에서 일자리를 찾아 일본으로 건너갔다.[74] 1939년에 거의 1백만 명의 한국인들이 일본에 거주하고 있었는데, 이 해에 일본 정부는 전쟁 노력의 증대를 위해 남성과 여성을 식민지 조선에서 수급하는 것을 제도화하였다. 전쟁 기간 동안 추가로 800,000명의 노동자들이 이렇게 징발되었는데 이들은 조선으로 돌아가기 전에 일본에서 2년을 보냈고, 이들의 노동환경은 가혹하였으며, 돌아가기 전에 많은 사람들이 사망하였다. 일본인들은 또한 해외에서 전투 중인 일본군대로 한국인 남성들을 징집하였으며, 해외 일본 군부대에게 성적 서비스를 제공하기 위해 한국인 여성들을 "위안부"로 끌고 갔다.[75]

전쟁이 끝난 후 첫 해에 약 640,000명의 한국인들이 자신의 고국으로 돌아갔지만, 이러한 대량 이주는 종전 후의 한국에서의 삶의 조건이 심지어 일본에 비해서도 어렵다는 소식이 확산되면서 급격히 줄어들었다. 일본에서 체류외국인으로 남게 된 한국인들은 조련으로 줄여 부르는 재일조선인연맹 하에 사회적, 정치적 결사체를 설립하였는데, 조련은 곧 일본공산단과 연계되었고 이후 1949년에 일본정부에 의해 해산되었다. 조련의 좌편향적 정치성에 반대하던 한국인들은 재일한국인 고려민단 또는 민단으로 불리는 조직을 만들었는데, 이는 초기 정치적 조직이 아닌 사회적 조직으로 기능하였으나 점차 친남한 성향의 조직으로 발전되어 갔다.

---

74 일본 내 한국인들의 배경에 대해서는 다음을 참조할 것. Changsoo Lee and George De Vos, *Koreans in Japan: Ethnic Conflict and Accommodation* (University of California Press, 1981). 이민자 통계는 p. 37.

75 위안부 여성에 대한 구체적이고 객관적인 설명은 다음을 참조. George Hicks, *The Comfort Women: Sex Slaves of the Japanese Imperial Forces* (Singapore: Heinemann Asia, 1995).

1950년대 초에 북한 정부는 남한 정부보다 더 많은 정치적, 재정적 지원을 일본 내 한국인들에게 제공하였다. 친북한 성향의 한인 거주민 결사체가 1953년에 설립되었는데, 재일본 조선인 총연합회 또는 조총련이 그것으로 일본어로는 朝鮮総連(Chosen Soren) 또는 朝総連(Chosoren)으로 알려져 있다. 이 조직은 비록 애초 한반도의 북쪽으로부터 일본으로 건너온 사람들이 소수였음에도 불구하고, 점차 민단에 비해 정치적, 경제적, 그리고 사회적으로 더 활동적으로 되어 갔다. 1957년에 북한 정부는 조총련에게 교육지원을 위해 돈을 보내기 시작하였으며 매년 김일성의 생일 때마다 기부를 하였다.

조총련은 북한에 대해 한국인들의 본국송환을 도와줄 것을 적극적으로 호소해 왔다. 북한 정부는 처음에는 이 요청에 대해 미온적이었으나, 북한의 경제가 점차 성장함에 따라 평양은 자신의 정책을 바꾸어 도쿄에 대해 송환에 대한 합의에 서명할 것을 요구하였다. 이 합의는 1959년에 조인되었고, 일본 적십자의 중재자 역할을 통해 최종적으로 93,000명의 한국인들이 북한으로 이주하였다.[76] 1967년에 일본-북한 송환협정이 만료되면서 북한으로의 대량 이주는 줄어들었고 1984년에 사실상 중단되었다. 송환된 북한인들과 그들의 일본인 아내들 중에 일본으로 다시 돌아가는 것이 허락된 사람은 아무도 없었다.

1975년 북한은 조총련에게 돈을 요청하기 시작하였고, 이러한 요청은 북한 경제가 위축됨에 따라 1980년대와 1990년대에는 더욱 급박해져 갔다. 돈은 몇몇 출처에서 흘러 나왔다. 조총련은 일본 내에서 많은

---

76 Lee and De Vos, *Koreans in Japan*, pp. 106-97.

사업을 운영하고 있고 자체의 은행과 신용협동조합을 가지고 있다.[77] 1992년에 (38개의 금융기관과 176개의 다른 사업체들을 포함하여) 이러한 사업의 모든 가치는 10조엔(약 800억 달러)으로 추정되었다. 많은 수익을 내는 파칭코(핀볼) 사업의 30퍼센트가 조총련 한국인들의 소유로 추정된다.[78] 북한으로 보내지는 돈의 양은 추정하기가 극히 어렵다. 1990년대 초에 매년 6억 달러(또는 그 이상)였던 것으로 추정되는데 1990년대 말에 이르러 그 액수는 1억 달러 이하로 감소했던 것으로 여겨진다.[79] 조총련과 그 사업체들이 보내는 돈 외에도 친척을 만나기 위해 북한을 방문하는 일본 내 북한인들은 "입국비(admission price)"로 현금과 선물을 가지고 간다. 조총련 회원은 북한의 정치적, 경제적 상황이 악화되고 조총련의 나이 많은 회원들이 사망함에 따라 점점 감소하여 왔다. 1994년 김일성의 사망 이후 회원 수가 감소한 것으로 알려져 있으며, 조총련 회원들이 민단으로 떠나고 일본인 부인과 결혼하거나 일본 시민권을 획득함에 따라 1998년에 조총련 회원으로 활동하는 사람의 수는 56,000명으로 추정되었다.[80]

1998년 5월에 열린 조총련의 18차 회의에서 김정일에 대한 의무적

---

[77] "Forced Support of North Korea Hastening Chongnyon's Organizational Collapse," *Naewoe Tongsin*, no. 980 (November 23, 1995), pp. B1-B4; translated by FBIS, *East Asia*, 96-017 (January 25, 1996) and entitled "Increased Conflicts within Choch'ongnyon Reported," pp. 35-37.

[78] Mary Jordan and Kevin Sullivan, "Pinball Wizards Fuel North Korea," *Washington Post*, June 7, 1996, p. A25.

[79] Ibid.

[80] Che Myong-sok, "Will Choch'ongnyon, 'the Chuch'e Tower' of Japan Collapse?" *Sisa Journal*, June 20, 1998, pp. 50-51.

인 축하편지는 다음과 같이 북한의 표준적인 노선을 따르고 있었다. "1995년 9월의 17차 회의 이후로 우리가 이룬 모든 업적들은 비록 심각한 시련이 있었을 지라도 전적으로 당신의 현명한 지도력과 자애로운 배려 덕분이었습니다. 친애하는 장군님은 진정 승리와 영광이자 조총련과 일본 내 모든 조선인의 빛나는 미래의 상징이십니다."[81]

회의는 줄어드는 회원 수의 문제에 어떻게 대처할 것인가를 논의하기 시작하였다. 더 나은 의장을 찾기 위해 18차 회의가 조총련을 43년 동안 이끌었던 91세의 의장을 다시 선출했다는 점은 흥미로운 일이다. 조직의 본부 인력들은 감축되었고, 소식지는 이전에 일주일에 두 번 발간하던 것을 한 달에 두 번 발간하는 것으로 축소하였다. 조총련은 일본 내에서 어느 정도의 정치적 영향력을 발휘하지만, 이전 조직의 특성을 여전히 지니고 있다. 북한에 대한 조총련의 사업 투자는 소규모였고 대부분 수익을 내지 못해 왔다. 그러나 정치적으로 그리고 경제적으로 조총련은 북한과 외부 세계를 연결해 주는 중요한 민족적 연결고리로 남아 있다.

조총련의 회원 수 감소를 막기 위해 김정일은 1999년 4월 조총련에게 북한의 대변인으로서의 역할을 줄이고 일본과 북한의 매개자로서의 역할을 늘리라고 주문한 것으로 알려졌다.[82] 이 목적을 위해 김정일은 자신과 김일성의 사진이 조총련 학교의 모든 교실에 걸릴 필요가

---

81 "Pyongyang Is Desperate to Save the Collapsing Chongryon," *Vantage Point*, vol. 21 (June 1998), p. 1.

82 Toshimitsu Shigemura, report in *Mainichi Shimbun*, August 6, 1999, Morning Edition, p. 5.

없으며, 학생들이 독특한 한국 옷을 입고 학교에 갈 필요가 없고, 조총련이 북한의 일본 정부에 대한 비판을 따라할 필요가 없음을 제안한 것으로 알려졌다. 그러나 인구학적, 경제적, 그리고 정치적 경향성을 감안하면, 일본 내 강력한 북한 지지 기반으로서의 조총련의 미래는 암울해 보인다.

미국

대략 1백만 명의 한국계 미국인이 미국에 살고 있다.[83] 한국인 이민자들의 첫 번째 대량 유입은 한국전쟁 초에 이루어졌지만, 이들의 숫자는 1956년부터 1960년까지 6,000명에 불과하였다. 이민은 1986년에서 1990년 사이에 급격히 증가하여 (1990년 인구조사까지) 전체 173,000명에 이르렀다. 많은 한국인들이, 특히 이민 1세대의 경우, 자신들의 공동체에서 살고 일하는데, 교회와 같은 다양한 조직들이 공동체 의식을 제공한다. 미국에는 남한이나 북한에 소속되어 있는 거대한 한국인 조직이 존재하지 않고, 얼마나 많은 한국계 미국인들이 북한 정부에 대한 충성 또는 지지를 표명하고 있는지에 대한 통계가 없다. 그러나 북한 사람들의 경제적 곤경에 대한 깊은 우려가 많은 한국인들 사이에 존재하며, 특히 교회를 비롯한 많은 단체들이 1990년대 중반 이후 북한에 자선적인 기부를 보내 왔다. 매년 얼마나 많은 한국계 미국인들이 북한을 여행하는지는 추정이 어렵지만, 몇백 명을 넘지 않을 것이며 대

---

83 Eui-Young Yu, "The Korean American Community," in Donald N. Clark, ed., *Korea Briefing, 1993* (Westview Press, 1993), pp. 139-62.

부분 인도주의적 목적으로 방문한다. 매년 미국을 방문하는 북한 관료들의 숫자는 이보다 더 적어서 미국과 북한 사이에 이루어지는 민간 대 민간의 접촉의 양은 무시할 만한 수준이다.

외국인 방문자들, 여행자들, 그리고 관광객들

북한 정부는 매우 오랜 동안 자국의 인민들을 외국인과의 접촉으로부터 격리시켜 왔고, 그럼으로써 북한 인민들이 바깥세상에 대해 알고 외국인들이 북한의 상황에 대해 아는 것을 막아 왔다. 간헐적으로 북한을 방문하는 사절단들이 보안 요원들이 감시하는 평양의 호텔들 중 하나에 투숙하며 평양이나 그 근처의 시골을 간단히 차로 둘러보는 것을 제외하면, 북한에 접근할 수 있는 유일한 관광객들은 자신들의 가족들을 만나러 북한을 방문하는 조총련 회원들뿐이다. 이들이 알게 되는 것들은 자신의 북한 가족들에게 위해가 가해질 것에 대한 두려움 때문에 대개 비밀에 부쳐진다. 1998년 북한 정부는 남한 관광객들이 배를 타고 금강산에 다녀가는 것을 허락하는 것에 대해 남한의 기업체인 현대와 협상에 들어갔는데, 남한 관광객들은 멀리 떨어진 이곳 금강산으로 활동이 제한되었고 북한의 보안 요원들에 의해 철저히 감시되었다. 2000년 4월까지 200,000명 이상의 사람들이 금강산 관광에 참여하였다.[84] 1998년 2월부터 1999년 11월까지 또 다른 8,000명의 남한 사람

---

84 여행자 통계는 다음을 참조. *Korea Herald* (Internet version), March 22, 2000.

들이 북한의 다른 목적지에 다른 목적으로 방문하였다.[85] 외국 원조 조직들의 회원들은 북한의 몇몇 지역들에서의 식량과 건강 상황을 다루기 위해 북한의 호위 하에 북한에 들어올 수 있지만, 북한 정부는 한국말을 할 줄 아는 사람들이 들어오는 것을 좋아하지 않는다.

대부분 평양의 고려호텔에 거주하는 북한 내 소규모의 국외 거주 기업인 공동체는 평양을 마음대로 여행하거나 시골로 들어갈 자유가 없다. 1991년 나진-선봉 해외무역지대가 외국 기업체들을 유치할 목적으로 북한의 북동쪽 먼 구석에 만들어졌다. 이곳은 철조망으로 둘러 싸여져 있으며 면밀한 조사를 통과하고 정치적으로 믿을만한 북한 사람들만이 거주가 허락된다. 한 북한 탈북자에 따르면, 정치무대에서 사라져버린 북한의 유명한 경제개혁가인 김달현은 "나진-선봉 지대를 돼지우리로 간주하자. 주변에 담장을 치고 가라오케를 들여다 놓으면 자본주의자들이 투자할 것이다. 우리는 이들 돼지들로부터 이익만 취하면 된다."고 말했다고 전해진다.[86] KEDO 원자로 건설을 관리하는 외국인들은 남동쪽 해안의 다른 먼 구석에 거주한다. 상대적으로 자유롭게 북한을 드나들 수 있는 유일한 기업인들은 중국에 사는 한인들이다. 이들 무역업자들은 정기적으로 국경을 넘나들어 여행하지만, 이들의 영향력은 대체로 국경지대에 제한되어 있다.

---

85 북한을 방문한 남한 여행객들에 대한 수치는 1999년 초 통일부의 백서를 통해 공개되었다. 이에 대한 조명은 다음을 참조. *Korea Times* (Internet version), February 16, 2000.

86 1990년대 중반 탈북한 북한 기자와의 인터뷰

외교정책의 원칙과 실용주의

중국과 러시아가 북한과의 관계를 단순히 "우호적(neighborly)"인 것으로 재규정한 이래로, 북한은 원조와 국제사회에서의 인정을 위해 자본주의 국가들에게 눈을 돌렸는데, 김씨 정권을 전체주의적 사회주의 국가로 있는 그대로 받아들일 것이라는 비현실적인 희망을 지니고 있었다.

평양의 외교정책은 최소한 두 가지 측면에서 독특하다. 첫째, 두드러진 외교정책의 목표는 경제에 있어서 무슨 일이 발생하더라도 김씨 정권이 권력을 유지하도록 하는 것이다. 정권의 보전은 북한 주민들이 외부의 영향력으로부터 고립되도록 하는 것을 필요로 한다. 둘째, 평양은 남쪽에 있는 보다 크고 보다 성공적인 이웃, 즉 남한으로부터의 독립성을 유지하는 방향으로 자신의 외교정책을 수행하여야 한다. 이는 북한이 남한의 정치적, 경제적 체제로부터 스스로를 차별화시키는 주체 사회주의에 충실하게 남아 있고, 남한 내부의 불만을 자극하고 남한과 다른 나라들, 특히 미국과의 연계를 약화시켜야 함을 의미한다.

평양의 안보환경은 점점 더 적대적으로 되어 왔다. 가장 강력한 지지자인 중국도 북한이 보다 실용적인 (공산주의) 국가로 대체되는 것을 보는 것에 만족해 할 것이다. 북한을 둘러싼 이러한 위협과 적대성을 마주하면서 북한은 어떠한 취약성을 보여줘서는 안 된다. 따라서 북한의 외교정책 협상에 있어서 호전적 성격이 나타난다. 국제사회 속에서 테러리즘, 밀수, 부채 상환과 같은 안건에 있어서 천덕꾸러기(pariah)로서 북한이 누리는 평판은 신기하게도 북한 정부로 하여금 비교적 별다른 제약 없이 협상을 하는 것을 가능하게 하는데, 이는 자신의 평판이 더 나빠질 것에 대해 우려할 필요가 없기 때문이다. 막다른 골목에 몰린 상태에서 김정일 정권은 국제적인 예의를 세심하게 차리는 것을 생략해 버릴 수 있고 자신의 목표를 일방적으로 추구할 수 있다.

북한의 외교정책은 국제적인 인정, 위신, 외국 원조와 같은 외교정책의 목표들을 성공적으로 수행하기 위해서는 민간 대 민간의 문을 열어야 한다는 냉엄한 딜레마로 인해 어려움에 처해 있다. 그러나 이러한 민간인들 사이의 관계는 북한 인민들을 외부의 정보에 노출시킬 것이고, 이를 통해 이들은 자신들의 환경과 정부에 대해 평가를 할 것이기에 이는 반드시 회피되어야 하며, 이는 결과적으로 북한의 외교적 관계를 해롭게 만들고 있다. 이것이 북한의 외교정책이 갇혀 있는 구속적 상황이다.

이러한 딜레마적 연결고리의 좋은 예가 미-북 핵동결협약에 잘 구현되어 있다. 이 협약에서 특히 (KEDO 청구서에서 가장 많은 액수를 지불하고 있는) 남한에게 가장 중요한 조항은 "이 협약이 대화를 증진시키는 분위기를 창출하는데 도움을 줄 것이기에 북한은 남북한 대화에 참여할 것이다"라는 규정이다. 이러한 애매한 표현 뒤에는 남북한의 대화가 KEDO 프로젝트를 성공적으로 완수하는데 있어 핵심적인 요건이라는 미국 협상가들의 의도가 깔려있다. 그러나 북한은 이 조항에 대해 남북한 사이의 대화는 미국-북한 관계의 개선에 달려 있다는 자신들의 해석을 신속하게 내놓았다. 이 협약이 서명되자 북한은 "북한-미국 핵동결협약과 북-남 대화는 완전히 별개의 사안"이며, "미국은 이 협약이 채택된 이후로 애초 논의에서 완전히 배제되어 있던 하수인(즉, 남한)을 끌어들이는 것을 고집스럽게 주장함으로써 이 문제를 혼란스럽

게 하고 있다."라고 주장하였다.[87]

당연하게도 워싱턴의 정치인들은 북한 정권에 대해 지나치게 친화적으로 보이는 것을 경계한다. 북한인들은 반대로 미-북 핵동결협약에 기반한 관계의 개선에 대해 자신들의 가져왔던 기대가 지금까지 실망스러웠음을 불평해 왔다.

정부 대 정부의 관계를 민간 대 민간의 관계와 연계시키는 것에 대한 북한의 거부는 북한의 합의들이 그 결과에 있어서 심각하게 제한된 것들만을 가져온다는 것을 의미한다. 예컨대 남북한 사이의 1991년 화해, 불가침, 교류협력에 관한 합의서는 두 국가 국민들의 자유로운 여행과 의사소통에 대해 언급하고 있다. 북한의 협상가들이 이러한 교류가 실현될 것을 조금이라도 의도했다고 상상하는 것은 어려운 일이다. 이 합의는 평양의 입장에서 유용한 선전 도구로 남아 있는데, 평양은 이를 자신이 남북한 관계의 개선을 추구하고 있으며, 따라서 다른 국가들이 본질적으로 내부적인 사안에 대해 간섭할 필요가 없다고 주장하는 증거로 활용하고 있다.

빈곤, 국제적인 오명, 사회주의에 대한 몰두와 같이 김씨 정권이 작동하는 데 있어서 지니는 심각한 제약들을 감안하면, 북한은 대외정책

---

87 첫번째 인용의 출처는 다음과 같다. KCBN, February 8, 1995, in a commentary by Kim Hosam entitled "Implementing the DPRK-U.S. Agreed Framework and North-South Dialogue Are Separate Matters"; translated by FBIS on February 8, 1995, and entitled "Agreed Framework, N-S Talks 'Separate Matters'"; FBIS, *East Asia*, 95-026; pp. 17-18. 두번째 인용의 출처는 다음과 같다. KCBN, March 29, 1995, in a commentary by Kim Ho-sam entitled "It Is Not an Issue for Intrusion by a Third Party"; translated by FBIS on the same date and entitled "ROK Inclusion in Framework Agreement Denounced"; FBIS, *East Asia*, 95-060, pp. 29-31.

을 꽤 잘 수행해 왔다. 군사적 힘에 의지함으로써 북한 정권은 남한과 다른 지역적 강대국들과 힘의 균형을 유지해 왔다. 북한인들은 자신들의 안건에만 집착하고 호의를 증진시키는데 별로 신경을 쓰지 않는 거친 협상가들이다. 협상에 있어서 이들의 서구 상대방들은 유쾌한 경험을 갖지 못한다. 대외관계에 있어서 북한의 이상은 외부의 위협으로부터 영향받지 않는 군사적 강국의 건설, 외국과의 연루의 회피, 국경의 봉쇄 등을 내용으로 하는 순수한 현실정치(Realpolitik)의 실현이다. 요컨대, 이는 최종적으로 더 강력한 힘에 의해 굴복될 때까지 지속되는 과거 중세 왕국이 추구했을 법한 대외정책의 유형이라 할 수 있다.

김정일이 추구하는 현실주의적 안건이 무엇인지 구분해 내는 것은 쉽지 않은 일이다. 현실정치(Realpolitik)는 국제적 환경과 변화되는 기조에 대한 세밀한 인식이 이루어질 때에만 현실적이다. 단기적으로 김정일은 북한의 대량살상무기의 확산에 대해 우려하는 외국 정부들로부터 제공되는 인도주의적 원조와 보상이 자신과 자신의 군대가 좋은 상태를 유지하는데 충분하고, 대중들은 자기 스스로 부양해 나갈 수 있다고 바라고 있는 것 같다. 만약 정말로 김정일이 어떠한 일관된 장기적 계획을 가지고 있다면, 장기적으로 그는 미국 주도의 경제봉쇄가 종결되면 북한의 노예 노동을 활용하는 대가로 북한 정권에 비용을 지불할 해외 투자자들을 위한 출입문이 열리게 될 것이라 기대하고 있을지도 모른다. (외국 기업들이 자신들의 북한 노동자들에게 직접 급료를 줄 수 없기에) 외국 기업들로부터 북한 정부와 당의 금고로 흘러 들어오는 납입금을 바탕으로 김씨 정권은 강력한 위치에서 남한을 충분히 상대할 만큼 경제력을 강화할 수 있다고 바라고 있을지도 모른다.

CHAPTER EIGHT

북한 상대하기

> 우리는 미국을 숙적으로 간주하기를 원치 않으며, 만약 미국이 우리의 주권과 선택의 자유를 인정하고 우리를 좋은 신뢰로 대한다면 우리는 평등과 상호이익의 원칙에 기반하여 미국과의 관계를 발전시킬 준비가 되어 있다. 우리가 좌시할 수 없는 사실은 미국이 우리 앞에서는 "개선된 관계"를 선언하고 뒤에서는 우리로부터 일방적인 양보를 얻어내기 위해 지속적으로 애쓰면서 어떠한 비용을 지불하면서라도 우리를 고립시키고 질식시키려는 적대적 정책을 추구하는 것이다.

CHAPTER EIGHT

> 우리는 미국을 숙적으로 간주하기를 원치 않으며, 만약 미국이 우리의 주권과 선택의 자유를 인정하고 우리를 좋은 신뢰로 대한다면 우리는 평등과 상호이익의 원칙에 기반하여 미국과의 관계를 발전시킬 준비가 되어 있다. 우리가 좌시할 수 없는 사실은 미국이 우리 앞에서는 "개선된 관계"를 선언하고 뒤에서는 우리로부터 일방적인 양보를 얻어내기 위해 지속적으로 애쓰면서 어떠한 비용을 지불하면서라도 우리를 고립시키고 질식시키려는 적대적 정책을 추구하는 것이다.[1]

워싱턴이 북한과 그곳에 존재하는 비밀스럽고 적대적인 정권에 대해 어떠한 중요성을 부여하는 것은 쉬운 일이 아니다. 북한은 유럽이 아닌 아시아라는 미국에게 덜 친밀한 지구 반대편에 있다. 북한이 미국에게 문제를 일으키는 존재이기는 하지만 북한은 또한 미국이 감시하는 많은 외교정책의 주요 지점들 중의 하나일 뿐이다. 북한은 군사적 도발, 무기 확산 또는 1990년대의 식량 위기와 같은 인도주의적 재난의 맥락 속에서만 국제사회에 자신의 존재감을 드러내고 있다. 그러나 북한이 세계의 관심을 집중시키는 것은 바로 한반도에서의 근본적인 문제들이 발현되는 증상들 때문이다. 대량살상무기의 확산도 군사주의도 심지이 무너진 경제도 사실 핵심적인 문제가 아니다. 근본적인 문제는 김정

---

[1] "U.S. Urged to Show Faith," KCNA headline, July 26, 1999. 이 기사는 북한 외교부 대변인의 성명을 보도하고 있다.

일 정권이 국내 그리고 대외정책에서 추구하는 원칙들이 서구의 지배적 국가들의 원칙들과 양립할 수 없다는 것이다. 이러한 양립불가능성에 위협을 느낀 김정일 정권은 자신의 국민들을 고립시키고 자신의 통제 하에 두기 위해 전체주의적 수단에 의존하고, 다른 한편으로는 억압적인 정권에 대해 점차 적대적으로 되어가는 탈냉전의 환경 속에서 자신이 생존할 공간을 만들어 내기 위해 군사적 강대함과 국가후원 범죄에 바탕을 둔 정책들을 추구하고 있다. 북한의 이러한 정책들은 민주주의 국가들을 위협하고 있으며 이로 인해 양측 간의 적대성은 점점 더 고조되고 있다.

앞의 장들은 오늘날의 북한에 대해 살펴보았다. 북한에 대한 미국의 정책을 논의하기 전에 지금까지 이 책에서 다룬 내용에 대해 그 결론을 검토해 본다.

이념

북한의 국내 그리고 대외 정책을 뒷받침하는 근거가 되는 주체사상은 민족주의의 단순한 이념에서 시작하였다. 사회주의와 결합하고, 유교에 기반하며, 김씨 가족을 미화하는 목적으로 경도된 주체사상은 북한을 20세기 후반의 보편적인 삶과 국제사회의 이념으로부터 동떨어지게 만들어 왔다. 외부인들의 시각에서 완전히 만개한 형태의 주체는 특히 북한의 붕괴된 경제에 비추어 보았을 때 괴상하고 비이성적인 것이다. 그러나 주체는 많은 측면에서 북한인들에게는 그럴듯하게 받아들여진다. 침해될 수 없는 국가주권과 국제적 평등의 원칙은 많은 제3세계 국가들의 국민들에게도 호소력이 있다. 공유와 평등이라는 공산주의적 목표들은 많은 시간과 장소에서 수백만 명의 사람들이 꿈꾸어 왔던 것이다. 프롤레타리아트의 독재(dictatorship of the proletariat)가 아닌 프롤레타리아에 대한 독재(dictatorship over the proletariat)는 북한 지도자들에 의해 목적이 수단을 정당화하는 것으로 합리화될 수 있다.

비록 주체사상이 대중들에게 호소력이 없는 것은 아니고 또한 지배엘리트에게 유용성이 없는 것도 아니지만, 이는 이것을 통해 삶을 도모하는 사람들을 파괴시킬 것이다. 주체사상, 특히 그것의 후기 형태는 거짓으로 가득 차 있는데, 이는 탐구를 할 자유가 있는 사람들에게는 이미 알려진 세상의 상황과 정면으로 상충되는 진술들로 이루어져 있다. 그 핵심에는 역사적 진화의 단계로서의 사회주의가 필연적으로 자본주의를 대체할 것이라는 잘못된 예측이 자리 잡고 있다. 주체사상은 남한의 경제적, 사회적 조건에 대해 거짓을 말하고 있으며, 북한의 경제적, 사회적 성과에 대해 조작을 가하고 있다. 또한 주체사상은 지배자인 김씨 가족의 이력과 업적에 대해 거짓말을 하고 있다.

과연 북한의 엘리트들은 주체사상을 믿고 있는가? 아마도 그들은 사회주의의 달성가능성, 민족주의의 가치, 그리고 고 김일성의 영웅적 자질에 대해 믿고 있을지도 모른다. 그러나 설령 이것을 믿고 있을지라도, 그들은 무엇인가 아주 크게 잘못되어 왔음을 깨닫고 있으며, 아마도 이는 김정일이 주체사상을 제대로 적용하지 못했기 때문이라 생각할 수도 있다. 대중들은 주체사상을 과연 믿을까? 많은 이들이 김정일의 존경받는 아버지 김일성이 바랐던 것처럼 김정일이 북한을 지상의 낙원으로 만들기 위해 최선을 다하고 있고, 그가 자연재해, 부패한 관료, 그리고 북한경제를 옥죄며 침략 준비를 하고 있다고 알려진 외국 자본가들의 교묘한 책략에 맞서 투쟁하고 있다고 믿는 만큼, 아마도 대중들 역시 주체사상을 믿을 것이다.

오류와 거짓은 필연적으로 그에 따른 결과를 야기한다. 원칙과 정책에 있어서의 오류는 성장을 억누른다. 거짓은 증폭되고, 하나의 거짓을 가리기 위해 다른 거짓이 만들어지며, 이것들의 여파는 사회 속으로 침투하여 궁극적으로 반향을 일으킨다.[2] 진실과 거짓을 구분할 수 없다면 누구도 무엇을 해야 할지 어느 방향으로 가야 할지 모르기에 거짓말은 사회의 기본구조를 파괴한다. 김씨 정권은 거짓 위에 세워져 있다. 지도자는 자신의 추종자들에게 거짓말을 하고 추종자들은 자신들의 지도자에게 거짓말을 한다. 만약 진실이 언젠가 드러난다면 김씨 정권은 붕괴될 것이다.

---

2   거짓말이 공적, 사적 삶에서 무해하고 필요하기도 하다는 견해에 대한 매우 이해하기 쉬운 논박으로는 다음을 참조. Sissela Bok, *Lying, Moral Choice in Public and Private Life* (Vintage Books, 1989). George Orwell의 소설 『1984』에서 당의 최신 노선에 맞추어 역사를 끊임없이 수정하는 진실부(the Ministry of Truth)에서 노예처럼 일하는 관료에 대한 묘사는 거짓말의 복잡성에 대한 완전한 허구라고 할 수 없는 한 예라고 할 수 있다.

경제

　북한경제의 상태는 진실과 시간에 따른 변화를 대면하기를 거부하는 것이 야기하는 결과가 무엇인가를 명백하게 보여주고 있다. 북한의 경제적 병폐는 거시 경제적 수치와 국민들의 악화되는 건강에 반영되고 있다. 김정일은 경제실패에 대한 비난을 다른 곳으로 돌리고자 노력해 왔지만, 그가 얼마나 책임을 잘 회피해 왔는가 하는 것과는 상관없이 실패된 경제는 그의 지도력에 대한 정치적 정당성도 그의 주체 이론에 대한 타당성도 제공하지 않는다.

　북한의 경제계획가들은 자신들의 초기 성공으로부터 벗어나 본 적이 없다. 김일성의 스탈린식 중공업 대량동원 전략은 북한경제를 성공적으로 지도하여 북한이 한국전쟁의 폐허로부터 복구될 수 있도록 하였다. 그러나 동일한 원칙들이 북한으로 하여금 1960년대 말과 1970년대 초에 다음 단계의 경제발전을 이루도록 하는 데에는 실패하였다. 경제학에 대한 어떠한 훈련을 받은 적이 없던 김일성은 그 동안 성공적이었던 초기 방식들을 떨쳐버릴 수가 없었다. 그의 마지막 몇 년 동안의 깨우침에 의해 김일성은 변화의 필요성을 자각하게 되었지만 그 때에는 이것을 집행할 기력이 없었다. 그의 "지령" 속에 담긴 농업과 경공업과 해외무역을 발전시키라는 지시는 30년이나 너무 늦게 나왔다. 이러한 경제 전략들을 옹호해 왔던 북한의 경제학자들은 이미 오래전에 숙청되어 사라져 버렸고 오늘날 북한 정부 내의 경제 기술 관료들은 자신들의 과거 선임자들이 솔직했던 나머지 숙청되어 버렸던 그러한 실수를 다시 반복할 것 같지는 않다.

김정일과 그의 경제계획가들이 사회주의와 자본주의 사이에 존재하는 "제 3의 길"을 추구해 왔었는지도 모르지만, 이용 가능한 어떠한 매력적인 경제모델도 존재하지 않는다. 중국에서 1978년에 시작된 덩소평의 경제개혁은 중앙정부와 공산당의 존재감을 약화시키고 있다. 어떤 식으로든 덩샤오핑은 중국 국민들이 "거대한 거짓말"을 알아차리는 것을 막기 위해 바깥세상으로부터 이들을 격리시키는 것에 대해 신경 쓸 필요가 없었다. 러시아의 사례도 호소력에 있어서 마찬가지이다. 정치적 다원주의의 도입과 규제되지 않는 자본주의로의 서투른 전환은 공산당과 러시아 경제에 심각한 피해를 입혀 왔다. 몇몇 동유럽 국가들은 경제적으로 이보다는 더 잘해 왔지만 많은 구 공산당 관료들이 자신들의 지위를 상실하였다. 동독에서는 몇몇 관료들이 냉전 시기의 범죄에 대해 기소되어 유죄판결을 받았다. 루마니아에서는 김일성의 호의적 친구였던 니콜라에 차우세스쿠(Nicolae Ceausescu)가 처형되었다.

1984년 이후 북한이 채택한 잠정적인 개혁들은 이것이 개혁의 외양을 지니고는 있으나 어떠한 진정한 가치를 지니기에는 너무나 경미하다는 점에서 김정일의 경계계획가들을 돕기 보다는 오히려 방해물이 될 수도 있다. 김정일이 다른 사회주의 경제의 전환 사례들을 통해 배웠어야만 하는 교훈은 경제개혁과 개방이 통치자와 피치자에게 고통스런 일이라는 것이다. 설령 김정일이 개혁을 시행한다 하더라도 그는 자신의 노력에 대해 칭찬을 받기 보다는 비난을 더 받게 될 것이다. 50년간 잘못 인도된 경제계획으로부터 회복하는 일은 느리고 고통스러울 것이다. 자신의 경제를 개선시킬 수 있는 최상의 희망은 사회주의 체제 바깥에 있는 국민들의 시장과 사적인 경작지이지만, 이는 국가가 지원하는 집단적 행위가 아닌 개인적인 노동에 의해 이룩되는 것이기에 그 부문에 있어서의 성공에 대해 김정일은 자신의 업적이라 주장하지 못할 것이다. 김정일에게 더 나쁜 소식은 이러한 개인적 그리고 지역적 성취들이 국민들의 삶에 대해 그가 행사하는 통제를 느슨하게 만들 것이라는 점이다.

북한정부가 적절한 시기에 자신의 경제체계에 대한 대규모의 변화를 줄 것인가 아니면 이를 거부할 것인가에 대한 예측에 따라 북한의 미래에 대한 두 학파의 생각이 구분된다. 북한이 이미 개혁을 하고 있다고 믿는 사람들은 인내심을 가질 것을 조언하고 평양이 "연착륙"을 할 수 있도록 도와줄 것을 처방한다.[3] 1984년 이래의 경제정책에 있어서의 변경을 전체주의적 공산주의를 유지하기 위한 어떠한 절박한 난관타개적 반응으로 해석하는 사람들은 김씨 정권에 대한 더 이상의 기대를 이미 버렸다.

지도력

비록 자신에 대한 군대의 지지에 의존하고 있을지라도 김정일은 정치권력을 공고히 장악하고 있는 것으로 보인다. 외국이 북한을 상대할 때 이들은 장막 뒤에서 모든 중요한 결정들을 내리는 김정일을 상대하고 있는 것이다. 북한 매체들이 자랑하듯 김정일은 "핵심 두뇌"이고 인

---

[3] 예컨대 다음을 참조. Selig Harrison, "Promoting a Soft Landing in North Korea," *Foreign Policy*, no. 106 (Spring 1997), pp. 57-75.

민들은 그의 몸이다.

김정일은 지도력에서의 자질이 아예 없지는 않다. 그는 잘 발달된 정치적 생존 기술을 갖추고 있는 지능이 있는 사람이다. 그러나 그의 지도력은 계몽된 인민들의 지지를 결하고 있는데, 그의 가장 가까운 동료들도 그에게 정확한 정보와 타당한 조언을 해 주는 것을 두려워한다. 그의 세계관은 현실에서 동떨어져 있다. 그의 지시는 종종 변덕스럽다. 김정일의 '궁정(court)' 상황은 히틀러의 전쟁물자 생산 장관이었던 알버트 스퍼(Albert Speer)가 다음과 같이 묘사했던 히틀러 말년 동안의 독일에서의 상황에 비견할 만하다.

> 정상적인 상황에서라면 현실을 외면하는 사람들은 곧 자기 주변 사람들의 조롱과 비판에 직면하면서 자신들이 신뢰를 잃었다는 것을 의식하게 되고 잘못된 생각에 대한 교정이 이루어지게 된다. 제3제국에서는 이러한 교정이 이루어지지 않았는데 특히 상층부에 속한 사람들이 더욱 그러하였다. 반면 모든 자기기만은 왜곡된 거울의 방에서 증폭되었는데 암울한 바깥 세계와 동떨어져 버린 환상적 꿈의 모습들이 반복적으로 확인되어 갈 뿐이었다.[4]

김정일은 보상과 처벌로 엘리트들을 통제하고 이들은 김정일에게 감사하거나 그를 두려워한다. 많은 최고 간부들이 그를 좋아하거나 존경할 것 같지는 않지만 이들은 자신들의 삶의 방식을 유지하고 자신들의

---

[4] Albert Speer, *Inside the Third Reich: Memoirs*, translated by Richard Winston and Clara Winston (Avon Books, 1971), p. 379.

가족과 친구들을 보호하기 위해 그를 지지한다. 이들은 또한 유교에 바탕을 둔 김일성에 대한 존경과 그의 주체 철학으로부터 그의 아들인 김정일을 지지한다. 대중들은 점점 더 그들의 지도자들로부터 소외되어 가고 있는데, 이제 김일성은 사라졌고 경제는 붕괴되었다. 이들은 관성에 의해 변화에 저항하는데, 적대적 환경 속에서 살아남기 위해 몸부림치고 있다. 수년간 이들의 지도자들은 이들이 열심히 일하고 주체에 대해 신뢰한다면 무엇이든 이룰 수 있다고 말해 왔다. 이들이 이룬 모든 것들은 제국주의자들로부터 독립을 유지하는 것이었다. 이는 이들의 관점에서 작은 성취는 아니지만 자신들이 약속받았던 목표는 아니다. 이들은 자신들의 위대한 지도자가 제공할 보상을 바라며 추상적인 측면에서 여전히 주체 이념을 신봉하지만, 김정일에 대한 지지자도 그렇다고 반대자도 아니다.

수년간의 선전과 국민에 대한 포괄적인 통제에도 불구하고 김정일의 지도력의 위치는 불안정하다. 그는 섣불리 그의 국민들에 대한 통제를 느슨하게 할 수 없는데, 그럴 경우 이들이 경제에 대한 절망으로 인해 그에게 등을 돌릴 수 있기 때문이다. 그가 주체 이론을 자기 자신, 자신의 아버지, 그리고 자신의 어머니를 중심으로 하는 하나의 종교로 바꾸어 놓았기에 이를 변경하는 것에 대해 극도로 신중해야만 한다. 김정일은 "나로부터 어떠한 변화도 기대하지 말라"고 말했다고 전해지는데, 사실 자신을 파괴하지 않고 어떠한 변화를 가져올 수 있는 여지가 존재하지 않는다. 그가 이룬 경제적, 군사적 성취에 의해 제공되는데 실패한 정치적 정당성을 얻기 위해 김정일은 자신의 아버지의 지령에 의해 통치한다. 김정일은 지금의 세상과는 매우 달랐던 1950년대와 1960년대에 국가건설의 큰 업적을 이룬 그의 아버지보다 더 잘할 수는 없다. 김정일은 과거 속에 살아가고 있는데 그가 갇힌 과거는 심지어 상대적인 고립 속에서 살아갔던 왕조시대로까지 그 시기가 거슬러 올라갈 수 있다.

군대

김정일은 인민을 통제하고 외부 세계를 다루기 위해 군사력에 의존한다. 김일성의 사망 이후 김정일은 북한을 군사화된 국가로 전환시켜 자신이 국방위원회 위원장으로서 통치하고 있다. 대부분의 권위주의 국가들과 마찬가지로 군대는 국내정치에서 중요한 행위자이다. 김정일은 군이 자신의 아버지에게 바쳤던 것과 동일한 맹목적인 충성을 그에게도 바칠 것이라 믿을 정도로 그렇게 어리석지는 않다. 따라서 지난 몇 년 동안 김정일은 장성들을 확실히 통제하기 위해 군대 내에서 조선로동당이 맡는 역할을 강화해 왔다.

군 인사들이 김일성과 김정일에 대한 쿠데타를 시도해 왔다는 소문이 있고 아마 앞으로도 그럴지 모른다. 외부인들은 군대 내 최고 지도자들과 그들의 김정일에 대한 견해에 대해 거의 알지 못하지만, 한 가지 확실한 것은 이들이 김정일의 경제적 지도력에 대해 만족하지 못하고 있다는 점이다. 그러나 심지어 불만을 가진 군대에 의해서도 폭넓은 기반에 바탕을 둔 쿠데타가 성공적으로 일어나기 어려운 데에는 몇 가지 이유가 있다. 첫째, 김정일 하에서 군대의 엘리트들은 특권계급이다.

심지어 낮은 계급의 군인들도 민간인들 보다는 더 좋은 대우를 받는다. 둘째, 군대가 인권유린에 대해 책임이 있기에 만약 북한 정권의 붕괴 초기에 남한에 의해 북한이 흡수가 된다면 군대의 상층 장교들은 처벌을 받을 위험에 처하게 될 것이다. 셋째, 군대의 지도자들은 경제개혁에 대한 자신들의 고유한 생각을 지니고 있지 못하다. 이들에게 있어 돈을 버는 방법에 대한 생각이라고는 그저 무기를 파는 것뿐이다. 넷째, 최고 장교들은 김정일의 보안조직에 의해 면밀히 감시를 당하고 있다.

소문으로만 들리던 쿠데타는 과거 실패했음에 틀림없지만 쿠데타는 단 하나만 성공하면 된다. 조만간 군대나 보안조직의 장교가 혼자 또는 작은 집단으로 김정일을 축출하는데 성공할지도 모르는 일이다. 이런 경우에 군대는 자신의 이름으로 통치를 하려고 시도할 것이지만, 하나의 군사 집단은 다른 집단과 싸우게 될 것이고, 이는 그 이전의 정부보다 더욱 약해져 가는 일련의 정부들을 양산해 낼 것이다. 이러한 악순환은 한 군사집단이 자신들에 대한 충분한 연금과 죄에 대한 불처분을 보장받는 조건으로 남한과의 공식적인 통일을 위한 길을 여는 협상을 남한 정부와 체결할 때까지 계속될 것이다.

사회통제

심지어 가장 고립되고 정치적으로 무지한 대중들 사이에서도 주체사상에 대한 믿음은 비참함 외에는 달리 경험할 게 없는 김정일 통치 하에서 그에 대한 완전한 복종을 끌어낼 정도로 강력하진 않다. 카리스마적이었던 자신의 아버지 사망 이후 김정일은 대중들이 자신을 따르도록 하기 위해 억압적인 사회통제의 도구들에 의존해 왔다. 지난 50년 동안 이러한 사회통제의 장치들은 한 사람의 개인이 2천만 명의 나머지 사람들을 놀라울 만큼 성공적으로 통제하도록 할 만큼 잘 발달되어 왔다. 이러한 성공의 핵심에는 중첩되는 보안조직들과 상호감시가 자리 잡고 있다. 김정일하고만 직접적으로 의사소통하고 서로 간에는 단절되어 있는 몇몇 경찰조직들이 김정일의 가장 가까운 참모들부터 가장 가난한 시골의 농부에 이르기까지 거의 모든 사람들을 감시한다. 물론 감시체계는 완벽하지 않다. 몇몇 사람들은 감시망에서 사라지고 많은 사람들이 보안요원들에게 뇌물을 바침으로써 이 체계를 어기고 있다. 그러나 대부분에서 이 감시체계는 잘 작동한다. 사람들은 서로를 감시하고 보안요원들 또한 서로를 감시한다. 누구도 무엇이 보고될지 알 수 없다. 모든 사람들이 다른 이들을 죄인으로 만들 것인가 아니면 자신이 죄인이 되는 위험을 감수해야 할 것인가에 대해 확신할 수 없는 고전적인 죄수의 딜레마에 직면해 있다. 처벌은 범죄자에게만 가해지는 것이 아니라 그의 가족, 친척, 친구들에게도 가해진다.

탈북자들은 대중들의 권력과 정치이념의 부재를 감안할 때 거의 한 목소리로 "내부로부터의 파괴(implosion)", 즉 정부에 대한 인민들의 봉기가 일어나기 어렵다고 예측한다.[5] 그러나 내부로부터의 파괴는 1980년대 후반 동유럽에서 있었던 사건들이 보여주듯 그 본질상 갑자기 나

---

5 이러한 결론은 나중에 다시 검토해야 할런지도 모른다. 1998년과 1999년의 탈북자들은 비록 김정일 정권에 대한 사람들의 조직화된 저항에 대한 신뢰할 만한 보고들을 갖고 있지는 못하지만 북한 사람들이 보다 공개적으로 반대하기 시작했다고 말한다.

타나는 법이다. 외부인들은 북한의 정치적 외양에 있는 어떠한 거대한 균열을 볼 수 없을지도 모르지만 북한의 구조적 설계는 이것이 보기보다 더 잘 부서지기 쉬울지도 모름을 시사하고 있다.

대외관계

북한의 대외관계는 실체가 없다는 것이 특징이다. 사회주의 진영 내에서 북한은 유고슬라비아만큼 독립적이었고, 알바니아만큼 폐쇄적이었고, 루마니아만큼 가혹하게 독재적이었으며, 카스트로의 쿠바만큼 사회주의에 충성적이었다. 공산주의와 비공산주의를 불문하고 북한은 자신의 국경을 그 어떤 나라보다도 더 견고하게 폐쇄하여 국제관계의 주춧돌이라고 할 수 있는 정보와 생각의 교류를 차단해 왔다. 이러한 고립은 한국이 은둔 왕국으로서 지녀온 문화에서 기인하였으며, 서구의 봉쇄정책과 김씨 정권의 강력한 사회질서에 대한 필요에 의해 더욱 강화되어 왔다.

북한의 외교관계는 자신의 국내 문제에 외국의 간섭을 막고, 다른 국가들에 대한 의존을 피하고, 사회주의에 계속 충실하며, 남한과의 영합적(zero-sum) 경쟁에서 승리한다는 원칙들에 기반해 있다. 그러나 간과되어서는 안 되는 한 가지가 더 있다. 북한은 진정으로 별개의 (separate) 국가가 아니라 분단된 하나의 국가 중 덜 성공적인 나머지 절반이다. 북한에 의해 수행되는 외교정책은 종종 조잡해 보이고 심지어 자멸적인 것처럼 보이지만, 북한의 외교정책이 기반한 원칙들과 국제적 고립 속에서 북한이 대외관계를 관리한 경험이 상대적으로 많지 않았다는 사실을 감안하면, 평양은 어느 정도 외교정책에 있어서 성공을 거둬 왔다고 할 수 있다.

북한의 대외관계는 변화되고 있는 국제질서의 제약 속에서 지난 수년간 상대적으로 일관성을 보여 왔다. 북한은 소련으로부터 안보보장, 산업제품, 무기 등을 얻어내는 것을 추구하면서도 모스크바의 영향력 아래에 들어가는 것을 피하기 위해 거리를 유지하였다. 소련을 계승한 가난해진 러시아와 북한은 단지 최소한의 관계만을 가져왔다. 중국의 경우 북한의 국가안보를 보장하는데 도움을 줄 수 있는 이웃 군사강국으로 북한과의 관계가 그동안 구축되어 왔는데, 한편으론 경제적 수정주의자로 북한의 불신을 받고 있다. 주체사상의 힘을 빌려 북한은 비동맹 운동의 지도자가 되기를 희망하였으나, 이러한 역할을 담당하기에는 지나치게 동맹적이고, 지나치게 낯선 존재로 드러났다. 일본과 한국 사이에는 역사적으로 증오심이 형성되어 왔다. 게다가 전후 일본은 미국과 공고한 동맹국 관계를 형성하여 왔고, 따라서 북한의 안보에 위협이 되고 있다. 비록 북한이 일본과의 관계정상화와 100억 달러의 보상금을 바라기는 하겠지만, 일본 내 조총련 집단과 가까운 (그러나 불안정한) 관계를 관리하는 것을 넘어서는 그 어떤 우호적인 관계를 일본과 만들어 내는 것을 진지하게 고려해 온 적은 없다. 냉전기 반공산주의 진영의 리더이자 한국전쟁 당시의 적이었던 미국은 항상 북한의 최대 적이었다. 북한과 미국 사이에 형성될 어떠한 관계도 신뢰가 아닌 계산된 이익에 기반할 것이다. 마지막으로 남한은 독립적인 정치적 실체가 아닌 미국의 괴뢰국가로 여겨지고 있다. 따라서 북한은 남한정부를 진심으로 대하는 것을 거부하고 있다.

　북한의 지도자들은 다소 순진한 자신들의 세계관의 테두리 안에서 활동하는 정치적인 현실주의자들이다. 모든 평화협상에서 이들은 성공적인 대외정책이 반드시 군사적 힘에 바탕을 두어야 한다고 굳게 믿고 있다. 자본주의자들과의 화해는 김씨 정권의 종말을 의미하며 따라서 회피되어야만 한다. 무엇보다 김정일은 다른 강대국들이 북한을 공격하거나 북한의 국내문제에 간섭하지 않겠다는 약속을 하는 부정적 의미의 안보보장을 추구하고 있다.

북한: 자기 방식대로의 나라

　북한의 지도자들은 비합리적이지 않다. 인지과학자인 허버트 사이먼(Herbert A. Simon)의 용어를 (그 의미를 확대하여) 빌린다면, 이들은 제약적 합리성(bounded rationality)을 지니고 있는데, 정보를 처리하고 결정을 내리는데 있어서 인간적인 제약을 가지고 있을 뿐만 아니라 20세기 후반의 다른 대부분의 나라들의 관점과는 최소한 두 가지 측면에서 차이를 보이는 그들의 세계관의 측면에서도 제약성을 지니고 있다.[6] 첫째, 북한의 지도자들은 공산주의가 작동할 수 있다고 믿는다.

6　Simon의 "제약적 합리성(bounded rationality)"이라는 개념은 기억과 계산적 능력에 있어서 한계를 지닌 개인이 합리적인 의사결정에 대한 추정을 이루기 위해 인지적 지름길(cognitive shortcuts)에 의존하여 문제를 해결하는 모델을 제시하고 있다. 다음을 참조. Herbert A. Simon, "Human Nature in Politics," *American Political Science Review*, vol. 79 (1985), pp. 293-304.

둘째, 이들은 국가의 국내적 사안들이 국제사회의 간섭으로부터 자유로울 수 있으며, 국제사회에 종속적이지 않을 수 있다고 믿는다.

주체의 세계관은 논리적으로 일관되고, 고도로 원칙적이며, 실증적으로는 틀렸다. 북한 사람들은 한반도의 남과 북을 모두 포괄하는 자족적이고 계급 없는 민족 공동체를 건설하고자 한다고 말한다. 경제적 비효율성과 일탈적 행동을 막는 동시에 사회적 응집성을 제공하기 위해 이 공동체는 엄격한 유교적 스타일의 아버지에 의해 감시되는 거대한 가족으로 구조화될 것이다. 한민족의 국가는 힘의 크기와 상관없이 다른 국가들과 동일한 국제적인 권리를 누리게 될 것인데, 여기에는 대량 살상 무기를 제조하고, 시험하고, 배치하고, 팔 수 있는 권리도 포함된다. 이 국가는 또한 국제연합(UN)에서 동등한 투표권을 부여받게 될 것이다.

김정일 정권의 국내적 목표들은 세계의 많은 사람들이 백일몽으로 꿈꾸는 그러한 것들이다. 북한의 대외 정책적 목표들은 강대국들이 얻으려고 노력하는 것들이다. 그러나 20세기 말의 북한에게 있어서 이러한 것들은 북한이 이룰 수 있는 범위에서 너무나 바깥에 존재하는, 따라서 추구하기에 적당하지 않은 목표들이다.

그러나 김정일 정권은 자신의 기본 전략을 서둘러 바꾸려 하지 않는 듯하고, 북한에 대한 관찰자들은 에이단 포스터-카터(Aidan Foster-Carter)가 "북한의 일상적인 사건들이 지닌 모호한 직접성(obscure immediacies)"이라 칭하는 것에서 어떠한 정책의 변화를 추론하는 것에 대해 신중할 필요가 있다. 포스터-카터는 북한에서 나타나는 정권의 역학을 이해하고 앞으로 나타날 사건의 경로를 예측하기 위해 사회

과학의 원칙들을 적용하고 한국 역사로부터의 유추를 활용할 것을 조언하고 있다.[7] 사실 과거 30년의 교훈은 김정일 정권이 절대로 승인하지 않을 것 같은 개방, 개혁과 같은 사건에서도 변화는 천천히 다가올 것이라는 점이다. 북한을 개방한다는 것은 자동으로 닫히게 되어 있는 용수철 경첩으로 된 문을 여는 것과 같아서 더 넓게 열면 열수록 이를 닫히도록 하는 힘 역시 더욱 커진다. 내부적으로 북한이 개방될수록 북한 정부로 하여금 북한을 계속 숨겨져 있고 국민들을 통제 하에 두도록 하는 압력 역시 더욱 강해진다. 농민시장의 폐쇄와 대외경제 관료들에 대한 숙청의 예를 통해 볼 수 있듯이 변화는 강력한 탄압을 가져올 것이다.

바깥으로부터의 북한의 개방은 이러한 개방을 일으키는 바로 그 주체에 의해 방해를 받을 것이다. 북한의 인권탄압은 중국의 그것보다 훨씬 더 심각한데도 북한 사회의 폐쇄적 성격으로 인해 외국에서의 항의 운동은 적은 편이다. 만약 북한이 개방된다면 인권침해의 실태가 더욱 폭넓게 알려지게 될 것이고, 국제사회로부터의 항의가 증가하면서 북한과 민주주의 국가들 사이의 새로운 관계의 발전을 제약하게 될 것이다. 사업적인 이유들로 외국 투자자들은 사회기반시설(infrastructure)이 제대로 갖춰져 있지 않고 기업가들에게 적대성을 드러내는 관료들이 존재하는 북한에 투자하는 것에 대해 더욱 조심하게 될 것이다. 나진-선봉 자유무역지대가 만들어지고 나서 9년이 지나 거의 정지 상태

---

7   Aidan Foster-Carter, "Regime Dynamics in North Korea: A European Perspective," in Chung-in Moon, ed., *Understanding Regime Dynamics in North Korea* (Yonsei University Press, 1998), pp. 113-39, quotation on p. 134.

에 이르게 된 것이 바로 이러한 이유 때문이다.

대북정책

2천만 명의 가난한 사람들과 제한된 규모의 국제무역을 지닌 중간 크기의 아시아 국가인 북한은 미국의 국익에 어떠한 위협을 가하지 않는 이상 워싱턴의 관심을 끌 것 같지는 않다. 최근 몇 년간 북한은 바로 이 원칙을 따름으로써, 즉 미국의 국익에 위협을 가함으로써 스스로 워싱턴의 관심사가 되도록 만들었다.

명백하면서도 너무나 자주 간과되는 사실은 위협이라는 것이 위협을 받는 쪽에서의 가치와 기대에 의해 규정된다는 점이다. 위협은 해롭다고 여겨지는 상대방의 능력, 적대적 의도, 그리고 관심의 초점에 의해 위협을 받는다고 느끼는 쪽의 마음속에 형성되는 하나의 인식이다. 따라서 위협은 세계가 변하기 때문만이 아니라 사람들의 세계에 대한 관점이 또한 변하기 때문에 상호 간에 오고 가며, 또한 그 정도가 증가하고 감소한다.

북한은 미국, 동아시아 지역의 이웃 국가들, 그리고 국제사회의 다른 나라들에 대한 위협으로 여겨지는 많은 능력과 명백히 표출된 의도를 지니고 있다. 대량살상 무기를 개발하고, 배치하고, 이를 판매할 수 있는 북한의 잠재력처럼 몇몇 위협들은 일반적이고 장기적인 것들이다. 반면, 영변 인근의 대규모 금창리 터널 단지가 핵시설들을 갖추고 있다는 (아직 근거가 없는) 우려처럼 다른 위협들은 보다 구체적이고 단기적인 것들이다.

1990년대 말 미국의 안보전문가들에게 북한에 의한 위협은 높은 것에서 낮은 것으로 그 순서에 따라 핵무기, 중-장거리 미사일, 재래식 군대의 전면 배치, 생화학 무기와 같은 것이었다. 이 리스트에 몇 가지를 더 추가하면 북한의 테러, 마약밀매, 화폐위조가 포함될 것이다. 이보다 더 포괄적인 위협도 인식의 대상이 될 수 있다. 북한의 전체주의적 사회주의 정부는 "미국의 경제적 번영 증진"과 "해외에서 민주주의의 촉진"이라는 미국의 목표에 대한 위협으로 간주될 수 있다.[8] 북한의 인권침해는 서구의 개인주의적 인권 가치에 정면으로 맞서고 있다. 북한 지도자들이 자신들의 국민들과 (한국전쟁 시기와 그 이후) 외국인들에 대해 행하는 공격은 공격자와 악인이 마땅히 처벌받는 정의로운 세계에 대한 믿음과 모순된다.

미국이 북한의 위협을 일방적으로 다루어 해결할 수 있는 충분한 능력을 가지고 있지 않기에 지역 동맹국들뿐만 아니라 중국, 그리고 아마도 러시아와의 협력이 필요할 것이다. 이들 국가들은 미국이 우려하는 북한에 대한 위협과 겹치기는 하지만 동일하지는 않은 북한에 대한 자신들만의 위협을 인식하고 있다. 남한은 북한 핵무기의 지구적 확산에 대해 덜 우려하는 대신 제 2의 한국전쟁, 군사적 침투, 전쟁 시 생화학적 공격과 같은 전통적인 군사적 위협과 북한에 살고 있는 친척들의 복

---

8 (안보의 증진 다음의) 두 번째 국가적 목표들에 대해서는 다음을 참조할 것. *A National Security Strategy for a New Century* (Washington: White House, May 1997), p. i. 1997년 국가안보전략에 기반한 보다 구체적인 동아시아와 태평양에 대한 전략은 다음을 참조. Office of International Security Affairs, *The United States Security Strategy for the East Asia-Pacific Region, 1998* (Department of Defense, November 1998).

지에 대한 위협에 보다 신경을 쓰고 있다. 일본은 특히 핵과 생화학 탄두를 장착할 수도 있는 북한의 중-장거리 미사일이 일본열도에 도달할 잠재적 위협에 대해 우려하고 있다. 일본은 또한 북한에 의한 테러리즘과 북한이 급격히 붕괴될 경우 초래될 수 있는 난민의 대량 유입 가능성에 대해 경계하고 있다.

북한 사람들은 (자신들의 지도자들이 임박해 있다고 말하는) 미국과 남한으로부터의 침공과 (미국에 의한 경제봉쇄에 의해 초래된 것이라고 비난받는) 북한 경제의 붕괴로 인한 일상생활 속의 위협에 대해 두려워하고 있다. 안보문제에 보다 관련 있는 것은 김정일과 그의 추종자들이 무엇을 위협으로 인식하고 있는가이다. 이들은 군사적인 것보다는 정치적인 것에서 더 많은 위협을 인식한다. 북한의 국경을 열어 사람과 정보의 교류가 이루어지게 하는 것은 김정일에 대한 우상숭배를 위협할 것이다. 시장경제의 도입은 김정일의 인민에 대한 통제 능력을 약화시킬 것이다.

냉전기 봉쇄정책

냉전 시기 동안 북한에 대한 봉쇄정책은 북한을 다루는데 있어 워싱턴이 선택한 정책이었다. 봉쇄정책은 방위(defense), 억지(deterrence), 제재(sanctions), 비핵확산(nonproliferation), 그리고 반핵확산(counterproliferation)(또는 그것의 위협)에 의존하였다. 미국의 남한에 대한 핵우산 제공과 동아시아의 전방에 배치된 (특히 한국의 비무장지대를 따라 주둔하는 전방부대) 미군은 북한의 공격으로부터의 방어와 이에 대한 억지의 역할을 담당하였다. 비확산 조약들은 대량 살상무기의 확산을 막는 것을 추구하였고, 전략방위계획(Strategic Defense Initiative)과 그 이후의 전역방위구상(theater missile defense) 프로그램과 같은 반핵확산 프로그램들의 제안은 적대적인 핵확산 국가들과 조직들로부터의 보호 장치를 동맹국에게 제공하는 것을 의도하였다.

비확산조약은 비록 몇몇의 핵확산이 발생하였지만 국가들에 의한 핵무기 개발을 억제하는데 기여를 해 왔다. 그러나 북한은 미국과의 핵협약(미-북 핵동결협약) 덕분에 비확산조약의 몇몇 제약들로부터 자신이 자유롭다고 간주하고 있다.[9] 북한은 또한 미사일기술통제체제(Missile Technology Control Regime)나 화학무기금지협정(Chemical Weapons Convention)의 회원국도 아니다. 핵의 비확산이 실패할 경우 미국 전역방위구상 제안과 같은 반핵확산이 채택될 수 있으나 반핵확산프로그램은 그 속성상 자신이 대응하고자 하는 상대편 프로그램의 동반상승을 초래할 수 있다.

미국에 의한 경제제재는 (미국이 강력한 영향력을 행사하는 세계은행과 같은 금융기관들에 의한 대출에 대한 규제와 함께) 북한의 경제적 발전을 제약해 왔는데, 북한은 대부분의 사업적 관계를 기술적으로 서

---

9 북한은 미-북 핵동결협약에 서명함으로써 자신의 핵프로그램은 미국과의 양자적 문제가 되었다는 입장을 취하면서 1993년의 비확산조약으로부터의 탈퇴를 영구히 취소한 적이 없다. 1998년 북한대사 김창국은 UN 총회에서 미국의 중유선적이 늦어지고 있고 건설계획이 계획보다 지체되고 있으며 워싱턴이 북한에 대한 경제제재를 해제하지 않았음을 지적하며 "미국이 자신의 의무를 이행하지 않는 한 북한은 IAEA가 감시활동을 벌이는 것을 허락할 어떠한 일방적인 의무도 지니고 있지 않다"고 말했다. 다음을 참조. *Korea Times* (Internet version), November 5, 1998. 북한이 필요한 조사를 허락하지 않는 것에 대한 IAEA의 반복된 불만은 무시되었다.

구 국가들보다 뒤처져 있는 사회주의 국가들과 맺을 수밖에 없었다. 정책 수단으로서의 억지와 제재의 효율성은 폭넓은 논쟁의 대상이 되어 왔다.[10] 설령 억지를 행한다 하더라도 억지는 흔히 군사경쟁의 동반상승을 유발한다. 제재는 자주 성공적이지 못하다. 리차드 하스(Richard Haass)가 외교협회(Council on Foreign Relations)를 위해 편집한 일련의 사례연구들에 따르면, 제재의 유용성을 제약하는 조건들 중 특히 북한에게 해당하는 것이 제재를 견딜 수 있는 권위주의 정권의 능력이다. 북한정권은 이미 경제가 붕괴되어 수십만 명 또는 백만 명의 국민들이 사망하도록 만들었다. 일방적인 제재가 거의 효과가 없음에 대한 두 번째 경고 역시 북한 사례를 향하고 있는데, 만약 하나의 중요한 조력자인 중국이 북한을 제재하는 것을 거절한다면 다른 국가들에 의한 제재의 효과는 제약될 수밖에 없다.[11] 제재는 시작하기는 쉬워도 끝내기는 어렵다는 다른 하나의 원칙을 상기해 볼 때, 워싱턴의 정책결정자들은 북한에게 가해진 제재를 완화시키는 것을 정치적으로 받아들이게 할 수 있는 방법을 아직 찾아내지 못했다. 억지 또는 제재가 없었다

---

10 예컨대 억지(deterrents)에 대해서는 다음을 참조할 것. Robert Jervis, "Introduction: Approach and Assumption," in Robert Jervis, Richard Ned Lebow, and Janice Gross Stein, eds., *Psychology and Deterrence* (johns Hopkins University Press, 1985), pp. 1-12. 같은 편집서에 실린 Jervis의 다음 논문. "perceiving and Coping with Threat," pp. 13-34. 또한 다음을 참조할 것. Philip E. Tetlock, Charles B. McGuire, and Gregory Mitchell, "Psychological Perspectives on Nuclear Deterrence," *Annual Review of Psychology*, vol. 42 (1991), pp. 239-76.

11 Richard N. Haass, ed., *Economic Sanctions and American Diplomacy* (Washington: Council on Foreign Relations, 1998).

면 다른 결과가 나타났을 거라는 것을 증명하기는 쉽지가 않다.[12]

북한 핵프로그램 동결하기

탈냉전 시기 동안 지속된 봉쇄정책은 만약 평양이 잠재적인 핵 위협으로서의 명성을 얻지 못했다면 적절했을지도 모른다. 봉쇄정책으로 이루기 어려운 것으로 보이는 비확산의 목표를 달성하기 위해 워싱턴은 봉쇄의 대체가 아닌 이에 대한 보완의 수단으로 제한적인 포용정책(engagement policy)을 도입하였다.[13]

미국-북한 핵 이슈의 역사는 지금까지 잘 다루어져 왔기에 다시 언급할 필요는 없다.[14] 간단히 말하면, 북한은 1950년대 말에 핵연구 프로그램을 시작하였다. 1986년에 영변에 5메가와트(Megawatt) 소형 원

---

12 "무엇이 일어날 수 있었을까(what might have been)"에 대한 분석은 예컨대 다음을 참조할 것. Philip Tetlock and Aaron Belkin, eds., *Counterfactual Thought Experiments in World Politics: Logical, Methodological and Psychological Perspectives* (Princeton University Press, 1996).

13 북한에 대한 미국의 정책에 대한 많은 논의들 중에 이 책의 8장에 등장하는 많은 생각들을 다루고 있는 간결하고 통찰력 있는 것으로는 다음을 참조. Park Jongchul, "U.S. Policy towards North Korea: Strategy, Perception, and Inter- Korean Relations," *Journal of East Asian Affairs*, vol. 12 (Summer-Fall 1998), pp. 529-52.

14 북한의 핵프로그램에 대한 포괄적인 연구는 다음을 참조. Michael J. Mazarr, *North Korea and the Bomb* (St. Martin's Press, 1996). 저자들은 북한의 핵문제에 대해 (보다 덜 구체적으로) 다음과 같은 몇 개의 논문에서 논의한 바가 있다. Kongdan Oh and Ralph C. Hassig, "The North Korean Bomb and Nuclear Proliferation in Northeast Asia," *Asian Perspective*, vol. 19 (Fall 1995), pp. 153-74; and Kongdan Oh and Ralph Hassig, "North Korea's Nuclear Program," in Young Whan Kihl, ed., *Korea and the World: Beyond the Cold War* (Westview Press, 1994), pp. 233-50. 미국과 북한 사이에 논란이 되는 주요 문제로서 핵이슈는 또한 이 책의 7장에서 인용되고 있는 Chuck Downs, Leon Sigal, Scott Snyder, Kwak Tae-Hwan 외, 그리고 Kim Do-tae와 Cha Jae-hoon에 의한 협상연구들에서도 어느 정도 구체적으로 다루어지고 있다.

자로를 가동하기 시작하였으며, 1984년에 50메가와트 원자로를, 1991년에는 200메가와트 원자로를 각각 건설하기 시작하였다.[15] 우라늄을 원료로 하는 흑연감속원자로(graphite-moderated reactors)에서 나오는 사용 후 원료는 무기등급의 플루토늄으로 처리될 수 있다.

1980년대 말에 미국의 첩보위성이 영변에서 재처리 공장으로 보이는 대규모 건물이 건설 중인 것을 알아냈다. 비록 국제원자력기구(IAEA)의 핵확산금지조약(NPT)의 서명국이기는 하지만 북한은 IAEA에게 시설물에 대한 조사권을 부여하는 부속합의에 서명한 적이 없다. 여기에 서명하라는 압력이 가해지자 1993년 북한은 이 조약으로부터 "불가피하게 탈퇴"할 의도를 표명하고, 미국이 핵 이슈 해결을 위한 고위급 회담을 제공한다면 이를 "잠정적으로 연기"할 것임을 발표하였다. 회담은 단지 제한적인 진전만을 이루었다. 1994년 5월 북한은 IAEA의 감시 없이 (원료가 재처리를 위해 추출될 수 있는) 사용된 연료봉을 빼내기 위해 5메가와트 원자로를 가동중지 시킴으로써 협상의 판돈을 키웠다. 북한이 핵확산금지조약을 지키지 않은데 대해 경제제재를 가할 것을 UN에 요청하던 시점에 지미 카터(Jimmy Carter) 전 미국대통령이 1994년 6월 평양을 방문하여 북한이 미국으로부터 포괄적인 혜택을 받는 대가로 자신의 핵시설을 동결시킬 것에 합의하였음을 발표하였다. 일련의 회담을 통해 합의가 이루어져 1994년 10월 21일 제네바에서

---

15 원자로의 출력은 (얼마나 많은 열이 생산되는가라는) 열단위(thermal units) 또는 (얼마나 많은 전력이 생산되는가라는) 전기단위(electrical units)로 측정될 수 있다. 보다 현실적인 (또한 보수적인) 측정은 여기서 사용되고 있는 메가와트 전기(megawatts electrical, MWe)이다. 북한의 핵장소에 대한 가치 있는 연구로는 다음을 참조. Joseph S. Bermudez Jr., "North Korea's Nuclear Infrastructure," *Jane's Intelligence Review*, vol. 6 (February 1994), pp. 74-79.

미-북 핵동결 협약(Agreed Framework)이 서명되었다.

본질적으로 이 협약은 북한이 영변 핵시설들을 동결하는 대가로 무기등급 플루토늄으로 재처리하기 훨씬 어려운 원료를 사용하는 1,000 메가와트 경수로 원자로 2기가 국제컨소시움에 의해 건설되는 것이 완료될 때까지 미국이 매년 50만 톤의 중유를 북한에 제공한다는 내용을 담고 있다. 미국은 또한 핵무기로 북한을 위협하지 않겠다고 약속하였으며, 미국의 북한에 대한 경제제재를 점진적으로 없애고, 북한과 외교관계를 수립하는 작업에 착수할 것에 동의하였다. 이에 대한 대가로 북한은 그 동안 빼낸 사용 후 원료를 봉인하고 궁극적으로는 이를 포기할 것과, 첫 번째 경수로가 작동되기 전에 자신의 모든 핵프로그램에 대해 IAEA의 사찰을 받고 두 번째 경수로가 작동되기 전에 기존의 원자로들을 해체할 것을 약속하였다. 비록 (행정예산 상의 자금 부족으로 인해) 미국이 약속된 중유를 공급하는 일정이 종종 늦어지고 경수로의 건설이 예정보다 몇 년 지체되기는 했으나, 양 측은 핵동결 협약의 핵심사항들을 존중해 왔다.[16]

핵동결에 대한 감시

1998년 북한이 보유한 것으로 추정되는 8,200여 개의 지하 시설들 중 금창리 주변의 산비탈에 약 15,000명의 건설인력을 보유한 것이 숨

---

16 미-북 핵동결협약의 상태에 대한 유의미한 최신정보는 다음을 참조. Ralph A. Cossa, *The U.S.-DPRK Agreed Framework: Is It Still Viable? Is It Enough?* Occasion Paper (Honolulu: Pacific Forum, Center for International and Strategic Studies, April 1999).

거진 핵 시설의 일부일 수 있다는 미국 정보당국으로부터의 보고가 미국 내에서 대중적 관심을 끌었다.[17] 이것이 핵시설이 아니라고 주장하던 북한은 국가주권을 인용하며 핵동결 협약의 일부인 미국에 의한 사찰을 허용하는 것을 거부하였다. 또 다른 거래를 위한 협상들이 진행되었다.

북한은 "사찰(inspection)"을 받아들이는 것은 거부하였으나, 만약 이 시설이 핵과 관련이 없는 것으로 드러나면 미국이 자신을 모함한 것에 대한 "보상(compensation)"으로 3억 달러 또는 600,000톤의 식량지원을 제공한다면 일회성 "방문(visit)"은 받아들이겠다고 밝혔다. 미국은 핵동결 협약에 의해 주어진 권리라고 여겨지는 것에 대해 어떠한 보상도 지불할 수 없다며 이를 거절하였다. 1999년 3월 북한이 미국의 금창리 "방문"을 허락함으로써 합의가 이루어졌다. 미국은 순수한 인도주의적인 표시로 세계식량계획(World Food Program)을 통해 500,000톤의 식량 원조를 제공하고, 호의의 표시로 1,000톤의 감자 종자와 김정일의 감자재배운동에 참여하는 감자농부들을 먹이기 위해 추가로 100,000톤의 식량을 제공하기로 하였다. 금창리 시설을 방문한 조사관들은 비어있는 터널만을 발견할 수 있었다.

---

17   지하장소에 대한 수치는 다음을 참조. *Chungang Ilbo* (Internet version) on December 8, 1998.

정책 개관

1998년 8월 말, 평양이 3단계 대포동 1호 로켓을 발사하면서 미국의 관심은 북한의 핵프로그램에서 미사일프로그램으로 이동했다. 비록 이 로켓이 궤도권에 위성을 올려놓는 데는 명백히 실패하였지만, 그 발사 범위는 로동 시리즈의 1,500킬로미터를 훨씬 뛰어넘는 4,000킬로미터였다. 1999년 동안 북한은 발사범위가 더 넓은 대포동 2호의 발사를 준비했던 것으로 보이는데, 이 로켓은 범위가 6,000킬로미터에 달해 미국의 알래스카를 타격할 수 있는 것이었다.[18] 미국의 비확산정책이 북한에서 실패한 것에 놀란 미국 의회는 대통령으로 하여금 북한정책 조정관을 임명하여 미국의 정책을 재검토할 것을 주문하였다. 전 국방장관 윌리엄 페리(William Perry)가 이 업무를 맡았다. 금창리 사태가 해결되고 자신의 조사를 시작한지 8개월 만에 페리는 자신이 발견할 것들과 정책제언들을 행정부에 제출하였다.[19] 1994년 핵동결 협약의 협상이 북한이 5메가와트 원자로에서 빼내고 있던 사용 후 원료에 대한 통제력을

---

18 700-1,000 킬로그램의 탄두를 지닌 2단 로켓인 대포동1호는 약 1,500-2,200 킬로미터의 사거리를 지니고 있다. 이것의 3단 발사 버전은 비록 궤도권에 화물을 올려놓는데 실패하였지만 100 킬로그램의 화물만을 실을 수 있었기에 사거리 4,000 킬로미터를 달성할 수 있었다. 사거리 4,000에서 6,000 킬로미터의 대포동 2호는 700-1,000 킬로그램의 화물을 실을 수 있다. 저자들에게 제공된 이러한 추정치는 다음을 참조. Joseph S. Bermudez Jr., "DPRK Ballistic Missile Characteristics," December 19, 1998.

19 *Review of United States Policy toward North Korea: Findings and Recommendations*, Unclassified Report by Dr. William J. Perry, U.S. North Korea Policy Coordinator and Special Advisor to the President and the Secretary of State, Washington, October 12, 1999. (www.state.gov/www/regions/eap/991012_north korea_rpt.html [accessed April 2000])

확보하기 위한 즉각적인 압력 하에 이루어졌던 것처럼, 1999년의 압력 역시 북한이 대포동 2호 로켓을 발사하는 것에 대한 두려움에 의해 출현하였다. 북한과의 회담 이후 찰스 카트먼(Charles Kartman) 한반도 평화과정 특사(Special Envoy for Korean Peace Process)와 그의 팀이 북한으로 하여금 이 로켓을 발사하지 않겠다는 합의를 받아내는 데 성공하였고 페리의 제안에 대한 협상이 진행되었다. 새롭게 제안된 정책은 북한이 미사일 프로그램을 중단하고 이를 궁극적으로 포기하는 대가로 경제와 외교적 인센티브를 제공하는 "포괄적이고 단계적인 일괄 프로그램(comprehensive, step-wise package)"으로서 핵동결 협약과 같은 노선에 서 있었다.

페리 보고서는 몇 가지 정책 대안들에 대해서는 거부하였다. 강력한 억지(deterrence)와 제한적인 포용(engagement)으로 규정되는 "현상유지(status quo)"는 비록 이것이 (보고서에 따르면) 북한의 핵프로그램을 동결시키는 데에는 효과적이었으나 북한의 주기적인 도발이 핵동결 협약의 이탈 위협을 가져오기 때문에 지속가능하지 않다는 점에서 거부되었다. 현상유지는 또한 평양이 미사일 프로그램을 확대하는 것에 의해 야기되는 위협 인식을 다루지 못한다. (구체화되지 않은 방식으로) 김정일 정권을 약화시켜 "북한의 붕괴"를 야기하는 것은 "설령 이것이 성공할 수 있다 가정하더라도" 북한이 위력적인 핵과 미사일 능력을 발전시킨 이후에나 완수될 수 있을 것이라는 이유에서 거부되었다. 게다가 붕괴전략은 북한 국민들에게 위해를 가할 수 있고, 최악의 경우 전쟁 위험을 야기할 수 있기에 미국의 동맹국들(아마도 한국)의 지지를 얻지 못할 것이다.

페리 보고서는 "북한 개혁"이라는 정책대안이 북한에 의해 대치적인 붕괴정책과 같은 것으로 여겨질 것이며, 붕괴정책과 마찬가지로 비확산이라는 목표를 이루는데 너무 오랜 시간이 소요될 것이라 말하고 있다. 핵과 미사일의 비확산이라는 목표를 (비판자들이 오늘날 미국의 북한정책에 대해 자주 사용하는 표현처럼) "매수(buying)"하는 것은 이것이 "북한으로 하여금 더욱 협박하게 하고 확산을 도모하는 세계의 다른 국가들도 이와 비슷한 방식의 협박에 참여하도록 고취"한다는 이유로 거부되었다. 게다가 페리는 개혁정책이 의회에 의해 지지되지 않을 것이라 믿고 있다.

페리 보고서는 "단계적이고 호혜적인 방식으로 북한이 위협이라고 여기는 압력을 줄이는 방향"으로 나아가는 "포괄적(comprehensive)이고 통합적인(integrated) 접근: 2단계 전략"을 제안한다. 위협의 감소는 "북한에게 우리와 그 주변국들과 평화롭게 공존할 수 있고 자신의 경제와 사회 발전을 추구할 수 있다는 확신을 주는 것"에 그 의도가 있다. 요컨대, 페리의 접근법은 북한과 평화롭게 공존하고 북한의 내부 문제에 간섭하지 않는다는 제안들로 이루어져 있다. 이 정책이 제안하는 유인책은 핵동결 협약이 제공하던 것과 상이하지 않다. "미국은 북한과 관계를 정상화하고, 제재를 완화하고… 북한에게 기회를 제공하는 다른 긍정적인 단계들을 취할 것이다." 이 보고서는 남한과 일본이 비슷한 조치들을 취할 준비가 되어 있음을 추가적으로 말하고 있다. 이러한 유인책에 대한 대가로 북한은 "핵과 장거리 미사일 위협을 제거하기 위해 움직"여야 할 것이다. 만약 김정일 정부가 이러한 협약에 동의하지 않는다면, 페리는 두 번째 방법을 택할 것을 제안하는데, 이에 대해서는 비밀문서로 처리되지 않은 판본의 보고서에서는 그 구체적인 내용을 확인할 수 없고, 단지 "두 번째 방법에서 우리는 위협을 봉쇄하기 위한 행동을 취할 필요가 있다"는 간단한 경고만 나타나 있다.

페리 보고서가 자신이 제안하는 대안의 장점으로 주장하는 것은 다음과 같다. 첫째, 미국의 동맹국들의 완전한 지원을 확보할 수 있다. 둘째, (지정되지 않은) 미국의 협상능력에 의지하고 있다. 셋째, 북한에 대한 미국의 억지를 유지할 수 있다. 넷째, 핵동결 협약에 "기반(builds on)"해 있다. 다섯째, "북한 핵과 미사일 행동에 대한 미국과 동맹국들의 단기적인 목표들을 (남한과 일본도 중요한 의미를 부여하는 목표인) 한반도에서의 영속적인 평화라는 우리의 장기적인 목표와 일치"시킬 수 있다. 마지막으로 (비록 보고서는 이 점에 있어서 스스로 모순되는 듯 보이지만) "북한의 특정한 행동이나 의도에 의존하지 않는다."

남한의 포용정책

남한의 김대중 대통령은 1998년 초 자신의 행정부가 출범함과 거의 동시에 북한에 대한 포용정책을 공표하였다.[20] 이 정책은 반대급부로 북한의 단기적인 정책변화를 요구하지 않으면서 원조와 협력을 북한에 제공함으로써 장기적인 북한의 정책 변화를 추구하는 정책이다. 이 정책을 제안하면서 김대중 대통령은 남북한 관계를 개선시키는데 실

---

20 많은 측면에서 햇볕정책은 심리학자 찰스 오스굿(Charles Osgood)이 (원래는 미국-소련의 냉전적 경쟁의 맥락에서) 적대적인 정부의 의심을 극복하기 위해 고안된 Graduated Reciprocation in Tension- reduction (GRIT)이라 불리는 긴장완화 모델의 한 예이다. Charles E. Osgood, *An Alternative to War or Surrender* (University of Illinois Press, 1962).

패했던 전임 대통령에 의해 채택됐던 대가의 교환 정책(quid pro quo policy)에 대한 대안을 추구하였다.

애초에 바람이 한 남자의 외투를 벗겨서 날려버리는데 실패하자 태양이 이에 성공한 이솝 우화에서 창안하여 햇볕정책(sunshine policy)이라 불린 남한의 포용정책은 "북한에 의한 무력도발을 용인하지 않는다," "북한을 장악하거나 흡수하려 시도하지 않는다," 그리고 "화해와 협력을 확대한다."라는 세 가지 원칙에 기반하고 있다. 햇볕정책의 집행을 위한 지침은 북한에 대한 정치적 접근과 사업적 접근의 분리, 남한의 국가적 합의와 일관된 속도로 북한에 대한 포용정책을 추구 (김대중 대통령은 자신의 행정부를 국민의 정부라 칭했음), 국제사회 특히 미국과 일본이 북한에 대한 자신들의 포용정책을 추구하도록 고무할 것을 포함하고 있었다. 남한의 기업들은 북한과 접촉하고 북한에 투자하도록 허락을 받았으며 (아마도 그렇게 하도록 적극적으로 장려되었을 것임) 1백만 달러의 투자 제한선이 철폐되었다. 햇볕정책의 도입은 현대그룹의 창업자 정주영이 수억 달러를 북한과의 공동프로젝트에 투자하도록 하여 남한 관광객들이 남한 국경 바로 너머 북한의 남동쪽 끝자락에 위치한 금강산에 방문하는 것을 가능하도록 하였다.

표면적으로 햇볕정책은 북한에게 모두의 이득이 되는 거래인 것처럼 보였다. 북한을 흡수하지 않겠다는 약속에 수반된 원조와 투자를 위한 제안들은 북한 인민들과 그들의 지도자들의 필요에 부응하는 듯했다. 그러나 이러한 외적인 측면은 한반도에서의 정치적 정당성을 놓고 격렬히 싸우는 영합적 경쟁의 중요성을 감추고 있다. 평양에게 있어 서울의 정부가 제안하는 모든 것들은 반역적이고 한국민들의 진정한 이익과 상충되는 것으로 배척되어야 하는 것이었다.

실제로 초기에 김정일 정권은 햇볕정책에 대해 긍정적으로 반응하지 않았다. 1998년 6월 북한의 소형 잠수함이 남한의 해안가에서 사로잡혔다. 9명의 승조원들은 모두 자살하였다. 7월에는 정찰임무를 위한 장비를 갖춘 북한 잠수부의 사체가 남한의 또 다른 해변으로 떠내려 왔다. 11월에는 북한의 고속정이 이를 쫓는 남한의 해안경비함을 피해 달아났다. 그리고 12월에 북한의 반잠수정이 한반도의 남쪽 끝에서 남한 해군에 의해 침몰되었다.[21] 격침된 잠수함을 제외하고 (2년에 2번 발생하였는데 북한은 이들 모두가 훈련 임무 중에 엔진문제가 발생하여 남한 영해로 표류하였다고 주장하였다) 북한은 이들 습격에 자신들이 연루되었음을 부정하였다.

계속되는 침투와 정찰의 시도 외에도 평양은 햇볕정책을 북한의 주체 문화를 전복시키려는 시도라 강력하게 비난하였다. 이러한 비판의 수많은 예들 중 하나가 다음과 같다.

나이팅게일을 흉내 내는 울음소리를 내어 전체 관중들을 웃게 만들었던 까마귀에 대한 우화가 있다. 남한 당국의 말과 행동은 이 우화 중의 하나를 떠올리게 한다. 공허한 광란으로 임기응변하는 정치로 시간 낭비하는 것이 충분하지 않은 것처럼, 소위 햇볕정책이라는 것을 내놓으며 남한 당국은 마치도 뭔가를 하는 것처럼 우쭐대고 있다… 그

---

21 북한의 도발에 대한 훌륭한 일지로는 다음을 참조. Rinn S. Shinn, *North Korea: Chronology of Provocations, 1950-1998* (Congressional Research Service, January 4, 1999), pp. 11, 12, 13.

들은 조금의 독립도, 철학도, 자기 자신의 정치적 견해도 가지지 못한 식민지의 꼭두각시에 불과할 뿐이다.[22]

햇볕정책의 유인책은 이것을 자신들의 정권을 불안정하게 만들기 위해 내밀어지는 "독이 든 당근"으로 여기는 북한의 지도자들보다는 북한의 인민들을 보다 직접적으로 겨냥하고 있다.[23] 그러나 북한 정부의 반응은 많은 남한인들 사이에 이 정책에 대한 열의를 꺾어 왔다. 김대중 대통령은 북한의 닫혀져 있는 국경에 대해 압력을 가하고, 굶주린 북한 인민들에게 원조를 제공하고, 대립적 정책에 수반되는 전쟁의 가능성을 줄이는 3중의 가치를 지닌 이 계획을 인내심을 갖고 지켜왔다. 남한의 전직 외교부 장관인 한승주는 햇볕정책의 결과로 북한에서 어떠한 즉각적인 변화가 발생할 것이라 기대해서는 안 되며, 만약 이 정책이 추구된다면 장기적인 정책에 요구되는 유연성과 함께 집행되어야만 한다고 경고한다.[24]

---

22 Commentary entitled "The So-Called Sunshine Policy Is a Revised Version of the Anti-North Confrontation Theory," *Nodong Sinmun*, August 7, 1998.

23 다음의 통찰력 있는 글에서 Paul Bracken은 "독약이 든 당근(poison carrots)"의 비유를 쓰며 김정일 정권이 만약 스스로가 붕괴될 지점까지 위협을 받게 된다면 혼돈과 파괴 속의 이 지역을 소멸시켜버릴 사실상의 "인류파멸의 흉기(doomsday machine)"를 만들어내게 될 것이라고 말한다. Paul Bracken, "Risks and Promises in the Two Koreas," *Orbis*, vol. 39 (Winter 1995), pp. 55-64.

24 Han Sung-chu, "Fiction and Reality of Sunshine Policy," commentary by former foreign minister, *Chungang Ilbo* (Internet version), July 5, 1998.

정책적 고려

다음과 같은 원칙(principles)과 전제(assumptions)가 정책건설을 위한 지침으로 제공될 수 있다.

목표

책임 있는 정책의 첫 번째 목표는 한반도에서 갈등 유발을 피해야 한다는 것이다. 제2의 한국전쟁에서 죽게 될 대부분의 사람들은 남한과 북한의 한국인들일 것이며, 이러한 갈등을 유발시킨 제3자는 부도덕한 자일 것이다. 북한은 두 얼굴을 지녔다. 하나는 어떠한 비용을 치르더라도 권력의 유지를 추구하는 지배 엘리트이고, 다른 하나는 국제정치에 대한 이해가 없고 물리적으로나 정신적으로 굶주린 2천만 명의 일반 국민들이다. 북한으로부터 멀리 떨어져 있는 워싱턴의 정책입안자들은 종종 김정일과 그의 동료들의 우려에 대해 제대로 이해하지 못하고, 또한 북한 대중들이 일종의 인질로서 당면하고 있는 처지에 대한 민감성 없이 북한에 영향을 미칠 당근과 채찍 사용의 장단점에 대해 논쟁한다. 그러나 서울의 정책입안자들은 바로 국경 너머의 수백만 명의 한국 동포들을 보고 있다. 아주 가까이에서 직면하는 한반도의 상황은 보다 복잡하고 보다 인간적이다.

두 번째 정책목표는 북한의 엘리트와 대중들이 살아가는 환상 속으로 파고들어 감으로써 북한 국민들에게 (해외에서의 민주주의의 증진이라는 미국이 천명한 외교정책의 한 구체적인 예로서) 민주주의로 나아가는 기회를 제공하는 것이어야 한다. 이는 가능한 한 많은 진실을 북한 사람들에게 말해줘야 함을 의미한다. 김정일 정권이 거짓과 억압 위에 건설되어 있기에 진실을 말해주는 것은 북한 정권을 장기적으로 굴복시키는 길이다.

세 번째 정책목표는 북한이 대량살상무기를 확산시키는 것을 막는 것이다. 북한을 매수해 이 목표에 직접 다가가는 길은 비록 단기적으로는 필요할지 몰라도 결국은 문제를 더욱 키우는 것이다. 무기동결에 대해 대가를 지불하는 것은 번복할 수 없는 구매가 아니라 잠깐 빌리는 것이다. 무기의 확산을 막기 위해 전쟁을 벌이는 것은 심각하게 오류가 있는 정책이다.

선택지

이러한 목표들을 이루기 위해 선택 가능한 정책들은 제한되어 있는데, 존 갈브레이스(John Kenneth Galbraith)가 1962년 케네디에게 보낸 편지에서 "정치는 가능성의 예술이 아니다. 정치는 재앙과 불쾌한 것 사이의 선택들로 이루어져 있다"라고 말한 것을 떠올리게 한다. 현재의 북한 정부와 진정으로 협력적인 관계를 수립할 가능성은 요원하다. 김정일 정부의 가치와 가정들과 민주적 정부의 그것들 사이에 존재하는 간극은 한국전쟁 이후 형성되어 온 불신의 유산과 복합되어 도저히 넘을 수 없는 장벽으로 존재한다. 비록 지도자들에게 현혹돼 북한 사람들이 다른 곳의 사람들과 동일한 인간적인 자질들을 공유하고 있음에도 불구하고, 그들의 지도자들은 그들을 소위 거울의 반대편 속의 다른 세상에서 살도록 만들어 왔다.

미국에게 북한과의 대결은 재앙적인 정책선택이 될 것이다. 1994년의 경우, 이 정책은 (미국이 이미 거의 전면적인 경제봉쇄를 가하고 있었기에 일본에 의한) 보다 강력한 미국 후원 하의 경제제재와 함께 시작했었을 수도 있다. 이러한 제재는 중국의 협력 없이는 거의 효과가 없었을 것이다. 북한의 핵시설에 대한 공중폭격이 선택 가능한 후속 조치로 언급되었다.[25] 대치적인 접근법은 실행 불가능하고 위험한 것으로 거부되었다. 군사적 대결은 (김정일 정권이 권력을 유지하는 한) 어떠한 장기적인 해결책을 만들어 낼 수 있는 기회를 없애버리는 대가로 잘해야 북한의 핵프로그램에 대한 단기적인 억지와 부분적인 파괴만을 이룰 수 있을 것이다. 최악의 경우 군사적 대결은 제2의 한국전쟁을 유발할 수 있는데, 이 경우 남한 국민들과 어쩌면 일본인들이 미국인들보다 더 많은 희생을 치루어야 할 것이다.

다른 대안인 이탈(disengagement)은 (자유방임, 점잖은 무시, 전략적 무시 등 다양하게 불리는데) 전 국방부 차관 슬로콤의 표현을 빌리면 북한이 "플루토늄을 소시지처럼 생산"하는 길을 열어주게 될 것이다.[26] (미국이 인도, 파키스탄, 이스라엘의 유사한 프로그램을 용인하고 있는 것처럼) 미국이 북한의 핵무기와 미사일 개발을 용인하고 북한이

---

25 1995년 국방장관 Perry는 1994년에 북한에 대해 군사적 공격을 감행할 것을 "심각하게 고려(serious consideration)"했었다고 밝혔다. 다음을 참조. Thomas W. Lippman, "U.S. Considered Attacks on N. Korea, Perry Tells Panel," *Washington Post*, January 25, 1995, p. A4.

26 Slocombe 차관의 인용은 다음에서 찾아볼 수 있다. Barry Schweid, "Diversion of Fuel by North Koreans Angers Donor U.S.," *Washington Times*, February 18, 1995, p. 6.

이 무기들을 미국과 그 동맹국들을 상대로 사용할 빌미를 주지 않기 위해 노력한다는 명제는 인기 있는 선택이 아니다. 이탈의 정책을 추구하기 위해서는 많은 인내심을 발휘해야 하며 시간이 자신의 편이라는 확신을 가지고 있어야 한다.

북한이 핵폭탄과 미사일을 제조할 기술을 개발하고 획득하기 전에 효과적인 봉쇄정책은 비록 미국이 북한의 의도에 대해 의심스러워 하는 이상 후방 방어적 정책으로 쓰일 수는 있겠으나, 역시 이러한 위협들에 대처하는데 적절하지 못하다. 김정일 정권이 비확산체제에 순응하도록 유도하는 것은 대가의 지불이라는 형태를 어느 정도 필요로 한다. 전략미사일 방어체계(예컨대 전략방어계획(Strategic Defense Initiative, 또는 "Star Wars"))의 형태나 이보다 더 제한적인 전역미사일 방위(Theater Missile Defense)의 형태를 띨 수 있는 반확산 정책은 아직 기술적으로 성숙해 있지가 않다. 이것이 실용화될 수 있는 단계로 발전된다 하더라도 이것의 배치는 (중국의 방위산업은 말할 것도 없이) 북한의 무기 산업을 자극할 것이고 이 지역에서의 불안정성을 늘리는 효과를 발휘할 것이다.

북한을 변화시키고 그 위협을 감소시키기 위한 가장 좋은 선택은 이미 핵동결 협약과 남한의 햇볕정책에서 입안된 것과 같은 포용(engagement)의 형태이다.[27] 그러나 현재의 포용정책과 제안들은 최소 두 가지 측면에서 불완전하다. 첫째, 북한 정부와 국민들을 모두 유인

---

27 대치(confrontation)와 봉쇄(containment)에 대한 정책대안으로서의 포용(engagement)의 한계범위는 아직 면밀히 분석되지 않은듯 하다. 다음을 참조할 것. Victor Cha, "Dealing with Rogue Regimes: North Korea and the Argument for Enhanced Engagement," *Asian Survey*, forthcoming.

의 대상으로 하지만 이 중 어느 하나를 움직이기에 충분할 정도로 강력하지 않다. 둘째, 이 정책의 성공은 김정일 정부가 자발적으로 자신의 정책을 변경시키는 의지에 지나치게 의존하고 있다.

긍정적인 유인을 효과적으로 활용하는 것은 처음 보이는 것처럼 그렇게 단순하지가 않다.[28] 중요하게 고려되어야 할 것은 보상(또는 처벌로서의 부정적인 제재)으로 계산되는 것이 반드시 보상이나 처벌의 대상이 되는 쪽에서 규정이 되어야 한다는 것이다. 김정일과 엘리트들에게 보상으로 계산되는 것은 자신들의 권력을 유지하고 강화하는데 이용할 수 있는 것은 무엇이든 해당된다. 자신들의 안보능력을 강화시킬 수 있는 외화, 국제적 존중, 그리고 자신들의 내부 문제에 간섭하지 않겠다는 약속 등이 그 예이다. 인도주의적 지원은 인권의 서구적 관점에서는 가치 있으나 김정일의 정책을 바꿀 것이라고 기대해서는 안 된다.

따라서 문제는 다음과 같다. 김정일 정권의 적대성을 감소시킬 수 있는 보상들은 이 정권을 강화시킬 것이고, 따라서 민주주의 기부 국가들 사이에 인기가 없는 것으로 드러날 것이다. 국민들에게 이득이 되는 보상들은 비록 이것들이 김정일 정권에 대한 대중적 불만족을 완화시킬 것이지만, 김정일 정부를 결정적으로 움직이지는 못할 것이다. 김정일 정권을 달래면서 북한 국민들이 스스로를 통치할 수 있는 힘을 증

---

28 외교정책에 있어서 보상의 사용에 대한 논의들은 다음을 참조. David A. Baldwin, "The Power of Positive Sanctions," *World Politics*, vol. 24 (October 1971), pp. 19-38; and Thomas W. Milburn and Daniel J. Christie, "Rewarding in International Politics," *Political Psychology*, vol. 10 (December 1989), pp. 625-45. 미국-북한 관계의 맥락에서 유인책(inducements)에 대한 논의는 다음을 참조. Ralph C. Hassig, "Rewarding North Korea: Three Views," in Kongdan Oh and Craig S. Coleman, eds., *Restarting the Peace Process on the Korean Peninsula* (Los Angeles: Korea Society/Los Angeles, 1995), pp. 59-79.

대시키는 정책이 필요하다.

정책결정자들은 "포괄적 합의(comprehensive agreements)" 또는 "일괄거래(package deals)"를 추구하는 것에 대해 유의할 필요가 있다. 이러한 포괄적 합의에 대해 평양이 갖는 이점은 김정일 정권이 합의의 내용 중에서 자신이 존중하기를 바라는 조항들을 선택할 수 있고, 다른 당사자들(미국과 한국)이 합의 사항을 제대로 지키지 않았다고 주장함으로써 북한 스스로에게 덜 바람직한 합의의 조항을 이행하는 것을 거부 할 수 있다는 점이다. 북한은 항상 이러한 포괄적 거래들을 추구해 왔다. 1993년 평양은 "만약 미국이 북한이 제안한 일괄 타결의 원칙을 받아들인다면 [IAEA] 안전보장조치협정(safeguards agreement)의 준수를 포함한 핵문제와 관련된 모든 문제들이 해결될 것이고 이를 위해 많은 시간이 소요되지 않을 것이다"라고 확언하였다.[29] 1년 뒤에 평양은 서울과의 관계 또한 개선될 것이라 다음과 같이 공언하였다. "만약 경수로를 공급하겠다는 명확한 보증이 주어진다면 북한과 미국과의 적대적 관계는 제거될 것이고 신뢰건설의 문제는 북-미 3차 협상을 통해 해결되어 양자 관계의 실질적인 개선이 이루어져 결정적으로 호의적인 단계가 남북한 관계에서 열리게 될 것은 너무도 분명하다."[30] 그러나 이후 핵문제는 만족할만하게 해결된 바 없으며 협약이 이루어지자마자

29　"We Have No Idea of Having Dialogue under Pressure, DPRK FM Spokesman," KCNA headline, November 29, 1993, transcribed by FBIS, *East Asia*, 93-228, November 30, 1993, and entitled "Spokesman Warns U.S. against Applying Pressure," p. 13.

30　"Solution of Nuclear Issue May Be Impeded, If Improvement of North-South Relations Is Set as Precondition: Foreign Ministry Spokesman," KCNA headline, July 25, 1994, transcribed by FBIS, *East Asia*, 94-142, July 25, 1994, and entitled "Spokesman on 'Precondition' for U.S. Ties," pp. 58-59.

북한은 남한, 일본, 그리고 IAEA에게 등을 돌렸다.

한국전쟁의 유산에 대한 진정으로 포괄적인 해결에서 평양은 명백히 북한을 목표물로 삼고 있는 미국-남한 안보동맹을 종식시키는 것보다 적은 것에 만족할 것 같지 않다. 북한은 만족하지는 않을 것이지만 적은 것에 대한 합의에 서명을 할 것이며, 그 다음에 그보다 더 많은 것을 얻어내기 위해 버틸 것이다. 따라서 미국의 협상가들은 일반 대중들과 종종 교류되지 않는 건강한 회의주의(healthy skepticism)를 지닌 채 이러한 합의를 추구한다.[31] 1999년 우드로 윌슨센터(Woodrow Wilson Center)에서 행한 연설에서 페리는 자신의 제안에 대해 조심스런 전망을 보였다. "나는 [대통령]에게 북한과 대화를 추구하는 것은 진심으로 그리고 창조적으로 좋은 생각이라는 것에 대해 확신하지만, 이 과정이 실제로 한반도의 평화를 가져올 것인가에 대해서는 확신할 수 없다고 말해 왔다. 따라서 미국은 경계를 게을리해서는 안 된다."[32]

단기적 정책—시간벌기

핵동결 협약에서 윤곽이 드러난 포괄적 포용정책은 영변, 그리고 공개된 정보로 판단하건데, 북한의 다른 지역에서의 핵과 연관된 활동들을 동결시킨다는 단기적 목표를 이루는데 성공한 것처럼 보인다. 그러

---

31   미-북 핵동결협약을 협상했던 Robert Galluci와 미 국무부 대변인에 의한 4년 뒤의 불신의 표현은 이 책의 대외정책에 대한 장에서 이미 인용한 바 있다.

32   *Report on the North Korean Policy Review*, The Honorable William Perry, presentation at the Woodrow Wilson Center, November 29, 1999.

나 북한이 미국과 그 이웃 국가들과의 관계를 개선시키도록 한다는 지침에 있어서는 그 목적에 한참 미달한 것으로 보인다. 금창리와 대포동 로켓 발사에 대한 경고들은 이 합의의 이행을 위협할 불신을 보여주고 있다. 북한 정권의 적대성은 자신이 개방할 것도 개혁할 필요도 없다는 북한의 주장과 결합하여 북한의 설립자인 김일성이 죽은 후로 이 국가가 변화를 시작할 것이라는 희망을 가졌던 낙관주의자들을 실망시켜 왔다. 새로운 김정일 정권의 붕괴를 예측했던 사람들의 기대는 또한 김정일이 자신의 국민들을 계속 억압하며 서구로부터의 원조를 끌어내자 실망으로 바뀌어 왔다. 핵동결 협약의 서명이 있은지 5년이 지나, 비록 이 협약이 체결되지 않았으면 북한의 위협이 더 커졌을 것이라는 주장이 있음에도 불구하고, 북한은 여전히 핵위협으로 남아있다.

페리팀에 의해 수행된 북한 정책에 대한 검토는 정당한 것으로 입증되었다. 핵동결 협약이 지속되기 어렵다는 그들의 결론도 "미국의 관심사를 직접적으로 다루지 못한 실패 외에도 현상유지를 급속히 위기로 바꾸어 놓을 수 있는 상황을 상상하기 쉽다"는 것 때문이 아니라, 북한이 자신의 군사적 억지 능력을 포기하는데 동의할 것이라는 기본 가정이 비현실적이라는 것 때문에 역시 정당한 것으로 입증되었다. 장기적인 "포괄적" 정책으로서 핵동결 협약과 페리 프로포잘의 주된 오류는 이것들이 군사적 억지와 민간 차원의 사회기반시설의 맞바꾸기를 시도하였다는 것이다.

미사일, 생화학 무기, (그리고 핵동결 협약에도 불구하고) 핵무기와 같은 대량 파괴적 무기를 개발할 수 있는 북한의 능력은 미국의 무기 프로그램들이 미국 안보에 필수적인 것으로 여겨지는 것처럼 북한의 국가안보에도 필수적인 것이다. 평양은 자신의 모든 억지 능력을 제거하는 협상을 하지 않을 것이다. 이러한 능력들은 봉쇄정책을 제한적인 포용정책으로 변화시키도록 미국을 설득시켰다. 김정일 정권은 워싱턴으로부터의 안보 보장을 절대 믿지 않을 것이며, 자신의 외교정책을 뒷받침하기 위해 군사적 개입에 의존하는 미국의 경향을 감안하면 그렇게 해서도 안 된다. 불신은 비단 평양과 워싱턴 사이뿐만 아니라 평양과 대다수 국제사회 사이에도 매우 높아서 한반도에서의 확연한 무기 감축은, 비록 이 것이 남북한 모두에게 큰 축복이 될 것임에도 불구하고, 그렇게 될 가능성이 높지 않다. 게다가 긴장의 감소는 김정일 정권으로 하여금 가장 강력한 사회통제의 무기 중 하나를 없애버리게 될 것이다.

북한에게 핵동결에 대한 대가를 지불하는 것을 의미하는 핵동결 협약의 모델을 따르는 것은 제2의 한국전쟁의 위험이 없을 뿐만 아니라, 이것 말고는 북한의 전략무기 프로그램을 멈추게 할 다른 방법을 찾기가 어렵다. 이는 페리 보고서가 북한으로 하여금 계속해서 새로운 위협을 만들어 내도록 부추긴다는 측면에서 거부한 "매수" 전략이다. 이러한 매수를 통한 보류는 타당성이 있지만, 북한이 자신의 전략무기 프로그램을 미국과의 관계개선의 대가로 동결하고 그 관계개선에 의해 위협이 감소할 것이라는 이러한 대안이 의심 많은 김정일 정권에게는 너무나 미약한 유인책이라는 것이 문제이다.

북한은 자신의 미사일들을 미국에게 소문으로 알려진 대로라면 매년 10억 달러의 값으로 팔고 있는 셈이다. 북한은 이미 영변에서의 핵프로그램으로 수십억 달러어치의 거래를 성사시켰다. 북한은 금창리의 사찰에 대해 수익성 좋은 거래를 하였다. 또한 매년 북한은 한국전쟁에서 사망한 미군 병사들의 유해를 공동으로 발굴하는 것에 대해 거래를 하고 있다. 비확산조약에 가입한 비확산 국가들은 그들의 핵프로그램을 규제하는 것을 그들이 동의하는 것에 대한 반대급부로 항상 대가를 요구해 왔다. 북한은 다른 대다수의 국가들보다 더 높은 가격을 요구하고 있을 뿐이다. 만약 미국 대중들이 북한의 무기프로그램을 동결시키기를 원한다면 최소한 단기적으로 비용을 지불해야만 한다.

장기적 정책—능동적 포용(Proactive Engagement)

장기적으로 보다 능동적인 포용정책이 필요한데, 이는 핵동결 협약이나 페리 프로포잘과는 달리 "북한[정부]이 우리와 함께 [길을] 가로지르려는 의지"에 의존하지 않는 정책이다.[33] 능동적인 포용정책은 북한 사람들에게 그 정책이 도달해야만 하고, 좋은 신뢰에 기반을 두고 협상

---

33 미국의 대북정책에 대한 분석에서 Hyung-kook Kim은 "미국은 북한의 변화를 따라가기 보다는 변화를 관리해야 한다"고 함으로써 유사한 지적을 하고 있다. 그가 제시하는 6가지 정책제안들 중 몇 개는 우리가 제안하는 것들(즉, 보다 많은 경제적 거래의 제안, 관계 정상화 회담의 지속적 추구)과 유사하다. 그는 (군사적 행동이 일어나지 않는 한) 미-북 관계를 "외관상 끊임없는 포용(seemingly endless engagement)"에서 "건설적인 포용(constructive engagement)"으로 전환시키기 위해 북한에 대해 보다 많은 압력을 가하는 것을 옹호하고 있다. "보다 큰 막대기 그러나 같은 당근(a bigger stick but the same carrot)"이라는 그의 생각은 "상대방이 충분히 믿을만하고 강력하다고 인식하여 우리 측의 요구에 따르도록 설득할 수 있는 상대방의 불순응에 대한 처벌의 위험을 가함으로써 우리 측의 요구를 보완"하는 Alexander George의 "강압적 외교(coercive diplomacy)"와 비슷한 측면이 있다. Hyung-kook Kim, "U.S. Policy toward North Korea: From Positive Engagement to Constructive Containment," *Journal of East Asian Affairs*, vol. 13 (Spring-Summer 1999), pp. 111-30, especially p. 127. Alexander L. George, *Forceful Persuasion: Coercive Diplomacy as an Alternative to War* (Washington: U.S. Institute of Peace, 1997), especially p. 4. "포용"의 특수한 유형에 대한 지칭으로서 "능동적 포용(proactive engagement)"은 John Feffer가 김대중 정부에 의해 제안된 포용의 형태를 지칭하기 위해 사용하였다. John Feffer, "North Korea and the Politics of Engagement," *Peace Review*, vol. 11 (September 1999), pp. 415-22.

을 하지만 북한 정권과 어느 정도 거리를 두어야 한다. 외국 정부들은 김정일 정권을 바꾸거나 무기한적으로 북한 사람들을 먹일 수 있다는 기대를 해서는 안 된다.

주체사상이 가르치듯 북한 사람들은 자신들의 운명을 자기 스스로에 의한 힘으로 해결해야 한다. 그러나 다른 정치, 경제 체제로부터 제공받는 대안들에 대한 정보가 없다면 이들은 그렇게 할 수 없다. 사람들은 감명을 받아야만 한다. 변화를 유발하는 첫 번째 과정은 그들에게 자신들의 통치에 대해 결정을 내릴 수 있는 정보를 제공하는 일이다. 심리학자인 존 티보(John Thibaut)와 헤롤드 켈리(Herold Kelley)는 사람들의 만족이 자신들의 상황을 자신들이 경험했던 다른 상황들과 어떻게 비교하는가에 의해 영향을 받는다고 말하고 있다. 북한 사람들은 고통받고 있다. 그러나 그들의 정부는 그들에게 이전 세대들은 이와 같거나 심지어 더 큰 고통을 일본과 미국과의 갈등에서 경험하였다고 되뇌어 주고 있다. 이러한 갈등들은 "영광스러운 승리(glorious victories)"로 끝났고, 보다 나은 세월들이 (1960년대와 1970년대) 마침내 출현하였다. 오늘날의 북한인들은 인내심을 가질 것을 교육받고 있다. 티보와 켈리는 또한 (사람들이 자신의 상황에 얼마만큼 만족하는지와 상관없이) 사람들로 하여금 자신의 상황을 변화시키도록 움직이게 하는 것은 뭔가 다른 것, 즉 더 나은 대안이 현재 존재하고 있다는 지식이라고 말한다.[34] 또는 토크빌을 언급한다면 "피할 수 없는 것처럼

---

34 Thibaut와 Kelley는 이 두 가지 기준들을 각각 비교수준(the comparison level)과 대안에 대한 비교수준(the comparison level for alternatives)으로 지칭하였다. 다음을 참조. John W. Thibaut and Harold H. Kelley, *The Social Psychology of Groups* (John Wiley and Sons, 1967), chap. 6.

보여 인내심을 갖고 견뎌왔던 악폐는 이것으로부터의 탈출이라는 생각이 한번 주어지면 그 때는 더 이상 참기 어려워진다."[35]

북한은 국민들이 외부세계에 대한 정보로부터 상대적으로 차단되어 있다는 점에서 다른 독재적 공산주의 국가들과는 크게 다르다. 이 차이는 왜 김정일 정권이 이념과 사회통제라는 자신의 가장 큰 장점에서 잠재적으로 가장 취약할 수 있는지를 설명해 준다. 북한의 이념은 거짓으로 가득 차 있어 만약 그 거짓이 노출된다면 사람들로 하여금 자신들의 지도자로부터 등을 돌리도록 만들 것이다. 일단 김정일과 그의 아버지에 대한 이들의 신뢰가 상실된다면, 그때는 정부가 감당할 수 있는 한계를 넘어서는 비용을 치루어야 하는 강압적인 방법에 의해서 이들을 통제하는 수밖에 없다.

국민들에게 도달하는 데에는 세 가지 방법이 있다. 첫째는 북한 내부에 정보를 침투시키기 위해 보다 많은 자원들을 투입하는 것이다. 둘째는 북한 국민들의 외국 정부와 자신들의 정부에 대한 태도를 변화시키기 위해 외국 원조를 활용하는 것이다. 그리고 셋째는 김정일 정권이 북한에 대한 모든 접근을 통제하는 것을 막기 위해 포용의 다양한 경로를 개방하는 것이다. 이러한 계획들은 현재의 포용정책이 필요로 하는 측면을 보완하게 될 것이다.

지식은 권력

북한의 국내 언론 매체들에서 나타나는 기사들은 미국에게 북한 국

---

35 Alexis de Tocqueville, *Old Regime and the French Revolution* (1856).

민들을 교화시키기 위한 틀을 제공해주고 있다. 동유럽과 소련 공화국들의 전환이 이루어진 이후 평양의 선전기구들은 "제국주의적 오염(imperialist pollution)"의 위험성에 대한 경고를 대량으로 쏟아내 왔다. 로동신문은 비유를 들어가며 만약 "모기장"이 외국의 영향을 막기 위해 세워지지 않으면 "자본주의 황색바람은 마약과 같이 사람들속에 전파되여 그들의 건전한 사고력을 마비시켰다"라고 경고하고 있다.[36] 치명적인 영향의 목록에는 무엇보다도 외국의 방송이 포함되어 있으며, 그 다음으로 "신문, 도서, 잡지, 사진, 그림, 록화물, 영화, 음악"이 뒤를 잇고 있다. "사람들이 부르죠아 출판물과 생활방식에 흥미를 가지면 자기도 모르는 사이에 머리에 쉬가 쓸고 자본주의를 동경하게 된다."[37]

비록 대부분의 북한 라디오가 국내 방송만을 수신할 수 있도록 영구적으로 설정되어 있음에도 불구하고, 분명치 않은 숫자의 라디오들이 전파방해가 없다면 외국 방송들을 수신할 수 있다. 최근의 한 탈북자는 "만약 누군가 나에게 통일을 위해 무엇인가 하라고 한다면 내게 충분한 자원을 달라. 나는 그것으로 가장 먼저 1천만 개 이상의 소형 라디오를 북한으로 보내겠다."고 말한 바 있다.[38] 중국과의 국경을 통해 유입되는 라디오, 텔레비전, 정보물들의 사용 증가와 해외 원조 및 한국관광객들에 수반되는 정보는 폐쇄되어 있는 북한의 엘리트와 대중들의 마음을 변화시킬 수 있는 잠재력을 지니고 있다.

---

36 백문규, "모기장을 든든히 쳐야 황색바람의 침습을 막을 수 있다," 『로동신문』, 1999년 6월 11일, 6면.

37 Ibid.

38 전 북한공군 상위의 회고록. *Wolgan Choson*, August 1999, pp. 62-96.

도움이 되는 일을 함으로써 성공하기

1997년에 북한 국민들에게 행한 주요 공개연설에서 김정일은 "제국주의자들의 '도움'에 희망을 두는 것처럼 어리석고 위험한 것은 없다… 제국주의자들의 '도움'은 하나를 주고 10개 또는 심지어 100개를 빼앗아 가는 약탈과 정복의 올가미이다."라고 경고하였다.[39] 그러나 자신의 국민들을 부양할 능력이 없는 북한 정부는 스스로의 파괴를 자초하면서 원조를 계속 간청하고 있다.

전직 조선로동당 비서이자 현재까지 탈북한 가장 고위급 탈북자인 황장엽은 남북한을 통일시키는 핵심적인 방법은 김정일과 그의 동료들을 권력에서 제거하는 것이라고 확신하고 있다. 그는 만약 북한 국민들이 막대한 해외 원조(수백만 톤에 이르는 식량)를 받기 시작하면 이 식량이 실패한 자신들의 정부로부터 나올 수 없음을 깨닫게 될 것이라 믿고 있다. 그는 가능한 한 많은 북한 국민들이 부패하고 사악한 것으로 배워왔던 남쪽의 정부가 자신들의 정부가 해주지 못하는 것을 기꺼이 하고자 한다는 것을 명확하게 알 수 있도록 식량 원조가 남한을 경유해 이루어져야 하고 판문점의 휴전선 마을을 통해 수송되어야 한다고 조언한다. 그는 만약 북한 정부가 (최소한 초기에 그럴 가능성이 높은데) 남한으로부터의 선적을 차단한다면, 북한 국민들 앞으로 이 뉴스가 전달될 수 있을 때까지 이들 식량을 쌓아 놓아서 전 세계 앞에서 김

---

[39] "On Preserving the Juche Character and National Character of the Revolution and Construction: Comrade Kim Jong Il Publishes Work," KCNA headline, June 22, 1997.

정일 정부를 부끄럽게 만들어야 한다고 제안한다.[40]

황장엽의 제안은 김정일 정부가 원조 일괄프로그램의 조항을 문제 삼아 원조의 수용을 거부할 경우 어떻게 대응해야 할 것인가라는 흥미로운 질문을 제기한다. 북한은 남한에 의한 지원의 수용 조건으로 일본의 지원이 이루어지기 전까지 애초 남한으로부터의 지원을 받아들이는 것을 거부하였다. 세계식량계획(World Food Program)은 북한 관료들이 식량 배분을 저지하는 바람에 종종 자신의 배분 목표치를 달성하는데 실패하는 경우가 있었다. 다른 지원 집단들도 자신들의 지원 노력을 감축하거나 심지어 전적으로 철회하기도 하였다. 앞으로 북한이 식량 지원을 거부하는 것은 특히 식량 지원에 대한 조건이 보다 늘어날수록 불가피하게 발생할 것이다. 그러나 남한이 원조와 관련하여 초기에 경험했던 것은 북한의 지원 거절에 대해 어떻게 대응할 것인가에 대한 단서를 제공한다. 만약 기부자들이 원조와 관련하여 북한에게 요구하는 것들을 서로 조율한다면, 북한은 어느 한 쪽을 다른 한 쪽과 경합시키지 못할 것이며, 따라서 정책에 있어서 원조에 대한 제공자들의 요구를 보다 더 수용하게 될 것이다.

만약 외국 원조가 북한 국민들에게 "제국주의자들"의 온화한 의도에 대해 알려 주는 목적으로 사용되고자 한다면 원조가 어느 나라 어느 조직으로부터 나온 것인지가 분명히 밝혀져야 하고, 원조물의 배분은 그 출처가 지속적으로 확인되고 애초 원조가 의도했던 바대로 지도자

---

40 황장엽 비서는 이 제안을 몇 군데에서 한 바 있다. 예컨대 언론인 Hagiwara Ryo와의 인터뷰를 참조할 것. *Bungei Shunju*, February 1999, pp. 324-46. 또한 다음을 참조. 황장엽, 『나는 역사의 진리를 보았다』 (서울: 한울, 1999), pp. 330-33.

들이 아닌 국민들에게 도달될 수 있도록 면밀히 감시되어야 한다. 세계 식량계획과 다른 원조 조직들은 투명성을 이루고자 노력하고 있지만, 원조의 경로가 열려있게 하도록 하기 위해서는 북한 정부의 심기를 건드리지 않도록 조심해야 한다. 그러나 외국 원조는 반드시 북한의 경제적 문제들에 대해 책임이 있는 북한 정권의 기분을 상하게 해야 한다. 효과적인 외국 원조 계획은 북한 국민들을 먹이는 것뿐만 아니라, 이들을 일깨워 자신들의 정부에 대해 부끄러움을 느끼도록 만들어야 한다.

외국 원조의 정치화(politicization)는 원조의 필요성을 만들어 낸 문제가 정치적일 때 정당화된다. 조건 없이 주어지는 지원은 이 재앙의 가해자를 돕는 것에 불과하다. 지원에 대해 정치적 목표들을 덧붙이고 이러한 목표들을 추구하는 것은 근본적인 문제를 해결하기 위해 적극적인 행동이 취해지고 있다는 것을 드러냄으로써, 원조지원국에 대한 단기적인 보상이 부재하는 것을 극복하는데 도움이 될 것이다.

다채널 포용정책

북한과의 협상에서 좌절을 가져다주는 주된 원천은 모든 중요한 결정들이 현장 뒤에서 작동하는 김정일에 의해 이루어지는 것처럼 보인다는 점이다. 비록 대담한 사상가로 여겨지고 있으나 김정일은 외교정책을 결정하는 데 있어서 그것이 가져올 국제적인 영향뿐만 아니라, 그것이 평양에서의 자신의 정치적 지위에 어떻게 영향을 미칠 것인가, 군대가 그것을 승인할 것인가를 고려하여 특별히 조심스럽게 접근할 것이다. 하나의 원천에서 하나의 포괄적 패키지가 그에게 제시되는 한 김정일은 이것을 조심스럽게 연구할 수 있다. 만약 복수의 원천에서 다양한 제안들이 평양에 당도한다면 협상은 적체될 것이다. 만약 미국, 일본, 호주, 그리고 다른 민주주의 국가들이 평양에 대사관을 설치하고, 북한도 이들 국가들에 대사관을 설치한다면, 김정일의 (외국인과 외교관들에 대한) 감시체계는 가늘게 늘어지게 될 것이다. 남한과의 광범위한 교류는 김정일 정권에게 보다 많은 것을 부과하게 될 것이다.

만약 미국의 경제제재가 해제된다면 김정일은 (투자에 앞서 흥정을 잘 하고자 하는) 호기심 많은 다수의 사업 대표단들을 다루어야만 할 것이다. 원조의 제안과 사업상의 제안이 북한 사회의 다양한 부분에 이득을 가져다줄 내용을 포함하는 그만큼 비록 일반 국민들은 아닐지라도 평양의 간부들은 김정일이 거래를 다룰 수 없어 자신들이 매력적인 제안들을 놓쳐버리고 있다는 것을 인식하게 될 것이다. 게다가 미국의 경제제재를 종결시키는 것은 북한 국민들이 자신들의 경제를 파괴시켜 온 것은 경제제재가 아니라 자신들의 비정상적인 경제체제였음을 발견하게 하는 중요한 진실을 전달하게 될 것이다.

능동적 포용과 다국적 협력

한반도에서 미국이 목표를 이루기 위해서는 남한과의 긴밀한 정책적 조율, 이보다 정도는 약하지만 일본과의 협력, 그리고 중국, 러시아, 서구 산업 국가들과 어느 정도 협력이 필요하다. 남한과 일본은 이미 핵 동결 협약의 핵심 부분인 경수로 건설을 위한 대부분의 비용을 지불해 왔다. 페리 보고서는 또한 어떠한 새로운 포괄적 합의에 남한과 일본이 참여할 필요성을 상정하고 있다. 그러나 남한과 일본의 목표들은 미국의 그것과 동일하지 않고 따라서 선호되는 정책이 다를 수 있다. 이 세 국가들은 모두 분쟁을 피한다는 목표를 가지고 있지만, 이 목표는 남한 사람들에게 가장 중요한 것이며, 이것이 미국으로 하여금 국제적인 협력 노력을 기울이도록 강하게 제약하고 있다. 게다가 많은 남한 국민들이 여전히 남북한의 통일을 소중히 여기고 있는데, 이는 분단된 한반도가 평화적인 상태를 유지하는 한 그러한 분단이 심지어 선호될 수도 있는 워싱턴(또는 도쿄)의 목표는 아니다.

김대중 대통령의 햇볕정책은 비록 남한 정부에 대한 북한 정부의 적대성에도 불구하고 북한 국민들에게 다다르고자 하는 목표를 추구하고 있다. 이는 옳은 접근법이다. 그러나 햇볕정책은 인도주의적이고 사업적인 사안들을 정치적 사안들로부터 구분하는데 대해 지나치게 조심스럽다. 북한 정부를 변화시키고 남북한의 통일을 이루는 시간 설정이 너무나 길게 되어 있는데, 이는 미국의 비확산 목표들을 이루기에는 확실히 너무나 길다. 미국의 비확산 정책이 성공하기 위해서는 미국의 정책이 호전적(belligerent)이지 않으면서 현재 남한의 정책보다는 더 강제적(forceful)일 필요가 있다.

일본인들은 자신들과 북한 정부 사이에 그동안 수십 년에 걸쳐 형성된 적대감을 극복하는 것의 어려움에 대해 어떠한 환상을 지니고 있지 않은 것 같다. 일본인들은 북한이 행하는 도발에 대해 취약하며 한반도에서의 평화를 바라고 있지만, 그들의 정책은 북한을 변화시키는 것보다는 북한의 자극을 피하고자 하는 바램에 의해 더 영향을 받는다. (북한과 남한의) 한국인들과 일본인들은 한반도의 정치적 사안에 있어서 일본의 역할이 제한되어야 한다는 것에 대해 동의할 것이다.

워싱턴은 북한의 무기 프로그램들을 동결시키는 것을 바라지만 그와 동시에 북한 정권이 붕괴되어 남한의 수중에 들어가 강력한 한국민족의 국가와 국경을 맞대게 되는 것을 우려하고 있는 중국과의 협력을 이끌어 내는 것에 대해 어떠한 환상을 가져서는 안 된다. 러시아 역시 비슷한 우려를 하고 있다. 다른 국가들과 유럽연합과 같은 국제기구들은 워싱턴의 비확산에 대한 우려에 대해 공감하고 있지만, 한반도에서의 문제들은 미국인들이 다루어야 할 사안이라 항상 간주해 왔다.

결과들

여러 개의 별개의 제안들과 상이한 종류의 포용책들은 김정일 정권을 압도하고 신임을 떨어뜨리는 데 잘 성공하여 북한 내의 무정부적 상태를 야기할 수 있을지도 모른다. 페리 보고서는 김정일 정권을 무너뜨리는 정책에 반대하는데 이는 이러한 시도가 부분적으로는 "파괴적인 전쟁을 일으킬 위험"을 야기할 수 있고 다른 측면에서는 "북한의 정부보다는 국민들에게 해"를 끼칠 수 있기 때문이다. 아마도 페리가 정권 전복적인 정책의 형태로 고려하던 것들은 북한 내부로 "자본주의의 황색 바람"을 불어 넣는 것보다는 더 공격적인 것이었던 듯하다.

여전히 북한의 무정부 상태와 사회적 붕괴의 위험성이 남아있는데 이것이 남한에게 초래할 비용은 재정적, 사회적으로 심각한 수준일 것이다.[41] 이러한 의구심에 대한 답으로 여러 학자들과 함께 에버슈타트는 현재의 정권을 지원하고 그것이 서서히 변화하기를 기대하는 것은 그 효과가 매우 불확실하고, 통일이 지체된다면 통일비용이 증가하지 않을 것이라는 어떠한 확신도 제공하지 않는다고 주장한다.[42] 게다가 평양 정권에 의해 많은 수가 짐승과 같은 삶을 살아가는 자신의 국민들에게 가해지는 인권유린은 이를 끝낼 수 있는 수단을 가지고 있으면서도 그러한 선택을 하지 않은 사람들의 양심을 짓누를 것임에 틀림없다.

김정일 정부가 무너지고 남한 정부 하에 남북한의 통일이 이루어지는 것이 비확산 문제의 장기적 해결을 이룩하는 것이 아님을 명심하라. 다른 많은 국가들과 마찬가지로 통일된 한국이 자신의 민족적 안보를 위해 특정한 대량살상무기를 확보하겠다는 결정을 내릴 수도 있다. 그러나 이 단계에서 미국의 비확산에 대한 우려는 두 층위에서 나타나는 확산 정권(a two-tiered proliferation regime)을 견디어 내야 하는 보다 세계적 차원의 문제로 옮겨가게 될 것이다.

만약 북한이 붕괴되지 않는다면 미국은 한반도의 분단에 대해 의심할 여지없이 일정 부분 책임이 있기에 통일을 위해 남한을 도와야만 한다. 미국의 정책이 의도적으로 김정일 정권을 불안정하게 만드는 만큼

---

41 이영선은 다음에서 통일의 높은 비용에 대해 논하고 있다. 이영선, 「남북 경협의 유형과 전망」, 북한경제포럼 편, 『북한경제론』(서울: 법문사, 1996), pp. 385-416. 통일비용에 대한 수많은 경제모델들에 의한 계산은 다음을 참조. Marcus Noland, Sherman Robinson, and Li-Gang Liu, *The Costs and Benefits of Korean Unification*, Working Paper 98-1 (Washington: Institute for International Economics, 1998).

42 Nicholas Eberstadt, "Hastening Korean Reunification," *Foreign Affairs*, vol. 76 (March-April 1997), pp. 77-92. 또한 다음을 참조. Nicholas Eberstadt, *The End of North Korea* (Washington: American Enterprise Institute Press, 1999).

미국은 보다 더 큰 책임을 떠맡아야 한다. 그러나 무기한적으로 북한을 지원하고 비싼 반확산 방어막을 치는 것에 들어가는 비용과 비교할 때 이러한 통일비용—한국을 위한 마샬 계획—은 효과적인 소비가 될 것이다.

북한 정권이 어떻게 될 것인지에 대해 누구도 예측할 수 없다. 현재의 경향으로 판단한다면, 북한 정권은 자신의 국민들을 계속하여 탄압할 것이고, 변화와 개방에 저항할 것이며, 오늘날 세계질서를 거부하는 정부를 어떻게 다룰 것인가라는 도발적인 질문을 주변국들에게 제기할 것이다.

김정일 정권을 약화시키는 것은 북한을 국제사회로 불러들이는 첫 번째 과정에 불과하다. 수년간에 걸친 세뇌는 북한 국민들의 마음속에 외국인들—특히 미국인과 일본인—에 대한 의심을 심어줘 왔다. 수년간에 걸친 영양부족은 이들의 육체적 건강을 떨어뜨려 왔다. 사회주의적 선전은 어떻게 경제 체제가 작동하는가에 대한 이들의 관점을 왜곡시켜 왔다. 통일 후의 한국은 거의 극복하기 어려운 난관을 마주하게 될 것이다. 북한의 재교육이 빨리 시작되면 될수록 더 바람직하다.

능동적 포용정책은 우리가 알고 있는 바대로의 진실을 따른다. 진실을 말하기가 외교정책의 형성에 있어서 최우선 순위가 아닐런지도 모르지만, 진실은 때가 무르익었을 때 국내외적 청중들에게 스스로를 알리는 법이다. 진실을 북한 국민들에게 알리도록 설계된 능동적 포용정책은 일당사회주의가 실행 가능한 정책이고 전체주의적 사회주의 국가들이 자유 민주주의 국가들과 원만하게 지낼 수 있다고 주장하는 평양의 공론가들을 먹여 살리는 것을 거부한다. 역설적이게도 평양의 매체들이 김정일 하의 북한이 미국과 "같은 하늘 아래에서 살 수 없다"고 주장할 때, 결국 자기 스스로 진실을 말하고 있다.[43]

---

43 조선인민군 총참모장 대변인에 의해 전날 있었던 성명에 대한 북한 뉴스 매체의 논평 모음집. KCNA, December 3, 1998.

INDEX

ㄱ

고영환 195 198 285 307 312 314

국가안전보위부 260 261 265 298 299 300 301 302 318

국방위원회 227 262 265 266 267 268 278 300 301 354 406

국제원자력기구(IAEA) 361 420

금창리 414 421 422 423 437 438

김대중 140 371 426 427 429 439 447

김영남 191 227 265 301 341

김영삼 364 368 370

김일성 5 7 20 22 23 24 25 26 27 28 29 30 31 32 33 39 41 42 43 44 46 47 48 49 50 51 52 53 54 55 56 57 58 61 63 64 65 82 83 85 86 87 88 91 97 105 110 111 112 113 114 115 117 118 120 124 129 133 134 136 137 139 140 145 151 157 162 163 164 175 176 177 178 179 180 181 182 183 184 185 186 187 189 190 191 192 193 194 196 198 199 200 202 205 206 208 209 211 212 213 214 215 216 217 218 219 221 225 226 227 229 231 232 233 241 242 243 244 249 250

251 253 259 263 266 267 268 269 270 271 273 279 285 286 287 288 290 294 303 308 309 310 315 316 320 330 331 332 333 334 335 336 339 340 341 343 344 345 346 347 358 359 362 366 368 369 372 376 384 385 386 399 400 401 402 405 406 437

김정일 5 7 20 22 27 30 31 32 33 34 35 36 39 42 51 52 54 55 57 58 59 60 61 63 64 65 66 67 69 71 73 74 77 79 81 82 83 84 85 86 87 88 91 93 97 107 108 116 117 118 124 128 130 131 134 137 139 140 142 144 145 147 157 160 162 163 164 165 167 168 169 170 172 173 175 177 181 182 183 184 185 186 187 188 189 190 191 192 193 194 195 196 197 198 199 200 201 202 203 204 205 206 207 208 209 210 211 214 215 216 217 218 219 220 221 226 227 228 230 233 239 242 243 244 249 250 259 261 262 263 264 265 266 267 268 269 270 271 272 273 274 275 276 277 278 279 280 285 286 287 288 291 294 296 299 300 301 302 303 304

452

305 307 316 317 318 319 321 325
341 347 354 363 365 366 368 372
376 377 378 386 391 393 398 399
400 401 402 403 404 405 406 407
408 411 412 413 416 422 424 425
428 429 430 431 432 433 434 435
437 438 440 441 443 444 445 446
448 449 450 451

ㄴ

나진-선봉 141 184 413

노태우 337 348 360

농민시장 123 146 147 318 319 413

니콜라스 에버슈타트(Nicholas Eberstadt) 138 238

니키타 흐루시초프(Nikita Khrushchev) 190

ㄷ

대포동 257 354 355 423 424 437

덩샤오핑(鄧小平) 51 148 149 150 216 316 341 402

돈 오버도르퍼(Don Oberdorfer) 284

딘 애치슨(Dean Acheson) 357

ㄹ

로널드 레이건(Ronald Reagan) 360

로버트 갈루치(Robert Gallucci) 365

로버트 스칼라피노(Robert A. Scalapino) 40

루이스 캐롤(Lewis Carroll) 165

리을설 265 267

리차드 닉슨(Richard M. Nixon) 340 359

ㅁ

마오쩌둥(毛澤東) 32 39 56 148 150 179 190 198 200 233 270 284 294 315 333 334 339

마이크 치노이(Mike Chinoy) 199 283

미-북 핵동결협약(Agreed Framework) 171 362 364 391 392 417 421 436

미하일 고르바초프(Mikhail Gorbachev) 216

ㅂ

박정희 114 294 303

박한식 46

박헌영 29 30

보리스 옐친(Boris Yeltsin) 214 337 338

브루스 커밍스(Bruce Cumings) 45 60 332

INDEX 453

INDEX

ㅅ

삼대혁명소조운동 116 131

"상층" 대외관계("High" foreign relations) 330

상호경제원조협의회(CMEA) 112

서대숙 49

세계식량계획(World Food Program) 370 422 444 445

세계청년학생축전 118 206 245 260 286 291

ㅇ

아드리안 부조(Adrian Buzo) 181 376

얄타회담 330

에드워드 벨라미(Edward Bellamy) 18

윈스턴 처칠(Winston S. Churchill) 231

윌리엄 페리(William Perry) 423

유교 22 23 31 32 44 60 62 63 88 176 182 196 250 307 314 316 398 405 412

이승만 26 27 28 179 333 357

이안 부루마(Ian Buruma) 194 283

인권 66 106 230 278 279 294 296 306 373 374 407 413 415 434 449

인민무력부 188 261 265 266 274 300 301

인민보안부 260 265 295 297 298 299 300 301 302 318

ㅈ

자본주의(capitalism) 19 24 53 58 61 65 66 67 68 69 70 71 72 73 74 75 76 77 78 84 85 90 91 92 93 115 116 122 130 137 139 142 143 147 150 151 153 154 156 157 159 160 161 170 203 220 237 311 317 347 378 389 390 399 402 411 442 448

장성택 197 205

장제스(蔣介石) 28

전두환 294

전봉준 328

정주영 140 427

제임스 팔래(James B. Palais) 22

조만식 331

조선로동당(KWP) 9 22 48 51 57 59 63 64 67 119 126 145 179 181 185 186 189 190 191 195 205 221 228 238 258 264 265 266 267 291 295 296

298 303 315 344 345 349 406 443

조선인민군 167 192 212 225 226 235
258 259 261 263 265 266 267 272
275 276 297 320 325 451

조제프 스탈린(Josef Stalin) 18 33 39 49
91 109 155 164 176 179 181 190
312 315 330 331 333 334 378 401

조지 부시(George Bush) 372

조지 오웰(George Orwell) 283

조총련(朝総連) 384 385 386 387 388 410

존 페어뱅크(John K. Fairbank) 326

주체사상 20 24 30 32 39 40 44 46
47 48 49 51 52 53 54 55 57 58
59 60 65 66 69 79 82 85 92 93
94 104 106 107 111 112 117 132
143 175 185 187 189 193 214 216
232 242 243 247 263 286 316 374
375 398 399 400 407 410 440

중국공산당(CCP) 149 150 152 341

중소분쟁 340

ㅊ

천리마 운동 107 108 110

청산리방법 139

ㅋ

카를로 바에리(Carlos Baeri) 193 202

콘스탄틴 체르넨코(Konstantin Chernenko) 336

ㅍ

푸에블로(Pueblo) 246 273 336 358

프랭클린 루즈벨트(Franklin Roosevelt) 86

ㅎ

"하층" 대외관계("Low" foreign relations) 330 378

한국전쟁 27 28 50 76 86 111 113 179
180 182 213 214 226 233 234 235
268 270 285 295 297 310 332 333
334 339 358 364 366 379 387 401
410 415 430 431 432 436 438

핵확산금지조약(NPT) 279 361 374 420

햇볕정책 371 426 427 428 429 433 447

황장엽 32 189 190 193 195 212 302
303 443 444

북한, 비정상의 정상국가
North Korea Through the Looking Glass

초판 1쇄 발행 2018년 06월 25일
초판 2쇄 발행 2018년 08월 10일

원 서 명	NORTH KOREA THROUGH THE LOOKING GLASS
지 은 이	Kongdan Oh Hassig, Ralph C. Hassig
옮 긴 이	강석진, 최경준
펴 낸 이	이종진
펴 낸 곳	도서출판 이조
	(06659)서울특별시 서초구 명달로26길 25, 202
	서울 제2017-000232호(2009.3.10.)
	T. 02-888-9285 / 070-7799-9285
	F. 070-4228-9285
디 자 인	정다운(Double D&Studio)
자료조사	하가영
제작총괄	디자인 엘앤제이

도서출판 이조

ⓒ 강석진, 최경준, 도서출판 이조 2018
ISBN 979-11-87607-08-3 (93340)

정가: 25,000원

홈페이지	www.ljbooks.co.kr
페이스북	www.facebook.com/ljbooks.korea
이 메 일	ljbooks@naver.com

이 책의 한국어판 저작권은 에릭양 에이전시를 통한 저작권자와의 독점계약으로 도서출판 이조에 있습니다.
저작권법에 의해 한국 내에서 보호를 받는 저작물이므로 무단 전재와 복제를 금합니다.

이 도서의 국립중앙도서관 출판예정도서목록(CIP)은
서지정보유통지원시스템 홈페이지(http://seoji.nl.go.kr)와
국가자료공동목록시스템(http://www.nl.go.kr/kolisnet)에서 이용하실 수 있습니다.
(CIP제어번호: CIP2018016576)